경이로움의 힘

경이로움의 힘

THE
POWER
OF
WONDER

삶을 다시 설레게 만들어 줄 아주 특별한 감정

모니카 C. 파커 지음 | 이상미 옮김

온워드

일러두기

1. 각주는 원서의 주다.

2. 본문의 이탤릭체는 볼드로 강조했다.

3. 단행본은 『 』, 논문과 시는 「 」, 잡지·신문은 《 》, 그 외 드라마·영화 제목 등은 〈 〉로 표기했다.

줄리언에게,
사랑의 경이로움을 이루었기를

차례

1부. 경이로움의 단계와 요소

2부. 경이로움을 위한 연습과 효과

3부. 경이로운 삶 실천하기

서문

    내 친구 프랭클린은 짓궂은 유머 감각을 가졌었다. 우표에 나올 법한 조지아 시골 마을에서 태어나고 자란 프랭클린은 당신을 유혹할 법한 겸손한 태도와 따뜻한 미소도 가졌었다. 프랭클린은 별것 아닌 일에 관해서도 나른한 목소리로 이야기보따리를 풀어낼 수 있었고, 상대방을 뭔가 있을 거라고 기대하며 좌석에 앉게 만드는 재주가 있었다. 만약 당신이 프랭클린을 만난다면 당신은 평생 모은 돈을 내겠다고 제안하면서 그의 차에 타서 이야기를 들을지도 모른다. 그는 야한 농담 하는 걸 특히 좋아했는데, 어린 소년 같은 얼굴로 말했기 때문에 그다지 음탕해 보이지 않았다. 심지어 프랭클린은 자기 자신의 음탕하거나 짓궂은 이야기, 창피하거나 부끄러운 이야기를 할 때에도 늘 크게 웃어 버리는 것으로 대화를 마무리했다. 이런 점들은 알츠하이머가 잔인한 도둑처럼 그의 재치를 빼앗기 전의 이야기지만, 다행히 질병은 프랭클린의 가장 소중한 보물인 경이로움을 가져가지는 못했다.

프랭클린이 제일 좋아하는 표현이 하나 있다. 새롭고 굉장한 기술을 발견했을 때부터 친구에게 할 이야기가 있는데 때마침 그 친구에게 전화가 오는 그런 운명 같은 순간에 이르기까지, 뭔가 그의 호기심을 자극하거나 경이로움을 느끼게 만들 때 사용하는 표현이다. 음악의 선율이나 호수 위로 떠오르는 일출 같은 단순한 것을 접할 때도 종종 이 표현을 사용했지만, 가끔은 아하! 하고 깨달음을 얻는 순간에도 이 표현을 사용했다. 그럴 때 그는 그저 고개를 흔들며 샌더스빌 특유의 상쾌한 콧소리로 "FM이야, 모니카. FM"이라고 했다.

FM은 '완전 마법 같다$^{f*cking\ magic}$'를 줄인 말로 프랭클린이 자신을 놀라게 했던 많은 순간에 반응할 때 하는 말이다. 그는 그 순간을 거창하게 표현할 필요성을 느끼지 않았고, 심지어 자신이 감동한 이유를 이해하려 하지도 않았다. 그냥 마법 같은 일이 있었다고 구분하는 것으로 충분했다. 그 간단한 반응에는 훌륭할 정도로 예리한 깨달음이 들어 있다. 우리가 제대로 볼 수만 있다면 삶의 많은 부분이 완전 마법 같기 때문이다. 그리고 여러 면에서 이 책은 그 엄청나게 특별한 것을 다룬다.

경이로움이란 무엇이며, 왜 우리에게는 경이로움이 필요할까?

경이로움은 우리가 처음 태어나 울음을 터뜨릴 때부터 마지막 숨을 거두는 순간까지 우리 삶을 관통한다. 그 순간은 우리를 사로잡고, 놀라게 하며, 숨이 멎게 할 정도로 압도한다. 그리고 이 세상과 세상 속 우리의 위치를 완전히 다른 방식으로 바라보게 하는 선물을 준다. 그러나 경이로움으로 가득한 어린 시절에서 의무로 가득한 성인기로 옮겨 가면서 불행한 일이 일어난다. 우리는 점점 지쳐 간다. 흐린 날에도 태양이 구름 위에서 계속해서 빛나는 것처럼 경이로움도 여전히 존재하지만, 우리는 더 이상 그것을 찾기가 쉽지 않다. 그리고 어느 날 우리는 찾는 것을 멈추고 만다.

현대사회를 살아가면서 우리는 경이로움을 조건화한다. 표준화된 시험 점수를 요구하며 호기심을 억누르는 교육 시스템부터 과로를 예찬하는 비즈니스 문화까지, 우리는 의미 있는 것 대신 기존 방식을 고수하며, 참신함을 내세우는 각종 전자기기와 경이로움을 맞바꿨다.

우리에게는 경이로움이 필요하다. 우리는 팽창하는 인구 속에서 살고 있다. 오늘날 정보의 속도는 비즈니스, 사회 캠페인, 그리고 정부의 흥망성쇠와 생활 방식의 변화를 단 몇 번의 뉴스 주기만으로 보여 줄 수 있을 정도로 빠르다. 자동화 전문가들은 10년 안에 일자리의 60퍼센트가 사라지거나 오늘날과 완전히 달라질 것이라고 말한다. 여성 4명 중 1명은 항우울제를 복용하고 있으며, 병원에 가는 이유의 90퍼센트가 스트레스 관련 질병 때문이다. 기기 사용 문화는 우리를 연결하는 동시에 단절시켰고, 공감 능력은 지난 20년 동안 거의 절반 수준으로 떨어졌다. 변화에 휩싸여 여러 선택을 하느라 정신이 산만하고, 양극화된 세상에서 균형을 찾기 위해 고군분투한다. 우리는 즉각적인 만족, 빠른 해결책이 난무하는 세계에서 살고 있다. 요컨대 우리는 '멋진 신세계(올더스 헉슬리가 1932년에 발표한 소설 제목으로 과학이 모든 것을 지배하는 반유토피아 세계를 역설적 표현으로 풍자한 제목-옮긴이)'로 가는 열쇠를 받았지만, 아직 페달을 밟을 수가 없다. 그래서 경이로움이 필요하다. 경이로움은 우리의 마음을 열어 주고, 호기심을 채워 주며, 더 인간답게 살기 위해 필요한 사회적·감정적 역량을 구축하게 하는 촉매제 역할을 한다.

일종의 감정 DNA처럼 경이로움은 우리가 공유한 인류의 경험을 통해 우리 삶에 각인되면서 소용돌이치며 나아간다. 예술적 표현에서 종교적 신념까지, 어두운 공연장에서 흘러나오는 음악 소리부터 위대한 지도자의 카리스마 넘치는 음색까지, 그랜드 티턴Grand Teton의 멋진 일출부터 비행기 창밖으로 펼쳐지는 뇌우까지, 아이의 탄생이나 새로운 아이디어부터 임종이나 끔찍한 악몽까지, 경이로움은 곳곳에 존재한다. 경이로움은 머리 구석구석을 살며시 엿보기도 하고 전율과 흥분을 선사하며 자신이 도착했음을 과격하게 알리기도 한다. 예술, 음악, 종교, 정치, 과학, 자연, 사랑, 두려움, 탄생, 죽음 같은 삶의 기반을 형성하는 수많은 경험 각각에는 경이로움이라는 황금빛 정맥이 흐르고 있다. 이런 주요하고 일차적인 요소는 고대부터 우리 집단의식에 존재해 왔으며 문서로 잘 정리되어 있지만, 과학계는 최근에 와서야 본격적으로 경이로움을 정의하고 연구하기 시작했다.

하지만 경이로움이란 뭘까? 이 질문에 대답하기 어려운 이유

중 하나는 경이로움을 말로 표현하기가 어렵기 때문이다. 경이로움은 여정이자 목적지다. 동사이자 명사이며, 과정이자 결과다. 경이로움의 주기는 **관찰하기**, **이리저리 거닐기**, **깎아 내기**, **감탄하기**, **수용하기** 이렇게 다섯 가지 상호 연결 요소로 구성된다. 심리학 용어로는 **개방성**, **호기심**, **몰두**, **경외**(두 단계)다.

첫 단계는 **관찰하기**(마음을 열고 현재를 살기)다. 어떤 것도 당연하게 여기지 않으며 세상을 관찰하고, 익숙한 것을 낯선 방식으로 바라보려고 노력하라. **이리저리 거닐기**는 마음이, 그리고 어떤 경우에는 몸과 영혼이 정처 없이 거니는 것으로, 호기심을 왕성하게 발휘할 수 있도록 호기심을 자극하는 인지적 산책이다. 그다음 단계인 **깎아 내기**는 널따란 정신의 조리개를 좁혀서 집중하는 것이다. 새로운 아이디어에 대한 몰두일 수도 있고 완전한 몰입 상태에 있는 것일 수도 있다. **깎아 내기**는 우리가 **우와!** 하고 감탄하는 **기대치 위반**을 준비하는 단계다. 다음에 어떤 일이 일어날지에 대한 우리의 기대가 예상치 못한 엄청난 무언가를 만나면 그것을 이해하기 위해 고군분투해야 한다. 마지막은 우리의 정신이 이 새로운 자극에 '**후우**' 하고 적응하면서 우리를 변화시키는 단계다. 긴 숨을 내쉬며 "어머나, 대단하다"라고 말하는 순간으로, 때로 그러한 경험은 우리를 완전히 변화시킨다. 매번 **후우**로 보상받지는 못하겠지만, 각각의 요소에는 자신만이 누릴 수 있는 고유한 이점과 장점이 있어서 나 자신, 그리고 내가 세상을 바라보고 움직이는 방식을 발견할 기회를 제공한다.

경이로움의 과학적 측면을 잠깐 살펴보면 다섯 가지 구성 요소가 심리뿐만 아니라 생리적·영적으로도 인간에게 긍정적인 영향을 미친다는 사실을 알 수 있다. 경이로움은 우리를 더 창의적으로 만들고, 주변 세상을 더 공부하고 싶게 만든다. 또한 더 겸손하게 하며, 물질만능주의를 추구하는 대신 관대하고 더 나은 공동체 구성원이 되게 한다. 다섯 가지 구성 요소를 종합할 때 경이로움을 더 많이 느끼는 사람은 학교와 직장에서 더 높은 성과를 내며, 건강한 관계를 구축할 가능성이 더 크다. 또한 스트레스를 덜 받고 시간 여유가 더 많다고 느낀다. 매우 친사회적인 정서적 경험인 경이로움은 우리가 더 나은, 더 관대한 사람이 되고 싶게 만든다. 이런 다양한 이유가 있음에도 경이로움의 필요성을 충분히 공감하지 못할 수 있다. 하지만 생리학적 이점을 고려한다면 대단히 매력적이라고 여길 것이다. 경이로움을 경험하면 혈압과 스트레스 호르몬 분비가 낮아지며, 염증을 유발하는 사이토카인^{cyto-kine}(암과 심혈관질환을 포함한 여러 질병과 관련된 지표)이 감소한다는 연구 결과가 있다. 이런 상관관계는 경이로움과 건강 사이에 직접적인 '생물학적 경로'가 있음을 시사한다. 이처럼 과학은 경이로움에 대해 공유할 것이 너무 많다.

한편 경이로움은 예술가와 철학가의 마음속을 진정한 고향으로 여긴다. 문학과 예술은 우리에게 감동을 주는 많은 이야기, 선율, 이미지에 걸쳐 경이로움으로 가득 수를 놓았다. 철학은 신성하고 숭고한 것을 탐구해 온 풍부한 역사를 지니고 있으며, 종교는 5장에서 만날 기독교의 사도 바울과 힌두교의 아룬자 같은 경이로움을 추구하는 사람들의 이야기로 가득 차 있다. 가장 단순한 형태의 경이로움은 우리를 기분 좋게 만들며, 최고 수준의 경이로움은 우리에게 초월과 모든 우주 생명체와의 일체감을 제공한다. 그걸 원하지 않는 사람이 있을까?

정서적 언어인 경이로움

마크 트웨인은 "인간은 얼굴을 붉히는, 붉힐 필요가 있는 유일한 동물이다"라고 쓸쓸하게 말한 적이 있다. 감정emotion은 인간 경험의 일부분이다. '움직이는'이라는 뜻을 가진 라틴어 emovere에서 파생된 감정은 본질적이며 복합적이다. 생물학자 찰스 다윈은 1872년에 출간한 자신의 저서 『인간과 동물의 감정 표현』에서 감정은 생존을 위한 적응 기능이며, 감정 표현은 모든 문화에서 나타난다고 주장했다. 몇 가지 예외가 있긴 하지만 다윈이 옳았다. 전 세계 사람 대부분은 거의 7000개에 달하는 인간의 표정 중 상당수를 식별할 수 있다.*

감정은 언어와 마찬가지로 인간을 다른 동물과 구별해 주는 특징으로, 이 둘은 깊이 연결되어 있다. 일부 연구자는 언어가 엄마와 아이 사이에 주고받는 친밀한 감정 표현, 즉 상호주관성이라고 불리는 역학에서 진화했다고 생각한다. 아마 우리가 아기 때 처음으로 한 말은 감정을 표현하는 말이었을 것이다. 감정과 언

---

* 외딴 미개발 지역에 거주하는 사람들은 특정한 기본 감정을 현대화된 도시 지역에 사는 사람들과 다르게 식별한다.

어는 연결되고 이해받고자 하는 우리의 타고난 욕구와 함께 진화했다. 우리는 아주 오래전부터 서로에게 감정을 표현하려고 노력해 왔지만, 여전히 우리가 느끼는 감정을 공유할 어휘를 찾는 데 어려움을 겪는다.

감정을 표현하는 단어들은 감정을 일으키며 끊임없이 변한다. 또한 많은 감정이 보편적인 데 반해, 단어 자체는 문맥에 따라 매우 다양하게 쓰이며, 문화적으로 미묘한 차이가 있다. '눈'을 뜻하는 단어를 50개 정도 가지고 있는 이누이트족(그린란드, 알래스카, 시베리아 등 북극해 연안에 주로 사는 수렵 인종-옮긴이)은 누군가를 기다리는 기대감을 나타내는 단어인 iktsuarpok를 사용한다. 기대감으로 가득하여 상대방이 도착했는지 확인하려고 계속 밖에 나가 본다는 뜻을 가진 이 단어는 다른 언어로 번역이 되지 않는다. 어떤 언어는 다른 언어보다 더 풍부하고 정확한 감정 어휘를 가지고 있다. 이러한 **감정 세분화 정도**의 차이 때문에 우리가 누군가와 같은 감정을 나타내는 단어를 사용하더라도 그 의미를 서로 다르게 해석할 수 있으며, 이는 타인과 감정적 경험을 공유하는 것이 매우 복잡하다는 것을 뜻한다.

어떤 사전에서 찾아보느냐에 따라 **원더**wonder라는 단어는 '무언가를 알고자 하는 욕구(명사)', '의심스러운 추측을 표현하다(동사)', '놀라다(동사)', '궁금한 상태(명사)', '놀랍고 인상적이거나 기적 같은 것(명사)', '놀랍거나 인상적이거나 기적적인 것으로 인해 드는 감정(명사)', '압도당한 상태(명사)' 등을 포함해 명사와 동사에 걸쳐 11개의 정의를 가진다. 우리는 wonder라는 단어의 역사를 **기적**

miracle을 뜻하는 그리스어 teras와 라틴어 miraculum에서 찾아볼 수 있다. 또는 **감탄하다**admire(admiratio), **생각하다**think about(cogitatio), **고려하다** 또는 **바라보다**consider or see(theoreo)라는 동사에서도 발견할 수 있다. 게르만어는 라틴어에서 파생되어 두 번째 단어인 wundran을 만들었는데, 이는 '놀라다'라는 뜻을 가진 고대 노르만어 undr에서 따온 것으로 보인다. 캘리포니아대학교 산타바바라의 리사 시데리스Lisa Sideris 교수는 **원더**를 '포괄적인 용어'라고 부르며 이렇게 설명한다. "**원더**라는 단어의 일부 어원을 살펴보면, 하나의 어원에서 기적, 감탄, 경이, 미소 짓게 하는 것 등 여러 단어로 뻗어 나간다는 점이 상당히 흥미롭다." 사실 추측에 가깝긴 하지만, 원더가 **상처**wound라는 의미의 독일어 wunder에서 나왔다는 설명도 있다. 경외감의 이 요소는 무서운 방식으로 당신을 열어 드러내거나 취약하게 만들 수 있지만, 그런 종류의 취약성에서 많은 좋은 것이 나올 수 있다.

경이는 중국어로 **기관**奇观, 즉 '장엄하고 멋진 광경 또는 현상'으로 번역된다. 첫 글자인 **기**奇는 '이상한, 색다른, 희귀한, 기이한, 놀라운, 경이로운'이라는 뜻이며, **관**观은 '보다, 견해, 사물을 보는 방식'이라는 뜻이다. 그리고 인도에서 발간된 「나띠야샤스뜨라Nāṭyaśāstra」라는 공연예술과 관련한 산스크리트어 논문에서는 Adbhutā라는 단어가 발견되었다. 논문의 저자는 '경탄스러운marvelous'이라고 번역된 이 단어를 '천상의 존재나 사건을 목격함, 원하던 목적을 달성함, 고급 저택·사원·알현실·7층짜리 궁전에 들어감, 환상적이고 마법적인 행동'으로 인해 나타나는 '지속적 놀라움을 드러내는 심리적 상태'라고 말했다. 「나띠야샤스뜨라」에는 공연 예술가들이 Adbhutā의 신비롭고 수수께끼 같은 본질을 표현하려면 어떤 표정을 지어야 하는지에 관한 무대 노트까지 적혀 있었다. "속눈썹 끝이 약간 구부러지고, 눈망울은 감탄으로 인해 치켜 올라가서 눈이 매력적으로 휘둥그레진다."

경이로움이 언어와 시대를 뛰어넘어 유사하게 나타난다는 점은 꽤 흥미롭다. 명사와 동사 둘 다 신비한 느낌을 풍기고, 각각의 정의가 유사하지만 똑같지는 않은 여러 요소가 혼합되어 있으며, 모두 비슷한 의미를 지닌다. 그래서 풍부하고 복잡한 감정적 옷감을 만들고, 이 복잡성 때문에 연구하기가 까다롭다.

경이로움 연구가 어려운 이유

여러 과학적 방법을 잠깐 살펴보자. 경이로움을 탐구하려면 감정 연구에 뒤따르는 몇 가지 어려움을 먼저 이해해야 한다. 과학자들은 심지어 그들이 과학자로 알려지기 전에도 세계의 열렬한 관찰자였고 늘 그래 왔다. 1834년 케임브리지 학자 윌리엄 휴얼 William Whewell이 과학자라는 용어를 만들기 전에는 '**자연철학자**'라고 불렸던 이들은 주변에서 본 것들의 역학을 더 잘 이해하기 위해 점처럼 작은 단편적 사실을 관찰하고, 기록하고, 수집하고, 대조하고, 마침내 그 점들을 연결해 어떤 결론을 도출했다. 세월이 지나 르네상스 화학자들이 철학적 사색을 '원더룸cabinet of curiosities(희귀하거나 이국적인 물건들, 특히 자연사와 관련된 물건의 컬렉션을 전시한 방-옮긴이)'에 분류하기보다 좀 더 체계적인 접근 방식을 취하면서 과학 탐구의 틀은 점진적으로 발전했다. 여기에서 우리가 중학교 때 배운 과학적 방법, 즉 관찰·질문·연구·가설·실험·분석·결론이 탄생했다. 과학적 방법은 정확함을 넘어서 우리가 세상을 이해하고, 보고, 변화시키는 방법을 근본적으로 바꾸면서 과학의 예측력에 불을 붙였다.

과학에는 다양한 분야가 있으며, 어떤 분야는 다른 것들보다 과학적 방법의 구조에 더 깔끔하게 들어맞는다. 한쪽에는 종종 **경성 과학**hard science이라고 불리는 생물학, 화학, 수학 같은 자연과학이 있으며, 반대쪽에는 **연성 과학**soft science이라고 불리는 심리학, 사회학, 경제학 같은 사회과학이 자리를 잡고 있다. '부드럽다soft'라는 단어는 화장실용 휴지 광고에 나올 때를 제외하면, 종종 가치가 낮다는 의미로 사용되기도 한다. 사회과학과 자연과학에 대한 인식, 지원 자금의 차이를 통해 이를 확인할 수 있다. 그리고 일부 사회과학이 초심리학 같은 난해한 연구의 특정 영역과 자연스럽게 맞닿아 있어서 같은 영역으로 분류되는 경우도 많다. 단적인 예를 들어 보겠다. 언젠가 인터넷 초기 개발에 중추적 역할을 했던 세계적인 수학자와 택시를 같이 탄 적이 있다. 폴란드 주재 미국 대사 관저에서 열린 행사에 가는 택시 안에서 서로의 연구 분야에 대한 농담을 주고받았다. 택시 안에서 대화를 나눈 짧고 여러 의미에서 썰렁한 시간 동안, 그 수학자는 인간은 자신이 아침에 무엇을 먹고 싶은지조차 잘 모르기 때문에 연구 대상이 될 정도로 충분히 자신의 감정 상태를 확실하게 이해할 능력이 없다고 확신에 차서 말했다. 그는 단호하게 모든 사회과학, 따라서 내 경력도 쓰레기라고 결론 내렸다. 우리 둘 다 목적지에 도착해 헤어지게 돼서 기뻤다는 것까지만 말해 두겠다. 다소 냉정하게 말하자면 그가 택시요금을 낸 것도 별로 고맙지 않았다.

감정에 대한 공유된 분류법, 미묘한 문화적 차이, 사회과학 회의론, 사회과학과 비주류의 융합 이러한 모든 것이 겹겹이 쌓여 경이로움을 연구하기 어려운 환경을 만든다. 택시를 같이 탄 그 수학자 말에도 일리가 있었다. 자연과학은 더 순수한 형태의 과학적 방법론을 실행할 수 있다(일반적으로 받아들여지는 표준은 무작위로 통제된 실험이다). 반면, 사회과학은 자기 보고와 주관적인 데이터에 더 의존한다. 하지만 인간의 상태는 순전하지 않다. 지저분하고 복잡하며 서로 얽혀 있어서 뭐라 딱 집어 말할 수 없다. 따라서 추가 해석이 필요하다.

뇌는 매우 복잡한 네트워크를 가진 것으로 알려져 있다. 복잡성 그 자체만으로도 엄청난 두통이 생기기 충분하다. 인간의 뇌는 약 1710억 개의 세포, 860억 개의 뉴런을 가지고 있지만 무게는 겨우 1.3킬로그램 정도밖에 안 된다. 하지만 우리는 이 복잡한 세포 네트워크에 연료를 공급하기 위해 대사 에너지의 25퍼센트 정도를 소모한다. 많은 사람이 신경과학이라는 새로운 분야에 그토록 열광하는 이유 하나는 신경과학이 사회과학을 확실히 뒷받침해 주고 이 당혹스러울 정도로 복잡한 시스템을 이해하는 데 도움을 주기 때문이다. 의심할 여지 없이, 신경과학은 심리학 연구에 놀라운 추가 기능을 제공하며, 심리적 반응 요소를 측정해 뇌 내부를 들여다볼 수 있게 해 주었다. 하지만 이는 **연성**이 **경성**만 못하다는 이야기를 더 전파하는 계기가 되기도 했다. 우리는 뇌에서 발견한 무언가를 실험을 통해 증명할 수 있을 때만 이것을 진짜로 여기며, 그렇게 하지 못하면 실재하는 것으로 여기지 않는다.

우리는 짝짓기의 진화심리학이나 연인과 접촉할 때 옥시토신 호르몬이 나온다는 등 사랑의 과학적 본질을 연구할 수 있지만, 사랑을 상실했을 때 수반되는 감정, 인간의 욕구, 기쁨, 고통을 적절하게 설명하지는 못한다. 또한 첫눈에 반하는 사랑의 신비와 경이로움, 아이의 탄생, 어두운 공연장에서 들려오는 눈물이 날 정도로 아름답고 순수한 선율을 만끽하는 순간을 잡아 낼 수 없다. 이제는 아마도 과학이 그 순간에 우리 대뇌와 소뇌에서 무슨 일이 일어나고 있는지는 설명할 수 있을 것이다. 그렇다고 해서 그런 순간들을 덜 마법적으로 만들지는 않는다.

여러 면에서 뇌과학은 유리병 안에 있는 반딧불이를 연구하는 것과 비슷하다. 기능적자기공명영상fMRI에서 나오는 시끄러운 소리가 가득한 작은 금속관 안으로 밀어 넣어진 피험자나, 실험실 안에서 뇌파를 검사하는 촉수 헬멧을 착용한 피험자에게서 어떻게 감정의 본질을 포착할 수 있을까? 특히 경이로움 같은 감동적인 어떤 것에 대한 반응을 포착하려는 경우 이런 실험은 적절하지 않다. 중독 전문가이자 심리학자인 피터 헨드릭스Peter Hendricks는 이런 식으로 신비로움의 일부를 잃음으로써 우리가 감정의 미묘한 차이를 잃고 있다고 걱정한다. "우리가 여기 나란히 앉아 있는데 당신이 갑자기 일어나서 내 뺨을 때린다면? 그때 누군가가 내 편도체가 어떤 식으로든 활성화되었기 때문에 우리가 '분노'라고 부르는 감정을 내가 경험하고 있다고 나에게 말한다면? 그것이 틀린 이야기는 아니지만, 있는 그대로의 사실은 아니다. 이것은 복잡한 이야기를 아주 단순하게 설명한 것일 뿐이다."

정신의 신비를 간직하면서 뇌 속을 어떻게 들여다볼 수 있을까? 그리고 뇌와 정신의 차이는 무엇일까? 작가이자 초기 정신탐구자psychonaut*인 토머스 헨리 헉슬리Thomas Henry Huxley는 "신경조직을 자극한 결과 발생하는 놀라운 의식 현상이 알라딘이 램프를 문지르자 지니가 나타나는 것만큼 설명할 수 없는 것인가?"라는 수사학적인 질문을 통해 뇌-정신 이분법에 대한 자신의 생각을 공유했다. 나는 이 책에 관해 이야기를 나눈 몇몇 사람들에게 같은 질문을 던졌다. 좀 더 신비로운 부분을 가미해서 대답한 사람도 있었고, 측정할 수 있는 부분에 근거를 두고 이야기한 사람도 있었지만, 대체로 대답은 놀라울 정도로 비슷했다.

어떤 과학자는 뇌를 '자기만의 일을 수행하는 기계의 멋진 지휘자'라고 표현한 한편, 정신은 우리를 경이로움과 연결해 준다며 다음과 같이 말했다. "뇌는 레니에산Mount Rainier(그 과학자에게 경이로움을 일으키는 원천)에 대해 크게 신경 쓰지 않지만, 정신은 신경을 씁니다." 어떤 사람은 이 둘의 관계를 '주방과 식사의 차이'라고 표현했다. 그리고 몹시 형이상학적인 어떤 사람은 뇌를 '텔레

---

* 환각제 복용 등을 이용해서 자기 내면을 탐색하는 사람

비전 세트와 같은 단순한 수신기'로 묘사하는 반면, 정신은 '제2의 눈'이며 '전 우주, 모든 살아 있는 생명체에 삶을 불어넣고 알려 주는 의식의 장'이라고 말한다. 내가 헨드릭스에게 이 질문을 던졌을 때, 그는 결국 "그게 과학이 다룰 수 있는 질문인지 모르겠어요"라고 결론을 내리며 이의를 제기했다.

약간의 이견이 있었지만, 이 사상가들은 일반적으로 정신-신체는 하나가 아니라 구분되어 있다는 **정신-신체 이원론**에 동의했다. 이는 구석기시대로 거슬러 올라가는 신념 체계이며, 뇌는 하드웨어, 기계적 구조, 물리적 시스템의 일부이고 정신은 의식, 상호작용, 초물리적, 전체라는 것을 의미한다. 그러나 내가 모든 연구진에게 들은 한 가지 경고는 바로 "복잡한 문제다"라는 대답이었다. 정신에는 뇌를 넘어서는 더 많은 것이 있다.

우리가 신경과학의 비밀을 밝혀내 고통, 기쁨, 두려움을 자극하는 뇌의 아날로그 신호를 지도화하고, 우리를 인간으로 만드는 회로의 총합을 해부하고 도식하기 위해 너무 많은 정밀 조사를 하게 되면, 우리 정신의 민감한 필라멘트 중 일부가 약해질 위험이 있다. 이것은 반딧불이를 죽기 전까지 유리병에 가둬 두는 것과 같다. 그리고 이것으로 인간 정신의 복잡하고 신비로운 미묘한 차이가 수많은 천연색의 뇌스캔에서 사라질 수 있다.

행복이라는 함정

회사에는 행복 총괄 책임자Chief Happiness Officers가 있고, 세계 행복 보고서World Happiness Report, 행복 지수Happy Planet Index, 국민총행복Gross National Happiness(작년에는 핀란드가 가장 높게 나왔다) 등 행복을 다루는 다양한 연구가 있다. 심지어 예일대학교에서 가장 인기 있는 과목도 행복에 관한 것이다. 행복은 홍보가 매우 잘됐다. 경이로움이 지닌 모든 이점을 알아보기 전에, 거의 모든 사람이 원하는 감정인 행복과 분명하게 대조를 보이는 경이로움을 추구할 가치가 있는 이유에 대해 먼저 설명해야 할 것 같다. 현대 역사를 통틀어 행복은 경쟁자가 거의 없는 인류의 최종 목표이자 힘겨운 삶의 보상으로 여겨졌다. 긍정적으로 사고하기 운동, 풍요 이론, 기타 수많은 자기 계발 장르는 모두 특정 형태의 행복을 목표로 삼는다.

행복에 집착하는 세상에 사는 사람들이 오랜 기간에 걸쳐 행복하지 않다는 것은 역설적이다. 전 세계적으로 우울증을 앓는 사람이 2억 8000만 명이며, 미국에서만 4000만 명이 불안에 시달리고 있다. 미국인들은 정신질환을 치료하는 데 매년 2000억 달러 이상을 지출하는데, 심지어 이는 코로나19 이전에 측정한 수치다. 이후 우리는 스트레스와 불안이 엄청나게 증가하는 것을 목격했고, 그로 인한 장기적 영향을 향후 몇 년 동안은 파악하거나 정량화할 수 없을 것이다.

유명 브랜드의 제품 판매자들은 행복을 주요 홍보 수단으로 삼는다. 코카콜라만 해도 "행복을 여세요", "행복은 미소에서 시작

됩니다", "#행복을 선택하세요" 같은 문구로 광고를 했다(코카콜라
가 소비자 행복의 진정한 왕인 산타클로스의 현대적 이미지를 독보적으로 개발
했다는 사실은 말할 것도 없다). 중요한 것은 콜라를 마시면 행복해진
다*는 점이다. 하지만 매디슨가에서 파는 탄산음료를 마셔서 행
복해질 수 있다면, 아마 행복해지는 방법은 더 많이 있을 것이다.

고대 그리스 이전에는, 삶의 대부분의 것과 마찬가지로, 행복
을 신이 부여한 자비로 여겼다(happiness란 단어는 아이슬란드어 어근
happ 또는 '운luck'에서 유래했기 때문에 적어도 어원적으로는 운이 항상 우리의
행복에 어떤 역할을 한 것으로 보인다). 행복은 단순히 신이 내려 준 선
물이 아니라, 인지적이고 의미를 만들며 추구하는 사람이 통제할
수 있는 무언가라고 최초로 말한 사람은 위대한 인습 타파 주의
자인 소크라테스였다.

소크라테스가 죽은 지 약 50년 후 소크라테스식 행복에 대한
두 가지 상반된 해석, 즉 쾌락주의hedonism와 행복주의eudaemonism가 등
장했다. 그리스 철학자 아리스티포스는 쾌락주의, 즉 쾌락을 추
구하면서 발견하는 행복의 개념을 발전시켰다. 그는 진정한 난봉
꾼으로 흥청망청 즐기는 사람이었으며, 쾌락을 지연하는 건 가치
가 없다고 여겼다(아리스티포스가 살아 있다면 광고주들이 그를 좋아할 것
이다!). 반면 아리스토텔레스는 쾌락주의가 저속하다고 생각했다.
그가 집필한 시리즈물 『니코마코스 윤리학』에서 설명했듯이 아

---

* 코카콜라 대 펩시콜라. 나는 이것이 어떤 사람에게는 감정적인 주제라는 점을 잘 알고 있다. 내가 애틀랜
타 출신이라(코카콜라 본사가 애틀랜타에 있음-옮긴이) 코카콜라를 더 좋아한다는 점을 이해해 주기 바
란다. 어린 시절 우리 가족은 코카콜라를 너무 좋아했다. 뉴코크New Coke가 출시되었을 때 친오빠가 기존
코카콜라의 죽음을 애도하기 위해 사당을 만들었을 정도다. 각설탕, 10대의 고뇌, 억제되지 않은 창의성
으로 만든 일종의 무덤이었는데, 내가 보기엔 상당한 걸작이었다. 주제에서 벗어난 얘기지만.

리스토텔레스는 최고선summum bonum('최고의 선'에 대한 키케로의 이상)이란 미덕의 삶을 사는 것이라고 여겼다. 그리고 최고선을 향한 이 여정에서 행복eudaemonia*, 또는 '잘 사는 것living well'을 발견했다.

과학자, 철학자, 마케팅 담당자 모두 우리에게 행복해지는 방법을 알려 주지만, 오히려 혼란스럽기만 하다. 어떻게 **해야** 행복해질 수 있을까? 그러나 아마 이 질문 자체가 잘못되었을 수도 있다. 우리가 행복에 너무 집착한 나머지 행복이 과연 우리가 추구해야 할 대상인지 의심조차 하지 못한 건 아닐까? 어쩌면 다른 감정적 경험이 더 유익하고 달성하기 쉬울 수도 있다. 지난 2000년 동안 이어 온 다양한 유형의 행복이 가진 서로 다른 이점에 대한 논의를 뒤로하고, 실제로 우리에게 행복보다 더 중요한 혜택을 가져다주는 더 오래 지속되고 영향력 있는 감정 상태에 초점을 맞춘다면 어떨까? 게임쇼에서 "잠깐만요, 더 있습니다!"라고 말하는 것처럼 말이다.

경이로움은 어떨까? 행복 과학 대부분이 탐구하는 핵심에 도달하려면 **"어떻게 해야** 최고선에 **도달할 수 있을까?"**라는 질문에 대한 답이 필요하다. 그리고 만약 이게 질문이라면, 경이로움은 실제로 인생에서 '최고선'에 이르는, 더 나으면서도 덜 어려운 길일 것이다. 간단히 말하자면 경마장에 가서 엉뚱한 토끼를 쫓고 있는 것 같은 기분이다.

예를 들어 경이로움, 경외감의 자기 초월적 최종 요소를 살펴

---

* eudaemonia의 그리스어 어원은 '좋은'을 뜻하는 Eu와 '영혼'을 뜻하는 daimon이다. 이 단어는 '좋은 징조'라는 뜻의 라틴어 bonum auguriim에서 파생된 프랑스어 bonheur와도 비슷하다. 그리스어를 직접 번역하면 번영flourishing과 비슷한 뜻인데, 현대 심리학자들은 오늘날 웰빙well-being이라고도 부른다.

보자. 연구자들이 경외감을 연구할 때 사실은 경외감의 효과를 연구하는 것이며, 이것을 기쁨, 유머, 행복과 같은 다른 긍정적인 감정과 혼동하지 않아야 한다. 행복은 의심할 여지 없이 긍정적이지만, 경외감이 하는 것 같은 유익한 결과를 만들어 내지는 않는다. 더 나아가 쾌락적 행복의 물질주의는 사실 경외감과 반대되는 성향을 보이는데, 쾌락적 행복은 자기중심적 추구이지만 경외는 자기 초월적이기 때문이다.

심리학자이자 철학자인 커크 슈나이더Kirk Schneider와 이야기를 나눴을 때 그는 행복이 '빛 좋은 개살구가 될 수 있다'고 언급했다. 긍정심리학 운동을 주도하는 인물이 한 말이라기엔 이상하게 들릴 수도 있지만, 슈나이더는 '긍정적으로 생각하려는 강박(즉, 해로운 긍정)'이 '부정적으로 생각하려는 강박'만큼 나쁘며, 실제로 우리가 '삶에서 경이로움'을 경험하는 것을 차단할 수 있다고 생각한다. 슈나이더는 부정적인 감정을 포용하는 것이 우리 인간의 경험에 풍요로움을 더한다고 주장한다. "부정적인 감정을 받아들이는 것은 적어도 많은 사람의 삶에 활력과 강력함을 더해 줍니다. 살아 있다는 느낌이 더 충만하다는 것은 자신의 모든 생각, 감정, 감각, 상상의 범위에 접근할 수 있다는 것을 뜻합니다."

휴스턴대학교 마케팅학 부교수이자 우리를 행복하게 만드는 과학 전문가인 멜라니 러드Melanie Rudd는 더 이상 행복을 목표로 삼지 않는다. "개인적으로 나는 '행복을 추구한다'라는 게 불가능할 뿐만 아니라 최적이라고 생각하지 않기 때문에 이와 관련한 모든 것을 그만두었습니다." 러드는 좀처럼 침울해하지 않는다. 그녀와 함께 보낸 짧은 시간으로 미루어 볼 때 그녀는 활기찬 성격이다. 그러나 러드는 행복을 다루는 것이 너무 큰 일로 느껴질 수 있으며, 우리는 실제로 행복을 찾는 데 서툴다고 말한다. "우리는 모두 행복을 추구하는 것에 서투르기 때문에 그것이 꽤 어렵다고 느낍니다. 인간은 무엇이 자신을 행복하게 만드는지 거의 예측하지 못한다는 연구가 매우 많습니다." 이처럼 우리를 행복하게 해 주는 게 무엇인지 잘못 판단하는 현상을 **정서 예측**affective forecasting이라고 부르는데, 인간은 사실 자신을 더 행복하게 해 줄 것이라고 믿도록 길들여진 많은 것들을 '잘못 원한다'. 부정적 감정은 또한 우리의 감정 어휘를 넓혀 주는 하나의 방법으로 우리가 더 다양한 대처 기술을 사용할 수 있도록 도와준다.

사실, 매우 세분된 감정을 가진 사람, 즉 **감정 다양성**이 높은 사람은 더 긍정적인 대처 기제를 사용하고 스트레스를 더 빨리 극복한다. 러드도 이에 동의한다. "우리는 긍정적 감정의 포트폴리오를 넓히고 싶은 다른 이유가 있으므로 행복에만 너무 집중해서는 안 됩니다. 그러나 여기에서 말하는 개념은 평범한 사람이 다양한 긍정적 감정과 그 감정이 하는 일, 그 감정이 왜 생겼는지를 더 잘 이해하는 것입니다. 그렇게 되면 우리는 '그저 기분이 좋아지길 원하는 게 아니라 경이로움을 느끼고 싶어, 또는 자부심을 느끼고 싶어, 행복을 느끼고 싶어'라고 더 잘 말할 수 있게 됩니다"라고 러드는 설명한다. 그리고 "우리가 추구해야 할 것은 우리 목표에 맞는 감정이라고 생각합니다"라고 덧붙인다.

최근 '좋은 삶'을 향한 새로운 길이 나타났다. 버지니아대학교의 오이시 시게히로 Shigehiro Oishi는 '다양하고 흥미로우며 관점을 바꾸는 경험'으로 가득한 삶에서 발견되는 일종의 **최고선**인 '심리적 풍요로움'에 관한 이론을 발전시켜 왔다. 오이시는 연구 조교들에게 미국의 한 주요 신문에 실린 사망 기사를 1년간 검토하고 코드화하게 했다. 사람들이 좋은 삶을 살았다고 묘사하는 방식을 세 가지 발견했는데 '행복하거나, 의미 있거나, 아주 재미있는 만남과 경험으로 가득 차 있다'였다. 즉, 심리적인 풍요로움이었다. 그런 다음 연구진은 여러 국가에서 사람들이 미래에 대해 표현한 열망을 조사했다. 심리적으로 풍요로운 삶보다 행복한 삶을 원하는 사람이 훨씬 많았다. 하지만 과거를 돌아볼 때 무엇을 놓친 것을 가장 후회하느냐는 질문에는 대학에 갈 기회 같은 심리적으로 풍요로운 삶의 요소를 놓친 것을 후회한다고 응답한 사람이 더 많았다. 이는 자신을 행복하게 만드는 것이 무엇인지 '잘못 알고 있는' 사람에 대한 멜라니 러드의 견해를 뒷받침한다.

대체로 어떤 사람이 '심리적으로 풍요로운' 삶을 추구할까? 개방성이 높고, 지적 호기심이 많고, 유연한 세계관을 가지고 있으며, 많은 감정을 경험하고, 그 감정을 통해 의미 찾기를 좋아하는 사람, 다시 말해 쉽게 경이로움을 느끼는 사람이다. 경이로움처럼 심리적으로 풍부한 경험들은 가볍고 희망적일 수 있지만, 어둡거나 충격적일 수도 있다. 심리적으로 풍요로운 삶이 주는 이점에 대한 오이시의 연구는 경이로움에 기반한 삶의 혜택에 대한 직접적 증거로 보이며, **최고선**의 개념을 쾌락주의 행복 또는 행복주의 행복이라는 이분법 너머로 이동시킨다.

세상, 그 세상 안에 사는 사람들과 우리의 경험은 분리할 수 **없다**. 두 가지가 서로 대립하면서 공존할 수 있고, 둘 모두가 사실일 수 있다. 경이로움은 행복과는 다른 방식으로 삶의 아름답고 지저분한 복잡성을 받아들인다. 미묘한 차이와 깊이를 허용하며, 짜증 나는 현실을 받아들인다. 나에겐 그 불편한 공존의 균형이 행복을 향한 인위적인 회유보다 더 진실하게 느껴진다.

설명하자면 이렇다. 이건 둘 중 하나가 아니다. 경이로움은 실제로 행복eudaemonic happiness을 낳는다. 열린 마음을 가진 사람이 더 행복하다. 호기심 많은 사람이 더 행복하다. 몰두를 잘하는 사람이 더 행복하다. 경외감을 잘 느끼는 사람이 더 행복하다. 따라서 행복과는 반대인 경이로움의 구성 요소를 추구하고 발견하는 것은 하나를 사면 하나를 더 받는 1+1 쿠폰과 같다. 행복보다 경이로움이 성취 가능성이 더 크고 그 과정에서 전체 경이로움 주기의 혜택을 얻으면서 행복으로 보상받을 좋은 기회를 얻게 된다. 행복한 것도 좋지만 경이로움을 느끼는 것은 더 좋다.

이 책을 통해 얻을 수 있는 것

아이디어를 연구하는 방법에는 두 가지가 있다. 하나는 해부하고, 날개를 떼어, 판자에 핀으로 고정한 다음 잘라 내서 열어 보는 것이다. 또 하나는 아이디어를 보다 전체적으로 탐색한 다음 아이디어 사이의 연결점을 찾는 것이다. 내가 만나 본 과학자 중 한 사람은 이렇게 말했다. "당신은 분류학자이거나 쪼개는 사람이겠군요." 분류학자는 어떤 것들을 연결하고 분류하는 요소들을 발견하는 것을 좋아하며, 요소 자체뿐만 아니라 서로에 대한 추가적 관계에서 통찰력을 찾아낸다. 철학자 루트비히 비트겐슈타인은 이를 아이디어들의 '가족 유사성'을 찾는 것이라 묘사했다. 쪼개는 사람은 요소를 잘라 내서 요소의 세부 사항까지 조사하여 환원주의(생명현상은 물리학적·화학적으로 모두 설명될 수 있다는 주장-옮긴이)적 가치를 발견하는 것을 선호한다. 경이로움은 서로 복잡하게 얽혀 있으므로 덩어리 상태로 보는 게 적합하다. 또한 나는 전체가 부분의 합보다 크다는 아리스토텔레스 철학의 팬이기 때문에 경이로움을 관련이 있는 상태, 특성, 감정의 복합물로 일률적으로 다루고 조사할 것이다.

우리가 경이로움을 완전 마법으로 생각한다면, 이 책을 당신의 경이로운 주문서라고 생각하라. 개념, 이론, 이야기, 지식, 지혜, 영감, 영혼에서 이미 알고 있는 것을 상기할 수도 있지만 기록된 것을 직접 눈앞에서 확인해야 할 때 이 책을 찾아보면 된다. 유감스럽게도 이 책이 당신 인생의 모든 문제를 해결해 주지는 못한다. 이 책을 읽는다고 해서 더 날씬해지거나 시력이 좋아지지 않는다. 연인이나 배우자가 덜 짜증 나게 여겨지지도 않으며, 담배를 끊는 데 도움이 되지도 않는다(물론 16장에서 보는 것처럼 가능할 수도 있다). 그러나 정말 끔찍한 시기에 직면하더라도 삶을 최대한 활용할 새로운 관점을 제공해 줄 것이다.

1부에서는 경이로움을 소개하고 경이로움의 특징, 상태, 양상

등을 살펴본다. 경이로움 어휘를 만들고, 상호 연결된 경이로움 주기의 각 단계를 정의한다. 그러고 나면 전체적인 경이로움 경험의 구성 요소를 식별할 수 있을 것이다. 2부에서는 탄생과 죽음, 학습과 창의성, 사람들이 행동하도록 이끄는 것, 건강과 웰빙, 시간과 공간 등 우리가 경험할 수 있는 모든 수단을 다 동원해서 경이로움을 입증한다. 경이로움에 관한 다양한 연구를 조사하고 이것을 우리 삶의 모든 기본 영역에 적용하는 방법을 알아본다. 여기서 우리는 경이로움에 관한 상당수의 증거를 찾을 수 있다. 또한 일상에서 경이로움을 실천하는 습관을 구축하고 경이로움을 위한 마음가짐을 기르며, 경이로움을 불러일으키는 것을 식별하는 방법에 대한 실용적 지식을 얻을 수 있다. 3부에서는 평생 경이로움을 실천하는 사람이 되는 법과 경이라는 초월적인 마법에 자신을 맡기는 것이 어떻게 빠르게 변화하고 기존 질서가 파괴되는 이 세상에서 해독제가 될 수 있는지, 그리고 경이라는 신비로움에 흠뻑 젖은 삶을 살도록 설정하는 방법을 살펴본다.

이 책에는 개념, 연구, 이야기가 가득 들어 있다. 독자의 이해를 돕고, 다음 장으로 넘어가기 전에 핵심 개념을 명확하게 짚고 넘어갈 수 있도록 각 장의 마지막에는 '요약'을 해 두었다. 또한 각주를 추가로 제공해서 당신에게 잘 맞는 경이로운 탐험을 계속해서 할 수 있도록 도왔다. 이 책이 시간이 흘러도 다양한 이유로 독자들의 마음에 가닿고, 독자들이 계속해서 다시 찾아보고 참고하는 그런 책이 되었으면 좋겠다.

개방성, 호기심, 몰두, 경외감은 각각 자신만의 고유한 이야기를 가지고 있지만, 경이로움이라는 우산 아래에서 명사와 동사로 경이로움 사이를 오간다. 우리는 이 요소들이 연결되는 모든 방식을 본다. 겹치고, 때로는 수렴하고, 가끔은 도약하며, 어떨 땐 서로의 내부에 둥지를 틀기도 한다. 경이로움에 대해 더 많이 배울수록 각 요소가 다른 요소들과 연결되는 정도와 그런 연결의 추가적 특성을 분명하게 알 수 있다. 경이로움 전체는 부분의 합보다 크다.

어렸을 때 거실에 있던 커피 테이블에 작은 만화경이 있었다. 어머니가 선물로 받은, 공예 박람회나 진기한 골동품 가게에서 샀을 법한 아주 예쁜 수제 장난감이었다. 거울이 숨겨진 곳에는 반짝거리는 황동관이 있었고, 그 끝에는 안쪽에서 부드럽게 굴러다니는 여러 가지 색의 무광 유리 조각이 들어 있는 작은 원반 모양 용기가 있었다. 겉보기에도 예뻤지만, 구멍으로 안을 들여다보면 **우와!** 엄청났다! 화려한 색의 유리 조각이 보석처럼 반짝였다. 너무 멋지고 놀라웠다. 만화경을 조금만 비틀어도 다른 장면이 펼쳐졌다. 숨이 막힐 정도였다. 각기 다른 층으로 이루어진 만화경, 각각으로도 사랑스럽고 주목할 가치가 있지만, 렌즈를 통해 한꺼번에 보면 우와! 마법처럼 예상치 못한 경험을 선사했다! 이것이 바로 내가 경이로움과 경이로움의 요소를 생각할 때 상상하는 것이다.

일몰은 그냥 일몰일 수도 있고, 인류의 보편적인 선과 당신을 연결하는 것이 될 수도 있다. 어떤 날 무슨 일이 일어날지 누가 알 수 있을까? 왜? 누가 경이로움을 경험할 가능성이 더 클까? 애초에 인간인 우리는 왜 경이로움을 발전시켰을까? 이런 질문은 마법 같고 때로는 이해하기 어려운 경험에 대해 우리가 대답하려고 노력하는 질문이다.

경이로움을 이해하는 건 부분적으로는 과학을 이해하는 것이며, 또 다른 측면으로는 영혼을 이해하는 것이다. 일부는 실천으로 가능하며 또 일부는 운이 따라야 한다. 또한 간결하고 분명하며, 다른 한편으로는 길고 과장된 부분이 있다. 새뮤얼 테일러 콜리지Samuel Taylor Coleridge는 어떤 좋은 이야기든 '불신의 유예' 또는 더 서정적으로 '시적인 신념'이 필요하다고 말했다. 경이로움을 연구하려면 약간 시적인 신념이 필요하다. 그렇다면 경이로움을 탐험하는 동안만큼은 우리도 시적인 신념을 받아들이자고 제안해도 되겠는가? 과학이 자기 이야기를 하게 하고 영혼에게도 발언권을 주자. 그러면 엄청난 마법을 즐길 수 있다.

- 경이로움은 관찰하기(개방성), 이리저리 거닐기(깊은 호기심), 깎아 내기(몰두), 감탄하기 및 수용하기(경외감) 등 다섯 가지 요소로 구성된다.

- 감정은 여러 가지 이유로 연구하기 어려운 대상이며, 경이로움도 예외는 아니다. 정의하기 어려울 뿐만 아니라 문화적 측면을 고려하면 더 복잡하다. 여러 구성 요소 중 하나만 분리해 내기 어려울 뿐더러 실험실에서 연구하기도 어렵다.

- 경성 과학(자연과학)의 인지된 확실성과 연성 과학(사회과학)의 주관적인 성격 사이에는 약간의 줄다리기가 있다. 신경과학은 의심할 여지 없이 흥미롭지만, 여전히 초기 단계에 있다. 인간의 상태를 이해하기 위해서는 자연과학과 사회과학 모두 중요하다.

- 행복에 대한 두 가지 지배적인 해석인 쾌락주의와 행복주의는 고대 그리스 철학에서 유래했다. 쾌락적 행복은 쾌락을 극대화하는 데 중점을 두지만, 행복(에우다이모니아)은 균형 잡힌, 행복으로 가는 의미 있는 여정에 중점을 둔다. 에우다이모니아적 행복은 경이로움과 관련이 있지만 쾌락은 반대 성격을 지닌다. 최고선에 이르는 세 번째 길은 '심리적으로 풍요로운' 삶이며, 이 특성은 경이로

움의 특성과 직접적으로 일치한다.

• 마음에서 모든 부정적인 생각을 밀어낼 때 우리는 해로운 긍정이라는 함정에 빠지며, 그렇게 되면 우리는 그런 경험을 이해할 기회를 잃게 된다. 경이로움은 긍정적 감정과 부정적 감정을 모두 허용하며, 그 때문에 경이로움은 행복보다 더 유익하고 성취하기 쉽다.

• 오늘 수수께끼였던 것이 내일은 설명될 수 있다. 오늘 이해했다고 생각한 것이 내일은 잘못 이해한 것으로 밝혀질 수 있다. 탐색 과정은 그 자체로 가치가 있다. 그리고 경이로움을 경험하기 위해 반드시 경이로움을 이해할 필요는 없다.

1부

경이로움의

단계와 요소

우리가 새로운 것을 경험하는 데 열린 마음을 가지고 있을 때, 우리 뇌는 자연스럽게 그 개방성이 탐험으로 꽃피기를 원한다.

1장. 관찰하기:
익숙한 것을 새롭게 바라보는
마음의 개방성

> 관찰이란 경험에 대해 마음을 열 때, 즉 개방성을 가질
> 때 나타나는 행동이다. 개방성이 높은 사람은 경이로
> 움을 느낄 가능성이 크다.

이것은 예상 밖의 우정에 관한 이야기다.

19세기 중반 엘리트 집안에서 태어난 윌리엄 제임스^{William James}
는 가장 먼저 미국 대학에서 심리학 수업을 강의한 사람으로, 자
신이 처음 들은 심리학 수업이 바로 본인이 가르친 수업이라고
농담하곤 했다. 미국 심리학의 아버지로 불리는 제임스는 12년에
걸쳐 1200쪽에 달하는 걸작 『심리학의 원리』를 집필했으며, 그가
쓴 글은 심리학 분야의 토대가 되었다. 제임스는 유년 시절 이곳
저곳으로 자주 이사를 다녔다. 그의 아버지는 작가인 엘리스 제
임스, 헨리 제임스를 포함한 자기 자녀들이 세계적인 교육을 받
게 하는 것이 유익하다고 생각했다. 그래서 미국과 유럽을 오가
며 여러 차례 이사했고, 그 때문에 제임스는 16세가 되기도 전에
집을 18번이나 옮겨 다녀야 했다. 호텔까지 포함하면 훨씬 더 많
을 것이다. 화가를 꿈꿨던 제임스는 마지못해 하버드 의과대학에
다녔지만, 결국 자신은 신체가 아닌 정신과 영혼의 내적 작용에

관심이 있다는 사실을 깨달았다. 제임스와 동시대를 산 위대한 사상가로는 제임스의 대부인 랠프 월도 에머슨을 포함해 버트런드 러셀, 마크 트웨인, 허레이쇼 앨저, 칼 융, 지그문트 프로이트, 윌리엄 듀보이스[W. E. B. Du Bois] 등이 있는데, 마지막에 언급한 듀보이스가 자신의 어린 친구 헬렌을 제임스에게 소개해 주었다.

헬렌 애덤스 켈러는 1880년 6월 27일 앨라배마주 북서부 터스컴비아[Tuscumbia]에서 건강한 여자 아기로 태어났다. 하지만 태어난 지 18개월쯤 풍진으로 열병을 심하게 앓고 난 뒤 시력과 청력을 잃었고 그녀가 알고 있던 세상에서 완전히 단절되고 만다. 헬렌 켈러는 먼 훗날 그 시절을 "짙은 안개가 자욱한 바다"로 묘사했다. 인정 많은 알렉산더 그레이엄 벨이 어린 헬렌을 예뻐해 퍼킨스 맹인학교를 갓 졸업한 앤 설리번을 켈러의 가정교사로 주선할 때까지, 그녀는 엉망진창에 제멋대로 굴며 거의 반 야생아처럼 지냈다. 헬렌이 설리번 선생님을 만난 날을 "내 영혼의 생일"이라고 말할 정도로, 설리번은 이 어린아이의 삶을 완전히 변화시켰다. 이 두 사람의 관계와 헬렌의 엄청난 변화는 전설이 되었다.

케임브리지에서 록스베리까지 잠시 여행 중이던 제임스와 그의 뛰어나고 급진적인 동급생 듀보이스는 보스턴에 있는 퍼킨스 맹인학교에서 당시 11세였던 켈러를 처음 만났다. 켈러는 제임스에게 받은 선물에 깊이 감동했고 수년이 지난 후에도 그들의 첫 만남을 생생하게 기억했다. "어렸을 때 제임스가 나와 설리번 선생님을 만나러 보스턴 남쪽에 있는 퍼킨스 맹인학교에 왔었다. 예쁜 타조 깃털을 나에게 선물로 주며 이렇게 말했다. '네가 이 깃털을 좋아할 거라고 생각했어. 부드럽고 가벼우면서 쓰다듬어 주잖아.' 우리는 내가 감각을 인지하는 방식에 관해 이야기를 나누었다. 나는 그가 하는 이야기에 마법처럼 빠져들었다." 이 감동적이고 센스 있는 선물을 시작으로 두 사람은 1910년 제임스가 사망할 때까지 20년 동안 계속해서 아름다운 우정을 나누게 된다.

듀보이스도 켈러와 계속 친구로 지냈다. 헬렌 켈러는 청각장애인임에도 말을 할 수 있었으며, 민권을 지지하는 등 당시 여러 사회 문제에 목소리를 냈다. "켈러가 시각장애인이라 피부색 차이를 볼 수 없어서 그런지, 나는 그녀에게 깊은 관심을 가지게 되었고 평생 그녀가 하는 일을 응원했다." 전미유색인지위향상협회 National Association for the Advancement of Colored People를 설립한 듀보이스는 켈러에게 행동주의를 알려 주었고, 그녀가 어린아이에서 인종차별 반대자, 궁극적으로 미국시민자유연맹American Civil Liberties Union의 공동 설립자로 성장한 것에 대해 "내가 생각했던 것처럼, 어둠 속에 앉아 있는 켈러가 편견이 가득한 이 세계를 이해할 수 없는 눈으로 바라보는 수많은 앞을 볼 수 있는 사람보다 더 명확한 영적 통찰력을 지니고 있다는 것이 증명되었다"라고 말했다.＊

우정을 쌓아 가는 동안 제임스와 켈러는 종종 인식perception과 의식consciousness의 개념에 관해 이야기를 나누었다. 제임스는 많은 사람이 내적 감각을 희생하면서 외적 감각을 기른다고 굳게 믿었고, 내적 감각을 활용하는 켈러의 뛰어난 재능에 경외감을 느꼈

＊ 헬렌 켈러는 급진주의자로 간주되어, FBI가 그녀의 정치활동을 주시했고 상당량의 보고서를 작성하기도 했다.

다. 그는 켈러에게 보낸 수많은 편지 중 하나에 이렇게 썼다. "너는 이미 자신이라는 감옥에서 탈출했어. 우리 대부분은 여전히 어둠 속에서 감옥 벽 주위를 헤매면서, 좀처럼 나가는 비밀 문을 찾지 못하거든." 듀보이스, 제임스, 켈러는 각자의 방식으로 관찰과 열린 마음의 의미를 찾고 있었다. 시력과 통찰력. 누군가는 볼 수 있지만, 또 누군가는 볼 수 없다. 때로는 어떤 것을 보는지가 아니라 어떤 것을 인식하는지가 중요하다. 어떤 사람은 멀쩡한 두 눈을 크게 뜨고 바라보지만, 사실상 아무것도 인식하지 못하기도 한다. 그리고 켈러처럼 앞을 볼 수 없지만, 통찰력이라는 축복을 받은 사람도 있다. 제임스는 이런 종류의 열정적이고 열린 인식을 "순전히 감각적인 인식 수준으로, 생각하지 않은 상태에서 자신에게 주어진 삶의 지금 이 순간에 완전히 몰두하고 흡수할 수 있는 영혼의 능력"이라 묘사했다.

순전한 감각적 인식으로 삶의 현재 순간에 마음을 연다는 건 무슨 말일까?

첫 번째 요소: 개방성

경이로움의 첫 번째 요소는 관찰(경험에 대해 열린 마음, 즉 개방성)이다. 관찰하는 사람은 마음을 열고 현재를 살며, 늘 마음속으로 탐구하고 찾고 보며, 익숙한 것들을 새로운 관점으로 살펴서 전에 발견하지 못했던 세부 사항과 기쁨을 찾는다. 경험에 대한 개방성은 인지적 유연성, 지적 호기심, 인습에 얽매이지 않는 사고, 몰두와 같은 여러 특징과 관련된 성격 특질로, 연구자들은 개방성을 지닌 사람이 천성적으로 활기차고, 독창적이며, 동정심이 많다는 사실을 일관되게 발견했다. 이런 특성과 더불어 개방적인 사람들이 일반적으로 더 다양한 경험을 추구하고 직접 맞닥뜨리는 경향이 있어서 관습에 순응하거나 보수적인 삶을 살 가능성이 더 낮다.

20세 정도가 되면 인간의 기본적 특성, 즉 성격적 특질이 거의 자리 잡기 때문에 우리가 어떤 사람인지가 사실상 크게 바뀌지 않는다. 주어진 상황에 반응하고 접근하는 방식은 우리의 **특질**(내면 깊숙이 뿌리내린 성격 특징)과 **상태**(주어진 상황에 대한 일시적이고 변화하는 감정적 반응)에 따라 달라진다. 우리가 지닌 행복 성향, 정치적 견해, 우리가 좋아할 만한 직업 같은 속성들은 모두 성격의 영향을 많이 받는다.

제1차세계대전 당시 미국 육군은 전쟁 준비 정도를 평가하기 위해 군인들에게 성격 설문지를 작성하도록 했는데, 이것이 대규모 성격 특질 분석의 시작이었다. 이후 유사한 설문지가 특히 기업 영역을 중심으로 꾸준히 인기를 끌었다. 요즘 페이스북과 인스타그램 같은 플랫폼에서 가운뎃발가락 길이에 따라 인생의 동반자가 누구인지, 어떤 해리포터의 집을 골랐는지에 따라 당신에게 딱 맞는 완벽한 직업이 무엇인지 알려 주는, '성격 테스트'라고 잘못 알려진 포스팅이 급증하고 있다. 소셜미디어가 있기 전에도 이런 유형의 '테스트'가 유행했었다. 특정 연령대에 속한 사람들은 성격유형에 적합한 성관계 자세를 알려 준다는 여성지 뒷면에 실렸던 짓궂은 설문 문항을 기억할 것이다. 이런 테스트가 그저 '재미만을 목적'으로 한다는 사실은 두말할 필요도 없다. 논쟁의 여지가 있음에도 많은 사람이 마이어스-브릭스 유형 지표(이후 MBTI)나 에니어그램을 유효한 성격검사라고 여긴다.

MBTI와 같은 성격유형 검사를 성격 판단 기준으로 활용할 수는 있지만, 문제는 과학적으로 여전히 검증되지 않은 MBTI를 수년간이나 사용해 왔다는 사실이다. 융 심리학 일부를 토대로 만든 MBTI를 두고 과학자들은 '가짜 검사', '기업용 점성술', '충격적일 만큼 형편없다'라며 헐뜯었지만, 매년 온라인에서 실시하는 검사 횟수만 150만 회나 될 정도로 MBTI는 여전히 인기가 높다. 그러나 유효성이 검증된 성격유형 검사도 있다. 성격의 다섯 요인 모델Five-Factor Model of Personality이 가장 대표적이다. 빅파이브Big 5라고도 알려진 이 검사는 다섯 가지 성격적 특성인 '개방성openness to experience', '성실성conscientiousness', '외향성extroversion', '우호성agreeableness', '신경성neuroticism'으로 인간의 성격을 분석한다. 다섯 개 성격 요인의 앞 글자만 따서 OCEAN 또는 CANOE라고 부르기도 한다.

다른 성격유형 검사들보다 빅파이브 검사가 더 나은 이유는 다섯 가지 성격적 특성을 서로 분리된 혹은 반대되는 개념으로 보지 않고 연속체에 존재하는 개념으로 보기 때문이다. 즉, 누군가의 우호성 점수가 높거나 보통이거나 낮을 수는 있어도 0일 수는 없다. 물론 당신의 배우자나 연인이 동의하지 않을 수도 있지만 말이다. 연속체 모델인 빅파이브 검사는 MBTI보다 특성 간 차이를 더 세분화했다. 실제로 두 가지 특성을 모두 가진 응답자들은 검사하는 날의 기분이나 상황에 따라 검사 결과가 조금씩 다를 수 있는데, MBTI는 하나의 특성으로 식별하게끔 강요한다.

하지만 빅파이브 검사를 다른 검사와 차별화하는 가장 근본적인 차이점은 예측 가능성이다. 여기서 말하는 예측 가능성이란 디스토피아를 표현한 영화 〈마이너리티 리포트〉에서처럼 미래를 예측한다는 뜻이 아니라 특정 삶의 결과를 일관되게 나타낸다는 것을 의미한다. 우리가 성격검사를 이용하는 이유는 자신을 이해하고, 옳은 의사결정을 내리기 위해서다. 성격검사에 예측 가능성이 없다면, 그 검사 결과는 포춘쿠키 속 점괘와 크게 다를 바 없다. 포춘쿠키 속 점괘는 생각할 거리를 주지만, 그렇다고 해서 그 결과를 우리 삶에 자신 있게 적용할 수는 없다. 반면 다양한 문화, 인구통계 및 여러 세대를 아울러 진행한 수많은 연구를 살펴보면 빅파이브 검사는 인생, 직업, 인간관계 만족도에서부터 업무 성과, 학업성취도, 신체 건강, 수명 등에 이르기까지 많은 것을 예측하는 것으로 입증되었다. 그리고 지능과 사회경제적 지위를 포함한 많은 변수에서 일관성을 보인다.

다섯 가지 성격 요인 중 긍정적인 삶의 결과와 가장 관련된 특성은 경험에 대한 개방성이다. 경험에 열린 마음을 가진 사람은 더 창의적이고, 더 큰 상상력을 가졌으며, 혁신적이고 지적일 가능성이 더 크다. 또한 예리하고 통찰력이 있다. 이 특성이 예측할 수 있는 또 다른 결과는 무엇일까? 바로 경이로움이다! 개방성이 높은 사람은 경이로움을 경험할 가능성이 더 높다.

이런 속성은 열린 마음을 가진 사람들이 말 그대로 세상을 다르게 바라본 결과일 수 있다. 2016년 멜버른대학교 연구 팀은 왼쪽 눈과 오른쪽 눈에 각기 다른 이미지를 보여 줄 때 발생하는 **양안 경쟁**binocular rivalry 현상의 시각적 특이성과 개방성 사이의 연관성을 탐구하고자 했다. "뇌는 이처럼 눈에 서로 다른 것이 보이는 상황에서 일관된 그림을 추출할 수 없으므로 두 이미지가 번갈아 보이며, 두 눈에 보이는 각각의 이미지가 지배력을 갖고자 다른 이미지와 서로 경쟁한다"라고 연구 저자인 루크 스마일리Luke Smillie 가 설명한다. "하지만 때때로 두 이미지가 마구 뒤섞여서 의식적으로 지각에 침투하기도 한다." 이 연구는 개방적인 사람이 마구 뒤섞인 이미지를 더 오래 유지할 수 있다는 사실을 보여 주었다. 또한 '의식 침투'를 통해 열린 마음을 가진 사람이 복잡한 감정 경험을 더 편안하게 여긴다는 사실을 알게 되었다.* "마치 인식의 문이 벌어진 것처럼, 열린 마음을 가진 사람의 의식으로는 더 많은 시각적 정보가 흘러 들어간다."

개방성에 관해 이야기할 때, 개방성이 외향적인 사람에게서 흔히 볼 수 있는 대인관계에서의 개방성이 아니라는 점을 명확히 해야 한다. 사실, 경험에 대한 개방성은 반드시 외향적인 것과 관련이 있다기보다는 다르고, 낯설며, 심지어 불편하기까지 한 체험이나 아이디어를 경험으로 여기고 지적으로 받아들이는 것을 뜻한다. 그린즈버러에 있는 노스캐롤라이나대학교 심리학과 교

---

* 같은 연구 참가자들은 또한 개방적인 참가자가 덜 개방적인 참가자에 비해 더 자주 초조한 흥분이나 경외감 등의 혼합된 감정을 경험한다고 보고했다.

수인 폴 실비아^{Paul Silvia}는 "경험에 대한 개방성이 높은 사람은 미적 경험을 즐기고, 더 창의적인 삶을 살며, 예술을 추구하고 후원한다"라고 말했다. 그리고 "반면 경험에 대한 개방성이 낮은 사람은 더 관습적이고 실용적이며 현실적이다"라고 덧붙였다. 현실적인 것이 경이로움에 그다지 도움이 되지 않는다는 사실은 새삼스럽지 않다.

천성 대 환경

성격 특질이라는 주제가 나올 때마다 성격이 유전 혹은 환경 중 무엇의 영향을 받느냐에 대한 논쟁이 뒤따른다. 이 관계를 탐구하는 흥미로운 방법은 출생 시 분리된 일란성 쌍둥이를 연구하는 것이다. 태어난 이후 헤어진 일란성 쌍둥이들이 나중에 다시 만났을 때, 놀라울 정도로 비슷한 직업, 머리 스타일, 이상형을 가진 것으로 밝혀지는 텔레비전 쇼를 본 적이 있다. 이런 유사성은 일반적으로 쌍둥이들이 공유하는 유전적 성격 특성 때문이다. 출생 시 분리된 쌍둥이를 조사한 여러 연구에 따르면 유전과 환경이 성격 특질에 거의 비슷하게 영향을 미치며, 일반적으로 성인기에는 안정적으로 환경의 영향을 받는다. 인간이 자신의 성격을 바꿀 수 있는지는 뜨겁게 논의되는 주제이지만, 우리 뇌는 일부 사람들이 생각하는 것처럼 절대로 변하지 않는 것이 아니며, 충분히 설득력 있는 이유가 제시되면 바뀔 수 있다는 증거가 늘어나고 있다. 문제는 얼마나 충분히 설득력이 있는가다.

스탠퍼드대학교 심리학과 교수인 캐럴 드웩Carol Dweck은 성격은 성인기에 결정되지만, 우리 성격에는 '어느 쪽이라고 할 수 없는' 부분이 있어 상당히 유연하다고 말한다. 우리가 지닌 중요한 신념 체계, 자신에 대한 믿음, 목표 설정 행동, 대처 전략과 같은 특징들은 모두 자기 인식과 연습으로 바꿀 수 있으며, 이런 특징은 우리가 세상을 바라보는 방식과 의사결정에 큰 영향을 미친다. 드웩 교수는 이런 유연한 특징이 성격만큼이나 잠재적으로 우리가 "성장하고, 배우고, 만족스러운 관계를 유지하며 직장과 학교에서 좋은 성과를 보이고, 다른 사람을 배려하고, 좌절에서 회복하는 방식을 지탱해 준다"라고 생각한다.

드웩 교수가 진행한 한 연구에서 중학생 집단이 8주 동안 학업 기술 과정을 수강했다. 통제집단에 속한 학생들에게는 아무런 자극을 주지 않았지만, 실험집단에 속한 학생들에게는 지능은 타고나는 것이 아니라 그저 운동이 필요한 근육과 같다고 이야기했다. 지능이 변할 수 있다는 이야기를 들은 학생이 더 좋은 성과를 보였다. 이렇게 '어느 쪽이든 될 수 있는' 요소들은 우리의 지능뿐만 아니라 자존감에도 영향을 미친다. 어떤 사람이 똑똑해서(정해진 특성) 잘했다고 칭찬받는다면 그 사람의 자존감이 떨어질 수 있지만, 열심히 노력해서(변할 수 있는 특질) 잘했다고 칭찬받는다면 더 열심히 하려고 노력할 것이고, 좌절을 겪어도 높은 회복탄력성을 보이게 된다.

이런 연구는 우리가 성격 때문에 제약을 느껴서는 안 된다고 말한다. 우리에게는 여전히 자유의지가 있기 때문이다. 하지만 자신의 성격과 성격이 만들어 내는 경향을 이해하면, 이런 경향성을 활용하거나 완화하는 전략을 만드는 데 도움이 된다. 이러한 경이로움 속성 중 일부에서 내 점수가 낮다는 생각이 들더라도 걱정하지 마라. 첫째, 빅파이브의 성격 요소가 완전히 결여된 사람은 아무도 없다. 우리는 모두 약간의 개방성을 가지고 있다. 둘째, 비록 엄청난 노력과 삶을 변화시키는 경험이 필요하긴 하지만, 시간이 지나면서 이런 특성이 바뀔 수 있다는 증거가 많이 발견되고 있다. 마지막으로 우리는 늘 기존 특성을 발전시키고 지지하고 균형을 맞추기 위해 우리가 지닌 성격을 중심으로 어느 쪽도 될 수 있는 다양한 기술을 구축할 수 있다. 그리고 이 책은 그런 기술을 구축하는 방법 몇 가지를 알려 줄 것이다.

백일몽의 필요성

윌리엄 제임스는 우리 마음의 '감옥'에 대해 말했다. 많은 사람이 혼자 남겨지는 것을 감옥에 들어가는 것처럼 여긴다. 사람들은 혼자 있기를 원치 않으며, 이는 그다지 새롭지 않다. 17세기 수학자이자 철학자인 블레즈 파스칼은 "인간이 불행한 유일한 원인은 자기 방에서 조용히 머무는 법을 모르기 때문이다"라고 말했다. 빅터 프랭클은 "실존적 공허함은 주로 지루한 상태에서 나타난다"라고 생각했다. 1930년에 철학자 버트런드 러셀은 "우리는 선조들보다 덜 지루한 삶을 살고 있지만 지루함을 더 두려워한다"라고 말했다. 러셀은 지루함에도 나름의 장점이 있다고 여겼다. '유익한 단조로움'의 편안함을 자신에게 허용할 줄 알아야 오락거리가 주는 빠른 해결책에 굶주리지 않는다. 러셀은 조금의 지루함도 허용하지 않는다면 "항상 다음 즐거움을 추구할 것"이라고 우려했다. 경이로움을 추구하는 사람들에게는 내면적 생각에 대한 개방성은 외면적 생각만큼 가치가 있다.

새로운 것은 외부의 입력으로 우리 마음을 쉽게 차지할 수 있다. 우리 중에 도서 카드 목록을 기억하는 사람이 있을 것이다. 듀이 십진분류법을 사용해서 책을 찾아『브리태니커 백과사전』의 마이크로피시(책의 각 페이지를 축소 촬영한 시트 필름-옮긴이)를 꺼내서 나중에 베끼기 위해 해당하는 쪽을 복사한다. 이렇게 하는 건 시간이 걸렸다. 사용하는 도구가 효율적이거나 효과적이지 않았기 때문에 수집할 수 있는 정보의 양은 제한적이었다. 요즘 우리는 인간이 지닌 모든 지식을 한데 압축해서(지나치게 많은 반려동물 사진뿐만 아니라 정치인들의 고함까지) 한 손에 가지고 다닌다. 우리는 다시 지루해할 필요가 없다는 뜻이다. 그리고 이것은 그다지 좋은 일이 아닐 수도 있다.

즐기는 것이 지나치게 쉬워졌기 때문에 우리가 끊임없이 새로운 정보의 참신함을 갈망하는 이유를 이해할 수 있다. 지루함에 관한 많은 이론은 각성에 대한 인간 욕구를 중심으로 전개되며, 충분한 자극이 없으면 인간은 새로움을 제공하는 모든 것에 참여할 것이라고 말한다. 감각이 결핍된 환경에 있는 인간은 새로운 자극에 노출되기 위해 기꺼이 지루한 뉴스 방송을 계속해서 듣는다. 쥐도 단지 전과 다른 일을 하기 위해 미로에서 덜 알려진 길을 택한다.

요즘은 주변 소음이 너무 많아져서 '흥미를 주는 자극 평형'이 상당히 높아졌다. 즉, 지루함의 한계점이 훨씬 낮아졌다. 저녁 식사 자리에 늦게 도착하는 상대방을 기다리면서 허공을 응시하거나, 형이 축구 경기를 마치기를 기다리면서 구름을 본다든가, 철 지난 잡지를 모조리 읽은 뒤 여전히 병원에서 천장을 응시하면서 진료를 기다리는 것 같은 지루함이 없다면, 우리는 어떻게 몽상에 잠길 수 있을까?

종종 조롱거리가 되거나, "모니카는 몽상하기 좋아합니다. 가끔은 무슨 생각을 하는지 정말 궁금하네요" 같이 성적표 주관 평가의 주제가 되기도 하는 백일몽 혹은 딴생각은 보통 바람직하지 않은 활동으로 여겨진다. 끊임없는 집중을 요구하는 우리 교육 시스템 안에 있는 학령기 아이들 사이에서는 특히 더 그렇다. 그런데도 우리는 평균적으로 깨어 있는 시간의 47퍼센트를 몽상하는 데 쓴다. 우리 뇌가 깨어 있는 시간의 거의 절반을 이 일에 사용한다면, 그럴 만한 이유가 있을 것이다.

백일몽이라는 용어는 1921년 지그문트 프로이트가 서문을 써서 화제가 된, 쥘리앵 바렌동크 Julien Varendonck의 책 『백일몽의 심리학 The Psychology of Day-Dreams』에서 바렌동크가 처음 사용했다. 프로이트와 윌리엄 제임스 모두 백일몽에 장점이 있다고 여겼지만, 지난 20년 동안은 백일몽을 '인지적 통제 실패'로 묘사하는 연구 결과가

1부 경이로움의 단계와 요소

많았다. 한 가지 예외로 경력 대부분을 백일몽 연구에 쏟은 심리학자 제롬 싱어Jerome Singer의 연구가 있는데, 백일몽보다 정신 거닐기라는 용어를 선호했던 싱어는 백일몽을 세 가지 유형으로 구분했다. 두 가지 유형은 부정적인 영향을 미치지만, 하나는 꽤 유익하다.

첫 번째는 **죄책감에 시달리는 불쾌감** 또는 미래에 대한 두려움을 수반하는 백일몽이다. 과거를 회상하거나 부정적인 경험을 계속하거나(6년 전에 그랬던 것처럼 누군가의 고양이가 너무 나이가 많다며 농담했는데, 바로 다음 날 그 고양이가 죽었다), 미래에 최악의 상황이 일어날 것이라고 상상하는 것이다(당신의 발표가 너무 형편없어서 누군가 화재경보기를 작동시켜 발표를 중지시킬 것이라고 상상하는 것처럼)*. 두 번째는 주의력 결핍이 있는 사람에게 특히 골칫거리로 특정한 생각이나 일에 집중하는 데 어려움을 겪는 **불완전한 주의 조절**에 의한 백일몽이다. 이 두 종류의 백일몽은 그다지 장점이 없다. 그러나 세 번째 유형인 창의적이고 긍정적인 방식으로 미래 가능성을 상상하게 하고 정신이 좋은 방향으로 나아가게 해 주는 **긍정적이며 건설적인 백일몽**positive constructive daydreamiing(PCD)은 매우 유익하다.

긍정적이며 건설적인 백일몽은 **관찰하기**와 **이리저리 거닐기** 사이를 이어 주는 다리로 내면 관찰과 향후 탐험을 위해 필요한 예측을 연결해 준다. 이것은 경이로움의 요소인 경험에 대한 개방성, 호기심, 몰두 및 아이디어, 감정, 감각에 대한 탐구와 관련이 있다. 계획 수립과 창의력에 도움이 되는 긍정적이며 건설적인

---

* 실화로, 그다지 좋은 순간은 아니었다.

백일몽은 또한 뇌의 구조를 변화시켜, 대뇌피질이나 노화로 인해 인지 기능이 저하되면 얇아지는 회백질을 두껍게 만들 수 있다.

인지과학자이자 인본주의 심리학자인 스콧 배리 카우프만^{Scott} Barry Kaufman과 처음 대화를 나누던 날, 따뜻한 미소로 나를 반겨 주던 그는 예상치 못했던 소식 때문에 기분이 약간 우울하다고 했다. 그의 멘토이자 친구인 제롬 싱어가 최근 세상을 떠났고, 카우프만은 싱어 가족의 부탁으로 그의 사망 기사 작성을 담당했다. 카우프만은 싱어에게 연구 지도를 받기 훨씬 전부터 백일몽에 관심이 매우 많았다. 어린 시절 카우프만은 학교 수업 방식에 불편함을 느꼈고, 몽상가들이 조롱당하는 것을 몸소 체험했다. 말썽꾸러기였던 꼬마 카우프만은 어렸을 때부터 병원에서 힘든 치료를 받았다. 3세가 채 되기도 전에 중이염을 21번이나 앓았고, 그로 인해 청각 정보 처리에 장애가 생겼는데, 이 청각 지연 때문에 발달이 느린 것처럼 보였다. 학교 배정을 위해 지능검사를 받았을 때, 스콧은 질문을 제대로 들을 수 없어서 좋은 성적을 받지 못했고 이 때문에 특수교육 수업을 받게 되었다. 생각이 깊은 한 교사가 카우프만이 정말로 특수교육을 받을 필요가 있는지 의문을 제기하기 전까지 그는 괴롭힘을 당했고, 몽상하거나 수업을 방해한다는 평가를 받았다. 그러고 나서 카우프만의 삶이 변했다. 그는 컬럼비아대학교, 예일대학교, 뉴욕대학교, 펜실베이니아대학교에서 강의할 뿐만 아니라 베스트셀러 작가가 되었고 세계에서 가장 많이 다운로드되는 심리학 팟캐스트의 진행자가 되었다.

카우프만은 몽상가가 게으른 실패자가 아니라는 증거다. "우리는 주의력과 백일몽 사이에 잘못된 이분법을 만드는 경향이 있습니다. 백일몽은 나쁘며 집중은 늘 좋은 것처럼 여깁니다. 이것은 매우 단편적 시각으로 백일몽이 늘 부정적인 것은 아닙니다. 긍정적이고 건설적인 백일몽도 있습니다. 의도적으로 집중해서 백일몽을 생산적으로 만들 수 있습니다. 머릿속에서 시뮬레이션을 돌려 보는 것은 매우 좋은 방식으로, 이 능력이 진화한 데는 그만한 이유가 있습니다."

백일몽과 가장 자주 연관되는 뇌 부분은 **불이행방식망**default mode network이다. 뇌를 좀 더 쉽게 연구하고 이해하기 위해 과학자들은 뇌를 망이라고 하는 영역으로 분류했다. 각 영역은 세포 수준에서 유사하며 조정된 기능화 활동 패턴을 공유한다. 확인된 7개의 망 가운데 불이행방식망과 **현출성신경망**salience network 이 두 가지는 특히 경이로움을 더 유발할 수 있다(4장에서 현출성신경망에 대해 자세히 다룬다).

신경과학 분야에서 불이행방식망은 미디어의 주목을 받고 있다. 최근 연구에서 불이행방식망이 백일몽뿐만 아니라 자폐증, ADHD, 명상, 몰입, 경외감, 사이키델릭, 알츠하이머병 등을 살피는 신경과학에서 중추적 역할을 하는 것으로 밝혀졌고, 이제 과학 관련 보도에서 불이행방식망을 다루는 것은 드문 일이 아니다. **불이행방식망**은 우리가 휴식 상태일 때 활성화되는 뇌 영역으로 자기 인식과 내면의 이야기를 반영하는 능력을 담당한다. '휴식 상태'라는 용어는 사실 잘못된 명칭이다. 우리 뇌는 그저 신경 활동을 변화시킬 뿐 진짜로 쉬는 시간은 결코 없기 때문이다. 불이행방식망은 반상관anti-correlational 체계로 백일몽처럼 사색할 때 활성화되고 작업 기억을 사용할 때는 비활성화된다. 때로는 '뇌를 위한 자동조종장치'로 묘사된다. 뇌는 과거 그리고 상상한 미래에 관한 생각을 처리하면서 우리가 삶을 이해하는 것을 돕기 위해 늘 뒤에서 열심히 일한다.

불이행방식망은 다른 활동 방식에 영향을 미치는 다양한 연결이 실행되는 허브와 같다. 그러나 더 흥미롭고 신비한 점은 불이행방식망이 우리를 다른 영장류와 구분하는 자기반성, 자기 지시적인 종류의 추상적인 개념적 사고의 상당 부분을 담당하며, 삶의 의미를 만드는 데 도움이 되는 사회적 시나리오를 회상하고 구성한다는 점이다. 개방성, 몰두, 경외감, 기억, 공감, 거울뉴런, 마음 이론(11장에서 거울뉴런과 마음 이론에 대해 자세히 다룬다)과의 연관성을 고려할 때, 불이행방식망은 경이로움을 찾고자 하는 사람들에게 특히 흥미로운 네트워크다.

치매에 걸렸을 때처럼 인지기능이 저하되면 불이행방식망이 활성화되지 않는다. 아직 연결 고리가 완전히 밝혀지지는 않았지만, 불이행방식망은 우리 정신을 적절하게 전진시키고, 과거 경험을 곰곰이 생각하게 해 주는, 건강한 정신 기능에 중추적인 역할을 한다. 또한 몽상을 자주 하는 사람과 경험에 대한 개방성이 높은 사람의 불이행방식망이 더 활성화되어 있으며, 명상이나 백일몽 같은 느리게 생각하는 활동을 통해 불이행방식망을 강화할 수 있다.

철학자들은 오랫동안 불이행방식망과 연관이 있는 내적 성찰의 중요성을 강조해 왔다. 버트런드 러셀의 지루함에 대한 찬가 외에도 디드로, 로크, 칸트 같은 계몽주의 철학자 대부분은 인류에게 스스로 삶의 방향을 정하고, 자신을 이끌 수 있도록 힘을 실어 주는 것은 외적 동인이 아닌 내면의 성찰이라고 생각했다. 존로크는 1690년 자신의 저서 『인간지성론』에서 **의식**consciousness이라는 단어를 만들었고, '인간 자신의 마음에 전달되는 것에 대한 인식'이라고 설명했다. 로크에게 의식이란 '생각과 분리할 수 없는 것'이었고 자신의 정신작용에 대한 통합적인 인식을 의미했다. 마음을 열고 내면 의식을 관찰하면 호기심을 가지고 외부 세계를 탐구할 수 있게 된다.

프란츠 카프카는 "방에서 나갈 필요 없어. 탁자에 앉아서 들어봐. 듣지도 말고 그냥 기다려. 조용히 혼자 있어. 세상은 네가 자유롭게 가면을 벗을 수 있게 해 줄 거야. 선택의 여지가 없어. 네 발밑에서 황홀경으로 굴러갈 거야"라고 썼다. 꽤 어두운 친구로 알려진 사람에 대한 이상하리만치 낙관적인 인용문이지만, 카프카는 말년에 형이상학적인 '내면의 세계'와 열린 고요한 인식 속에 존재하는 힘에 몰두했다. 어린 헬렌 켈러를 생각해 보라. 세상의 많은 것과 단절되어 바다 안개 속에 있으면서도 켈러는 열린 마음으로 자신의 영역에 있는 생명의 흐름을 흡수할 준비가 되어 있었다. 그리고 낯선 사람이 그녀에게 타조 깃털을 건네준다. 켈러의 손이 깃털 줄기를 가로질러 춤을 추고, 깃대에서 시작해서 줄기까지 올라가 부드럽고 가느다란 깃가지를 스치며 마음의 눈으로 그 물체의 모습을 그려 본다. 매우 섬세하다고 느꼈을 것이다. 가볍다. 깃털이 그녀의 얼굴을 어루만졌을 것이다. 간지러웠을까? 그래서 킥킥거렸을까? 섬세한 깃털로 부채질하면서 가벼운 공기의 소용돌이를 느꼈을 것이다. 의식적으로 개방성이 호기심으로 바뀌도록 하지는 않았을 거다. 그냥 자연스럽게 됐을 거다. 인간이기 때문에, 우리가 새로운 경험에 열린 마음을 가지고 있을 때, 우리 뇌는 자연스럽게 그 개방성이 탐험으로 꽃피기를 원한다. 이유가 뭘까? 그것은 바로 알고 싶기 때문이다.

요약

- 경이로움의 첫 번째 요소인 경험에 대한 개방성, 즉 관찰하기는 무엇보다도 지적 호기심, 창의성, 예술적 표현, 인지적 유연성과 관련된 안정적이고 보편적인 성격 특질이다.

- 가장 자주 인용되는 성격 특성 모델은 빅파이브다. 이것은 성실성, 우호성, 신경성, 외향성, 경험에 대한 개방성이라는 다섯 가지 요인으로 성격을 설명한다. 우리가 누구인지 이해하려면 MBTI 같은 도구보다는 빅파이브 같은 검증된 성격검사를 활용하는 편이 더 낫다.

- 성격은 우리가 세상을 보는 렌즈다. 성격은 우리가 내리는 모든 종류의 의사결정 방식과 우리가 경이로움을 느끼는 정도에 영향

을 미친다. 유전(본성)과 환경(양육)이 각각 절반 정도로 성격에 영향
을 미친다.

• 성격 특질 대부분은 성인기에 확립되고 나면 안정화되지만, 여전
히 우리는 성격 특질을 강화하거나 완화할 수 있으며, 더 쉽게 경
이로움을 느끼도록 태도, 신념, 전략을 구축할 수 있다.

• 다양한 유형의 백일몽이 있는데 그중 하나인 긍정적이며 건설적
인 백일몽(PCD)은 우리에게 매우 유익하다. PCD는 과거를 부정
적으로 반추하기보다는 반성하게 하고 상상력을 풍부하게 한다.
PCD는 내적 탐험에 대한 개방성을 외적 탐험에 대한 호기심으로
연결한다.

• 백일몽과 관련된 뇌 영역인 불이행방식망은 자기의식과 경험에
대한 성찰을 담당하기 때문에 경이로움을 이해하는 데 중요하다.
불이행방식망은 경이로움을 인식하는 방법과 관련이 있는 기억,
마음 이론, 거울뉴런과 관련된 하위 영역으로 구성되며, 자폐증,
ADHD, 명상, 몰두, 경외감, 사이키델릭, 알츠하이머와 같은 신경
과학 연구의 여러 분야에서 중요한 역할을 한다.

2장. 이리저리 거닐기:
호기심을 자극하는 인지적 산책

> 인간은 동물로서의 기본 욕구보다 본능적인 탐구 욕구를 더 크게 느낀다. 경이로움의 유형인 호기심은 새로운 것을 이해하려는 욕구와 연결되어 있다.

재키 이모와 셀윈 이모부는 작지만 멋진 집을 가지고 있다. 밖에서 볼 땐 그냥 도시 근교 집처럼 보이지만 집 안으로 들어가면 넋을 잃게 된다. 전문적 식견으로 고른 근사한 여러 가지 소장품으로 가득 차 있다. 중국산 향에서 빅토리아시대 조각상까지, 두루마리 피아노에서 번쩍이는 황동 배의 명령 전달 장치, 움직이는 것에서 움직이지 않는 것까지, 아시아산·아프리카산에서 미국산·영국산까지, 골동품에서 최신 물건까지, 비싼 것부터 단순한 것까지 없는 게 없었다. 어렸을 때 이 물건들을 마음대로 잡고 관찰하고 만지고 가지고 놀 수 있었고, 어떤 이야기든 요청할 수 있었다. 이곳에서는 모든 물건에 사연이 있었기 때문에 깊은 호기심을 물리적으로 발현할 수 있었다. 따뜻하고 상세한 그 이야기는 늘 다른 물건과 다른 이야기로 연결되었다. 나는 마음껏 돌아다닐 수 있었다.

그 집을 나설 때면 늘 내 스냅사진 속 작은 집이 아니라 엄청나게 큰 이상한 나라에 있었던 것 같은 기분이었다. 한껏 고취되고 풍요로운 기분으로 이모네 집을 나섰다. 나는 늘 아쉬움이 남았고, 그 기분은 좀처럼 가시지 않았다. 호기심으로 가득 차 캐비닛이 가진 정보의 구석구석 모두를 알고 싶은 열망이 있었다. 경이로운 호기심이었는데, 당신도 그런 호기심을 느끼면 알게 될 것이다. 지적인 만큼 본능적이기 때문이다. 알고 싶은 용감한 열망에도 결코 이해할 수 없는 많은 것 앞에서 겸허해질 수밖에 없었다.

두 번째 요소: 호기심

어렸을 때 『호기심 많은 조지』라는 책을 무척 좋아했다. 건방진 원숭이가 끝없는 호기심 때문에 늘 어떤 종류의 문제를 일으키는 것보다 더 재밌는 게 있을까? 호기심은 종종 어린아이가 심하게 장난치면서 쫓아다니는 모습이나 공포영화에서 자주 볼 수 있는 경고를 무시한 사람에게 닥치는 결정적 장면 같은 방식으로 포장된다.

인류의 역사는 호기심으로 가득 차 있다. 수백 년 전으로 거슬러 올라가면 고등교육과 학술 연구의 주요 후원자 대부분은 초기 가톨릭교회였다. 그러나 자선에는 경고가 뒤따르는 법, 그 연구 결과는 교회의 권위를 훼손시키면 안 됐다. 성직자가 지식을 취사선택하는 과정은 유럽의 인식론적 탐구를 가라앉혔다. 당시 유럽에서는 호기심을 구석에 숨길 수밖에 없었고 일부 상황에서는 호기심을 드러내는 것만으로도 저항과 반항 행위로 간주되었다. 그러나 호기심을 멸시한 건 교회만이 아니었다. 몇 세기 이후 프로이트조차도 호기심을 병의 일종으로 보았다. 프로이트는 호기심이 승화된 성적 탐구로 인해 생겼다고 여기며, '보는 것에서 쾌락을 얻는' 증상인 절시증(다른 사람의 나체나 성행위를 보고 쾌감을 느낌-옮긴이)이라고 불렀다.

때로는 호기심 때문에 불쾌한 일을 경험할 수도 있으므로 역사적으로 나타난 이런 걱정은 어느 정도 근거가 있다. 우리는 모두 병적인 호기심이 상식을 압도하는, 너무 끔찍하지만 궁금해서 외면할 수 없는 순간을 한 번쯤은 경험한 적이 있다. 시카고대학교 연구진은 그런 현상의 한계를 실험해 보고 싶었다. 연구진은 참가자들에게 카드 세트를 선택하라고 요청했다. 한 세트에는 다양한 바위 사진이 있었고, 다른 세트에는 바위와 기괴한 개똥 사진이 섞여 있었다. 참가자들은 카드를 뒤집기 전까지 자신이 어떤 사진을 가졌는지 알 수 없었다. 연구진은 개똥 사진이 있는 카드를 선택한 참가자들이 카드를 뒤집으며 "웩" 소리를 내면서도 이 카드를 뒤집는 긴장감을 즐긴다는 사실을 발견했다. 참가자들은 거부감을 느끼는 동시에 쾌감도 느꼈다. 불쾌한 것을 탐구하도록 자극받는 이유는 무엇일까?

호기심의 진화

호기심을 연구하는 생물학과 신경과학은 뇌의 자극과 보상 주기로 인해 촉발되는 도파민과 아편제 반응에 기반한다. 이 주기는 중요한 목적을 수행한다. 호기심 탐색 단계와 관련이 있는 도파민 분비는 탐색을 자극한다. 동시에 장기 학습 정보 저장을 담당하는 해마가 활성화되어 우연 기억incidental memory이 좋아진다. 만약 우리가 발견한 것이 매우 흥미롭다면, 천연 아편인 엔도르핀도 뒤따라 분비된다. 호기심으로 인해 가려운 곳을 긁으면 기분을 확 좋아지게 하는 것이 바로 이 엔도르핀이다. 그러면 결국에는 다시 탐색 행동에 동기를 부여하기 위해 더 많은 도파민이 분비된다.

이러한 주기는 호기심을 유지하는 데 중요하지만, 불쾌한 것을 탐색하는 이유도 설명해 준다. 사람들은 주제가 부정적이거나 논란의 여지가 있을 때 더 큰 호기심을 보인다. 흔한 예로 부정적인 SNS 게시물에 두 배나 더 많은 사람이 몰려드는 것을 들 수 있다. 잠잘 시간을 훨씬 지나서까지 계속해서 스크롤한 경험이 있다면 도파민 피드백 올가미에 낚여서 그런 것이다. 내 말을 믿어도 좋다. 인터넷과 SNS 거물들 역시 이 연구 결과를 알고 있다. 그래서 인터넷이 놀라운 호기심 도구인 동시에 갈등과 부정의 도파민 격돌로 가득한, 시간 가는 줄 모르고 빠져드는 최악의 장소도 될 수 있는 것이다.

작가 이안 레슬리Ian Leslie가 말한 것처럼 호기심은 "인간 본성의 아주 기본적인 구성 요소이기 때문에 우리 삶에 호기심이 만연해 있다는 사실을 거의 잊고 있다". 우리는 정보를 찾고 이용하는 데 많은 시간을 소비한다. 정보 대부분은 우리 사회와 경제의 많은 부분을 촉진하는 인터넷에서 찾을 수 있다. **탐색적 행동**으로도 알려진 호기심은 우리 정신에서 중요한 역할을 한다. 키케로는 호기심을 "어떤 보상에 대한 유혹이 아닌 순전히 배움과 지식에 대한 타고난 사랑"이라고 묘사한 적이 있다. 윌리엄 제임스는 호기심을 "더 나은 인지를 향한 충동"이라고 불렀다. 아인슈타인은 호기심을 너무 숭배한 나머지 '신성한 호기심'이라고 불렀으며, 계속해서 "나는 특별한 재능이 없다. 그저 호기심이 매우 왕성할 뿐이다"라고 말했다.

다른 동물들도 인간처럼 호기심을 가지고 있다. 동네 강아지 한 마리가 코를 킁킁거리며 뭔가 맛있어 보이는 것의 냄새를 맡으면서 먹을 수 있는 건지, 언제 인간의 주의가 산만해져 그것을 훔쳐 갈 수 있을지 궁금해하는 것을 본 적이 있을 것이다. 개가 배고픔이나 갈증을 채우기 위해 그런 것처럼, 인간은 지식 격차를 좁히기 위해 호기심을 처음 진화시켰다고 믿는 과학자도 있지만, 경이로움의 유형인 호기심은 순전히 인간의 특성이다. 동물은 '탐색과 활용 절충exploration-exploitation trade-off(이미 아는 것을 선택함으로써 예상과 가까운 결과를 얻는 '활용'과 확실치 않은 것을 선택해서 배움을 얻는 '탐색' 중 무엇을 선택할지에 대한 딜레마가 발생-옮긴이)'이라고 알려진 활동을 한다. 이는 동물이 새로운 기회와 정보를 탐색하는 데 약 20퍼센트의 시간을 사용하며, 나머지 80퍼센트의 시간에는 그 지식을

　　　　　　　　　　1부 경이로움의 단계와 요소

활용한다는 뜻이다. 그러나 호기심은 이런 절충 이상이다. 그렇지 않다면 인간이라는 유기체가 직접적 욕구와 관련 없는 새로운 지식을 찾는 이유를 설명할 수 없다. 사람들은 왜 재미만을 위해 탐험할까? 단순히 동물로서의 기본 욕구 충족보다 본능적인 탐구 욕구가 더 크기 때문이다. 인간의 호기심은 새로운 것을 이해하고자 하는 욕구와 연결되어 있다.

지식을 쌓기 위해 지식을 얻으려는 이런 욕구는 인간만이 가진 고유한 특성이며, 경이로움의 유형인 호기심과 사냥개의 사료 탐색 유형 호기심을 구별해 주는 특징이다. 인간의 두뇌는 거대한 피라미드에서 모나리자, 스마트폰에 이르기까지 모든 것을 창조하도록 진화했지만, 이러한 수준의 인지 발달은 단순히 인지 격차를 좁히기 위해서가 아닌 그저 그걸 즐기기 위한 호기심으로만 가능하다.

호기심과 관련된 뇌 영역 중 하나인 미상핵은 낭만적인 사랑과 관련이 있다. 이 결합은 원초적 쾌락과 배움의 즐거움을 연결한다. 분명하게 우리 뇌는 단순한 탐색과 활용 절충보다 호기심을 자극하는 것을 더 많이 원하며, 더 많은 것을 발견하는 데 완전히 몰두하길 원한다.

호기심의 유형

호기심은 단일체가 아니다. 쉽게 정의할 수 있을 것 같은 수많은 보편적인 감정과 마찬가지로 합의된 단일 모델이 없다. 일부 모델은 탐색적 행동의 동기나 근거를 설명하는 호기심의 2차원 (혹은 그 이상) 개념을 기반으로 한다. 이런 모델은 **감각적/이론적, 지각적/인식적, 다양성/구체성, 흥미/종결, 탐색/몰두, 긴장/포용** 같은 차원을 포함한다.

19세기 말, 윌리엄 제임스는 **감각적/이론적** 모델인 2차원 모델을 처음으로 제시했다. 첫 번째 **감각적** 차원은 동물도 가지고 있는 호기심으로, 살아 움직이는 것이나 구체적인 것을 이해하려는 어린 시절의 호기심과 같다. **지적** 호기심이라고도 불리는 두 번째 차원의 이론적 호기심은 '과학적 호기심 또는 형이상학적 경의'의 시기에 관여하는 순수한 인간의 감정이다. 제임스는 이 이론을 상세하게 확장하지 않았다. 그래서 20세기 중반에 심리학자 대니얼 벌린Daniel Berlyne이 이런 제임스의 아이디어를 포착해 **지각적 호기심**과 **인식적 호기심**이라는 유사한 차원을 만들어 내기 전까지는 본격적으로 연구되지 않았다. 벌린은 새로운 자극을 추구하려는 욕구인 지각적 호기심은 동물도 가지고 있는 탐색적 행동이지만, 즐거움과 보상을 위해 지식을 습득하려는 내적 욕구인 인식적 호기심은 인간만 가진 고유한 특성이라고 생각했다. 가장 최근에 심리학자 토드 캐시던Todd Kashdan은 포괄적인 5차원 호기심 척도Five-Dimensional Curiosity Scale를 개발하기 위해 기존 호기심 연구에서 다룬 요소들을 종합했다. 이 5가지 모델은 '즐거운 탐색', '박탈 민감도', '스트레스 내성', '사회적 호기심', '자극 추구'로 호기심이 성장에 중요한 역할을 한다는 캐시던의 신념을 뒷받침한다.

이 각 모델은 방식은 다르지만 몇 가지 개념이 모델을 관통하고 있음을 확인할 수 있다. 먼저, 호기심의 목적은 탐구하고, 새로움을 추구하며, 배우기 위해 몰두하는 것이라는 점이다. 둘째, 지시를 수행하거나 정보, 안전, 간식 같은 즉각적인 필요를 채우기 위한 호기심 유형인 **표면적 호기심**과, 지식을 얻는 데서 오는 인식론적 즐거움이 유발하는 호기심인 **심층적 호기심** 사이의 차이를 파악할 수 있다는 것이다.

표면적 호기심은 내기의 정답을 찾기 위한 구글 검색이나 산발적 탐색과 관련이 있다. 새로움을 추구하거나 지루함을 피하고자 할 때 이 범주의 호기심을 사용한다. 표면적 호기심은 특정 지식에 대한 격차를 메운다거나 **이게 무슨 소리지?, 우유가 상했나?, 누가 JR을 쏜 거지?** 같은, 의문을 해결하려는 욕구가 주도하는 경향이 있다. 이 개념을 시각화할 때 나는 연못 위로 솟은 바위를 상상한다. 바위는 물속의 많은 부분을 덮고 있지만 수면에서는 조금만 보인다.

반면 심층적 호기심은 단순히 목적을 위한 지식 습득 욕구뿐만 아니라 그 지식에 관한 관심, 탐구에 대한 애정, 복잡미묘한 대답에 대한 편안함, 심지어 즐거움에 기반을 둔다(**신이 있는가?, 소수에 일정한 규칙이 있는가?, 반체제 주의의 정치적 입장은 무엇일까?**). 심층적 호기심의 목적은 의미 형성, 인식, 배움에서 즐거움을 찾는 것이다.

경이로움의 두 번째 요소인 호기심이 제공하는 것이 매우 많음에도 호기심이 역사 전반에 걸쳐 그렇게 오해받아 온 것은 상당히 안타까운 일이다. 호기심은 삶의 기술을 개선하고, 편견을 줄이며, 행복을 증가시킨다. 호기심이 많은 사람은 공감력이 더 좋고, 열린 마음을 가진 사람과 마찬가지로 더 행복하고, 스트레스를 덜 받으며, 막연함을 더 편안하게 받아들인다. 반대로 탐색적 행동의 부재는 자해에서부터 신체 이형증(자기 외모에 이상이 있다고 느끼는 심리 장애-옮긴이), 집단 사고, 편견, 낮은 공감에 이르기까지 다양한 위험 증가와 관련이 있다.

인지 욕구와 호기심 그리고 단 하나의 정답

우리 성격은 인지와 관련해 **인지 욕구**need for cognition와 **인지 종결 욕구**need for cognitive closure 중 어느 한쪽으로 기울 수 있으며, 이는 호기심 유형에 큰 영향을 미친다. 이 두 가지 모두 정보를 찾는 우리의 동기와 찾은 대답이 모호할 경우 얼마나 편안하게 여기는지에 중요한 역할을 한다. 첫 번째 특성인 인지 욕구는 인지적으로 도전적인 활동을 추구하고 몰두하는 경향을 말한다. 인지 욕구가 높은 사람은 천성적으로 개방적이고 창의적이며 유연한 사고를 하고 호기심이 많다. 정보를 찾는 것뿐만 아니라 그것에 대해 곰곰이 생각하는 것을 즐긴다. 이에 비해 인지 욕구가 낮은 사람은 경험한 것을 이해하기 위해 기존 세계관을 주로 활용하며 정신적 지름길을 택하는 경향이 있다.

인지 종결 욕구는 질서, 예측 가능성, 명확한 대답, 끝났다는 느낌이 필요한 정도를 설명한다. 인지 종결 욕구가 높은 사람은 정신적으로 경직되어 있다. 빨리 결론 내리고 싶어 하며, 애매한 부분이나 미묘한 차이를 불편하게 여긴다. 특히 '한 가지 정답'만 가지고 있는 문제라면 더욱 그렇다. 이 두 가지 특성이 연속선상에서 서로 반대에 있는 것은 아니지만, 인지 욕구가 높은 사람은 인지 종결 욕구가 낮은 경향이 있으며, 반대도 마찬가지다. 연구에 따르면 쉽게 경이로움을 느끼는 사람일수록 인지 욕구가 높고, 인지 종결 욕구가 낮아서 유일한 정답을 찾는 데 그다지 의욕적이지 않다. 잘 모르는 상태에서도 편안함을 느낀다. 정신적 경직성과 하나의 정답이라는 개념은 이 책에서 다룰 주제로 학습에서부터 리더십 유형, 팀워크, 종교적 관용에 이르기까지 모든 것에 영향을 미친다.

작가이자 철학자인 라이너 마리아 릴케는 『젊은 시인에게 보내는 편지』에서 자신의 편지를 받을 시인 지망생에게 무지의 상태를 받아들이라고 격려했다. 릴케는 "네 마음속 해결되지 않은 모든 것에 대해 참을성을 가지고 **그 질문 자체**를 마치 문이 잠겨 있는 방처럼 사랑하려고 애써라"라고 썼다. "네 질문을 지금 살아가라. 그렇게 하면 아마도 서서히, 알아채지 못한 사이, 언젠가 먼 훗날에 그 답을 살고 있을 것이다."

이리저리 거닐기의 선물: 호기심

어느 아침, 한 도시를 걷다 보면 길모퉁이에 서서 거닐기 기술워크숍을 진행하는 데이비드 펄David Pearl을 마주칠 수 있다. 사회적 기업 스트리트위즈덤Street Wisdom의 설립자인 펄은 바쁘게 사는 사람들이 '거리에 질문하기'에 하루 중 3시간을 내게끔 만든다. 겉으로 보기에는 목적이 없어 보이는 걷기에서 참가자들은 종종 마법처럼 이상한 방식으로 대답이 나타나는 것을 발견하고 놀란다. 일종의 동시에 진행되는synchronicity 보물찾기 같은 이 거닐기 실험 참가자들은 단편적 사실에서 어떤 결론을 도출하고, 텀블러에 적힌 철학적 글귀를 완전히 이해할 정도의 사고력을 기르며, 질문의 답을 찾고, 수년간 자신을 들볶던 문제의 대답을 얻을 수 있다는 사실을 발견한다. 어떤 이야기는 상당히 놀랍다.

참가자 중 한 명인 스콧은 거리를 거닐면서 한 걸음 더 나아가 사업을 시작하는 것이 현명한지 물었다. 그는 자신의 꿈을 실현하게 해 줄 적합한 사람이나 프로젝트를 찾을 수 없을까 봐 두려웠다. 거리를 걷는 동안 스콧은 오랫동안 만나지 못했던 친구 세 명을 각각 우연히 마주쳤다. 각 친구는 정확히 스콧이 찾고 있는 그런 유형의 사람들 연락처를 알려 주었고, 그가 찾고 있는 프로젝트에 대한 정보 제공을 포함해 스콧의 새로운 모험에 대해 다양하고 가치 있는 조언을 해 주었다. 그 친구들은 스콧에게 "힘내"라고 격려해 주었다. 그는 그 조언대로 했고 오늘날 자신이 사업을 개척한 것은 스트리트위즈덤이 함께한 덕분이라고 여긴다. 스콧은 "행복한 기운으로 가득해져서 보고에 30분이나 늦게 들어갔죠"라고 회상했다. "스트리트위즈덤을 요약하자면 간단하고 정열적이지만 삶을 변화시킨다고 할 수 있습니다. 내 삶을 완전히 바꾸어 놓았기 때문에 나는 그것을 가볍게 여기지 않습니다."
스콧은 열린 마음과 현재에 충실한 호기심이 있었기에 두려움에
기반한 사고방식을 차단하고 새로운 사고를 할 수 있었다.

　다른 이야기는 다섯째 아이가 독립해서 집을 떠난 뒤 어찌해
야 하는지 물었던 한 여성의 이야기다. 그녀는 길을 걷다가 우연
히 배수관 뒤에 숨겨진 일기장을 발견했다. 일기를 읽으면서 그
녀는 일기장의 주인과 자신이 연결되어 있다고 생각했고, 어렸을
때 글쓰기를 정말로 좋아했던 본인의 모습을 회상했다. 그 여성
은 스트리트위즈덤에서 진행한 걷기를 하면서 자신이 지닌 창조
적 측면을 다시금 되살리고 새로운 시간과 공간을 포용할 수 있
는 자극을 얻었다. 유명해진다거나 오랜 친구를 우연히 만나는
것부터 때로는 정말로 대답에 걸려 넘어지기까지, 펄의 거닐기
워크숍에 참여했던 사람들이 경험하는 동시성은 우리의 생각, 살
아 숨을 쉬는 이 세계, 그리고 서로 간의 상호 연결이라는 바다에
서 만들어지는 약간의 바다 안개인 경이로움이라는 작은 물방울
로 가장 잘 설명할 수 있다.[*]

　펄은 누가 봐도 산책을 즐기는 사람이다. 호리호리하고 마른
다리로 도시 한 구획을 몇 걸음 만에 쉽게 가로지른다. 게다가 공
영 라디오 방송 아나운서처럼 차분하고 지적인 어조로 말을 하
면 연기자였던 이력이 고스란히 드러난다. "나는 음악가입니다.
어렸을 때 오페라 극장에서 공연한 적이 있습니다. 여덟 살 때였

---

[*]　심리학자 칼 융은 동시성 이론을 어떤 마법 같은 신비함이 깃든 형이상학적 '의미 있는 우연'이라고 소개
　했다. 융은 동시성을 집단 무의식의 존재에 대한 증거로 여겼다. 하지만 동시성이 패턴을 맞춰 보고 해결
　책을 찾는 것을 돕는 우리의 잠재의식에서 아이디어를 끌어내는 도구라는 이론도 있다.

는데 그때 나는 플라시도 도밍고 옆에 서 있었습니다. 그는 공연을 이끄는 사람이었고 나는 작은 역할을 맡은 솔로였는데, 리허설에서 그가 노래하는 것을 옆에서 듣고 그만 넋을 잃고 말았습니다. 내가 가졌던 의심에 대한 일종의 확인이었습니다. 하지만 어른들은 그렇게 감정을 드러내지 않았습니다. 일상적인 현실이 아주 희미해 보였습니다." 마치 스위치를 켜거나 커튼을 걷은 것처럼 '진짜'에 대한 펄의 감정적 유대가 바뀐 것이다. "자연 프로그램에서 물고기에 관한 수중 다큐멘터리를 보고 있습니다. 물고기 떼를 보다 보면 어느 시점에 전체 물고기 떼가 한 번에 회전합니다. 그게 바로 도밍고의 노래를 들었을 때 내 뇌에서 일어난 일입니다. 더 높은 인식 상태에 대한 내 욕구를 자극하는 것이었습니다."

성인이 되어서도 펄은 우리가 질문하기로 선택한 것은 물론이고 익숙하지 않거나 사회적 관습이거나 성급하게 보일까 봐 질문하지 않은 것에 대해서도 호기심이 많았다. 그가 스트리트위즈덤을 시작하게 된 계기는 이야기와 의미에 대한 호기심을 캐내려는 열망이었다. 2013년 런던에서 시작한 스트리트위즈덤은 이제 케냐에서 크로아티아에 이르기까지 40개국에서 찾아볼 수 있는 비영리 출처 공개open-source 체험이 되었다.

펄이나 그의 동료들 말을 들으면서 분명해지는 것은 거니는 것이 핵심처럼 보이지만 사실 걷는 것은 탐구에 동기를 부여하는 물리적인 메커니즘일 뿐이라는 점이다. 사람들은 걸으면서 새롭고 다양한 자극에 노출되고, 스펀지처럼 흡수하며, 경직된 습관

　　　　　　　　　　　　　1부 경이로움의 단계와 요소

에서 벗어나 말 그대로 은유적이고 형이상학적 발견을 하게 된다. 호기심을 유지하는 것이 해결책을 찾는 데 어떻게 도움이 되는지 펄에게 묻자, 그는 철학적이 되었다. "우리가 걸으면서 찾은 병에는 품질에 대한 일종의 메시지가 적혀 있습니다. 그것은 마치 미래의 기억 같습니다. 원래의 당신이 자신에게 눈짓을 보내는 것입니다."

거닐면서 얻는 호기심이 항상 이런 종류의 깨달음을 선물해 주는 것은 아니지만, 우리가 마음을 열고 깊은 호기심을 가질 때 우리는 경이로움을 위한 환경을 조성할 수 있다. 그다음 우리 마음에 확 불을 붙이는 한 가지를 찾게 되면, 완전히 몰두하게 된다. 우리는 앨리스처럼 토끼 굴에 떨어져 정신이 팔린 나머지, 다시 나갈 길을 찾더라도 특별히 신경 쓰지 않는다. 다음 장에서는 앨리스가 그랬던 것처럼, 몰두라는 토끼 굴이 거울을 통해 신비롭고 초월적인 경이의 세계로 가는 관문이라는 점을 배울 것이다.

요약

- 경이로움의 두 번째 요소인 호기심(이리저리 거닐기)은 특질이자 상태다. 타고난 성향 덕분에 호기심이 많기도 하고, 어떤 순간의 상황에 따라 호기심이 촉발되기도 한다.

- 탐색적 행동은 인간이 생존에 필요한 특정 정보를 수집하려는 목적으로 처음 발달했지만, 이제는 더 나아가 의미를 만드는 메커니

즘으로 진화했다.

- 호기심은 더 나은 관계 형성, 행복 증진 등을 포함해 많은 장점이 있지만 항상 긍정적인 속성으로 여겨졌던 것은 아니다.

- 뇌의 도파민 반응은 탐구 동기를 부여해서 호기심을 유발한다. 호기심은 우연 기억을 발달시키는 해마를 자극한다. 호기심은 일반적으로 즐거운 경험을 제공하지만, 도파민의 유혹을 받으면 불쾌하거나 무분별한 인터넷 사용처럼 우리에게 좋지 않은 경우에도 탐색적 행동을 유도할 수 있다.

- 경이로움 느끼기에 영향을 미치는 성격의 두 가지 측면이 있다. 인지 욕구는 인지적 추구를 즐기는 경향이지만, 인지 종결 욕구는 딱 하나의 정답이 있는 것을 좋아한다. 인지 욕구가 높고 인지 종결 욕구가 낮을수록 경이로움을 잘 느낀다.

- 호기심에는 여러 가지 모델이 있지만 눈에 띄는 유사성을 중심으로 보면 크게 표면적 호기심과 심층적 호기심 두 가지로 나눌 수 있다. 표면적 호기심은 특정한 지식 격차를 좁히기 위해 발동하지만, 심층적 호기심은 학습을 위한 배움의 즐거움을 내포한다. 둘 다 각자의 목적을 이루도록 돕지만, 심층적 호기심이 경이로움에 더 직접적으로 기여한다.

3장. 깎아 내기:
정신의 조리개를 좁히고 몰두하기

> 몰두를 잘하는 사람은 더 개방적이고, 호기심이 많으
> 며, 몽상을 더 많이 하는 경향이 있다. 그들은 우리를
> 초월 상태로 이끄는 완전한 집중을 즐길 수 있는 모든
> 방법을 보여 준다.

어린 시절, 가장 친한 친구의 대가족 친척을 방문하기 위해 그
들이 사는 애팔래치아 고원지대로 여행을 가곤 했다. 그 가족들
은 시골 산골 사람들이었는데, 그들의 환경과 취미는 내가 사는
애틀랜타 교외 생활과는 상당히 거리가 멀었다. 나에겐 모든 게
이국적으로 보였다. 귀뚜라미 노랫소리, 윙윙거리는 곤충들의 날
갯짓 소리, 장작 연기와 향신료 절임 냄새가 농장 흙냄새와 잘 어
우러졌다. 우리는 나팔꽃을 터뜨리고, 꿀 덩굴을 빨아 먹고, 통조
림 과일 칵테일을 얹은 직접 만든 케이크를 먹었다. 일요일에는
교회에 갔는데 음악과 이따금 들리는 방언이 성도들과 신을 연결
해 주는 것 같았다. 가족들은 문을 계속 열어 놓고 벌레를 막기 위
해 방충망을 쳤는데, 그 너머로 그들의 일상을 엿볼 수 있었다. 어
른들은 모두 따뜻하고 다정했으며, 나 같은 어린 소녀들을 마치
자기 자식처럼 사랑으로 감싸 주었다. 소박하지만 아름다운 곳이
었다.

북부 여행에서 생생하게 기억나는 것 중 하나는 그 지역에 사는, 나무를 깎고 다듬어서 조각하기를 좋아하시던 나이 지긋한 할아버지다. 조용하고 왜소한 그 할아버지는 주머니칼로 작은 조각상과 십자가를 조각하곤 했다. 나는 할아버지가 만든 것 중에서 새장 속 공을 가장 좋아했다. 일종의 마법 묘기 같았다. 할아버지가 일단 집중하기 시작하면, 단단한 나뭇조각이 완전히 둥근 공으로 바뀌어 섬세하게 조각된 새장 안에서 여기저기 통통 튀고 굴러다니며 자유를 찾았다. 엄청난 집중력과 기술이 필요한 일이었다.

할아버지가 나무를 깎을 때면 그의 손에서 곱슬곱슬한 나무 눈이 내렸다. 할아버지는 그 순간에 완전히 몰두했는데 전적으로 편안하게 자신을 내맡긴 채 만족한 듯 보였다. 나무를 깎는 데 너무 몰입하고 있어서 할아버지가 아치형 칼을 가볍게 놀릴 때마다 그 리듬에 흠뻑 빠져 나도 부드럽게 흔들릴 정도였다.

세 번째 요소: 몰두absorption

생각에 잠기거나 좋은 책에 푹 빠져들거나 어떤 활동에 완전히 매료되는 등 우리는 모두 몰두하는 느낌을 알고 있다. 몰두에 대해 생각할 때면 나는 늘 나무를 깎던 그 할아버지가 생각난다. 그가 집중할수록 나무가 점점 줄어들며 멋진 조각품이 탄생했다. 심리학 개념으로서 몰두를 처음 정의한 사람은 미네소타대학교 심리학과 교수인 어크 텔레건Auke Tellegen이다. 그는 어떤 사람이 다른 사람보다 최면에 더 잘 걸리는 이유에 관한 탐구의 일환으로 '몰두'를 연구했다. 텔레건은 몰두를 '열중하면서 자신을 변화시키는 경험'에 열려 있는 '사용할 수 있는 지각, 운동 근육, 상상력, 관념적 자원 들의 완전한 몰입'이라고 설명했다. 이러한 몰두 상태에서 우리의 관심 대상은 초현실적으로 되어 비록 그 대상이 영화처럼 허구이거나 주머니칼로 만든 작은 조각상처럼 겉보기에 평범해 보일지라도 우리의 모든 관심과 주의집중을 받게 된다.

개방성은 성격 특질이고, 호기심은 특질이자 상태다. 그렇다면 몰두는 어디쯤 있을까? 몰두가 특질이므로 기질인지, 아니면 사건에 의해 촉발된 경험적 상태인지에 대해서는 약간의 논쟁이 있다. 그러나 연구에 따르면 두 가지 모두가 될 수 있다. 예를 들어 남극 고립 기간 전후 몰두 실험에 참여한 탐험가들은 고립 이후 몰두 척도에서 더 높은 점수를 받았다. 대마초 흡연자는 선천적인 몰두 특질이 높지 않더라도 대마초를 피우면 더 깊게 몰두한다는 연구 결과가 있다. 이 두 가지 증거는 몰두를, 연습하면 더 잘할 수 있게 되는 상태로 간주한다.

호기심을 탐색하는 사람과 관찰자는 잘 깎아 내는 사람이기도 하다. 몰두를 잘하는 사람은 더 개방적이고 호기심이 많으며 몽상을 더 많이 하는 경향이 있다. 그리고 정신이 더 유연하다. 경이로움의 다른 요소와 마찬가지로 몰두 역시 생리학적인 영향을 미치는데, 깊게 몰두할수록 혈압이 낮아진다. 잘 깎아 내는 사람은 산만함의 범위를 좁히고, 관련 없는 것을 쳐 내고, 적절한 조건에서 우리를 초월 상태로 이끄는 완전한 집중을 즐길 수 있는 모든 방법을 보여 준다.

몰입flow

많은 사람이 내가 말한 나무 깎는 할아버지 이야기를 들으면서 **몰입**이라는 단어를 떠올렸을 것이다. 심리학자 미하이 칙센트미하이Mihály Csíkszentmihályi가 설명한 1990년대에 인기를 끌었던 몰입이라는 개념은 사람들이 익숙한 활동을 할 때 자신을 압도하는 완전한 집중 상태로 들어가는 것을 뜻하는 '무아지경'과 동의어가 되었다. 칙센트미하이는 원래 행복 연구자였지만, 제2차세계대전과 그 여파로 어린 시절을 유럽에서 보낸 이후(어렸을 때 이탈리아 포로수용소에 머물면서 두 형을 잃은 것을 애도하는 기간을 가짐) 새롭게 발전시킨 관심사가 몰입이었다. 그는 전쟁 이후 주변에 있는 어른들이, 심지어 회복탄력성이 높고 의연한 사람들조차 전에 누렸던 활기와 행복을 결코 찾지 못하는 것을 목격할 수밖에 없었다. 그 모습을 관찰하면서 칙센트미하이는 삶을 의미 있게 만드는 요인을 도출하는 데 관심을 가지게 되었다. 그는 철학책을 읽어 보기도 하고 예술, 문학 활동에도 참여했다. 그러던 중 우연히 칼 융의 강연을 듣게 되었다. 비행접시에 대한 강의인 줄 알았지만, 실제로는 트라우마에 기반한 환각 투영에 관한 강연이었다. 칙센트미하이는 이 강연을 듣고 난 뒤 칼 융과 행복 수수께끼에 대한 답을 찾는 심리학 분야로 마음을 돌리게 되었다. 그는 "일상생활에서, 우리가 일반적으로 경험하는 것 중 어디에서 정말로 행복을 느끼는지를 알고자 했다. 40년 전 이러한 연구를 시작하기 위해 예술가와 과학자 등 창의적인 사람들을 살펴보기 시작했다. 왜 그들이 의미 있고 가치 있지만, 명예나 부가 보장되지 않는 일을 하면서 삶을 보내는지 이해하려고 노력했다"라고 설명했다.

그가 발견한 것은 예술가들이 칙센트미하이가 **몰입**(칙센트미하이가 예술가들에게 그 경험을 자세히 설명해 달라고 요청했을 때, 그들이 그 작용이 마치 '흘러나오는 것 같다'라고 설명했기 때문에 몰입flow이라고 이름을 지었다)이라고 부르는 '최적의 상태'에 있었다는 것이다. 몰입은 특별히 노력을 기울이지 않아도 우리의 모든 능력과 주의 에너지가 도전적인 작업(어렵긴 하지만, 너무 어렵지는 않은)에 작용해 매우 깊이 몰두해서 최고의 성과를 내는 상태다. 이렇게 완전히 몰두하게 되면 배가 고프다거나 잠을 자야 한다거나 하는 주된 욕구를 그저 산만하게 만드는 방해물로 취급하며, 자신을 잊은 채 많은 시간을 그 일에 쏟게 된다.

'어렵긴 하지만 너무 어렵지는 않다'라는 부분이 매우 중요하다. 당면한 과제가 당사자에게 너무 어려운 경우 몰두도 몰입도 달성할 수 없다. 작업 난이도가 너무 쉽지도 어렵지도 않게 적절한 균형을 유지해야 한다. 즉, 지루하거나 시시해서 그만둔다거나, 능력 밖의 일이라 좌절하지 않도록 조정해야 한다. 몰입의 가장 좋은 점은 능력이 확장되면서도 과도하게 스트레스를 받지 않는다는 것이다. 칙센트미하이는 이렇게 설명했다. "도전이 개인의 능력과 균형을 이룰 때, 지루함과 불안의 경계에서 즐거움이 생긴다."

칙센트미하이 몰입 이론의 핵심인 그 즐거움의 주요 원인은 완전한 몰입 상태가 되면 자기 자신을 잊어버리며, 부정적 사고가 마음을 시끄럽게 할 여지를 남기지 않기 때문에 집중과 목적이 사람들을 행복하게 한다는 것이다.*

많은 예술가와 마찬가지로 레고 예술가이자 세계적으로 유명한 〈레고 예술품 전시회The Art of the Brick〉 투어 쇼 제작자인 네이선 사와야Nathan Sawaya는 작업할 때 몰입 상태로 들어가며, 종종 이 창의적인 상태를 초월적이라고 묘사한다. "내 창작 과정이 완전히 몰입 상태인 순간이 있습니다. 완전히 즐기면서 시간이 가는 것도 깨닫지 못합니다. 심지어 무아지경에 빠진 것처럼 보인다는 말도 들었습니다."

예술가로서 사와야의 여정은 평범하지 않다. 기업 변호사로 성공했지만 사실 속으로는 레고 조립가가 되고 싶었다. 그의 열정이 꿈을 발굴하는 날까지 그는 수년 동안 영혼의 저항을 깊숙이 묻어 두었다. 그리고 레고 예술가가 되기 위해 법조계를 떠나 복잡한 창작물에 도전했다. 마침내 그토록 원했던 예술가의 길을 걷는다는 만족감과 전문성이 결합했기 때문에 그는 작업에 몰입

---

* 칙센트미하이는 사람들이 몰입 상태에 있을 때 나타나는 7가지 조건을 정의했다. 이는 교육, 문화, 기술 분야를 막론하고 수녀, 축구선수부터 산악인과 레고 블록 예술가에 이르기까지 전 세계적으로 적용되는 사실이다. 그중 하나는 내재적 동기 또는 칙센트미하이가 '자기 목적적 성격'이라고 불렀던 것으로, 자기 목적적autotelic이라는 용어는 '자신'을 의미하는 그리스어 auto와 '목적'을 의미하는 telos에서 유래했다. 경험에 대한 개방성, 호기심, 배우고자 하는 의지는 모두 자기 목적적 성격의 특징이기 때문에 몰입이 호기심과 관련이 있는 것은 분명하지만, 어디서 어떻게 연결이 되는지는 여전히 불분명하다.

할 수 있었다. 사와야는 평생 레고를 가지고 놀았다. "어른이 된 뒤 11제곱미터짜리 레고 도시를 갖게 되었어요. 어렸을 때 난 창의적으로 가지고 놀 만한 장난감이 많지 않았죠. 몇 안 되는 장난감 중 하나가 레고였어요. 오리건주의 베네타라는 마을에서 살았는데, 잘나가던 시절에 인구가 2500명 정도 되는 곳이었습니다. 내 휴식 장소죠." 이제 사와야는 8만 개나 되는 레고 블록으로 작품을 만들고 있으며, 이는 그를 가벼운 초월적 몰입 상태로 보내기에 충분히 도전적인 작업이다.

심리학의 다른 많은 주제와 마찬가지로 몰입을 분류하는 방법에도 논쟁이 있다. 어떤 과학자들은 몰입을 일종의 호기심으로 본다. 즉, 우리의 관심을 특정 작업에 완전히 집중하는 데 필요한 동기로 본다. 다른 과학자들은 몰입이 자기 자신을 넘어서 다른 사람들과 더 연결되어 있다고 느끼게 하는 확장된 인식 경험인 자기 초월적 경험self-transcendent experience의 한 종류라고 말한다. '일시적으로 정지된' 상태에 대한 칙센트미하이의 설명은 자기 초월적 경험이라는 이론을 확실히 뒷받침한다.

심리학자 스콧 배리 카우프만은 심지어 몰입이 약간 이상하다고 생각한다. "나는 몰입 자체와 자기 초월에 관해 이야기할 때 몰입이 어디에 들어맞는지 혼란스러웠다. …… 몰입에 관한 문헌 연구는 체계적이지 않고 가끔은 혼란스럽기까지 하다. 사람들이 그 용어를 다양한 때, 다양한 것을 의미하는 데 사용하기 때문이다." 카우프만은 몰입의 강도가 매우 높다면, 몰입을 자기 초월적 경험으로 분류할 수도 있지만, 이런 몰입은 몰입 스펙트럼의 극단에 자리 잡고 있다고 생각한다. 어쩌면 몰입을 '매우 과열된 몰두' 또는 '초월적 능력' 또는 '호기심과 자기 초월 사이의 경계에 있는 모호한 관문'이라고 생각할 수도 있다.

나는 '몰입'이 더 좋은 울림을 가지고 있는 것 같다. 그냥 계속 '몰입'을 사용하도록 하자.

자기 초월적 경험의 관문인 몰두

"나는 내 몸이 어디에서 시작하고 어디에서 끝나는지 그 경계를 더 이상 정의할 수 없다는 것을 깨달았다. …… 모든 것이 한데 어우러졌다. 내가 마치 우주만큼 크다고 느꼈다. 두렵지 않았다. '어머나, 내가 살아 있어!'라는 사실에 경외감 말고 아무것도 느끼지 못했다." 뇌졸중 생존자이자 신경과학자인 질 볼트 테일러[Jill Bolte Taylor]가 이렇게 말했다. 『나는 내가 죽었다고 생각했습니다』라는 유명한 저서와 테드[TED] 강연에서 테일러는 뇌졸중으로 겪었던 자기 초월적 경험을 감동적이고 사실적으로 이야기한다. 그녀가 말했듯이 좌뇌는 기능을 상실했고 우뇌는 일반적으로 사용하는 여과장치 없이 남겨졌다. 결과는 압도적이었다. "내 귀를 통해 들어오는 소리는 혼돈 그 자체였다. 시야에 들어오는 빛도 마치 불타는 것 같았다. …… 누군가 말을 걸어도, 배경 소음에서 그 목소리를 구분할 수 없었다." 그러나 테일러가 자극을 차단하고 초월에 자신을 맡기자 그녀는 자유를 느꼈다. "나는 기쁨과 황홀경을 경험하고 있었다. 행복했다. 또한 묵은 감정의 응어리가 사라졌다." 테일러가 그 순간을 공유했다. "그건 자유였다. 지금, 이 순간에 머문다는 것이 어떨지 상상해 보라. 내가 느꼈던 것은 경이로움과 황홀함, 그리고 현재의 웅장함 뿐이었다. 매우 아름다웠다."

자기 초월이라는 말을 들으면 수염을 기른 영적 스승^{guru}이 가부좌하고 앉아 있는 모습이 떠오른다. 하지만 가장 기본적 의미에서 **초월한다는 것**은 '초연하거나 넘어서는 것'을 의미하므로 자기 초월은 자기 초점을 넘어서는 것이다. 자기 초월적 경험은 마음챙김부터 사이키델릭(환각제를 복용해서 환각 상태에 빠지는 것-옮긴이), 심지어 테일러처럼 신경 손상 상태에 이르기까지 온갖 종류의 경험을 통해 다다를 수 있다. 집중이라는 스펙트럼은 한쪽 끝에는 몰입이 있고 다른 쪽 끝은 자아가 완전히 사라진(상당히 넓은 범위로!) 것처럼 보인다. 자기 초월적 경험은 윌리엄 제임스와 지그문트 프로이트가 처음 연구했다. 그들의 의견은 각각 달랐다. 제임스는 자신의 저서 『종교적 경험의 다양성』에서 자기 초월적 경험, 특히 신비한 경험은 긍정적이며 '우주 전체'를 볼 수 있게 해 준다고 썼다. 반면 프로이트는 이런 '대양적 일치^{oceanic oneness}'의 순간이 '자궁으로의 신경증적 퇴행이자 정신병리학적 증상'이라고 생각했다.

윌리엄 제임스의 학생이자 그의 연구를 추종하는 연구 과학자 데이비드 야덴^{David Yaden}은 자신의 다양성 연구를 통해 제임스의 자기 초월적 경험에 관한 연구를 시작했다. "윌리엄 제임스 이전에도 역사는 자기 초월적 경험에 대해 그다지 우호적인 시선을 가지지 않았다"라고 야덴은 설명한다. 그는 프로이트의 의견에 동의하지 않으며, 자기 초월적 경험은 정신질환으로 인해 나타나는 것이 아니라고 주장했다. 사실 야덴 본인이 겪었던 자기 초월적 경험이 그가 이 분야를 연구하기로 마음먹게 된 계기였다.

> 대학교 때 일이다. 당시 나는 어떤 식으로든 나 자신을 찾고 있었다. 그 시절 많은 사람이 그렇듯 내 삶을 어떻게 살아가야 할지 결정하려고 노력했다. 기숙사 방 침대에 누워 있었는데 가슴이 뜨거워지는 것을 느꼈다. 처음에는 속쓰림이나 뭔가 신체적인 반응이라고 생각했다. 그러나 그 열기는 서서히 온몸으로 퍼지기 시작했고, 어느 순간 머릿속에서 "이것이 사랑이야"라는 말이 들려왔다. 그 순간 나는 완전히 마음속으로 빨려들어갔고 내 몸에서 빠져나간 것 같은 느낌이 들었다. 내 주위를 모든 방향에서 둘러볼 수 있었다. 나는 사방으로 뻗어 나가는 이 복잡한 구조의 한 부분이었다. …… 그 즉시, 나는 이런 종류의 사랑이 물결처럼 내 주변의 모든 사람, 특히 친구와 가족에게 흘러가는 걸 느꼈다. 모든 것이 새로워 보였고, 삶은 매혹적으로 보였다. 그리고 내 머릿속에서 여러 미래의 가능성이 펼쳐졌다. …… 믿기지 않을 정도로 심오하고 의미 있는 순간이었다. 하지만 무엇보다도 대체 나한테 무슨 일이 일어난 건지 궁금했다.

자신에 관한 관심이 줄어들고 다른 사람과의 유대감이 증가하

1부 경이로움의 단계와 요소

는 순간으로 대표되는 자기 초월적 경험은 숭고하고, 엄숙하고, 개인의 한계를 초월한다. 또한 종교적이며 영적이고, 신성하며, 깨달음을 얻고, 황홀하고, 죽음에 가까우며, 신비롭다. 또는 단순히 '자아를 위한 퇴보'의 시간이다. 심리학자 에이브러햄 매슬로는 자기 초월적 경험을 설명하기 위해 **절정경험**peak experience이라는 용어를 만들었다. 매슬로는 종교가 없었기 때문에 제임스의 **다양성**에서 나온 종교적 성격을 떠올리는 용어를 사용하고 싶지 않았지만, 그 특성은 여전히 몰두, 고조된 심미주의, 경이로움, 경외, 복종 등을 포함해 모두 자기 초월적 경험에서 공유되는 것들이었다.

자기 초월적 경험은 보편적이며 매우 흔하다. 퓨 리서치 센터 Pew Research Center는 49퍼센트의 사람들이 자기 삶을 바꾼 종교적이거나 신비로운 경험을 한 적이 있다고 보고했다. 하지만 야덴은 어떤 형태로든 자기 초월적 경험을 한 사람의 수는 연구 결과보다 훨씬 많다고 생각한다. 그는 자기 초월적 경험의 강도에 초점을 맞춘 용어가 "많은 사람을 배제"한다고 걱정한다. 야덴은 학생들에게 "'살면서 매우 훌륭한 아이디어, 광활한 자연경관, 놀라운 예술이나 음악을 경험해 본 사람이 있나요?'라고 물으면, 일반적으로 모든 청중이 손을 듭니다"라고 말했다.

자기 초월적 경험의 심리학 이론은 우리가 의도적으로 집중하는 것이 아이디어든, 사물이든, 활동이든 간에 어떤 신비한 연관성에 고취된 '가치와 친밀감'을 발전시키고, 그 신비한 친밀감이 이러한 변화된 의식 상태를 촉진한다고 말한다. 몰두하면서 얻게 되는 집중력은 우리를 경이로움으로 안내하며, 이런 종류의 자기 초월적 경험에 대한 관문 역할을 한다.* 깊이 몰두하는 사람은 음악, 예술 또는 문학에 깊이 빠질 가능성이 더 크기 때문에 자연스럽게 경이로움을 불러일으키는 활동에 끌린다. 이 책 뒷부분에서 살펴보겠지만 몰두는 자기 초월적 경험 같은 변화된 의식 상태로 가는 관문일 뿐만 아니라 더 강한 경외감을 유발하며, 명상과 사이키델릭처럼 경이로움을 가져다주는 것들과 관련된 이점을 높여 준다.

몰입과 자기 초월적 경험 사이의 관계를 파악하기 위해 등산가 경험을 활용한 연구에서, 연구진은 등반하면서 완전한 몰입 상태에 빠졌다고 언급한 사람은 초월적이고 경이로운 경험을 했다고 보고할 가능성이 더 크다는 사실을 발견했다. 칙센트미하이는 "암벽 등반의 신비는 오르는 것 그 자체다. 정상에 도달하면 기뻐하면서도 사실 계속해서 오르고 또 오르기를 원한다. 산에 오르려는 이유는 그저 오르고 싶어서다. 마치 쓰고 싶어서 시를 쓰는 것처럼 말이다. 당신은 당신 자신 안에 있는 것 말고는 아무것도 정복하지 못한다"라고 말했다. 아마도 그것은 초월을, 자신 안에 있는 것들을 정복하는 것으로 바라보는 또 다른 방식일 것이다.

극지 탐험가이자 세계기록을 가진 산악인 앨리슨 레빈Alison Levine은 내면을 정복하는 방법을 조금 알고 있다. 레빈은 최초로 미국 여성 에베레스트 등반대의 팀장을 맡았고 7개 대륙 최고봉을 모

---

* 경이로움의 처음 두 단계인 개방성과 호기심은 상당히 명확하지만, 몰두는 우리를 갈림길로 인도한다. 자기 초월적 경험 연구자들은 매우 강력한 몰입 상태에서는 우리의 초점이 너무 좁아져 경이로움 주기의 감탄하는 순간을 놓칠 수 있다고 생각한다. 이와 달리 덜 강력한 몰입은 우리를 경외감으로 이끄는 일종의 깊은 몰두 상태로 작용한다.

1부 경이로움의 단계와 요소

두 등정한 것은 물론 북극점과 남극점을 스키를 타고 다녀옴으로써 탐험가 그랜드슬램Adventure Grand Slam을 달성했다. 전 세계에서 이 그랜드슬램을 달성한 사람은 20명밖에 없다. 세 차례의 심장 수술을 받았고 레이노병(혈관운동신경 장애를 주요 증상으로 하는 질환-옮긴이)을 앓고 있어서 일반인에 비해 동상에 걸릴 위험이 훨씬 크기 때문에 레빈의 모험은 더 인상적이다. 이런 사실에도 레빈이 크게 멋져 보이지 않는다면, 이건 어떨까? 그녀는 자신의 이름을 딴 맥주도 가지고 있다.

등반하는 동안, 레빈의 온 신경은 등반에만 완전히 몰두한다. "모든 단계에서 주의를 집중해야 한다. 이러한 극한 환경에서는 자동조종을 할 수가 없다." 기술적으로 너무 어려운 경우가 많아서 등반할 때 늘 완전한 몰입 상태에 있을 수는 없지만, 깊이 몰두하기 때문에 더 경이로움을 느끼기 쉽다. "등반 과정에서 생기는 모든 것에 몰두하고 싶다. 그렇게 해야 다른 산에 대한 호기심을 키우고, 내가 배운 교훈을 되새기는 데 도움이 되기 때문이다."

몰두 상태에서 벗어나면서 그녀의 초월성이 펼쳐지기 시작한다. 레빈에게 경이로움을 불러일으키는 것은 등반 그 자체가 아니라 그녀보다 먼저 매우 어려운 봉우리들을 등반한 사람들에게 느끼는 소소한 동지애를 곰곰이 생각해 보는 것이다. "나에게 경이로움이란, 즉시 과거의 탐험가들을 상상하는 것이다. 나는 산중턱에 있든 남극대륙 한가운데에 있든, '초기 북극과 남극 탐험가들은 어땠을까?' 하는 생각을 한다. 그들이 여기 있었을 때 어떤 모습이었을까? 그들은 여기에서 무슨 생각을 했을까? 무엇을 꿈꾸었을까? 무슨 걱정을 했을까?" 레빈은 스스로 경이로움의 마중물이 되어, 등반 전후에 앞서 온 등반가들과 자신을 심오한 방식으로 연결하면서 이 질문들을 찬찬히 되돌아본다. 그렇게 몰두한 상태로 그녀는 자신과 시간의 경계를 초월해 경외의 관문을 연다.

요약

- 경이로움의 세 번째 요소인 몰두(깎아 내기)는 상태이자 특질로 가정된다. 몰두란 우리가 어떤 작업에 모든 자원을 쏟아부을 정도로 열중하는 것을 말한다.

- 몰두를 잘하는 사람일수록 더 개방적이고, 호기심이 많고, 공감 능력이 뛰어나며, 상상력이 풍부하고, 융통성이 있다. 이런 사람들은 자연스럽게 경이로움을 불러일으키는 예술 활동에 매력을 느낀다.

- 미하이 칙센트미하이가 만든 개념인 '몰입'은 큰 힘을 들이지 않으면서 깊게 집중하는 것을 특징으로 하는, 몰두의 한 유형이다. '최고조 상태'는 우리가 하는 활동의 난이도와 우리가 가진 기술 사이의 균형이 적절할 때, 즉 어렵지만 너무 어렵지 않은 수준이어야 달성할 수 있다. 몰입은 분류하기가 까다롭지만, 깊은 수준의 몰두이자 가벼운 형태의 자기 초월적 경험일 가능성이 크다.

몰입은 행복 증진 등을 포함한 많은 이점을 가진다.

- 신비함, 엄숙함, 숭고함, 절정의 경험으로 알려진 자기 초월적 경험은 자신에게서 벗어나 다른 사람들과의 유대감이 확장되는 순간에 이루어진다. 전 세계 인구의 약 49퍼센트가 경험했을 정도로 보편적인 현상이지만, 사실 이를 경험한 사람은 훨씬 더 많을 것이다.

- 몰두하면서 얻게 되는 집중력은 우리를 경이로움의 마지막 단계인 경외감으로 인도하는 관문이다. 몰두는 경이로움을 더 잘 느끼게 하며, 자기 초월적 경험으로 얻는 이점을 강화한다.

4장. 압축하고 해제하기:

경외감을 느끼기 위한 촉매

> 압축에서 해제에 이르기까지 나타나는 차이 또는 대
> 조, 즉 기대치 위반의 순간은 우리를 몰두에서 경이로
> 움의 마지막 단계인 경외로 이동시키는 점화용 종이에
> 불을 붙인다.

프랭크 로이드 라이트는 애리조나주 스코츠데일 외곽에 있는
자신의 겨울 별장 탤리에신 웨스트Taliesin West를 짓는 데 22년이라
는 시간이 걸렸다. 종종 라이트의 가장 개인적인 건축물로 평가
받는 탤리에신 웨스트는 처음에는 학생 건축가들의 주둔지이자
혹독한 미시간 겨울로부터의 휴식처였지만, 결국 라이트와 가족
들이 사는 집과 사무실, 학교를 포함한 거의 2.4제곱킬로미터 규
모(73만 평)의 복합 건축물이 되었다.

오늘날 이 복합 공간을 보면 고무적이면서도 진부하기도 한 독
특한 면을 발견할 수 있다. 작은 보트나 레저용 자동차가 지나갈
수 있을 정도의 출입구가 있는 한편, 어떤 지점엔 부딪히지 않으
려면 머리를 살짝 숙여야 할 정도로 작고 비좁은 출입구와 현관
마루도 있다. 그러다 그곳에서 갑자기 공간이 점점 넓게 펼쳐진
다. 이것이 바로 '압축 및 해제'라고 불리는 기술인데, 의도적인 장
치라는 점을 깨닫기 전까지는 라이트처럼 뛰어난 건축가가 왜 집

을 이렇게 지었는지 다소 의아하게 느껴진다. 공간심리학에 관심이 많았던 라이트는 어둡고 답답한 복도, 이를테면 '특별 객차 복도 너비' 정도에서 대조적인 빛으로 가득한 캔틸레버(한쪽 끝은 고정되고 다른 끝은 받쳐지지 아니한 상태로 있는 들보-옮긴이) 구조의 공간이 열리면 보는 사람들에게 눈이 휘둥그레질 만한 경이로움을 선사할 것이라는 사실을 알고 있었다.

'긴장과 해결', '포용과 해제'라고도 알려진 압축과 해제 기법을 통해 라이트는 대조의 영향과 중요성을 표현했다. 그는 이 기법을 일리노이주 오크파크에 있는 홈앤스튜디오부터 존슨왁스 본사, 뉴욕 구겐하임미술관 등을 건축할 때도 반복해서 사용했다. 이 기술이 효과적이었던 까닭은 우리 뇌가 자극을 인지하는 방식에 따라 달라지기 때문이다. 어려운 문제를 생각할 때 눈을 감았다가 해결책이 떠올랐을 때 눈을 떠 본 적이 있다면, 더 명확한 그림을 얻기 위해 받아들이는 자극을 여과하는 것의 장점을 이해할 것이다. 옥스퍼드대학교 수치해석학과 로이드 트레페텐[Lloyd N. Trefethen] 교수는 "지적 공간의 지름을 축소하라"라고 말했다. 우리 뇌는 정기적으로 자극의 지적 지름을 줄여서 우리가 세상에서 더 효과적으로 나아갈 수 있도록 한다. 그리고 지적 지름을 줄여서 우리가 알아차리는 것을 감소시킬 때, 프랭크 로이드 라이트가 건축 디자인에서 사용한 것처럼, 대조[contrast]는 우리 뇌에 "이건 주목할 가치가 있어"라고 말하는 기제가 된다.

이 장은 **순간**, 즉 촉매 역할을 하는 중요한 하나의 순간에 관해 설명한다. 라이트가 폐실공포증에 걸릴 듯한 복도에서 경이로움을 불러일으키는 식당으로 이동하는 순간을 건축한 것처럼, 내가 말한 순간은 우리가 예상한 경험과 그것 대신 실제로 발견한 놀라운 것 사이의 변곡점 역할을 한다. 이런 순간을 **기대치 위반**expectation violation이라고 부르는데, 이는 우리를 몰두에서 경이로움의 마지막 단계인 **경외**로 이동시키는 점화용 종이에 불을 붙인다. 압축에서 해제에 이르기까지 나타나는 차이 또는 대조는 우리 감각을 이미 예상한 것에서 예상치 못한 것으로 일깨워 주는 놀라운 시너지 효과를 가지고 있다. 그리고 그 순간의 크기는 우리의 인식에 이르는 길, 그리고 우리가 반대편에서 바라보는 것을 정의한다.

인식하는 것과 걸러지는 것

대조는 우리가 세상을 관찰하는 유용한 방식이다. 여러 면에서 우리는 대조 또는 변화를 통해 세상을 본다. 예를 들어 우리 눈에서 색, 빛, 깊이를 인지하는 방식은 모두 대조를 중심으로 구축된다. 자극을 수집하고 처리하는 방식에 좌우되는 정신 분야도 마찬가지다. 우리 뇌는 초당 약 1100만 비트의 자극을 감지하지만, 받아들이는 모든 입력을 다 알아차릴 수는 없다. 불필요한 정보가 무엇인지 파악할 수 있도록 가장 시급하거나 관련이 있어 보이는 항목을 기준으로 받은 자극을 분류한다. 과거의 보호 반응(시끄러운 소리=위험)과 최근 지식(휴대용 드릴 소리=성가시지만 위험하지는 않음)을 기반으로 자극을 여과한다. **휴리스틱**heuristics 또는 **스키마**schema라고 불리는 우리가 따라 하기 쉬운 패턴을 만들고, 우리가 알아차릴 수 있을 만큼 다른 자극, 무시해도 될 만큼 유사한 자극을 입력한다. 패턴이 일치하는지 일치하지 않는지 알아차리는 이 감지 시스템은 인간이 사용하는 많은 정신적 과정의 기초다.

간단한 예로 옷을 입었을 때의 느낌을 들 수 있다. 처음 옷을 입을 때는 피부에 와닿는 직물의 느낌을 알아차린다. 그러면 뇌는 새로운 감각을 등록한다. 하지만 몇 초가 지나면 더 이상 그 감각을 인식하지 못한다. 뇌는 그 정보가 더 이상 관련성이 없다고 결정했고, 그 대신 건널목의 빨간 신호에 인지적 초점을 맞추는 것이 더 가치가 있다고 결정했기 때문이다.

1804년 스위스 의사 이냐츠 파울 비탈 트록슬러Ignaz Paul Vital Troxler 가 발견한 트록슬러 효과 또는 트록슬러의 소멸로 알려진 착시는 이런 대조와 관련된 현상을 증명한다. 직접 해 볼 수 있는 예시가 인터넷에 많은데, 흔한 예제 중 하나로 여러 개의 무채색 원 집합에서 하나의 원을 응시하는 것을 꼽을 수 있다. 하나의 원만 계속 똑바로 보다 보면 배경 색상이 시야에서 상당히 빨리 사라지기 시작한다. 잠시 시선을 다른 곳으로 돌렸다가 그림을 보면 색상이 다시 나타난다. 이러한 유형의 정보 여과 과정을 **습관화**라고 부르는데, 모든 유형의 감각 자극에서 경험할 수 있다. 에너지를 아끼고 효율적으로 활동하기 위해 우리 뇌는 '변화가 없는' 자극을 무시한다. 우리는 거의 모든 자극에 익숙해질 수 있다. 그리고 습관화하는 동안 뇌는 이러한 자극을 무시하는 것뿐만 아니라 자신이 보는 것과 무시하도록 스스로 훈련한 것을 기반으로 새로운 사고 패턴을 만들어 넘으로써 적응한다.

딱 맞는 예로 흔들리는 배 안을 멀미도 안 하고 잘 걸어 다니는 능력을 들 수 있다. 배를 타고 멀리 나가 본 적이 있다면 다시 육지로 와서 땅 위에 서 있는데도 바다의 부드러운 흔들림을 계속해서 느껴 본 경험이 있을 것이다. 당신의 뇌는 흔들리는 곳에서 균형 변화에 반응하고 몸을 똑바로 유지하기 위해 핵 근육을 작동시키는 등 물 위에서 균형을 유지하는 데 필요한 것에 적응했다. 당신이 눈치채지 못한 채 이 모든 활동은 뇌의 균형에 대한 새로운 모델, 즉 새로운 휴리스틱을 만들어 냈다. 육지로 돌아온 후에도 뇌는 여전히 그 휴리스틱에 따라 작동한다. 뇌는 적응했고, 그것도 믿을 수 없을 정도로 짧은 시간 안에 적응했다. 이제 바다에 있는 것과는 대조적인 환경이기 때문에 내 몸에서 일어난 적응을 알아차리고, 육지 생활에 적합한 균형으로 다시 전환해야 한다.

신체 감각뿐만 아니라 심리 감각도 이런 대조의 영향을 받는다. 사람들이 약자를 응원하는 이유 중 하나는 약자가 이겼을 때 추가적인 즐거움을 느끼기 때문이다. 늘 이기는 팀을 응원하고 예상되는 결과(습관화)를 얻는 것과 달리 승산 없는 승리에 대한 기대치 위반은 그 순간에 추가적 의미를 부여한다.

학습된 부적절성learned irrelevance이라고도 알려진 **잠재적 억제**latent inhibi-tion도 세상에 대한 인식을 걸러 내는 또 다른 정신적 과정이다. 잠재적 억제는 기존에 전혀 접한 적이 없는 자극보다 친숙한 자극의 새로운 세부 사항을 덜 알아차리는 현상이다. 이것은 우리 뇌

1부 경이로움의 단계와 요소

가 주의력을 유지하기 위해 사용하는 무의식적 반응이다. 우리 뇌는 군중 속에서 여러 목소리가 들려도 주의가 산만해지지 않지만, 누군가 "불이야!" 하고 외치면 바로 알아차린다. 새로움이 주목받는 것이다.

전등 스위치를 예로 들어 보자. 기존에 전등 스위치를 한 번도 본 적이 없다면, 이 작은 플라스틱 돌출부를 눌렀을 때 불이 들어오는 것을 보고 깜짝 놀랄 것이다. **어떻게 저렇게 된 거지? 매번 저렇게 불이 켜질까? 스위치를 누르고 불이 들어오기까지 지연이 있을까? 모든 전등 스위치가 똑같이 작동할까?** 전등 스위치가 새것이고 그 스위치와 관련한 자극이 새롭다면 검토할 수 있는 모든 세부 사항을 한번 상상해 보자(나는 일본에 처음 가서 온갖 첨단기술이 동원된 화장실을 봤을 때 이런 느낌을 받았다). 시간이 지나면서 뇌는 전등 스위치에 관한 생각에 익숙해져 어느 시점에 이르면 그 세부 사항이 더 이상 눈에 띄지 않게 되고, 각기 다른 특징을 가지는지 아닌지에 관계없이 같은 정신 범주로 분류한다. 본질적으로 전등 스위치의 세부 사항에 대한 습관화 패턴은 일종의 학습이 된다.

잠재적 억제가 낮은 사람은 전등 스위치에 관한 관심을 잃지 않는다. 스위치의 기능을 배우는 동안 자극에 대한 두뇌의 여과가 줄어들며 더 많은 세부 사항이 계속해서 주목받는다. 결과적으로 이런 사람은 예상치 못한 방식으로 단편적 사실에서 어떤 결론을 도출할 수 있으므로 더 창의적이며, 오래된 패턴을 폐기하는 걸 어려워하지 않는다. 동시에 자극의 수가 압도적일 수도 있으므로 주의력결핍증(이후 ADD), 주의력결핍과다행동장애(이후 ADHD)나 자폐스펙트럼장애가 있는 사람을 비롯해 특정 신경 발달장애가 있는 사람의 경우 정보를 줄여 주는 여과장치가 너무 많은 정보를 허용하면서 산만함과 감각 과부하를 일으키기도 한다. **탈억제**cognitive disinhibition로 알려진, 잠재적 억제가 극도로 낮은 현상은 정신병과 관련이 있으며, 일부 조현병의 경우 잠재적 억제가 완전히 사라지면서 '미친 천재'에게 전형적으로 나타나는 창의성과 정신질환 사이의 잠재적 연관성을 밝혀 준다.

명상 같은 주의력 훈련 전략을 실천하고 삶에 참신한 것들을 정기적으로 도입함으로써 습관화에 대한 민감성을 줄일 수 있다. 극도로 낮은 수준의 잠재적 억제는 보통 약물로 치료할 수 있다. 하지만 자전거 타기, 합창단에서 노래하기, 오디오북을 활용해 책 듣기 같은 다양한 유형의 마음 챙김 연습 방법을 통해 억제 통제를 스스로 제어하도록 우리 뇌를 훈련할 수도 있다.

잠재적 억제는 뇌가 정보를 인식하고 전달하는 또 다른 방법인 심리학 및 신경과학적 **현출성**(어떤 자극이 다른 것과 비교해서 두드러져 보이는 것-옮긴이) 이론과 밀접한 관련이 있다. **현출성신경망**은 보는 패턴에 따라 그리고 다양한 새 자극의 중요성에 따라 의식에 가져올 것을 가려내고 선택하는 여과장치의 상당수를 관리하는 뇌 영역이다. 현출성신경망은 불이행방식망과 역의 상관관계를 가지는데, 다시 말해 불이행방식망이 활성화되면 현출성신경망은 비활성화되며, 그 반대의 경우도 마찬가지다.

다소 직관적인 이름을 가진 현출성신경망은 외부 자극을 여과한 다음 두드러져 보이는 것, 관련성 및 상대적 중요도에 따라 정보를 분류하고 순위를 매기는 뇌 영역이다. 동기부여와 행동 감각에서 중요한 역할을 하는 현출성신경망은 주의를 기울여야 할 대상을 결정한 다음 구동 시스템을 작동한다. 이것은 호기심 같은 자극이 유발하는 집중에 영향을 미치는 휴리스틱 및 기대치 위반 등의 특징과 연관되어 있어서 경이로움에 아주 중요한 뇌 영역이다.

뇌가 더 두드러져 보이는 것을 알아차리면, 우리는 거기에 지나치게 많은 중요성을 부여한다. 예를 들어 상어의 공격을 받아서 사망할 가능성보다 샤워 중에 미끄러져서 사망할 가능성이 훨씬 크지만, 치명적인 욕실 사고에 대한 프로그램을 일주일 동안 방송하는 텔레비전 채널은 없다. 반면 상어 공격이 지닌 생생하고 참신하며 섬뜩한 특성은 상어 공격을 더 두드러지게, 즉 더 많이 주목하게 만든다.

진화론적 관점에서 패턴에 따르는 것은 생존 수단으로 발전했다. 지역사회의 활동이 날씨, 농작물 성장, 동물 이동에 좌우되는 상황에서 주요 패턴을 알아차리는 것은 삶과 죽음을 가를 정도로 중요했다. 그러나 이런 방식으로 자극을 처리하는 것은 우리 인간만이 아니다. 우리보다 훨씬 더 작은 뇌를 가진 동물들도 이 기술을 사용하는데, 그럴 만한 이유가 있다. 제한된 인지 처리 능력을 효율적으로 사용하는 방법이기 때문이다. 파충류는 수천 년 동안 "변하지 않으면 주목할 가치가 없다" 모델에 따라 기능해 온 대표적 예다(존재만으로도 무서운 〈쥬라기 공원〉의 공룡들은 그저 가만히 서 있기만 해도 이길 수 있었다). 우리가 느끼고 싶어도 감지할 수 없는 자극들을 한번 생각해 보자. 예를 들어, 코끼리 코는 매우 민감해서 16킬로미터 밖 다른 코끼리의 진동을 감지할 수 있다. 살모사는 밤에는 인간의 눈으로 전혀 볼 수 없는 빛 스펙트럼인 적외선을 볼 수 있다. 박쥐, 이빨고래는 인간의 귀로 감지할 수 없는 고주파 파동을 사용해서 반향 위치를 측정한다. 지역 박쥐 집단과 소통하는 데 관심이 있다면, 신경과학자 데이비드 이글먼David Eagleman 같은 연구자처럼 신경 이식을 통해 인간도 이런 능력을 '작동하는' 방법을 배울 수 있다.

기본적으로 '저기 밖에서' 손을 흔드는 것은 저기에 그것이 '있는지 없는지' 또는 그것이 '진짜인지 아닌지'보다 우리가 그것을 '그 순간에 인식하는지 인식하지 못하는지'가 훨씬 주요하게 작용한다. 이것은 모두 인식의 문제다.

인식의 문을 여는 것

한 장면을 상상해 보자. 녹초가 된 채로 회의에 몹시 늦어서 현관문 밖으로 달려 나가면서 전화를 받고 있다. 집을 나서면서 전등 스위치를 껐는데 아무 일도 발생하지 않았다. 불이 계속 켜져 있다. 약간 짜증이 나고 약간 놀라기도 하겠지만, 그 이유를 알아내기 위해 일정을 취소해야겠다는 생각이 들 정도로 엄청난 지식 격차가 생기지는 않을 것이다. 그저 약간의 인지 부조화만 있을 뿐이다. 인지 부조화란 뇌가 어떤 것을 기대했는데 그것 말고 다른 것을 경험하게 되는 것을 말한다. 우리 뇌는 보통 인지 부조화를 좋아하지 않기 때문에(특히 인지 종결 욕구가 높은 사람의 경우), 그 틈을 메울 합리적인 설명을 찾느라 머릿속에서 고군분투할 것이다. 몇 초 후에는 배선에 결함이 있거나 그와 비슷한 문제가 있을 것이라는 추측에 만족하면서 수리공을 불러야겠다고 마음속으로 메모를 하면서 길을 나선다.

이제 전등 스위치를 눌렀을 때 **다른** 방의 전등이 켜지고 꺼지기 시작한다고 상상해 보자. 전등 스위치가 작동하는 방식과 관련해 우리가 알고 있는 지식을 바탕으로 생각해 보면, 이는 이례적인 일이며 결과적으로 상당한 기대치 위반을 유발한다. 지식 격차가 있겠지만 뇌는 여전히 전기, 조명, 켜고 끄는 등 단편적 사실에서 어떤 결론을 도출하려고 할 것이다. 예상치 못한, 매우 이상한 사건이긴 하지만 인생을 바꾸지는 않는다. 왜 그렇게 됐는지 답을 찾지 못한 것을 편안하게 느끼는지 아닌지, 그리고 참여해야 하는 회의가 매우 긴급한지 아닌지에 따라 그날의 일정을 조정할 수도 있고 그렇지 않을 수도 있다.

그러나 전등 스위치를 켰다 끌 때마다 고양이가 사라졌다가 다시 나타난다면 어떨까? 이건 전등 스위치뿐만 아니라 물리학에 대해 알고 있는 것과도 다른 기이한 결과다. 그리고 고양이라니. 이런 현상은 엄청난 기대치 위반을 초래할 뿐 아니라 사라지고 다시 나타나는 고양이를 무시할 수만은 없으므로 더 큰 지식 격차를 해소해야 한다. 당신 뇌는 휴리스틱(스위치를 눌렀을 때 방의 조명이 켜지고 꺼짐)과 당신이 경험하는 것(스위치를 누르자 고양이 나비가 사라짐) 사이의 매우 큰 대조를 이해하기 위해 더 많은 인지 에너지를 재배치할 것이고, 머릿속에서 급한 전화와 회의는 까맣게 사라지게 될 것이다. 지나치게 극단적인 예지만, 우리가 경험하는 것이 모두 맥락과 관련이 있다는 점을 보여 준다.

기대치 위반이라는 개념은 사실 우리가 **이리저리 거닐고 깎아내는** 방식의 일부다. 예상치 못한 무언가를 발견하는 그 순간이 호기심을 불러일으키고 후속 설명을 찾는 데 몰두하도록 영감을 주기 때문이다. 그러나 우리가 경외감으로 **우와!, 후우** 하고 감탄할 때 기대치 위반은 훨씬 더 크게 나타난다. '도덕적 감정과 신뢰 연구소' 소장이자 클레어몬트 멕케나 칼리지의 교수인 피에르카를로 발데솔로Piercarlo Valdesolo는 이렇게 설명한다. "당신이 어떤 참신한 것, 즉시 이해할 수 없는 것 또는 일상적인 경험을 거스르는 어떤 것 앞에 있다. 그저 예상치 못한 일이 발생해서 놀라움 같은 감정이 생길 수 있다. …… 당신은 호기심이 많으므로 무슨 일이 일어나고 있는지 궁금할 것이다." 발데솔로 교수는 기대치 위반과 경외감의 차이점은 우리의 관점을 바꾸는 **우와** 하고 감탄하는 순간의 유무라고 설명한다. "경외감에는 추가 재료가 필요하다. 당신의 기대를 저버리는 어떤 일이 일어나면 지식 격차가 두드러지게 나타날 뿐만 아니라, 기대치를 위반하는 사건은 당신이 가지고 있는 스키마, 즉 지식 구조에 도전한다. …… 당신은 이 정보를 해당 구조에 동화시킬 수 없다." 그래서 계속 켜져 있는 조명을 보면 놀라기도 하지만 궁금증이 생긴다. 하지만 고양이가 사라지는 것은 경외감을 불러일으킨다. 이는 세상을 바라보는 당신의 시각을 근본적으로 바꿀 만큼 충분히 엄청난 일이다.

아인슈타인은 기대치 위반을 '우리 안에 이미 충분히 자리 잡은 개념의 세계와 경험이 충돌하는 순간'이라고 설명했다. 그는 자신의 어린 시절 '무의식적인 세계에 대한 개념'과 관련한 기대치 위반이 본인의 관점을 완전히 바꾼 경이로움으로 가득 찼던 순간을 이야기했다.

> 네다섯 살 때쯤 아버지가 나에게 나침반을 보여 주었을 때 이런 종류의 경이로움을 경험했다. 나침반 바늘이 그렇게 확실하게 한 방향을 가리킨다는 것은 무의식적인 세계의 개념(직접 '만져야만' 움직임)에서 발견할 수 있는 사건이 전혀 아니었다. 이 경험이 나에게 깊고 지속적인 인상을 남겼다는 사실이 아직도 기억난다. 아니 적어도 기억한다고 생각한다. 그 뒤에 무언가 깊이 숨겨져 있는 것이 분명했다.

아인슈타인의 설명은 경이로움의 각 요소, 즉 나침반을 관찰하며 호기심을 느끼고, 나침반 바늘에 몰두하고, 기존에 알고 있던 것보다 더 큰 지식의 세계로 인해 갑자기 혼란에 빠진 어린아이의 스키마, 그리고 그를 변화시킨 경외로 가득한 인식의 마법 같은 순간을 매우 적절하게 보여 준다.

이제 문밖으로 나가는데, 전화 통화와 그날 예정된 회의에 너무 정신이 팔려서 아무것도 눈치채지 못했다고 생각해 보자. 전등 스위치는 엉망이고, 고양이는 저쪽으로 사라진다. 그리고 당신 뇌는 완전히 다른 데 집중하고 있어서 이 모든 괴상한 상황을 놓친다. 3부에서 더 자세히 다루겠지만, 우리가 현재에 있지 못하면 호기심과 몰입의 기회가 차단되며 그 결과 경이로움을 엿보는 순간을 놓치게 된다. 때로 기대치 위반은 인지 격차의 정도를 나타내는 것이 아니라 애당초 그 격차에 관한 관심 때문에 생기기도 한다.

다음 장에서 우리는 뇌가 정보를 걸러내고, 분류하고, 분석하는 방식이 우리가 기억하는 것과 어떤 경험에 부여하는 의미의 깊이에 큰 영향을 미친다는 사실을 알게 될 것이다. 다른 방 조명이 켜졌다 꺼졌다 하는 것은 그냥 작동이 제대로 안 되는 것일 수 있다. 고양이가 사라지는 것은 신비한 것일 수도 있다. 세계 최초의 신경-디자인 스튜디오인 부적응자연구소Lab of Misfits의 보 로토Beau Lotto와 그의 연구 팀은 이러한 인식 개념, 우리가 어떤 경험에 부여하는 의미, 우리가 경험으로 가지게 된 맥락에 관한 연구를 집중적으로 수행한다. 로토는 "당신이 하는 일은 사물을 보는 것이 아니라 사물 사이의 관계를 보는 것입니다. 뇌는 절대적인 것이 아닌 관계만 봅니다. 그래서 빨간색은 사실 방향입니다. 관계인 것입니다"라고 설명한다.

인식이 관계에 기반을 둔다는 생각은 튀르키예에 휴가를 갔을 때 사 온 좋은 술 한 병을 떠오르게 한다. 튀르키예에 있는 동안 아니스향이 나는 식전주를 너무 맛있게 마셨다. 이 술을 사면서 집으로 가져가서 마실 수 있다는 생각에 신이 났다. 그러나 우리 집 거실에서 마시니 휴가 때와 같은 맛이 나지 않았다. 우리 모두 이런 경험을 해 본 적이 있을 것이다. 모래와 태양, 그리고 해산물이 없으니 튀르키예에서 휴가를 보내는 동안 즐겼던 경험에서 벗어나게 되었고 내 인식은 바뀌었다. 술맛은 달라지지 않았을 것이고 내 미뢰와 후각 역시 계속 같은 방식으로 작동했을 테지만, 맥락이 달라졌기 때문에 내 인식이 바뀐 것이다. 이러한 사고방식은 다양한 종류의 매혹적인 철학적·존재론적 질문을 던질 수 있다. **색이란 무엇일까? 인간이 존재하지 않았다면 색이라는 게 존재했을까? 우리가 어떤 것을 경험하지 못했다면 그건 존재하는 걸까? 우리가 인식할 수 없는 또는 인식하지 않으려는 어떤 것이 존재하는 것일까? 숲에서 나무가 쓰러졌는데 아무도 그 소리를 듣지 못했다면 그 소리는 난 걸까?**

17세기 프랑스 철학자 르네 데카르트는 자신의 저서 『정념론』에서 이 개념을 탐구했다. 데카르트가 '열정'이라고 칭한 인간 감정의 본질에 대해 보헤미아의 엘리자베스 공주와 주고받은 편지를 편집하며 그는 참신함, 호기심, 인식 사이의 연관성에 주목했다. 데카르트는 여러 면에서 인식의 본질이 인지적 경험일 뿐만 아니라, 경이로움은 인식론적 경험이라는 생각을 도입했다. 즉, 의미를 만들고 지식을 모으는 데 중점을 두었다.

> 어떤 대상을 처음 접했을 때 그 대상이 우리를 깜짝 놀라게 하거나, 그것이 기존에 경험한 것이나 **우리가 기대했던 것**[내가 강조하는 것]과 매우 다르거나 새롭다고 판단할 때, 우리는 그 대상을 궁금해하고 경이로움을 느끼게 된다. 그 대상이 우리

에게 유익한지 아닌지를 알기도 전에 이런 일이 생길 수 있으므로 나한테는 경이로움이 모든 것의 첫 번째 열정인 것 같다. 그리고 반대가 되는 것은 없다. 왜냐하면 그 자체로 우리를 놀라게 하는 대상이 없다면 우리는 어떤 방식으로든 그 대상에 감동하지 않고 열정을 가지고 대하지 않기 때문이다.

이 예들은 경이로움이라는 퍼즐의 근본적인 조각, 즉 모든 인식은 맥락 안에 존재한다는 점을 잘 보여 준다. 그리고 우리가 완성할 것으로 기대하는 패턴이 방해받을 때, 다음에 일어날 일에 대한 우리의 기대가 깨질 때, 우리 뇌는 주의를 기울이고, 기억을 부호화하고, 경이로움을 발휘한다. 우리는 이제 몰두했던 압축의 순간에서 확 경외감을 방출할 준비가 되었다.

요약

- 기대치 위반으로 알려진 순간은 경이로움의 두 가지 요소인 몰두와 경외감 사이에 놓여 있다. 경험에 대한 기대치와 실제 경험이 크게 다를 때, 기대치 위반은 몰두에서 경외로 전환하는 촉매제 역할을 한다. 이런 현상은 뇌가 대조를 알아차리고 반응하기 때문에 발생한다.

- 뇌 여과장치와 패턴은 효율성을 높이기 위해 자극을 맞춰 보면서

무엇이 두드러지고, 무엇이 관련이 있으며, 무엇이 주목할 가치가 있는지 결정한다. 이러한 여과와 패턴은 스키마 또는 휴리스틱으로 알려진 지식 구조의 구성 요소를 형성한다. 기억할 가치가 있는 것을 경험하면, 우리의 스키마는 그 새로운 정보를 받아들이게끔 변경된다.

• 현출성신경망은 불이행방식망과 역의 상관관계를 가지는 뇌 부위로 외부 자극을 여과한 다음 해당 데이터를 관련성과 중요도 순으로 분류하고 순위를 매긴다. 이것은 우리가 기대치 위반을 경험하는 방식과 연결되어 있어서 경이로움을 연구할 때 중요한 네트워크 중 하나다.

• 학습된 부적절성으로도 알려진 잠재적 억제는 새로운 것보다 익숙한 자극의 새로운 세부 사항을 적게 알아차리는 현상이다. 잠재적 억제가 너무 높으면, 경이로움의 기회를 놓칠 수 있다.

• 잠재적 억제는 습관화의 한 형태다. 습관화는 우리 뇌가 중요하지 않다고 간주하는 지속적인 자극에 적응하는 방식이다. 흔들리는 배 안에서 멀미도 안 하고 잘 걸어 다니는 것처럼 우리는 자극에 익숙해지고 매우 빠르게 새로운 스키마를 구축할 수 있다.

• 명상처럼 현재에 존재하는 연습에 중점을 둔 느리게 생각하는 활동은 무술, 합창단에서 노래 부르기 같은 다른 인지 훈련과 마찬

가지로 억제 통제를 스스로 제어하는 데 도움이 된다.

- 모든 인식은 맥락적이다. 그 맥락의 규모와 의미가 우리가 경이로
  움을 인식하는 방법을 결정한다.

5장. 우와! 그리고 후우!:
경외감 느끼기

경외감은 물리적 또는 인지적으로 엄청난 존재 앞에서 느끼는 감정으로 우리가 세상을 바라보는 방식에 도전하게 하고, 그 결과 우리의 관점이 영원히 바뀌도록 한다.

1969년 7월, 6억 명이 텔레비전 앞에서 인류가 달에 착륙하는 모습을 지켜봤다. 그 순간은 지금까지 인간이 공유한 가장 큰 경험 가운데 하나로 남아 있다. 그 '인류를 위한 커다란 도약' 이후, 세상은 결코 예전 같지 않았다. 이 세계적인 변화는 그로부터 6개월 전인 1968년 크리스마스이브에 아폴로 8호의 우주비행사 윌리엄 앤더스^{William Anders}가 칠흑 같은 어둠 속에서 금방이라도 부서질 것 같은 작은 대리석처럼 떠 있는 아련한 지구 이미지 〈어스라이즈^{Earthrise}〉라는 사진을 찍었을 때 이미 시작되었다. 국경이 사라지고, 국가와 국적이 무의미해 보이는 그 사진을 보면서 우리는 광대한 우주 속 인류의 존재에 대한 마음속 깊은 곳에 있던 신념에 직면할 수 있었고, 20세기의 결정적 순간을 시작했다. 1968년은 전 세계적인 격동의 시기였다. 집에서 베트남전쟁 장면을 방송으로 볼 수 있었고, 5월에는 파리에서 학생 봉기가 일어났다. 마틴 루서 킹 주니어가 암살당했고, 바로 두 달 뒤에 로버트 케네

디도 암살당했다. 인류는 폭력적인 판단을 하고 있었다. 〈어스라이즈〉 사진을 통해 인류 역사상 처음으로 지구 전체를 본 사람들은 놀랄 수밖에 없었고, 개인의 이기적인 걱정에서 벗어나 하늘로 시선을 돌렸다. 이후 〈어스라이즈〉와 그 뒤에 나온 사진 〈블루마블Blue Marble〉은 인류 역사상 가장 널리 퍼진 이미지가 되었고, 우리 모두가 함께 사는 집인 지구와의 관계를 바꾸어 놓았다.[*]

우주여행을 계기로 인류는 자신과의 관계를 변화시킬 수 있었지만, 영향을 받은 것은 지구에 있는 사람들만은 아니었다. 우주비행사들이 우주에서 돌아왔을 때 그들은 완전히 다른 사람이 되어 있었다. 우주비행사 캐스린 D. 설리번Kathryn D. Sullivan은 "아무리 사전 연구를 많이 하고 훈련을 많이 받은 사람이라도 이런 고무적인 경외감과 경이로움에 완전히 준비되어 있을 수는 없을 것이다"라고 말했다. 국제 우주정거장에서 지내는 론 개런Ron Garan은 "마치 시간이 멈춘 것만 같았다"라고 말했다. 아폴로 9호 달 착륙선 조종사였던 러셀 '러스티' 슈바이카르트Russel 'Rusty' Schweickart는 우주에서 지구를 봤을 때 이렇게 말했다. "달에서 보면 지구는 엄지손가락으로 가릴 수 있는 아주 작고 연약하며, 너무나도 소중한 작은 점이다. 당신은 그 작은 파란색과 흰색이 역사와 음악, 시와 예술, 죽음과 탄생, 사랑, 눈물, 기쁨, 게임 등 당신에게 의미 있는 모든 것이라는 사실을 깨닫게 된다. 그 모든 게 엄지손가락으로 가릴 수 있는 작은 점 안에 있는 거다. 그 관점에서 당신은 당신이

---

[*] 이는 최근 진행되고 있는 지속가능성 활동과 매우 비슷하며, 그 사진들을 계기로 이런 활동이 시작되었다고 주장하는 사람도 있다.

1부 경이로움의 단계와 요소

완전히 바뀌었고, 그곳에 새로운 것이 있으며, 그 관계가 더 이상 예전 같지 않다는 점을 깨닫게 된다."

슈바이카르트가 설득력 있게 묘사한 것은 경이로움의 '조망 효과Overview Effect'와 경이로움이 지닌 변화를 일으키는 힘이었다. 우주 작가 프랭크 화이트Frank White가 1987년에 만든 용어인 조망 효과는 우주비행사들이 우주에서 지구를 볼 때 경험하는 예상치 못한 강력하고 심오한 가치관, 관점의 변화를 말한다. 화이트는 이렇게 근본적이며 지속적인 변화를 "경이와 경외감, 자연과의 통합, 초월, 보편적 형제애를 포함한 진정한 변혁적 경험"이라고 설명했다.

얼마나 큰 변화일까? 1971년 아폴로 14호의 우주비행사 에드거 미첼Edgar Mitchell이 지구로 돌아왔을 때, 그는 "순식간에 글로벌 의식"이 생겼다고 하면서 "지구를 벗어나 달에서 보면, 국제정치는 너무나 사소해 보인다. 당신은 정치인의 목덜미를 잡고 40만 2336킬로미터 밖으로 끌고 나가 '저것 좀 보라고, 이 자식아'라고 말하고 싶어질 것이다"라고 말했다. 지구로 돌아온 미첼은 순수지성과학연구소Institute for Noetic Sciences를 시작해야 한다는 압박감을 느꼈다. 순수지성과학연구소는 명상에서부터 변화된 의식 상태, 염력 같은 완전한 초심리학에 이르기까지 광범위한 탐구를 포함하는 과학의 황무지를 다룬다. "달에 갔을 때만 해도 나는 실용주의적인 시험 조종사였다. 그러나 광활한 우주에 떠 있는 지구를 보았을 때 창조주가 있다는 확신이 들었고 우주 생명체가 우연히 생긴 것이 아니라는 것을 알게 되었다." 이는 '실용주의적 성향의 시험 조종사'에게 상당한 도약이었다. 당신도 경이로움을 경험하면 이렇게 될 수 있다.

아폴로 15호의 우주비행사 짐 어윈Jim Irwin은 우주에 있는 동안 "전에는 한 번도 느껴 보지 못한 신의 권능을 느꼈다"라고 언급하며 깨달음을 얻었다고 말했다. 그는 10세 이후 교회에 가 본 적도 없었지만, 지구로 돌아온 뒤 다시 기독교인이 되었고 여생을 설교자로 보냈다. 러셀 슈바이카르트는 초월 명상의 신봉자가 되었고 자원봉사에 평생을 바쳤다. 이 모든 개인적, 경력상 변화는 의심할 여지 없이 경이로움의 마지막 요소인 **경외감**을 경험한 결과다.

우주비행사들의 인터뷰를 검토하다 보면 그들이 숨 막히는 아름다움이나 무서운 공허감을 어떻게 묘사했는지, 심지어 그 경험이 개개인의 삶을 어떻게 바꾸었는지, 또한 그것이 어떻게 세상의 나머지 부분과 관련해 자신을 바라보는 방식을 바꾸었는지를 보면서 감명받는다. 우주에서 166일을 보낸 기록을 지닌 캐나다 우주비행사 크리스 해드필드Chris Hadfield는 이 감정을 공유하면서 이렇게 말했다. "실제로 파키스탄 카라치의 사진을 찍고, 다음 날 내가 쓴 글을 읽었다. '파키스탄에는 600만 명의 우리가 살고 있다'라고 쓰여 있었다. 600만 명의 '우리'? 더 이상 '그들'이 아닌 건가? 한 번도 가 본 적 없는 그 지역이 어떻게 갑자기 우리처럼 느껴졌을까? 그건 내가 지금 있는 곳에서 받은 누적된 영향 덕분이었다. 내가 이 세상을 하나로 보기 시작한 건 바로 그때부터였다."

지구로 귀환한 우주비행사들의 일관성 있는 이야기에 매료된 자기 초월적 경험 연구자 데이비드 야덴은 이런 우주비행사의 완전한 변화를 더 잘 이해하기 위해 선구적인 방사선학자 앤디 뉴버그^{Andy Newberg}와 팀을 이루어 조망 효과를 연구하기로 했다. 뉴버그는 뇌에서 어떤 일이 일어나는지를 확인하기 위해 야덴이 '깊은 통합 상태'라고 부르는 상태에 들어간 명상가와 '명상 전문가'들을 fMRI에 넣은 최초의 과학자다. 야덴과 뉴버그는 조망 효과가 변화된 의식 상태의 모든 특징을 가지고 있다는 사실, 특히 자기 초월적 경외 상태의 특징을 가지고 있음을 발견했다.

마지막 요소: 경외감

철학자, 예술가, 작가, 종교학자 들이 수천 년 동안 경외감을 탐구했지만, 과학적 측면에 관한 연구가 시작된 건 20년도 채 되지 않았다. 2003년 심리학자 대커 켈트너^{Dacher Keltner}와 조너선 하이트^{Jonathan Haidt}가 「도덕적, 영적, 미적 감정인 경외감에의 접근」이라는 논문을 발표하여 인류만큼 오래된 경외감에 처음으로 실질적인 개념 틀을 공유하면서 이 주제에 대한 학문적 관심이 촉발되었다. 켈트너와 하이트는 경외감을 물리적 또는 인지적으로 매우 엄청난 존재 앞에서 느끼는 감정으로, 우리가 세상을 바라보는 방식에 도전하게 하고(와우!), 그 결과 우리의 관점이 영원히 바뀌게(후우…) 된다고 설명했다.

켈트너와 영상통화를 했는데, 그것만으로도 그가 강력하게 경이로움을 실천해 온 사람이라는 인상을 받을 수 있었다. 그는 서두르지 않았고 압박감을 느끼지도 않았다. 그는 경이로움이 있다고 온전히 확신했고 걸어 다니면서도 그것을 찾을 수 있는 사람이었다. 켈트너는 온화하고 관대했다. 편안한 태도로 말하던 그는 경외감과 관련한 다양한 발견에 대해 신나게 이야기하면서 금세 활기를 띠었다. "경외감을 연구하기 시작한 이유는 내가 예술, 문학, 정치에 정말 관심이 많은 일종의 반체제적인 사람들 사이에서 자랐기 때문입니다. 1990년경 감정 분야에 뛰어들었을 때는 모든 종류의 친사회적인 긍정적 감정에 대한 이해가 부족했습니다. 연민이나 경외감에 관한 문헌 연구가 없었죠. 그런 상황에서 음악 공연과 자연 속에서, 그리고 넬슨 만델라가 감옥에서 나오는 것을 보면서 '이 감정은 뭐지?'라는 생각이 들었습니다."

켈트너는 1990년대 이전 심리학 분야는 주로 결점 기반의 렌즈를 통해 사람들을 관찰하는 데 중점을 두었다는, 많은 과학자가 공감하는 사실을 언급했다. DSM으로 알려진 『정신장애 진단 및 통계 편람Diagnostic and Statistical Manual of Mental Disorders』(미국 정신의학회에서 공식적으로 사용하는 정신장애 진단 분류 체계-옮긴이), 즉 인간의 '망가진' 부분을 다루는 이 편람은 정신병리학 분야에서 성경처럼 여겨진다.* 여기에는 불안과 ADHD에서 발모광(자기 머리카락 또는 신체 털을 반복적으로 뽑는 행위-옮긴이), 관음증에 이르기까지 모든 '검증된 정신질환'의 개론이 담겨 있다. 그리고 DSM에 포함된 것들은 심리학자 마틴 셀리그먼Martin Seligman이 미국심리학회 회장을 지내며 1998년 긍정심리학 운동을 시작할 때까지, 100년이 넘는 시간 동

---

* 분명히 말하자면, 사람들이 망가졌다고 말하는 것이 아니라 DSM의 결점 기반 접근 방식이 일부 사람들을 그렇게 느끼게 만든다는 뜻이다.

1부 경이로움의 단계와 요소

안 심리학 연구자들의 주요 관심사였다.

켈트너는 셀리그먼을 비롯해 밀레니엄 전환기에 심리학계에 입문한 많은 다른 사람과 마찬가지로 인간 상태의 부정적 측면이 아니라 '삶에서 정말 중요한 것'을 탐구하는 데 끌렸다고 말했다. 그는 이러한 열정을 '의미 있는 삶을 위한 과학 기반 통찰력'이라는 슬로건을 가진 '더 좋은 선을 위한 과학 센터Greater Good Science Center(이후 GGSC)'에 쏟았다. 2001년에 설립된 GGSC는 사람들이 정서적·사회적 건강 및 행복을 개선하고 더 의미 있는 삶을 살 수 있도록 돕는 것을 주된 임무로 삼은 연구 센터이자 교육기관이다. 켈트너는 "심리과학과 진화론, 감정과학에는 싸움이냐 도피냐 하는 것이 전부라는 느낌이 있습니다. 그리고 여기 모든 것이 망가진 미국이 있습니다. 그래서 우리는 우리가 고치고 싶은 것에 집중합니다"라고 설명한다. "그러나 경외감은 정반대입니다. 우리의 상상력은 경이로움, 예술과 음악에 대한 갈망, 초월적 의미에 대한 우리의 능력을 발전시켜 왔습니다. 그래서 경외감을 연구하기로 한 선택은 다양한 힘의 완벽한 결합이었습니다."

경외의 단계

켈트너와 하이트가 제안한 경외감의 개념적 가정은 후속 연구를 통해 입증되었으며, 경외감의 구성 요소를 포함한 많은 부분이 대체로 사실임이 밝혀졌다. 첫 번째는 기대치 위반이라는 촉발 요인으로, 기존에 발견했던 것 특히 새롭고 심오한 방식으로 기존에 발견했던 것에 이의를 제기하는 유발 요인이다. 이는 프랭크 로이드 라이트의 '압축 및 해제'처럼 간단할 수도 있고 귀신 들린 전등 스위치로 인해 고양이를 잃어버리는 것처럼 충격적일 수도 있다. 우리 스키마에 가해진 이 새로운 충격은 우리가 주의를 기울이게 만들고(우리는 대조만 알아차린다는 사실을 기억하라), 그 인식의 순간에 우리 정신은 가능한 한 많은 자극을 얻기 위해 열린다.

다음 단계는 경외감의 두 가지 **인지적 요소**(즉, 우리가 상황을 감정적으로 해석하는 방법)인 **광대함**vastness과 **수용**accommodation이다. 광대함은 너무나 감동적인 무언가가 우리를 붙잡아 훨씬 더 큰 세상의 작은 조각처럼 느끼게 만드는 놀라운 경험이다. 수용은 우리 뇌가 그 놀라운 경험을 이해하려고 노력하는 순간으로, 이 순간을 통해 우리의 세계관이 달라진다.

경외감은 자연, 예술, 음악, 건축, 종교, 감동을 주는 연설, 심지어 다른 사람이 있는 수많은 장소에서 찾을 수 있으며, 우리는 이 각각의 장소에서 경외감을 유도하는 것들을 만날 수 있다. 이런 유도자는 에드워드 엘가의 관현악 명작 〈님로드Nimrod〉를 연주하는 활시위처럼 지각적일 수도 있고, 접힌 우주 이론을 이해하려는 시도처럼 개념적일 수도 있다. 이 범주 안에서 경외감은 자연적, 인지적, 사회적 경외감이라는 하위 범주로 추가 분류할 수 있다. 그리고 이것들은 경외감을 경험하는 다양한 분위기를 설명하기 위해 사용하는 언어 '정취flavor'(아름다움, 미덕, 뛰어난 능력, 위협, 초자연적)를 통해 더 자세하게 구별할 수 있다.

경외감은 매우 개별적이며, 개인차가 있다. 따라서 같은 경험을 할지라도 각 사람에게 다른 의미로 다가온다. 의심할 여지 없이 경외감을 불러일으키는 그랜드캐니언의 풍경을 살펴보자. 그 협곡 가장자리에 서 본 적이 있다면 그 틈 사이 빈 곳이 마치 진공청소기처럼 폐에서 공기를 빨아들이는 듯한 느낌을 받았을 것이다. 어떤 사람은 물리적 풍경에 감동하므로 자연을 인식하는 것이 경외감을 유발한다. 협곡의 지질학적 역사에 충격을 받은 사람의 경우에는 개념적 인지가 유발자가 될 수 있다. 누군가에게는 그랜드캐니언 풍경의 순수한 아름다움 그 자체가 스키마에 도전을 일으킬 수도 있다. 또 다른 사람에게는 거대한 심연이 시스템에 충격을 주는 위협감을 유발할 수 있다. 그리고 놀랍게도 이것들 모두일 수도 있다. 경외감은 경험할 수 있는 여러 가지 방법으로 믿을 수 없을 정도로 다층적인 감정을 만든다.

이 방대하고 신기한 경험을 하고 나면 우리 뇌는 방금 인식한 것을 이해하려고 노력하기 시작한다. 이제 우리의 스키마가 시작된다. 스키마는 지식의 작은 구성 요소로 우리가 보관했다가 필요할 때 불러올 수 있다.* 이 블록들은 평생에 걸쳐 만들어지기 때문에 어린 시절에는 더 적고 변하기 쉬우며, 나이가 들어 더 다양한 지식이 쌓임에 따라 이 블록들도 더 많아지고 복잡해져서 잘

---

* 어린아이가 지식을 쌓는 방식을 생각하면 이 모델을 이해하기 쉽다. 사과가 뭔지는 알지만, 석류는 본 적이 없는 아이를 한번 상상해 보자. 과일 그릇에 놓인 석류를 힐끗 보면서 아이의 뇌는 기존에 가지고 있던 사과 스키마(빨갛고, 둥글고, 매끄럽고, 과일 그릇 안에 놓여 있다)를 가져온다. 기존 스키마를 불러오고 적용하는 이 과정이 바로 **동화**다. 일단 아이가 석류와 사과가 서로 다른 과일이라는 사실을 알게 되면, 아이는 기존 스키마를 변경하기 위해 수용 과정을 활용한다. 이는 간단한 스키마이며, 아직 어린아이이기 때문에 바꾸기가 더 쉽다. 성인이 되면 스키마는 훨씬 더 복잡해져서 변경하기 어려워진다.

변하지 않는다. 새로운 자극이 약간의 인지 격차만 만든다면 우리 뇌는 그 경험을 그냥 무시할지도 모른다. 일치하는 스키마를 찾고, 일치하지 않는 것은 무시하고, 다른 자극으로 초점을 옮긴다. 그러나 만약 그 경험이 더 큰 격차를 만들어 상당한 인지적 도전을 초래한다면 우리의 스키마는 이 새로운 정보를 받아들이기 위해 바뀔 것이다. 이를 수용이라고 한다. 그 변화가 지속적인지 일시적인지는 많은 요인에 따라 달라지지만, 연구에 따르면 주로 우리의 성격 특질(여과 정도)과 경험의 강도(인지 격차의 크기)의 조합이 변화의 지속성 여부에 영향을 미친다고 한다.

켈트너와 하이트는 윌리엄 제임스와 에이브러햄 매슬로처럼 처음에는 경외감을 산 정상에 오르거나 자녀가 첫걸음을 내딛는 모습을 보는 것처럼 중요하고 '짧은 시간 발생하는 드문' 경험이라고 여겼다. 그러나 후속 연구에서 일출이나 좋아하는 노래 같은 소소하고 단순하며 일상적인 경험도 경외감을 불러일으킬 수 있다는 점을 보여 주었다. 일상생활에서 경이로움을 찾는 방법은 2부에서 자세히 다루겠지만, '일상적 경외감'의 발견은 드물게 발생하는 경우뿐만 아니라 정기적으로 발생하는 경우에도 경이로움, 그리고 경외감이 생성하는 의미 있는 결과를 이끌 수 있다는 가능성을 열어 주었다.

경외의 역사

경외를 뜻하는 영어 단어인 awe는 꽤 신화적인 탄생 이야기를 가졌다. 고대 노르웨이어 agi와 덴마크어 ave에서 나온 이 단어는 13세기 중세 영어에서 처음 등장했다. 북유럽 신화가 연상되는 주제인 경외감은 **경외의 투구**Ægishjálmr가 가진 신화적인 힘에서 가장 잘 드러난다. 언어학자 스티븐 플라워스Stephen Flowers는 경외의 투구는 "원래 적에게 공포를 주는 마법의 일종으로, 공격하기 전에 먹이를 마비시키는 뱀의 힘과 관련이 있다"라고 말한다. 뱀이 지닌 마비시키는 힘은 공포, 호기심, 심지어 그런 힘인 경외감을 통제하려는 욕망을 잘 묘사한다. 북유럽 구어 시 모음집인 『시인 에다Poetic Edda』에 나오는 경외의 투구는 바이킹 전사들이 새긴 일종의 문신 같은 보호 부적이다. 그 상징은 눈의 결정과 비슷한 작은 삼지창 룬문자 모양이다. 이 무늬를 구리나 납 같은 부드러운 금속에 두드려 얼룩을 묻힌 후, 빈디(힌두교도 여성들이 이마 중앙에 찍거나 붙이는 장식용 점-옮긴이)처럼 전사의 이마에 직접 눌러서 찍었다. 그래서 일부 역사가들은 이 문신을 제3의 눈과 연결하기 위한 것이라고 생각하기도 했다. 이 상징은 강렬한 경외감으로 적들을 물리치고, 전투에서 전사들을 안전하게 이끄는 힘을 지니고 있었다.

경외에 대한 노르웨이어 해석은 종종 두려움 중 하나였고, 경외의 투구는 가끔 공포의 투구로 번역되기도 했다. 인간과 신 사이의 관계를 묘사할 때 경외감과 공포라는 말이 서로 번갈아 가며 자주 사용되었고, 고대의 신비주의적 경외감에 대한 많은 묘사는 끔찍하고 초자연적인 느낌이 있었다. 1600년 전 『바가바드 기타(힌두교 중요 성전 중 하나-옮긴이)』에는 bhītaḥ라는 단어가 나오는데 이 단어는 '공포'로 번역하기도 하지만 '끔찍하고 경이로운 형태'로 인해 '황홀'해한다고 번역하기도 한다.

성경에 나오는 바울의 회심 이야기를 보면, 바리새인이자 기독교인을 박해하던 사울이 다마스쿠스(시리아의 수도-옮긴이)로 가는 길에 예수를 만났다. '홀연히 하늘로부터 빛이 내려와 그의 주위를 둘러 비추자', 사울은 '땅에 엎드려졌다'. 사흘 동안 아무것도 보지 못했으나 '사울의 눈에서 비늘 같은 것이 벗어져 다시 볼 수 있게 되었다'. 이 깨달음의 경험을 통해 사울은 회심했고 바리새인에서 충실한 기독교 사도로 완전히 변했다. 또한 『바가바드 기타』에는 크리슈나로 인해 전사인 아룬자Arunja 왕자가 극적으로 변한 이야기가 나온다. 크리슈나는 아룬자의 군사들이 선한 세력을 위해 영웅적 전투에 참여하도록 아룬자를 설득하려 했다. 크리슈나의 간청에도 아룬자 왕자는 절대 흔들리지 않았다. 그러자 크리슈나가 아룬자에게 영적 상상력vision을 선물한다. 아룬자는 네덜란드 화가 히에로니무스 보스Hieronymus Bosch 그림에서나 나올 법한 생생한 계시를 목격한다. 그는 천 개의 태양 빛에 눈이 멀고, 100만 명의 신들에게 현혹당했다. 모든 살아 있는 생명체, 우주 전체, 무한한 얼굴, 연꽃 위에 앉아 있는 신, 보석, 뱀, 현자, 브라흐마(인도 신화에 등장하는 힌두교 3대 신 중 하나인 창조의 신-옮긴이)의 다양한 육체적 화신을 포함해 소용돌이치는 여러 모양과 색상의 만화경으로 둘러싸였다. 그 상상은 크리슈나가 지금까지 존재했던 모든 것을 소멸시키고 입에서 그것들을 파괴하는 것으로 절정에 이른다. 휴! 당연하게 아룬자는 …… 여러 감정이 뒤섞여 혼란스러운 반응을 보였다. 그는 "황홀했다. …… 기쁘지만 두려움과 떨림이 그의 마음을 어지럽히는 것"을 느꼈다.

종교학자뿐 아니라 철학자들도 경외감을 곰곰이 생각했다. 13세기 철학자 토마스 아퀴나스는 철학의 본질과 시, 예술, 음악처럼 인류의 의미 있는 창조물이 경외감에서 탄생한다고 믿었다. 아퀴나스는 자신의 저서 『형이상학』에서 "철학은 경외심에서 비롯된다"라고 말했다. "철학자는 신화와 시적 우화를 사랑해야 한다. 시인과 철학자는 경이로움이 크다는 점에서 비슷하다." 물론 작가, 예술가, 음악가 들은 경이로움과 그 복합적 요소인 경외감을 즐긴다. 바이킹이 **경외의 투구**로 치장하고 있을 때, 지구 반대편에 있는 수피 시인 루미(이슬람 신비주의 수피즘의 성자-옮긴이)는 덜 무서운 경외의 화신을 불러내고 있었다. "경외감은 우리 눈을 치료해 줄 구원자다." 그리고 루미는 다음과 같이 썼는데, 경외심에 대한 매우 예리한 해석 중 하나다.

그림자와 빛이 모두 있어야 한다.
듣고 경외의 나무 아래 고개를 숙여라.

안식처이자 양육자이자 향유와 같은 경외감. 고통을 주고 마비시키며 파괴하는 경외감. 부드럽든 끔찍하든 어느 것이나 힘이 있다. 그러나 '그림자와 빛'에 대한 루미의 통찰력은 경외의 매혹적인 측면 중 하나인 이중성을 건드린다.

그림자와 빛, 낮과 밤, 태양과 달, 음과 양. 인간은 세상에서 서로 반대되는 것처럼 보이는 힘을 연결하고 이해하는 방법으로 이중성을 사용한다. 여기에는 기쁨과 슬픔, 희망과 절망, 열정과 불안 같은 감정도 포함된다. 감정은 본질적으로 인간이 자신의 경험을 분류하고 전달하는 방법이다. 우리는 자연스럽게 감정들을 긍정적이거나 부정적인 것으로 분류한다. 심리학자들은 감정에 긍정적, 부정적 극성을 매기는 것을 **유인가**valence라고 부른다. 그래서 행복에는 '긍정적 가치'를 매기고, 분노에는 '부정적 가치'를 매긴다. 어떤 감정은 유인가 울타리를 타고 있지만, 대부분은 한쪽 극 또는 다른 쪽 극에 놓일 수 있다. 경외감이 매우 이례적인 이유는 아룬자의 이야기에서처럼 긍정적으로도 또한 부정적으로도 평가할 수 있으며 때로는 두 가지가 동시에 나타날 수 있기 때문이다. 경외감이라는 단어 그 자체도 모양을 바꾼다. 경외라는 단어의 감정적 어조는 수년에 걸쳐 형태가 변형되어 어원을 반영하는 두려운 측면의 일부를 잃었고, 적어도 서구 세계에서는 더 긍정적으로 평가받는 감정이 되었다.

우리는 왜 경외감에 관심을 가져야 할까?

나는 켈트너를 부를 때, 존경의 마음을 담아 '경외감의 아버지'

1부 경이로움의 단계와 요소

라고 부른다. 그가 경외감 연구를 확고하게 자리 잡도록 성장시켰고 중요한 논문을 쓴 연구자이기 때문만은 아니다. 그의 지도로 수많은 경외 연구자가 배출되었기 때문이다. 라니 시오타^{Lani} Shiota, 제니퍼 스텔라Jennifer Stellar, 폴 피프Paul Piff 같은 당대 최고의 경외 연구자를 포함해 이 분야에서 경외 가계도의 맨 꼭대기에 있는 켈트너로 거슬러 올라가지 않는 학문적 계보를 가진 사람을 찾기 어렵다.

애리조나주립대학교 사회심리학 부교수이자 긍정적 감정을 연구하는 시오타 심리생리학 연구소Shiota Psychophysiology Laboratory for Affective Testing의 설립자인 미셸 '라니' 시오타는 경외감의 과학을 연구한 켈트너의 첫 박사과정 학생 중 한 명이었다. 시오타를 보면 낮에는 교수, 밤에는 슈퍼 영웅인 마블의 거친 여주인공이 떠오른다. 그녀는 초자연적이면서도 강력한 분위기를 풍긴다(뛰어난 두뇌를 가진 여성도 그런 신비로움을 가질 수 있다니, 나도 그러고 싶어서 여기 있다). 시오타는 내가 이야기를 나눈 연구자 중에서 가장 신중한 사람으로, 자신이 '고집쟁이'라고 자랑스럽게 말한다. 매우 정확하게 과학에 관해 설명하며, 자신이 과도한 열정을 보이는 영역을 공유하는 것을 부끄러워하지 않는다. "나는 과학적 방식만 추구하는 사람입니다."

심리학자가 되기 전 전문 발레 무용수였던 시오타는 켈트너처럼 경외감을 직접 경험했지만, 경외에 대한 학술 문헌이 부족했기 때문에 경외감을 직접 연구하기 시작했다. "나는 경외감이 삶의 일부였던 공연과 춤, 음악에 몰입할 수 있는 환경에서 지냈습니다. 그 경외감이 여기에 존재하는 일종의 이유였죠. 내가 세상을 경험하는 데 경외감은 너무나 중요했습니다." 그러나 켈트너는 시오타에게 혼자 경외감을 파고들다 보면 자칫 비주류적 방식으로 빠질 수 있다고 충고했고, 친사회적 감정의 맥락(예: 돕는 감정)에서 경외감을 탐구하는 것이 더 현명한 방법이라고 조언했다. 그녀는 "그는 사람들이 기본적으로 나를 괴짜라고 여길 거라고 했죠"라고 설명한다. "그래서 경외감을 연구할 거라면, 경외감이 잠재적이고 구체적이며 긍정적 감정이라는 더 넓은 범주에 관해 먼저 이야기해 보자고 했는데, 그 당시에는 매우 새로운 개념이었습니다."

시오타는 켈트너와 하이트의 개념적 아이디어를 처음으로 받아들여서 그들이 실험적으로 끄집어낸 경외감을 연구하려고 시도했다. 감정을 실험하기 위해, 시오타와 그녀의 연구 팀은 버클리 캠퍼스에서 쉽게 접근할 수 있으면서도 확실하게 경외감을 불러일으킬 수 있는 무언가가 필요했다. 그렇게 경외감을 불러일으킬 수 있는 물체로 티라노사우루스의 골격을 생각해 냈다. 문제의 티라노사우루스 렉스인 오즈번은 키가 3.7미터, 길이는 7.6미터로 완전한 골격 모형을 90퍼센트 정도 갖췄으며 무게는 5톤이다(1905년에 티라노사우루스 렉스를 최초로 묘사하고 이름을 지었던 고생물학자이자 미국자연사박물관 관장이었던 헨리 페어필드 오즈번Henry Fairfield Osborn의 이름을 따왔다). 오즈번은 눈에 띄는 짐승이지만 연구진은 그것이 정말 경외감을 불러일으키는지 알고 싶었다. 실험을 위해 참가자의 절반에게는 티라노사우루스 렉스의 골격을 보여 주었고 나머지 절반에게는 빈 복도를 보여 주었다. 연구진은 각 집단 참가자들에게 그들이 관찰한 환경을 묘사하고 자신을 설명하는 데 사용할 단어를 공유하도록 요청했다.

연구진은 티라노사우루스를 본 사람들은 경외감을 느낀 반면, 빈 복도에 있던 사람들은 경외감을 경험하지 못했다는 것과, 더 나아가 경외감을 기쁨과 자부심 같은 다른 긍정적 감정과 실험적으로 구별할 수 있다는 점을 확인했다. 이 실험을 통해 시오타와 그녀의 동료들은 경외감을 느끼는 상태의 몇 가지 주요 특징을 뽑아낼 수 있었다. 그들은 경외감을 경험한 사람들의 자아개념(다른 사람과 관련하여 자신에 대해 가지고 있는 이미지)에 측정 가능한 변화가 나타났음을 발견했다. 개인의 감각은 중요시하지 않는다는 것과, 전체에 대한 연결감이 증가한다는 것이었다. 이 두 가지 특징을 바탕으로 연구진은 경외감이란 정보가 풍부한 자극에 의해 도출되는 인식론적 자기 초월적 감정이며, "물질적 또는 사회적 자원이 아닌 정보 자원을 구축할 기회가 주어졌을 때" 경험한다고 결론지었다. 정리하면, 경외감을 잘 느끼는 사람들은 본인의 정신적 스키마를 더 능숙하게 수정하며 더 개방적이다. 다시 말해, 그들은 본인의 생각을 바꾸려는 의지가 더 크다.

이 책에서 살펴보겠지만 연구하기 충분할 정도로 강한 경외감을 끌어내기가 늘 쉬운 것은 아니다. 이 문제를 해결하기 위해 보로토와 그의 부적응자연구소는 태양의 서커스Cirque du Soleil 쇼 관람객을 대상으로 연구를 하겠다는 영리한 생각을 떠올렸다. 서커스 부문, 극단적인 현대 곡예 부문, 꿈의 상태 부문에서 태양의 서커스 공연자들은 몸을 구부리고, 들어 올리고, 앉고, 비틀고, 휘감고, 회전하고, 매달리면서 그들의 몸을 믿을 수 없을 정도로 아름답고 매혹적이지만, 논리적이고 감각적이며, 중력을 거스르는 방법으로 뒤틀 수 있다. 로토는 그것이 대부분 관객에게 경이로움을 가져다줄 것이라고 확신했다. "우리는 라스베이거스에 가서 관객들이 태양의 서커스의 대표 공연인 〈오쇼〉를 관람하는 동안 그들의 뇌 활동을 기록했습니다. 또한 공연을 보기 전 행동과 공연 이후 행동도 측정했습니다." 부적응자연구소는 뇌파 측정 기술을 사용하여 참가자들의 뇌 활동을 기록했고 경외감을 느끼는 뇌를 실시간으로 추적할 수 있었다. 로토는 경외감을 느끼는 사람의 뇌 활동을 매우 정밀하게 식별했는데, 인공 신경망(사람의 두뇌와 비슷한 방식으로 정보를 처리하기 위한 알고리즘-옮긴이)을 훈련해 누군가가 경외감 상태에 있는지 아닌지를 83퍼센트의 정확도로 예측할 수 있다고 주장한다.

로토와 그의 팀원들은 이 실험에서 몇 가지 흥미로운 사실을 발견했다. 하지만 가장 놀라운 점은 사람들이 경외감을 경험한 후 자신을 바라보는 방식이었다. "정말 심오한 것은 우리가 사람들에게 '당신은 경외감을 느끼는 경향이 있는 사람입니까?'라고 물었을 때였습니다. 참가자들은 공연을 보기 전보다 공연을 본 **후**에 더 긍정적인 반응을 보였습니다. 그들은 말 그대로 자기 자신과 자신의 역사를 재정의했습니다."

경외의 진화적 유산

감정에 대해 논할 때 자연스럽게 나오는 질문 중 하나는 "왜?"다. **왜 우리는 특정한 반응을 보일까? 인간은 어떤 목적으로 세상에 대한 이런 대응 방식을 개발했을까?** 진화심리학을 하나의 역사적 이론으로 고정하는 것은 때론 엉뚱한 과학으로 이어질 수 있다. 대부분이 가설이며, 인간의 행동은 단지 하나가 아닌 여러 가지 이유로 발전하기 때문이다. 라니 시오타는 진화심리학 분야의 많은 사람이 우리의 적응 기능의 유일한 원인과 결과를 정확히 지적하는 데 너무나도 열심이라는 사실을 발견한다. "진화심리학뿐만 아니라 진화생물학에서 일어나는 한 가지 경향은 '이렇게 널리 퍼진 타고난 특성과 기능을 가지고 있다면 그것은 그럴 만한 이유가 있어서 그렇게 진화했다'라는 주장이라고 생각합니다. 그들은 인간이 직립보행을 하는 이유에 대해 그 같은 대화를 나누는데, 적어도 다섯 가지 다른 주장이 있습니다. 그러나 진화는 그렇게 작동하지 않습니다. 디자인 생존경쟁이 벌어지면서, 신이 '좋아, 최고의 디자인을 내놓는 사람이 이기는 거야'라고 말하는 리얼리티 텔레비전 쇼와는 다릅니다." 시오타는 더 전체적인 진화 유산 탐구를 선호한다. "누군가의 유전자가 돌연변이를 일으켜, 조금 더 똑바로 걷는 것과 같은 겁니다. 그리고 그것이 전반적으로 좋았다면 시스템에 보존될 가능성이 더 높습니다. 그런데 그 좋은 점은 다양한 출처에서 나왔을 수 있습니다. 따라서 반드시 단 하나의 적응 기능이 있는 것은 아닙니다. 하지만 일단 그것이 우리 진화적 유산의 일부일 수 있다는 것을 확인하면 '그건 무슨 기능을 하나요?'라고 묻기 시작합니다."

그렇다면 경외의 진화적 유산은 무엇일까? 어떤 과학자들은 경외감을 불러일으키는 매우 인상적인 사람이 집단의 충성심을 불러일으키기 위해 리더십을 전달하는 방법이었을 거라고 생각한다. 어떤 과학자는 언덕 꼭대기에 서서 끝없이 펼쳐지는 경치를 내려다볼 때와 같이 많은 양의 정보를 빠르게 받아들이는 메커니즘이라고 생각한다. 경외감에 대한 여러 근거에서 일관되게 나타나는 것은 경외감이 인식론적(즉, 의미를 만들고 지식을 쌓는 것)이라는 사실이다.

켈트너의 많은 제자가 수행한 또 다른 연구 영역은 경외감의 문화적 다양성을 살펴보는 것이었다. 그 결과는 다소 직관적이긴 하지만 빛을 발한다. 우리는 과거 연구를 통해 문화에 따라(미국 같은 개인주의문화나 아시아나 라틴아메리카 같은 집단주의문화에서) 감정이 미묘한 차이를 가진다는 사실을 알고 있다. 개인주의문화에서는 친근감이나 연민 같은 공감하는 감정보다 분노나 자부심 같은 사회적으로 분리되는 감정을 더 강하게 느끼는 경향이 있다. 반면, 집단주의문화에서는 그 반대다. 또한 개인주의문화에서는 개인의 성취를 지지하기 때문에 격한 각성 상태에 있는 열정적인 사람을 높이 평가하는 경향이 있다. 대조적으로 집단주의문화에서는 전체와 조화를 이루고 다른 사람의 감정에 더 많은 주의를 기울이는 차분하며 흥분하지 않는 사람을 선호한다.

6개 대륙의 26개 국가를 대상으로 한 연구를 살펴보면 경외감에서도 이런 문화적 차이점이 드러난다는 사실을 알 수 있다. 개인주의문화, 특히 미국 문화는 경외감을 긍정적 경험과 더 자주 연관시키고, 그 경험을 통한 자존감 증가를 즐길 가능성이 더 크다. 이에 비해 집단주의문화에 있는 사람들은 경외감을 초자연적 현상으로 돌리면서 자신이 겪은 경험에 약간의 두려움과 무력감을 불어넣을 가능성이 더 크다. 흥미롭게도 데이비드 야덴은 서양과 아시아의 우주여행자들 사이에서 이런 문화적 차이점과 조망 효과에 대한 다른 반응을 발견했다.

일부는 단어 자체로 인한 언어 차이로 귀결될 수 있다. 예를 들어 스페인어로 경외를 뜻하는 asombro는 공포가 깃든 감정을 내포하고, 중국어로 경외를 뜻하는 敬畏는 '존경'과 '공포'를 뜻하는 문자의 합성어다. 켈트너의 또 다른 제자인 제니퍼 스텔라도 이런 문화적 차이를 목격했다. "긍정적 효과라는 이상향에 대한 강한 규범을 가지지 않은 중국 같은 문화권에서 시행한 교차문화 연구에서는 실제로 두려움이 더 큰 구성 요소임을 보여 주는 결과가 나타났습니다. 오히려 그들은 모순된 상태에서 매우 편안함을 느낍니다. 따라서 두려움과 함께 긍정적인 경외감을 느끼는 건 완전히 괜찮습니다. 왜냐하면 그들은 낭만주의와 초월주의라는 서양식 역사적 전통을 가지고 있지 않기 때문입니다." 사실 오늘날 모든 경외감 경험의 70~80퍼센트가 긍정적인 것으로 보고되지만, 집단주의문화에서는 여전히 경외감에 대해 더 큰 존경심과 두려움을 가지고 있다.

심리학자이자 토론토대학교의 '건강, 감정, 이타주의 연구소

Health, Emotions, & Altruism Lab' 책임자인 스텔라는 문화와 감정의 연관성이 시간이 지나면서 변한다는 사실을 발견했다. "전 세계적으로 수 년에 걸쳐 경외감 경험을 바라보는 관점이 더 긍정적이며, 덜 '두렵고 떨리는' 경험이라는 쪽으로 점진적으로 변화했다. 다시 말하면, 현대 문화는 긍정적 측면을 우선시한다. 그래서 우리가 부정적 측면을 거의 다 씻어 냈다는 사실이 놀랍지는 않지만, 그것이 좋은 일인지는 잘 모르겠다. 광대한 어떤 것을 인지하고, 자신의 기존 세계관에 도전하는 것과 같은 경외감 인지의 정의를 살펴보면 본질적으로 긍정적이지 않다. 오히려 약간 무서울 수 있다."

그러나 이런 다양성에도 불구하고 경외감이 문화와 시간을 관통해 보편적이고 타고난 특성임을 뒷받침하는 충분한 공통점이 있다. 경외감을 인간 경험의 기본으로 묘사하는 수많은 문학과 철학을 넘어, 경외감의 목소리와 표정에 관한 연구도 이 점을 보여 준다. 예를 들어 연구자들은 '경외감을 느낀 얼굴'을 식별했다. 먼저, 날카롭게 숨을 들이쉬고, 눈썹을 치켜올리고, 눈을 크게 뜨며(우와!), 그다음엔 입을 크게 벌려 턱을 떨어뜨린 채 숨을 내쉰다(후우~). 서론에서 언급한 「나띠야샤스뜨라」에 있는 설명과 매우 유사하다. 경외감의 중국어 번역 중 하나인 **경탄**憬叹(경탄하다 또는 감탄하다)에서 각 글자의 정의는 경외감 경험의 물리적 공통점을 잘 보여 준다. 첫 번째 글자인 **경**憬은 '놀라게 한다'라는 뜻이고, 두 번째 글자인 **탄**叹은 '한숨을 쉰다'라는 뜻이다.

티라노사우루스 렉스의 뼈대 복제품과 태양의 서커스에서부터 인상적인 건축물, BBC의 〈플래닛 어스〉 같은 텔레비전 쇼에 이르기까지, 많은 경외감 유도체가 경외심을 연구하는 실험에 사용되었다. 최근에는 이런 유도체 조합에 가상현실과 사이키델릭이 추가되었다. 이 모든 실험은 경외감의 세 가지 일관된 특성을 확고하게 구축했다. 첫째, 경외감은 행복이나 자부심 같은 다른 긍정적 감정과는 분리된 별개의 감정이다. 둘째, 경외감은 우리를 **작은 자아**라고도 부르는, 더 큰 시스템의 작은 구성 요소처럼 느끼게 해서 우리의 자아를 작아지게 하지만 자존감은 낮추지 않는다. 셋째, 이 작아진 자아 때문에 경외감은 우리를 더 친사회적으로 만든다. 즉, 서로에게 더 나은 사람이 되고 싶게 만든다.

경외의 초월성에서 우리는 경이로움의 가장 위대한 마법 일부를 발견한다. 그리고 2부에서 다루게 될 경이로움의 많은 이점은 경이로움 주기의 정점인 경외감에서 비롯된다. 우리가 경외감을 추구할 때마다 그걸 느낄 수는 없겠지만, 경이로움의 다른 단계에 참여하는 것도 매우 가치 있고 유익한 노력이다. 경이로워지기 위해 노력하는 것은 우리의 마음, 몸, 영혼이 더 개방적이고, 호기심이 많고, 열중하고, 경외감을 느낄 수 있도록 개인적으로 최적의 환경을 만들고 있음을 의미한다. 개방성, 호기심, 몰두를 실천하려는 모든 노력과 함께 우리는 경이로움의 모든 요소에서 더 큰 역량을 구축하며, 잠재적 경외감을 위해 준비하는 추가적인 상승 순환 과정을 시작하고 있다.

요약

- 경외는 경이로움 주기의 마지막 요소로 여러 면에서 경이로움의 궁극적인 발현을 나타낸다. 경외감은 계층구조 결정, 생존을 위한 정보 수집, 공동체 구축과 관련이 높은 진화적 유산의 보편적인 상태이자 특성이다.

- 경외감은 광대함과 수용 또는 우와와 후우의 두 가지 상태로 대표된다. 광대함은 놀라운 광경, 복잡한 아이디어, 감동적인 연설 등 무언가가 우리를 작은 존재로 느끼게 하고 더 넓은 인류 생태계와 연결되게 만드는 방식으로 우리를 강타한다. 우리 정신이 이 새롭고 감동적인 경험을 감싸고 수용함에 따라 우리의 스키마가 바뀌고 세계관도 변한다.

- 이렇게 경외감은 자신을 작은 존재로 느끼게 만들어서 우리를 더 친사회적인 사람으로 만든다. 즉 연민, 공감, 관대함 같은 감정을 통해 서로에게 더 나은 사람이 되길 원하게 만든다.

- 경외감이 가진 힘의 한 예로 조망 효과를 들 수 있다. 조망 효과란 우주비행사들이 우주에서 지구를 본 후 경험하는 심오한 심리적 변화를 말한다. 이 예시는 아주 강렬한 형태의 감정을 보여 준다. 한편 경외감은 박물관 관람이나 자연 속 산책 같은 단순한 방법으로도 느낄 수 있다.

- 개방적이고, 호기심이 많으며, 몰두를 잘하는 사람은 경외감을 경험할 가능성이 더 높고, 경외감은 결과적으로 경이로움의 각 단계를 강화한다. 다시 말해 경이로움의 선순환 구조를 가지게 된다.

- 경외의 어원이 되는 단어를 살펴보면 '두려움'이라는 의미가 내포되어 있지만, 수년에 걸쳐 의미가 바뀌었다. 이제는 일반적으로 긍정적 경험으로 인식된다.

2부

경이로움을 위한

연습과 효과

경이로움은 그것을 보는 사람의 눈에 달려 있다. 경이로움을 불러일으키는 촉매제는 우리가 감동하든 감동하지 않든 우리 주변 모든 곳에 존재한다. 경이로움을 잘 느끼기 위한 마음가짐은 특정한 경험을 통해서가 아니라 경이로움을 하나의 태도로 만들 때 형성된다.

6장.　　경이로움을 위한 마음가짐

경이로움을 구현하는 것은 우리 마음이다. 경이로움
을 경험하려면 수동적으로 기다리기만 해서는 안 된
다. 대신 경이로움을 잘 느끼는 마음을 만들어야 한다.

괜찮다면, 어린 시절 이야기를 잠시 해 보겠다. 경이로움의 마
음가짐mindset 구축에 대해 생각할 때면 1990년대 유행했던 매직 아
이Magic Eye가 떠오른다. 매직 아이가 뭔지 잘 모르는 분들을 위해 설
명하자면, 디지털 방식으로 생성된 '예술(엄밀히 말하자면 예술은 아니
지만, 여기서는 예술이란 용어를 **매우** 가볍게 사용한다)' 작품으로, 뇌의 지
각 변화에 의존하는 일종의 착시현상이다. 점이 무작위로 찍힌
오토스테레오그램autostereogram(입체화 영상 그림-옮긴이)이라고 하는 매우
복잡하고 다채로운 이미지는 고정된 차원분열도형 모양 또는 색
상 모양처럼 보인다. 하지만 우리가 매직 아이 그림에서 보려는
것은 그 반복된 모양이 아니라, 무늬 뒤에 숨겨진 **또 다른** 이미지
다. 보통 물 위로 솟구쳐 오르는 돌고래나 울부짖는 사자처럼 식
상한 그림이다. 이 마법처럼 나타나는 이미지를 보려고 어떤 사
람(남들보다 그 그림을 보는 데 시간이 더 오래 걸리는 사람이 있다)은 턱을 괴
고, 고개를 갸우뚱거리고, 눈을 가늘게 뜨면서 포스터를 뚫어지

게 쳐다본다. 그러다가 어느 순간 "**우와!**" 하는 탄성을 지른다. 우리 뇌가 그림 속에서 그저 복잡하게만 보이는 도형을 걸러 내면, 숨어 있던 이미지가 3D처럼 갑자기 확 튀어나온다. **어떻게 이 그림을 못 봤을까?** 다양한 매직 아이 그림을 접하면서 경험을 쌓을수록 우리는 숨겨진 그림을 찾는 데 더 능숙해진다. 매직 아이를 보는 건 재미있으면서 약간의 중독성도 있다. 누군가에게는 분명 초월적인 경험일 수도 있다. 이 기억은 경이로움이 항상 존재한다는 사실을 나에게 상기시킨다. 이처럼 때로는 경이로움을 보려면 우리 마음을 훈련해야 한다.

경이로움을 경험하려면 수동적으로 기다리기만 해서는 안 된다. 대신 경이로움을 잘 느끼는 마음을 만들어야 한다. "이게 문제입니다. 사람들은 경이로움이 세상 경험이라고 생각해요. 사실 경이로움은 세상을 바라보는 방식인데 말이죠"라고 보 로토는 설명한다. "'당신은 어떤 렌즈로 세상을 바라보나요?'라고 물어봐 주세요. 우리는 매일 하는 연습을 통해 세상을 본다고 말합니다. 경이로움은 가만히 있어도 저절로 일어나는 일이 아닙니다. 열심히 노력해야 합니다. 매일 경이로움으로 세상을 보게 하는 렌즈를 만들 기회가 수백 번씩 있습니다." 세상을 바라보는 시각을 새롭게 만들기 위해 주어진 모든 기회를 활용하는 것. 이것이 바로 경이로움을 위한 마음가짐의 핵심이다.

그렇다면 매직 아이 포스터가 어떤 사람에게는 그저 같은 무늬가 반복적으로 그려진 이상한 무늬 그림이지만, 누군가에게는 초현실적 경험을 선사하는 그림인 이유는 무엇일까? 그리고 이것이 경이로움의 마음가짐과 어떤 연관이 있을까?

첫째, 경이로움은 매우 개인적이면서 주관적인 감정이다. 모든 사람은 경이로움을 느끼는 대상을 찾고, 자신의 마음가짐이 그것에 어떤 영향을 미치는지 이해해야 한다.

둘째, 우리가 사용하는 여과장치, 사용하는 렌즈, 우리가 취하는 관점은 경험에 대한 우리의 인식에 영향을 미친다. 늘 지름길로만 다니는가? 그렇다면 경이로움을 발견할 기회를 놓치고 있을 수 있다. 너무 경직된 삶을 살고 있는가? 우리는 **우와!** 하고 머물기보다는 경이로움을 꾸며 낼 수 있다.

마지막으로 어떤 경험의 결과를 결정하는 것은 우리의 인식이기 때문에, 우리의 마음가짐이 중요하다. 같은 음악을 들어도 온몸이 떨릴 정도의 전율을 느끼는 사람이 있는가 하면 아무것도 느끼지 못하는 사람이 있다. 그 이유가 무엇일까? 같은 음악이지만 다르게 인식하기 때문에 다른 결과를 가져오는 것이다. 오페라의 아리아, 그랜드캐니언, 종교의식처럼 외부에서 일어나는 사건을 통해 경이로움을 경험할 수도 있지만, 사실 경이로움을 구현하는 것은 우리 마음이다. 경이로움의 마음가짐은 시너지 효과라기보다는 우리가 대상을 바라보는 방식의 문제다. 경이로움 촉매제가 문을 두드릴 때, 경이로움의 마음가짐은 그 문을 열 수 있는 열쇠를 우리에게 건네준다.

경이로움을 잘 느끼려면 어떤 마음가짐을 가져야 할까? 경이로움을 잘 느끼는 사람은 현재에 충실하고 개방적이며 융통성이 있고, 새로운 생각과 사람, 사물에 호기심이 많아서 깊이 탐구하려고 한다. 또한 지적 호기심을 충족하고 의미를 만드는 일에 몰두하는 과정을 즐긴다. 음악에 깊이 감동하고 곧잘 사색에 잠긴다. 난해한 개념을 곰곰이 생각하는 데에서 만족을 느끼고 세상에 알려지지 않았거나 자신이 알지 못하는 것도 편안하게 느낀다. 문제를 회피하기보다는 문제를 향해 걸어간다. 초월의 기회를 찾고 받아들이며, 다른 사람들에게 기여하고 그들과 연결하려는 열망을 키운다.

경이로움의 마음가짐을 기르려면, 먼저 물려받은 성격적 특질 덕분에 경이로움을 쉽게 느끼는 유형인 '기질상의 경이로움'을 이해하는 것이 중요하다. 당신은 개방성이 높은가? 원래 호기심이 많은가? 말로 표현할 수 없는 것을 볼 때 편안함을 느끼는가? 경이로움의 마음가짐을 갖기 위해 반드시 자신을 바꾸어야 하는 것은 아니다. 균형을 맞추면 된다. 경이로움을 실천하기 위한 연습을 통해 경이로움을 유발하는 특성을 강화하여 그렇지 않은 특성을 상쇄하는 것이다. 이러한 확립된 특성 기준선을 성격 특질 '한계점'이라고 부른다. 우리가 지닌 특성별로 기존 역치를 먼저 이해함으로써 우리는 경이로움을 더 많이 느끼는 능력을 강화하거나 완화하는 추가 기술을 사용할 수 있다.

이번 장에서는 연구자들이 경이로움의 요소를 찾는 검사에서 사용했던 질문 표본을 공유할 것이다. 놀라운 점은 경이로움의 순환 주기를 구성하는 요소인 개방성과 호기심, 몰두, 경외감의 질문들이 많이 겹친다는 사실이다. 이로부터 모든 요소가 얼마나 끈끈하게 연결되어 있는지를 알 수 있다. 경이로움의 마음가짐을 키울 수 있는 실용적인 방법 몇 가지도 맛보기로 소개할 것이다. 2부와 3부 특히 15장 '느린 생각'에서 더 자세하게 다룰 것이다. 이 장의 목표는 당신의 머릿속에 경이로움을 잘 느끼는 사람의 이미지를 확실하게 그려 넣는 것이다. 그런 사람이 되기 위해 자기만의 경이로움 실천 연습법을 만들어 보자.

'관찰하기-경험에 대한 개방성' 키우기

당신은

- 적극적으로 상상하는가?
- 몽상하는 동안 상상을 즐겨 활용하는가?
- 철학적 토론 같은 수준 높은 토론을 즐기는가?
- 음악을 들을 때 소름이 돋거나 광고를 보다가 눈물을 흘리는가?
- 새로운 문화 경험이나 다양한 종류의 예술 감상을 좋아하는가?

경이로움 주기의 첫 번째 요소인 **관찰하기**는 개방성, 관찰력, 의지, 볼 가치가 있는 무언가가 있을 것이라는 믿음의 렌즈를 끼고 세상을 바라보는 것이다. 스콧 배리 카우프만은 개방성을 '내면 경험을 인지적으로 탐구하는 원동력'이라고 설명한다. 경이로움의 기반을 구축하려면 외부 탐험에 대비해 내면 탐구부터 시작하는 것이 이치에 맞다. 카우프만은 자신의 연구에서 개방성이 '창의성, 진정성, 지능, 다양한 관점을 기꺼이 즐기는 것, 개인적 성장, 상상과 잡생각의 즐거움, 인지적 자극을 찾고 즐기는 경향, 호기심, 모호한 것을 잘 견디는 것, 낮은 종결 욕구, 감정적 경험의 깊이와 너비, 아름다움에 대한 감상, 경외감'과 관련이 있다는 사실을 발견했다. 와우! 이런 특성은 대부분은 다양한 방식으로 경이로움 주기와 관련을 맺는다.

연구는 세상에 더 개방적인 사람일수록 '경이로움 문턱'이 낮으므로 경이로움을 더 잘 느끼는 경향이 있다는 점을 계속해서 보여 준다. 폴 실비아는 자신의 연구에서 "특질을 행동과 경험의 '한계점'으로 본다면, 경험에 대한 개방성을 부분적으로는 경외감과 경이로움 상태를 경험하기 위한 더 낮은 문턱으로 볼 수 있다"라고 말했다. 그러나 더 큰 개방성은 또한 경이로움을 경험할 가능성이 더 높은 환경을 추구하려는 동기가 더 크다는 점을 의미하기도 한다. 제니퍼 스텔라는 이렇게 설명한다. "특히 더 개방적인 사람이라면, 여행을 떠나거나 공연장이나 미술관에 가서 그다지 개방적인 편이 아니라면 할 수 없었던 경험을 할 것입니다." 스텔라는 개방성이 전제 조건은 아니지만, 더 자주 경이로운 경험에 노출될 발판을 마련해 준다고 지적한다. "개방성이 경이로움을 가질 수 있는 유일한 방법이라고 말하는 것이 아닙니다. …… 하지만 평균적으로 더 개방적인 사람일수록 이런 감정을 느끼는 상황에 놓일 가능성이 더 높다고 생각합니다." 그러나 스텔라는 이런 맥락에서 개방성이 단순히 경험에만 더 개방적인 것이 아니라 세상, 아이디어, 다른 사람들에게 열려 있는 것이라는 점을 공유하고 싶어 한다. "내가 받은 인상은 어려움을 잘 받아들이고, 더 겸손하며, 덜 방어적인 태도, 즉 위협받기 쉬운 세상에 대한 개방성에는 더 깊은 무언가가 있을 수 있다는 점입니다. 개방성은 적절한 시기에 적절한 장소에 있도록 해 주며, 심지어 이러한 경험을 받아들일 수 있는 올바른 사고방식을 갖게 해 줍니다." 만약 우리가 관찰하지 않거나 시야가 너무 좁다면 우리 주변에서 펼쳐지는 경이로움을 경험할 기회를 얻지 못할 것이다.

관찰자 되기: 개방성 강화 훈련

개방성은 매우 안정적인 특질이기 때문에 완전히 성장한 사람의 경우, 경험에 대한 개방성이라는 성격 특질은 바꾸기 꽤 어렵다. 하지만 노인의 인지능력 저하를 막기 위한 인지능력 훈련 시범 프로그램에서 우연히 한 가지 방법을 발견했다. 연구자들이 ACTIVE(독립적이고 활력 있는 노인을 위한 고급 인지 훈련Advanced Cognitive Training for Independent and Vital Elderly)라고 부르는 프로토콜에 기반한 이 프로그램에는 스도쿠, 낱말 맞추기, 퍼즐, 모양 맞추기 같은 두뇌 게임이 포함되어 있다. 참가자들은 16주 동안 진행되는 재택 프로그램 기간에 점점 더 어려운 활동을 받았고, 연구진은 참가자들이 학습 과정에 충분히 참여할 수 있도록 활동을 조정했다. 이 프로그램은 두 가지 요소를 중심으로 구성되었다. 첫 번째는 유동 인지를 증가시키는 귀납적 학습(발견 학습이라고도 부름)을 사용하였고, 두 번째는 참가자들이 활동 시 적절한 난이도를 유지하도록 도와서 몰입의 최적 지점에 도달할 수 있도록 도왔다.

"우리는 참가자들이 어렵다고 느껴도 압도당하지 않기를 바랐다"라고 연구를 이끈 일리노이대학교 심리학과의 엘리자베스 스타인모로Elizabeth Stine-Morrow 교수가 말했다. 이 훈련은 참가자들의 인지 기능을 높여 주었고, 추가 효과로 그들이 경험에 더 마음을 열도록 만들었다. 처음으로 비약리학적 개입이 성인기에 고정된 것으로 추정되는 성격 특질을 변화시킨 것이다. "명시적으로 시험해 보지 않았지만, 참가자의 기술이 좋아짐에 따라 난이도를 조정한 교육 프로그램이 개방성을 높이는 데 중요한 역할을 했다고 생각한다. 추론 능력에 대한 자신감이 커지면서 지적으로 도전적이고 창의적인 노력을 더 많이 즐길 수 있게 되었다"라고 스타인모로 교수가 설명했다. 성격 특질이 매우 잘 확립되었을 것으로 보이는 94세 노인들에게서도 이런 변화를 관찰할 수 있었다. 인지와 개방성은 항상 연결되어 있으므로 당연히 인지 개선과 개방성 증가 사이에는 상관관계가 있다. 하지만 그렇게 짧은 시간 안에, 매우 안정적으로 알려진 특질에서 이런 변화가 나타났다는 점은 매우 놀랍다.

이런 변화들이 적당하게 그리고 꽤 지속되었지만, 나는 성격을 완전히 바꾸는 것이 반드시 가치 있거나 현실적인 목표는 아니라는 점을 강조하고 싶다. 그러나 우리는 더 개방적으로 행동하는 선택을 점진적으로 늘리고, 경이로움 주기를 사용해서 그런 행동을 장기적 변화로 굳힐 수 있다. 예를 들어, 늘 가던 길 대신 새로운 길로 걸어서 출근해 본다거나 박물관 회원권을 사거나 평소에 지나쳤던 전시회를 한번 방문해 보자. 이것은 새로움에 관한 것이지만 또한 맥락을 바꾸는 것이기도 하다. 그래서 우리가 보고 있는 것을 더 많이 알아차리게 된다. 시간이 지나 새로운 아이디어를 더 많이 경험할수록 새로운 맥락에서 더 많은 경이로움을 경험할 수 있다. 이는 다시 기존 개방성 입구를 최대치로 넓혀서 또 다른 경이로움의 선순환을 만들어 낸다. ACTIVE 연구 같은 활동을 하는 것과 마찬가지로 개인이 가진 개방성 한계점을 파악하고, 인식을 개발하며, 이를 최대한 활용하기 위해 노력하는 것은 분명 유익하다.

'이리저리 거닐다-호기심' 키우기

당신은

- 새로운 주제를 연구하거나 다른 문화를 알아 가는 것을 좋아하는가?
- 일상생활에서 예측할 수 없는 일을 마주하는 것이 바람직하다고 느끼는가?
- 도전적이거나 복잡한 일을 즐기는가?
- 삶이 너무 계획적이거나 정해진 일상이 있을 때 힘들다고 느끼는가?

경이로움 주기의 두 번째 요소인 **이리저리 거닐기**는 열심히 세상에 참여하고, 삶이 가져오는 우여곡절을 편안하게 느끼며, 항상 탐구하고, 검색하고, 찾고, 조사하고, 고치고, 사냥하고, 질문하고, 도전하고, 발견하고, 분별하고, 시험 삼아서 해 보는 것과 관련된다. 목표는 우리 마음이 도전받을 수 있도록 스스로 나서는 것이다.

호기심은 상태이자 특질이기 때문에 특질을 바꾸는 것과 관련해 무엇을 해야 하는지 알면, 태도나 환경 변화를 통해 호기심 상태를 개선하는 데 최선의 노력을 기울일 수 있다. 속담에도 있듯이, 함께 발화하는 신경세포는 서로 연결된다(신경과학자 도널드 헵 Donald Hebb이 한 말로, 인간에 비유하면 마음 맞는 사람끼리 어울리다 보면 서로 비슷해진다는 의미를 담고 있음-옮긴이). 즉, 우리 뇌가 특정 활동에 더 많이 참여할수록 미래에 그 활동을 더욱 촉진할 수 있도록 인지적인 자국을 생성할 가능성이 더 커진다. 따라서 호기심 상태를 높이는 것은 시간이 지남에 따라 궁극적으로 우리의 호기심 특질을 높이는 데 도움이 된다.

데이비드 이글먼은 변하는 성격 특질에 대해 다소 특이한 견해를 가졌다. 동시대의 많은 사람이 주장하는 바와 달리, 이글먼은 사실 우리는 항상 변하고 있으므로, 우리가 어떤 사람인지를 바꾸는 데 생각보다 적은 노력이 필요할 수도 있다고 생각한다. "삶의 매 순간, 당신의 뇌는 재배선된다. 인간의 뇌는 860억 개의 뉴런과 이 뉴런 사이를 연결하는 수천조 개의 네트워크를 가졌다. 이 광대한 연결점들은 끊임없이 강도를 변경하며, 계속해서 연결을 끊고 다른 점과 다시 연결한다. 그래서 당신은 일주일 전이나 일 년 전과는 조금 다른 사람이 되어 있는 것이다." 이 개념이 내겐 이상하게 위안이 된다.

나이가 들수록 궁금한 게 줄어들면서 호기심이 적어지는 경향이 있다. 따라서 약간의 추가 노력이 필요하겠지만, 호기심 특질을 강화하는 방법은 가치가 있는 평생 기술이다. "나이가 들수록 주변 환경을 해석할 때 기존 스키마에 어긋나는 것이 거의 없게 됩니다. 경이로움은 단순히 우리에게 다가오는 것이 아니기 때문에, 나이 들수록 적극적으로 경이로움을 찾는 것이 점점 더 중요해집니다"라고 데이비드 야덴은 설명한다.

새로움을 추구하라

새로움은 경이로움의 요소와 매우 밀접하게 연관되어 있기 때문에, 앞서 몇 번이나 새로움의 역할을 살펴보았다. 두 명의 유럽 신경생물학자 니코 분체크Nico Bunzeck와 엠라 뒤젤Emrah Düzel은 우리가 새로움에 대해 알고 있는 많은 것에 기여했다. 분체크와 뒤젤은 새로운 자극에 반응하는 뇌의 주요 부분인 중뇌의 **흑색질/복측 피개 영역**substantia nigra/ventral tegmental area **또는 SN/VTA**라고 불리는 영역을 밝혀냈다. 이 '새로움 센터'는 해마와 편도체 모두와 밀접하게 연결되어 있다. 우리는 앞서 해마가 어떻게 기억을 생성해 나중에 불러오는지, 싸움이나 도피 감정 반응을 담당하는 편도체가 어떻게 기억을 강화하는지 살펴봤다.

분체크와 뒤젤은 소위 '괴팍한 실험'이라고 불리는 이 실험을 통해 흑색질/복측 피개 영역 연결성을 예측했다. 먼저 실험 대상자에게 얼굴, 장소 등 일련의 친숙한 사진을 보여 준 다음, 새롭고 예상치 못한 이미지가 있는 '괴팍한' 사진을 섞었다. 피험자의 흑색질/복측 피개 영역이 괴팍한 사진을 볼 때 활성화되며, 이런 이미지를 친숙한 이미지보다 더 잘 기억한다는 사실을 발견했다. 친숙한 이미지가 매우 생생하고 엄청난 감동을 주는 사진이어도 결과는 마찬가지였다. 그러나 이런 활성화 현상은 사진 이미지가 **완전히** 새로운 경우에만 발생했다. 다시 말해, 괴팍한 사진을 두 번째로 봤을 때는 이런 반응이 나타나지 않았는데, 이는 새로움이 이미 사라졌음을 뜻한다. "뭔가 새로운 것을 볼 때, 그것이 어떤 식으로든 우리에게 보상을 줄 잠재력이 있다는 것을 알게 된다. 새로움 안의 잠재력이 보상받기 위해 환경을 탐색하도록 우리에게 동기를 부여한다." 하지만 뒤젤의 설명처럼 이런 보상은 오래가지 못한다. "뇌는 일단 익숙해지면 자극과 관련한 보상이 없다는 것을 알게 되고, 따라서 잠재력을 잃게 된다. 이런 이유로 완전히 새로운 존재만이 중뇌 영역을 활성화하고 도파민 수치를 높여 준다."*

자, 이제 시작이다. 호기심에 대한 동기를 높이려면 참신함을 추구해야 한다. 그리고 경이로움은 의미를 만드는 감정이기 때문에, 당연히 그 추구도 인식론적인 것이 가장 좋다. 앞으로 살펴보겠지만, 다음 몇 장에 걸쳐 소개되는 경이로움을 불러일으키는 다양한 것들은 어떤 인식적 또는 지적 요소와 결합해 참신함을 제공한다. 이것은 상당히 강력한 조합이다. 그러니 늘 가던 길 대신 다른 길을 선택하고, 다른 장소로 가 보라. 고개도 약간 흔들면서. 공

---

* 우리 뇌는 새로운 것에 관심을 기울이고, 그 관심에 도파민으로 보상한다. 하지만 점점 더 많은 연구 결과가 도파민만이 보상이 아니라는 사실을 보여 준다. 오히려 더 많은 보상을 위해 더 새로운 것들을 찾도록 동기를 부여한다(한 작업을 하다 다른 작업으로 전환하는 것은 기분이 좋아지게 하므로, 한꺼번에 여러 작업을 하는 것을 중단하기 매우 어려운 이유 중 하나는 새로움 때문이다). 이것이 바로 새로움이 학습에 매우 효과적인 이유다. 부조화를 이룰 때 호기심이 왕성해지며, 새로움을 알아차리고 동기부여가 된다.

간의 조명이나 온도를 바꾸는 것만으로도 신기하고 새로운 느낌을 받을 수 있다. 손목시계를 늘 차던 곳이 아닌 다른 손목에 착용하는 것도 당신을 익숙한 정신적 틀에서 벗어나게 해 준다. 가장 중요한 것은 새로운 눈으로 세상을 볼 수 있도록 훈련하는 것이다.

라이너 마리아 릴케의 "항상 시작하라"라는 간청에 응답해 보자. 모든 것을 처음으로 보는 신생아의 큰 눈을 생각해 보라. '초보자의 마음'으로 번역되는 『초심Shoshin』의 선법을 받아들여라. 마음을 열고 선입견을 버리고 새로운 가능성을 찾아라. 선사 스즈키 순류Shunryu Suzuki는 "초심자에게는 수많은 가능성이 있지만 전문가의 마음에는 가능성이 거의 없다"라고 말했다. 인생의 전문가가 되려고 하지 마라. 초보자의 경이로움을 즐겨라.

속도를 줄여라

우리는 지식에 대한 갈망(높은 인지 욕구)과 모호함을 편하게 여기는 것(낮은 인지 종결 욕구)이 우리를 더 경이롭게 만드는 두 가지 특성이라는 사실을 알고 있다. 개방성 같은 안정적 특질은 주로 유전되거나 성인기까지 장기간에 걸쳐 형성된 종합적인 삶의 경험에 기반하는 반면, 인지 종결 욕구는 개방성보다 덜 경직되어 있다. 개인 성향에도 약간 영향을 받지만, 환경 및 마음가짐 같은 상황 요소에 훨씬 더 많은 영향을 받는다. 그러나 이런 특질은 나이가 들면서 점점 굳어질 수 있다. 그렇다면 불편함을 편안하게 받아들이는 마음가짐은 어떻게 만들 수 있을까? 속도를 늦춰야 한다. 스트레스를 받거나 서두를 때 우리는 인지적 지름길에 크게 의존하고 정신적으로 부담이 되지 않는 빠른 답을 찾는다. 위협을 느낄 때도 마찬가지다. 본질적으로 우리는 인지적 종결 한계치에 대한 수요를 높인다. 우리 뇌가 혼란스러울 때 열린 호기심을 가질 시간이 없다는 건 일리가 있다. 모호함을 피하고 빨리 간단한 답을 찾고 싶어 한다. 모호함을 편하게 느끼려면 스트레스 수준과 조급함을 줄여야 한다. 15장에서는 명상과 일기 쓰기 같은 천천히 생각하기를 경이로움 실천 연습에 통합하는 다양한 방법을 살펴본다. 또한 소셜미디어 접속 및 시청자에게 긴급성을 과대평가하게 만드는 '뉴스 속보'를 계속해서 내보내는 미디어 시청을 제한해야 한다.

'깎아 내기-몰두' 키우기

당신은

- 음표 위에 떠 있는 듯한 느낌이 들 정도로 음악을 깊이 감상하는가? 또는 음악을 들으며 패턴과 색상을 볼 수 있는가?
- 과거를 생각할 때, 마치 그 자리로 돌아간 것처럼 강렬하고 생생하게 기억하는가?
- 책을 읽거나 영화를 볼 때 완전히 마음을 빼앗겨 자신이 마치 등장인물인 것처럼 느끼는가?
- 실제로 보거나 듣지는 못했지만 누군가가 당신 가까이에 있다는 것을 느낀 적이 있는가?

세 번째 요소인 **깎아 내기** 또는 몰두는 자기 초월적 경험으로 가는 관문이다. 몰두를 비행기가 이륙하기 전에 달리는 활주로라고 생각해 보라. 몰두를 잘하는 사람은 감정을 크게 느낀다. 아름다운 석양이나 추억을 연상시키는 음악에 쉽게 감동한다. 창의적이며, 환상적이고 놀라운 정신적 이미지로 온 세상을 채울 수 있다. 냄새나 색깔 같은 아주 작은 단서만으로도 기억이 되살아나 과거 그 순간을 명확하게 기억한다. 그 중심에는 깎아 내는 사람이 **존재**한다. 주의가 산만하면 경험에 사로잡혀 완전히 몰두할 수 없다. 몰두는 호기심과 마찬가지로 상태이자 성격 특질이다. 그러므로 이 요소를 강화하려면 우리의 자연스러운 성향을 최대한 활용하는 동시에 더 즉각적으로 몰두할 기회를 만들어야 한다.

현재에 존재하는 연습을 통해 짧게 반추하기

당연하게도 몰두를 방해하는 주된 요인은 산만함이다. 산만함의 원인은 아이가 소매를 잡아당기거나 이메일 알림이 울리는 것 같이 외적인 요인일 수 있고, 반추나 스트레스처럼 내적인 요인일 수도 있다. 외부에서 오는 산만함은 삶의 한 방식으로 그것에 효과적으로 반응하는 법을 확실하게 배울 수 있지만, 경이로움을 잘 느끼려면 먼저 **내면**의 산만함을 해결해야 한다. 자신을 내려놓은 상태로 존재하라. 직관에 반하는 것처럼 보일 수도 있다. 하지만 자의식적으로 본인의 생각 속에만 파묻혀 있다면 어떻게 자신을 초월할 수 있겠는가?

자신에게 너무 몰두하다 보면 종종 생각이 너무 혼란스러워진다. 자기 초월과 친사회적 행동이 다양한 종류의 긍정적 결과와 관련 있는 것처럼, 자기 몰두와 반추는 안 좋은 결과와 관련이 있다. 과도한 자기 집중은 수치심과 죄책감 같은 '자의식적 감정'에 속하며 우울증, 불안, 강박장애, 중독 같은 여러 부정적 결과를 초래한다. 우리는 모든 사람이 어느 정도 가지고 있는 악순환되는 부정적 이야기를 피하고 싶어 한다.

마치 스타워즈 시리즈의 요다가 사용했음직한 표현이 있다. "그냥 해 보기만 하지 말고, 단련하도록 해." 존재하는 것을 배우려면 연습이 필요하다. 15장에서 명상, 감사, 기도, 일기 쓰기 같은 주의력 훈련과 조용한 성찰을 도와주고 경이로움을 더 많이 느끼게 만드는 몇 가지 방법을 다룰 것이다. 그리고 또 다른 선순환 구조가 있는데, 자기 초점이 낮으면 자기 초월적 경험을 할 가능성이 커지고, 자기 초월적 경험은 자기 초점을 감소시킨다.

지루함 견디기와 지루함을 올바른 방식으로 끝내기

우리는 지루해할 까닭이 없다. 세상과 우리 자신에 대해 아는 바가 거의 없어서 지루하다는 개념 자체가 거의 비합리적으로 보인다. 그런데도 우리 중 많은 사람이 엄지손가락을 자주 만지작거리는 것을 보게 된다(이 표현은 완전히 구식이다. 사람들은 더 이상 엄지손가락을 만지작거리지 않으며, 클릭하고 스크롤하는 데 검지손가락을 능숙하게 사용한다). 지루함은 우리가 새로운 목표를 찾고 성취하도록 장려한다는 점에서 유익할 수 있다. 또한 지루함은 새로움을 추구하다 너무 많은 도파민 노출에 익숙해진 뇌의 산물일 수도 있다. "하지만 모니카, 난 새로운 게 좋다고 생각해요"라고 말할지도 모른다. 하지만 우리가 원하는 건 그냥 새로움이 아니라 적절한 새로움이다.

자, 생각해 보자. 사람들은 대부분은 지루할 때 무엇을 할까? 일단 전화기를 든다. 기술이 나쁘다는 말은 아니지만 인터넷이 주는 끝없는 오락 능력에 주의가 산만해지면 우리는 제대로 몰입할 수 없다. 그렇다면 해결책은 무엇일까? **전화기를 내려놔라.** 자신에게 지루함을 느낄 시간을 줘라. 불편한 가려움이 등으로 기어오르는 것을 느끼면서 휴대전화나 기기에 손대는 대신 같이 앉아 있어라. 그리고 지켜봐라. 그것에 반응하지 않고 얼마나 오래 버틸 수 있는지 확인해 보자. 그런 다음 더 이상 견딜 수 없을 때, 산책을 하거나 일기를 쓰거나 좋은 책을 읽는 등 지루함을 해소할 다른 배출구를 찾아라.

전화기에서 멀어지면 인지 욕구와 인지 종결 욕구를 경이로움에 맞춰 조정하는 데 도움이 된다. 왜냐하면 인터넷 에코체임버(반향효과를 만들기 위해 설치한 인공적 폐쇄 공간. 자신과 가치관이 다르거나 반대되는 관점을 차단하고, 선호하는 관점만을 반복적으로 수용하고 소비하는 것을 의미하기도 함-옮긴이)는 우리를 자기 강화 이데올로기에 더 취약하게 만들고, 인지 욕구를 낮추며, 인지 종결 욕구를 증가시키기 때문이다. 즉, 우리가 경이로움을 덜 추구하게 만든다. 메릴랜드대학교의 동기부여인식연구소Motivated Cognition Lab 소장인 아리에 크루글란스키Arie Kruglanski는 "인지 종결 욕구가 증가하면 더 이상 정보를 찾지 않으며, 다른 정보에도 마음을 닫고 관심을 두지 않게 된다"

라고 설명한다. "그래서 종결 욕구가 높은 사람들은 설득이나 새로운 정보에 개방적이지 않다. 그들은 자신이 아는 것을 알고 있으며, 자신이 진실을 가지고 있다." 핵심은 약간의 도전과 관심이 건전한 몰두로 발전할 기회를 제공하려면 무언가로 마음을 달래는 대신 지루함에서 정신적으로 도전적인 것으로 옮겨 가야 한다는 것이다.

'우와! 그리고 후우!-경외감' 키우기

당신은

- 아름다운 것을 좋아하고 어디서든 아름다운 것을 발견하는가?
- 거의 매일 경이로움을 느끼는가?
- 단편적 사실에서 어떤 결론을 도출하는 것, 주변 환경에서 어떤 형태나 양식을 찾아내는 것을 즐기는가?
- 자신의 관점이나 세상을 바라보는 방법에 도전을 제공하는 경험을 노력해서 찾는가?

경이로움의 마지막 요소는 '**우와** 그리고 **후우**' 하고 감탄하는 순간으로, 숨이 막힐 듯 엄청나게 감동을 주는 초월적 **경외감**을 경험하는 것이다. 경외감을 잘 느끼는 사람은 개방적이고 호기심이 많으며 창의적이고 관대하다. 인지 작업을 즐기며, 복잡하고 수수께끼 같은 세상에 적합하다. 늘 새로운 경험에 목말라한다.

기질적으로 경외감이 높은 사람은 크게 생각하고 크게 감정을 느끼는 것을 좋아하기 때문에 자연스럽게 경이로움을 경험할 가능성이 더 높은 물리적 장소와 정신적 공간에 자신을 둔다.

경외감은 상태이자 특질이다. 따라서 경외감을 불러일으키는 경험을 최대한 활용하는 방법, 특히 일상에서 그런 경험을 찾는 방법을 살펴볼 것이다. 그리고 경이로움 주기의 다른 요소를 개선한다면 경외감을 더 잘 느끼게 될 것이다. 경외감을 불러일으키는 것이 너무나 많이 있지만, 우리가 항상 그것들을 볼 수 있는 건 아니다. 주변의 경이로움을 경험하기에는 삶이 너무 바쁘고 짜증 나고 피곤해서 수많은 기회를 놓친다. 그러나 우리가 경이로움을 경험할 준비를 한다면, 경이로움을 인식할 가능성이 훨씬 더 커진다.

프라이밍

더 개방적인 성향은 우리가 경이로움을 경험을 할 수 있는 적절한 시기와 장소에 자연스럽게 있을 수 있도록 밑 작업priming을 하지만, 자신만의 밑 작업을 통해 경이로움을 더 잘 느끼는 사람이 될 수도 있다. 프라이밍은 뇌가 미래의 기억, 감정, 행동에 뚜렷하거나 미묘한 영향을 미치도록 준비시키는 잠재의식적인 단서다. 간단한 예로 영화 속 간접광고PPL가 있다. 브랜드를 의식적으로 알아차리지 못할 수 있지만, 영화를 보면서 느꼈던 유쾌한 느낌과 그 제품을 연관 지을 수도 있다. 다시 말해 제품에 대해 긍정적으로 생각할 준비가 된 것이다. 유심론자들은 **바나나**라는 단어를 '무작위로' 말하도록 유도하기 위해 노란색 셔츠를 입는 프라이밍 속임수를 사용한다. 암스테르담 스히폴공항 남자 화장실의 **넛지**(팔꿈치로 슬쩍 찌르듯 자연스럽게 개입하여 선택을 유도하는 전략-옮긴이) **프라임**도 꽤 유명하다. 스히폴공항의 청소부는 소변기 밖으로 튄 오줌 때문에 더럽고 엉망이 돼 버린 화장실을 청소하느라 애를 먹었다. 공항 측에서 소변기에 작은 파리 그림을 새겨 넣었는데, 그 이후 큰 변화가 나타났다. 누가 어떤 말을 하지 않았는데도 사람들이 소변을 볼 때 소변기에 그려진 파리를 겨냥하기 시작했고, 덕분에 화장실 곳곳으로 지저분하게 튀던 오줌 양이 줄어들어 화장실이 깨끗해졌다.* 광고주, 앱 개발자, 정치인, 정부 관리 들은 모두 프라임을 사용하여 특정 행동을 유도한다. 프라임은 다른 편향 및 휴리스틱을 처리하는 방식과 유사하게 뇌가 정보를 기록하고, 그 기록한 것을 나중에 처리하고 비교하기 더 쉽게 만들기 위해 작동한다. 이러한 부호화 또는 **행동 펌프**는 우리 뇌가 특정 자극을 더 효과적으로 인식하고 연관성을 만들 수 있도록 준비시킨다.

자신의 목표를 기록하는 사람은 그 목표를 달성하고자 준비하기 때문에 부분적으로라도 그 목표를 달성할 가능성이 더 크다. 우리는 오늘의 표현, 계획, 동기부여 문구 같은 개인적인 프라임을 만들 수 있다. 따라서 당신의 목표가 경이로움의 마음가짐을 기르는 것이라면 프라이밍은 경이로움 실천 연습에 포함할 수 있

---

* 넛지 이론은 실제로 선택을 제한하지 않고 선택이 구조에 영향을 미칠 수 있는 미묘한 기술을 사용한다. 사람들은 "사고가 나지 않도록 조심하세요"라는 표지판처럼 직접적인 요청에는 크게 반응하지 않는다. 하지만 "마지막 사고 이후 ○○일"이라는 표지판에는 주의를 기울인다. 넛지 프라임은 무의식적으로 결정을 내리도록 환경이 주는 신호다. 스히폴공항 프로그램 책임자는 "사람들은 파리를 보면 맞추고 싶어 해요"라고 말했다. 이것이 바로 넛지다.

는 훌륭한 도구다. 목표 프라이밍이 작동하는 이유는 무엇일까? 목표의 결과가 보람이 있다면 뇌는 목표를 달성하려고 더 많은 인지 에너지를 투입한다. 프라임은 생각을 새로운 경로로 바꾸어 결국 새로운 행동 궤적을 만든다. 어떻게 하면 우리가 오늘날 경이로움을 더 잘 관찰할 수 있을까?

영국 시인 윌리엄 블레이크는 "나무는 우리에게 기쁨의 눈물을 흘리게 할 정도로 감동을 준다. 하지만 어떤 사람에게는 그저 거추장스러운 초록색 덩어리일 뿐이다. 보는 사람이 누구냐에 따라 보는 것이 달라진다"라고 말했다. 경이로움은 그것을 보는 사람의 눈에 달려 있다. 경이로움을 불러일으키는 촉매제는 우리가 감동하든 감동하지 않든 우리 주변 모든 곳에 존재한다. 경이로움을 잘 느끼기 위한 마음가짐은 특정한 경험을 통해서가 아니라 경이로움을 하나의 태도로 만들 때 형성된다. 그렇게 되면 우리는 경이로움이 존재한다는 사실을 믿고, 경이로움을 보고 받아들일 준비를 하게 된다. 우리가 어떤 존재인지에 따라 우리가 보는 것이 달라진다. 경이로움을 보라.

요약

- 경이로움을 느끼는 우리의 성향은 유전적인 요소의 영향을 받기도 하지만 태도와 환경의 영향을 받기도 한다. 경이로움을 느끼는

마음가짐을 배우고 연습하면 경이로움을 더 잘 느낄 수 있다.

- 개방적인 사람은 활발한 상상력을 가지고 있으며, 새로운 경험을 즐긴다. 성격 특질로서의 개방성을 높이기는 어렵지만, 몰입을 유도하는 특정한 인지 활동이 개방성을 높이는 데 도움이 될 수 있다.

- 호기심이 많은 사람은 지적인 도전을 좋아하고, 예측할 수 없는 것들을 즐긴다. 새로운 것을 맞닥뜨리면 호기심이 왕성해진다. 따라서 새로움을 추구하는 것은 탐색 행동을 시작하는 데 도움이 된다. 너무 바쁘면 정신적 지름길에 쉽게 의존하게 되며 서둘러 탐색하게 된다. 속도를 늦추면 경이로움을 불러일으키는 세부 사항을 알아챌 수 있다.

- 몰두를 잘하는 사람은 과거를 생생하게 기억하고, 영화나 책에 몰두하는 것을 좋아한다. 반추하면 몰두를 잘하지 못하게 된다. 현재에 존재하는 연습을 하면 반추를 줄이고 몰두할 수 있게 된다.

- 지루함은 자연스러운 상태이지만, 기술이 활성화된 이 세상에서 우리는 너무 자주 기기를 사용해서 지루함을 쫓아 버린다. 이는 인지 욕구, 인지 종결 욕구, 호기심에 영향을 미친다. 지루함을 없애려고 하기보다는 정신적으로 도전적인 활동을 시도해 보라.

- 경외감을 잘 느끼는 사람은 어디에서나 아름다움과 마법을 본다.

경외감을 경험할 가능성을 높이는 방법의 하나는 프라임을 이용하는 것이다. 프라임은 미래의 인식에 영향을 미치는 의식적(이루고 싶은 목표를 종이에 적어 보는 것) 또는 잠재의식적(영화 속 PPL) 신호다. 경외감을 경험할 방법을 찾을 것이라고 자신에게 말하면 실제로 경외감을 경험할 가능성이 더 커진다.

7장. 경이로움을 불러일으키는 것들의 특징

수천 년 동안 인간의 외부 세계와 맞물려 파생된 경이
로움에는 공통점이 있다. 그것은 감정적 경험과 신체
적 경험을 불러일으킨다.

트립어드바이저, 미쉐린 가이드가 나오기 전에 '세계의 불가사
의Wonders of the World'라고 알려진 고대 여행안내 책자가 있었다. 기원
전 4세기에 그리스제국이 커지면서, 그리스 시민들은 새로움을
찾아 이국 지역으로 여행하고 싶어 했다. 그리스 문화를 기념하
기 위해 고안된 세계 7대 불가사의의 초기 목록에는 로도스의 거
상, 바빌론의 공중정원 같은 신성한 유적지가 포함되어 있었다.
비극적이게도 15세기까지 최초 7대 불가사의 중 기자의 거대 피
라미드를 제외한 모든 게 파괴되었다. 그러나 구조물 자체가 먼
지로 변한 후에도 이 목록은 계속해서 남아 있다.

그 이유가 뭘까? 숨이 멎을 듯한 그 장소들을 찾고 싶어 하는
인간의 마음은 어떤 것일까? 타지마할과 마추픽추 같은 오늘날
세계 불가사의를 포함해 이런 경이로운 장소 중 다수는 당혹스
러우면서도 동시에 매혹적이며, 명백한 무게감과 호기심을 불러
일으키는 종교적 또는 영적 맥락을 가지고 있다. 이러한 경이로

움을 부르는 것들의 많은 특성에는 문화 전반에 걸쳐 믿을 수 없을 정도의 일관성이 있다. 경외감의 보편성을 광범위하게 연구해 온 라니 시오타는 "경외감은 인간 본성의 일부이며, 모든 인간이 가지고 있는 진화된 능력입니다. 모든 사람이 경외감을 느낀다는 꽤 다양한 증거가 있습니다. 인류학적 기록을 보면 우리는 분명히 무언가를 짓고 만들면서 이런 상태를 떠올리는 장소를 이상화합니다. 주변의 신성한 장소를 생각해 보면, 보통 경외감을 불러 일으키는 장소인 경향이 있습니다"라고 설명한다.

경이로움에는 각각 개별적인 특성이 있지만, 수천 년 동안 인간의 외부 세계와 맞물려 파생된 경이로움에는 공통점이 있다. 그렇다면 무언가를 경이로운 것으로 만드는 특징은 무엇일까? 경이로움이 있다는 것을 어떻게 알 수 있을까? 그런 물건, 장소, 경험이 전달하는 마치 영감을 주는 듯한 마법, 아우라, 전율은 무엇일까? 그리고 우리는 그것을 어떻게 알아볼 수 있을까?

경이로움을 자아내는 대상은 매우 주관적이지만 어떤 주제는 인간 고유의 타고난 감각에 내장되어 있다. 이것이 경이로움을 자아내는 대상의 해부학을 구성한다. 예를 들어 대부분 문화에서 건축물보다는 자연환경을 선호한다. 자연환경에서 사람들은 어느 정도 신비함이 있는 풍경, 이를테면 구불구불한 길이나 숨겨진 장소 같은 모험을 고무시키는 풍경에 더 감동한다. 사람들은 대칭, 물결, 나선형, 프랙털(예: 모래나 반사된 구름에서 볼 수 있는 부드러운 물결무늬나 로마네스크의 소용돌이무늬와 유사한 은하단의 회전)처럼 반복되는 패턴이나 극적인 기상현상을 보여 주는 하늘, 탁 트인 전망,

산맥, 바다 전망 같은 매우 인상적이고 광대한 환경을 보편적으로 즐긴다.

오리건대학교의 물리학자 리처드 테일러Richard Taylor는 우리가 프랙털에 끌리는 이유를 이해하고 싶어 했다. 그는 인간의 눈이 실제로 프랙털 패턴을 사용해서 환경을 탐지한다는 사실을 알아냈다. 그래서 우리는 이런 패턴을 볼 때 혼란스럽다고 느끼는 대신 마음이 진정된다고 여긴다. "인간의 시각 체계는 어떤 식으로든 프랙털을 이해하도록 설계되어 있다. 눈의 프랙털 구조가 사람이 보는 프랙털 이미지와 일치할 때 발생하는 생리적 공명이 스트레스를 줄여 준다"라고 테일러는 말한다.

그리스인들이 불가사의 여행안내 책자를 만든 것과 같이, 이번 장이 경이로움을 찾는 데 도움이 되기를 바란다. 경이로움을 불러일으키는 것들의 속성뿐만 아니라 경이로움이 불러일으키는 감정과 생리적 반응에도 공통점이 있다. 이런 공통 특징을 일부 이해한다면, 경이로움을 불러일으키는 것을 찾고 논의하고 공유하는 약간의 경이로움을 얻을 수 있다. 그리고 이런 요소들을 더 잘 알아챌수록 우리 삶에 경이로움을 더 능숙하게 가져올 수 있다. 다시 말하지만 이건 경이로움을 연구하기 위해 병 안에 반딧불이를 가두는 것이 아니라, 나중에 다시 찾을 수 있도록 보물이 있는 곳에 'X 표시'를 해 놓은 보물 지도를 갖게 되는 것과 같다.

미학과 숭고함

장엄한 풍경이나 고요한 숲 등 수천 년 동안 인간이 매력을 느껴 온 대상의 일반적 특징은 우리가 예술, 디자인, 음악 등 아름다움을 창조하고 경험하는 방법을 형성하는 데 기여했다. 이런 생각을 탐구하기 위해 등장한 철학 분야가 **미학**이다. 미학을 뜻하는 aesthetics라는 말은 '감각적 인식과 관련한'이라는 의미의 그리스어 aisthetikos에서 유래했다. 초기 그리스 철학자들이 인간 경험의 일부로서 아름다움의 역할에 관심을 가졌던 반면, 알렉산더 바움가르텐, 이마누엘 칸트, 에드먼드 버크, 아르투어 쇼펜하우어, 헤겔을 포함한 18세기 철학자들은 그들이 '숭고함the sublime'이라고 부른 미학 철학의 새로운 하위집합을 탐구하기 시작했다.[*] 미학이 숭고함이라는 개념과 엮이면서 철학적 글에 경이로움이 많이 등장하기 시작했다. 미학, 특히 숭고함에 관한 이런 글들은 경이로움을 불러일으키는 것들의 일관된 특징과 그에 대한 우리의 반응을 밝히는 데 도움이 된다.

칸트는 숭고함을 '우리 머리로 이해하기 어려운 것'으로 묘사하면서, 웅장한 구조물이나 사나운 폭풍 앞에 있는 것처럼 방대하고 압도적이며, 때로는 두려움을 주는 경험을 의미한다고 설명했다. 이러한 경험은 '수학적(물리적으로 매우 큰)'이거나 '역동적(감정적 또는 인지적으로 압도적인)'이지만, 칸트는 숭고함이 약간의 두려움을 내포하고 있긴 해도 일반적으로는 긍정적 경험이라고 지적

---

[*] 즉, 바움가르텐의 '감각을 통해 사물을 인식하는 방법에 대한 과학'이다.

했다. 그는 이러한 이분법의 이유가 압도적인 상태가 실제로 관리 가능하다는 것을 이해하는 것과 느끼는 것 사이의 '급격한 전환' 때문이라고 말했으며, 이것은 켈트너와 하이트가 경외감 이론에서 말한 광대함 및 수용과 흡사하다. 칸트는 『순수 이성 비판』에서 "숭고함은 무한하다. 그래서 숭고함 앞에서 마음은 할 수 없는 것을 상상하려고 시도하면서 실패의 고통을 느끼지만, 방대함에 도전했다는 것을 깊이 묵상하면서 기쁨도 느낀다"라고 썼다. **방대함에 대한 시도를 묵상하는 데서 오는 기쁨**…… 너무 멋진 표현이다!*

데이비드 야덴은 숭고함의 특징이 경외감의 특징과 거의 직접적으로 일치한다고 말한다. 숭고함과 경외감은 모두 광대함과 수용이라는 동일한 개념을 가진 혼합된 감정 상태이고, 둘 다 연결성 증가와 자아 감소라는 결과로 이어지며, 유사한 시간적 특성을 가진다. 야덴이 발견한 두 개념 모두에서 유사하게 나타난 또 다른 특징은 생리학적 반응이었다. 경외감을 경험할 때와 숭고함을 경험할 때 모두 숨이 막히고, 눈이 커지며, 동공이 확장되고, 입을 떡하니 벌린다. 가슴은 마치 우리 마음이 가득 찬 것처럼 따뜻한 느낌으로 부풀어 오른다("마음이 따뜻해진다"라고 표현하기도 한다). 소름이 돋거나 눈물이 나기도 한다. 실험심리학자 윌리엄 브로드William Braud는 이 눈물을 '경이로운 기쁨'이라고 부르며, 이것을

---

* 어떤 철학자들은 미학적 경이로움을 묘사하기 위해 아우라의 개념을 수용했다. 아우라를 숭고한 대상 안에 존재하는 특성으로 정의했으며, 그 아우라는 감동을 주는 예술작품에서 풍기는 우리가 느낄 수 있는 어떤 고유한 분위기다. 아우라는 '숨결' 또는 '미풍'을 뜻하는 라틴어에서 유래했기 때문에 그런 식으로 미학적 감정을 묘사한다. 건축사학자 러셀 콰치아Russell Quacchia는 아우라를 경험하는 느낌을 "경이로움을 경험하는 것"이라고 불렀다.(Quacchia, Russell. 2016. "The Aesthetic Experiences of Aura, Awe, and Wonder: Reflections on Their Nature and Relationships.", Contemporary Aesthetics [Journal Archive] 14 [1]: 10.)

"참되고 선하고 아름답고 신성한 것에 대한 직접적 반응, 즉 영혼의 눈, 영, 마음의 기능을 보여 주는 신체적 징후"라고 묘사했다. **심미적 오한**으로 알려진 이런 종류의 소름은 우리가 경험하는 소름의 3분의 1을 차지할 만큼 매우 흔하다. 처음에는 추워서 생기는 오한과 구별하기 위해 전율이라고 불렀던 이 물리적 징후는 경이로움을 불러일으키는 것을 식별하는 데 유용한 지표다.

소름과 심미적 오한

당신이 소름 돋을 때, 다른 누군가가 그것을 느낄 수 있을까? 이것이 센소리Sensoree 팀이 묻고, 그들만의 방식으로 대답한 질문이었다. 웨어러블 기술 디자인 연구소인 센소리는 더 많은 사람이 경이로운 경험을 공유할수록 그 경험의 의미가 더 커질 것이라는 믿음하에 네덜란드 트벤테대학교의 과학자들과 함께 어떻게 하면 소름이 끼치는 느낌을 더 전파할 수 있는지 확인했다. 이 협업을 통해 경외 전동 슈트AW Electric가 탄생했다. '생체반응형 애니메트로닉animatronics(animate와 electronics의 합성어로 움직이는 로봇 모형을 의미-옮긴이) 패션'으로 불리는 경외 전동 슈트는 '**내밀한 외재성**을 보여 주는, 즉 외현화된 친밀감을 보여 주는' 웨어러블 기술로 구현되었다. 일련의 센서가 장착된 이 옷을 입은 착용자(1번)가 음악이나 부드러운 손길, 슬픈 영화 등 소름을 돋게 하는 경험을 추구한다. 센서가 1번 착용자의 심박수, 호흡, 피부 전도율을 측정해서 착용자가 경외감을 느끼고 있음을 알리면, 상대방(2번 착용자)의 경외 전동 슈트가 반응한다. 공압 직물과 주파수 소리를 사용하여 2번 착용자는 1번 착용자와 가상으로 그 순간을 공유할 수 있다.[*]

소름을 유도하는 옷을 입는 것이 너무 지나친 처사라고 여기는가? 컬럼비아대학교 연구원인 매슈 색스Matthew Sachs는 소름 돋는 것을 공유하기 위해 음악을 사용할 수 있다고 생각했고 소름을 유도하는 음악을 예측하는 공식인 **P소름 = CF(Sc+Id+Ap)**를 만들었다. 색스는 노래하는 군중의 성격 같은 사회적 맥락에서부터 가사, 음조, 화음 같은 노래의 질에 이르기까지 다양한 특성을 측정해서 우리에게 가슴 아린 느낌을 주는 음악을 예측한다. 색스의 연구 결과, 우리를 가장 소름 돋게 만드는 음악 장르는 무엇일까? 바로 로큰롤이다.

소름이 돋거나 털이 쭈뼛 곤두서는 것은 우리 유인원 조상으로부터 물려받은 흔적이다. 첫째, 한기가 들었을 때 몸을 녹이는 메커니즘이었다. 털이 곤두서 있으면 아래 공기를 흡수해서 피부에 따뜻한 층을 만든다. 둘째, 감정적 소름이 돋는 것은 예상치 못한 일이나 위협에 직면했을 때 나타나는 반응으로 유인원이 더 크고 위협적으로 보이려 할 때 털이 곤두선다. 이 속성은 진화하여 현재 인간에게 무의식적 반응으로 존재하며, 일부 사람에게는 이런 반응이 아예 나타나지 않는다. 건강한 사람의 55퍼센트가 소름이

---

[*] 다른 '감정 보형물emotional prosthesis' 연구원들은 이런 종류의 기술이 감정이입 등 소름과 관련한 감정 효과를 유발하는 심한 오한을 생성하는 데 매우 효과적이라는 사실을 발견했다.

돋는 것을 전혀 경험하지 않지만, 경험하는 사람은 더 큰 웰빙을 즐기는 것으로 나타났다.

심미적 오한 또한 심인성 떨림은 고대 감정 DNA의 일종인 **신체 표지**^{somatic marker}다. 신체 표지 가설에서는 감정은 시간이 지나면서 전해지는 일종의 지문을 가지고 있고, 이렇게 유전된 감정은 우리에게 정보를 전달하기 위해 신체 신호를 사용한다고 주장한다. 뇌섬엽^{insula}이 이러한 신경화학적·생리학적 반응을 유발하는 생물학적 표지 역할을 한다고 생각하는 사람도 있다. 즉, 우리는 이런 신체적 신호인 '직감^{gut feeling}'을 해석해서 결정을 내리는 데 도움을 받는다. 높은 건물의 옆면을 바라볼 때 느끼는 메스꺼움이나 누군가 당신을 따라온다는 것을 알아차렸을 때 목뒤에 곤두서는 머리카락을 생각해 보라. 이런 생리학적 메시지는 위험한 상황임을 알려 주며, 그 정보가 의사 결정을 이끈다. 이런 생리적 반응은 경이로움 같은 감정이 순전히 심리적 경험만은 아니라는 사실을 보여 준다. 경이로움은 신체적 경험이기도 하다.

유타주립대학교의 소름 분야 전문가인 미첼 콜버^{Mitchell Colver}는 소름이 돋는 것은 우리 뇌의 두 부분 사이의 시차에서 기인한 것일 수 있다고 말한다. "인간의 뇌는 감정적 뇌와 인지적 뇌, 이렇게 둘로 나눌 수 있다. 위협에 대한 반응을 담당하는 감정적 뇌는 인지적 뇌보다 외부 자극에 더 빠르게 반응한다. 반응은 두려움에서 즐거움으로 바뀌고, 뇌는 실제로 위협이 없는지 정확하게 평가한 것에 대한 보상으로 도파민을 방출한다. 그 도파민은 좋은 감정의 물결을 일으키고, 당신은 그 자극을 다시 즐거운 것으로 인식한다." 다시 말해, 설명할 수 없는 움직임을 경험하면 감정적 뇌에서 처음에 짧은 공포 반응이 나타나며, 인지적 뇌가 이를 따라잡는 동안 소름이 돋게 된다.

개방성이 높은 사람은 소름이 더 잘 돋는 경향이 있으며, 51개 문화권을 연구한 어떤 연구에서는 오한이 여러 문화에서 가장 일관되게 발견되는 개방성 지표로 나타났다. 미첼 콜버는 이 발견에 대해 더 연구하기를 원했고, 이 상관관계가 개방성의 하위집합 중에서 **아이디어**에 대한 개방성(6장에서 제니퍼 스텔라가 이론화한 것처럼)에만 적용된다는 사실을 발견했다. 경험에 대한 개방성이 높은 사람이 더 많은 소름이 돋았다고 자기 보고를 했지만, 연구진은 참가자들에게 피부 센서를 연결했을 때 경험에 대한 개방성이 높은 사람이 오한을 과도하게 보고한다는 사실을 발견했다. 실제로 아이디어에 개방적인 사람은 더 자주 아이디어를 얻었다. 그리고 아이디어에 대한 개방성은 상상력, 깊은 호기심, 몰두와 관련이 있는 일종의 정서적 유형의 개방성을 반영한다.

연구자들이 이 문화적 가설을 다양한 나라에서 실험할 때 사용한 심미적 오한의 번역을 살펴보는 것 또한 흥미롭다. 각 문화는 경이로움을 물리적 표현으로 설명하는 독특한 방식을 가지고 있다. 티그리냐어(에티오피아 북부, 셈계의 언어-옮긴이)로 오한은 '강한 느낌이 나를 침범한다'라는 뜻이다. 마라티어(인도 서부 마하라슈트라에서 사용하는 언어-옮긴이)에서는 '내 안에서 자극적인 충동을 경험한다'이고 스웨덴어로는 '기쁨으로 떨다'라는 뜻이다. 한국어로는 '엄청나게 감동한다'로, 말레이어로는 '마법에 걸린 듯한 느낌이다'로 번역된다. 인도네시아어로는 '행복의 기운을 느낀다'로 번역된다.

우리의 정신과 '어려운' 질문

남편이 몇 년 전 유리 겔러Uri Geller에게 사무용 가구를 팔았다. 이 평범한 관계에서 시작해 두 사람은 일종의 우정을 쌓아 나갔다. 그렇게 해서 남편과 의붓아들 그리고 나는 이른 봄날, 버크셔 빌리지 소닝에 있는 약간 회색빛을 띤 매우 영국적인 겔러의 집에 방문하게 되었다. 1980년대 이후에 태어난 사람은 그를 잘 모를 수 있지만, 많은 사람이 겔러가 70년대와 80년대에 유명했던 마술사이자 유심론자라는 걸 알고 있다. 개성 있고, 약간 허세를 부리며, 때로는 나중에 책임지지도 못할 자기 능력을 과장해서 떠벌리기도 했다. 그렇긴 하지만, 겔러는 〈투나잇 쇼〉, 〈머브 그리핀 쇼〉 같은 토크쇼에서 사랑받았으며, 초대 손님으로 자주 출연했다. 그는 숟가락 구부리기로 큰 명성을 얻었다.

부드럽게 말하자면, 유리는 열광적인 사람이다. 한 이야기에서 다른 이야기로, 한 유물에서 다른 유물로 옮겨 가며 이야기하는 그는 매력적이고 친절했다. 늘 쇼맨이었던 그는 살바도르 달리와 알베르트 아인슈타인부터 브리짓 바르도와 엘비스 프레슬리에 이르기까지 훌륭하고 위대한 사람들이 구부린 숟가락으로 뒤덮인 캐딜락을 우리에게 보여 주었다. 겔러는 스포츠에서 정치, 외계인 방문, 이웃과의 문제에 이르기까지 모든 것에 대해 자신의 의견을 거들먹거리며 말했다. 지역 공원에 거대한 구부러진 숟가락 조각품을 '기부하려고' 노력했지만, 저항에 부딪힌 상황이었다. 겔러는 곧 결혼식을 올리는 우리에게 결혼 생활이 순조로울 것이라고 말했고(예측이 맞았다), 잉글랜드가 그 해 월드컵에서 우승할 거라고 말했지만(이 예측은 틀렸다), 사실 우리의 관심은 숟가락 구부리기에 쏠려 있었다.

솔직히 나는 회의론자였기 때문에 어떤 재미있는 일에 대비하기 위해 매우 튼튼한 숟가락을 가져왔다. 사실, 전날 숟가락이 단단한지 확인하기 위해 온종일 있는 힘껏 숟가락을 구부리려고 노력했다. 겔러는 먼저 자기 숟가락 몇 개를 구부렸다. 그런 다음 당시 겨우 다섯 살이었던 내 의붓아들 주드에게 숟가락을 들고 직접 숟가락을 구부리게 시켰다. 도와주기 위해 유리는 주드의 손등을 아주 가볍게 툭 쳤다. 우리는 모두 즐거웠고, 특히 주드가 정말 즐거워했다. 하지만 겔러가 구부리고 있던 것은 그의 수저 서랍에서 나온 그의 숟가락이었기 때문에, 나는 그것이 신기하긴 했지만 일종의 마술이라고 확신했다. 또한 겔러가 수저를 구부려 보라는 손님들의 요청에 응하기 위해 "여보, 내일 손님들이 온대. 지하실에서 구부러지는 숟가락 좀 몇 개 더 가져다줄 수 있어?"라고 말하며 준비했을 모습을 상상하며 킥킥 웃었다.

그런 다음 우리 숟가락을 구부릴 차례가 왔다. 결과는 크게 다르지 않았다. 유리가 숟가락을 잡을 때마다 그것들은 우리 눈앞에서 **녹아내렸다**. 나는 이걸 어떻게 설명해야 할지 잘 모르겠다.

그가 숟가락에 사인을 한 후 우리에게 돌려주었고, 나는 그 숟가락들을 자세히 살펴봤다. 구부러진 부분이 약간 따뜻하다는 것 말고는 겔러가 어떻게 그렇게 했는지를 보여 주는 흔적은 전혀 없었다. 숟가락을 다시 원래 모양대로 펴려고 했지만 불가능했다. 내가 유리에게 건네줄 때도 숟가락은 단단했고, 그 숟가락을 다시 우리에게 돌려줄 때도 마찬가지였다. 그건 설명할 수 없는 일이었으며, 매우 멋졌다.

내가 사람들에게 이 이야기를 하면, 다들 내가 자연스럽게 속은 것이라고 말한다. 그건 마술 같은 속임수, 손재주였다. 그리고 유리 겔러의 천적인 제임스 랜디James Randi가 되고 싶어 하는 모든 사람에게도, 내가 속았을 수도 있다는 점을 전적으로 인정한다. 아니면 유리가 초자연적으로 강한 엄지손가락을 가지고 있을지도 모른다. 그가 외계인일 수도 있고, 아니면 위에서 말한 모든 것일 수도 있다. 하지만 그 어떤 설명 없이도 나는 경이로움을 느꼈다. 프랭크 로이드 라이트가 건축한 탤리에신을 방문했을 때도 어떠한 설명 없이 경이로움을 느꼈다. 또는 아이가 '코잡기' 게임을 하면서 경이로움을 느끼는 방식도 마찬가지다. 설명이 좋긴 하지만, 반드시 설명할 필요는 없다. 당신은 아이에게 "얼른 자라렴. 물론 네 코를 안 가져갔어"라고 말하지는 않을 것이다(글쎄, 당신이 그럴 수도 있겠지만, 그러면 바보가 될 것이다). 그러나 우리는 인간으로서 자신을 이해하는 데는 여전히 너무 어리다. 왜 우리는 미지의 것에 대해 어린아이 같은 열린 호기심을 유지하는 동시에 새로운 것에서 기쁨을 찾을 수 없을까?

유리가 어떻게 숟가락을 구부렸는지 알고 싶냐고? 물론이다. 이미 알려진 현상에 대한 휴리스틱 안에서 그 현상을 설명해야 한다는 강박을 느낄까? 특별히 그렇지는 않다. 설명이 있든 없든 나는 그 순간을 경이롭게 간직하고, 똑같이 매료될 수 있다. 그리고 더 중요한 것은 현재 설명이 없다고 해서 그 존재, 의미, 가치가 없어지지는 않는다.

윌리엄 제임스는 미지의 세계를 엿볼 수 있는 이 광경을 '가장 영화적인 장면'이라고 불렀는데 나에게는 구식 마술사 또는 오즈의 마법사 이미지가 떠오른다. 제임스는 오늘날 과학자들에게 다소 모호한 주제인 의식에 관한 다양한 이론을 공개적으로 탐구한 초기 과학자 중 한 명이다. 제임스는 신비함을 받아들였다. 그는 인간의 표준 작동 절차 의식과 경이로움에 의해 촉발된 초강력 유형 의식 사이의 차이를 보았다. "일반적으로 깨어 있는 의식, 소위 이성적 의식은 하나의 특별한 유형의 의식일 뿐이지만, 가장 영화 같은 순간에 의해 분리된 의식은 전혀 다른 잠재적 형태의 의식으로 존재한다. 우리는 그런 존재를 의심하지 않고 삶을 살아갈 수 있다. 그러나 필요한 자극을 주면, 가벼운 손길 한 번만으로도 그런 의식들은 완전하게 그곳에 존재한다."

그렇다면 의식이란 무엇이며 경이로움에 관한 우리 연구와 어떤 관련이 있을까? "철학자들은 당신이 무엇을 의미하느냐에 따라 다르다고 말하는 이 성가신 일을 한다." 데이비드 차머스David Chalmers는 그가 '쉬운 문제'와 '어려운 문제'라고 부르는 것에 대해 토론하는 것을 좋아한다. 의식의 본질을 탐구하는 철학자이자 인지과학자인 차머스는 **"우리는 매트릭스 안에 살고 있는가?"** 또는 **"로봇도 슬픔을 느낄까?"**라는 질문에 대해 놀라우리만치 그럴듯한 답을 해 줄 수 있는 유형의 사람이다.

차머스에게 **"왜 우리는 감정을 경험하는가?"** 같은 질문은 쉬운 문제다. 현재 과학 시스템으로 설명할 수 있으며 적어도 광범위하게 실험할 수 있다. **"어떻게 문제가 의식을 일으키는가?"**와 같은 질문이 어려운 질문이다. 비록 이런 질문은 현재 과학 패러다임에서 답할 수는 없지만 여전히 존재하며, 현재로서는 철학자들에게 맡겨져 있다. "우주가 시작될 때는 의식이 없었다. 마지막에도 없을 수 있다. 그러나 우주 역사의 어느 시점에서 이런 일이 일어났다. 의식이 발달한 것이다"라고 차머스는 말한다. "의식이 없다면 의미도, 진정한 가치도, 좋고 나쁨도 없을 것이다. 그래서 의식의 도래와 함께 갑자기 우주는 무의미한 것에서 어떻게든 의미 있는 것으로 바뀌었다. **왜 이런 일이 일어났을까?"**(이 질문만으로도 당신 머릿속은 완전히 경이로운 상태가 될 것이다!) "우리 삶이 의미가 있는 것은 우리가 의식하고 있기 때문이다. 의식이 없다면 아무런 의미가 없다. 인생에서 의미 있는 것은 기본적으로 우리가 의미 있다고 생각하기 때문에 그런 것이다."

책의 나머지 부분과 그 이후를 위해, 그리고 당신 마음속에 간직하고 다닐 수 있는 작은 기념품으로 남기기 위해 이쯤에서 이야기를 마무리하려 한다. 경이로움은 우리 마음의 특징이자 우리 뇌의 특징이다. 의식이자 신체 경험이기도 하다. 경이로움은 과학과 영혼에 관한 주제다. 그리고 이 이중성 안에서만 우리는 그 의미와 우리 삶에 미치는 영향을 완전히 이해하고 활용할 수 있다.

요약

- 아름다운 풍경과 반복되는 패턴 등 인간에게 경이로움을 불러일으키는 것에는 많은 공통점이 있다.

- 미학은 아름다움을 연구하는 철학 분야다. 18세기 사상가들은 그리스인들이 최초로 탐구했던 숭고함의 미학적 개념을 학문으로 발달시켰다. 칸트, 버크, 쇼펜하우어는 숭고함을 거대하고 감동적이며 약간은 두려운 감정으로 묘사했는데, 이것은 경외감과 유사하다.

- 미학적인 경이로움을 느끼면 종종 심미적 오한이나 소름이 돋는 경험을 한다. 이는 경이로움을 경험할 때 흔하게 나타나는 일반적인 현상이다.

- 아이디어에 대한 개방성이 높은 사람은 심미적 오한에 더 취약한 경향이 있다. 즉, 이러한 심미적 오한은 개방성을 보여 주는 강력한 현상으로, 여러 문화권에서 공통으로 나타나는 개방성 지표 중 하나다.

- 경이로움을 탐구하려면 쉬운 문제와 어려운 문제의 조합이 필요하다. 쉬운 문제는 현재 과학으로 밝힐 수 있거나 적어도 실험할 수 있는 문제다. 어려운 문제는 과학으로 답을 찾기 어렵기 때문에 철학자, 신학자, 예술가가 더 잘 다룬다.

8장. 무엇이 경이로움을 불러일으키는가?

경이로움의 아름다움은 우리가 경이로움을 불러일으키는 것을 발견하고 그 마법을 다른 사람과 공유하면 마법의 상당 부분이 우리에게 온다는 점이다.

자연 그리고 글쓰기 중 어느 것이 그녀의 첫사랑일까? 환경 보호론자이자 작가인 레이철 카슨Rachel Carson은 자연을 가장 가깝게 느꼈으므로 아마도 자연이라고 대답했을 것이다. "자연을 아는 것은 느끼는 것의 반만큼도 중요하지 않다." 자연에 대한 카슨의 관찰은 현대 환경론의 기초가 되었고, 그녀가 이 주제에 관해 쓴 에세이와 책은 초기 지속가능성 운동에 불을 지폈다. 여전히 사람들은 단순한 행동주의를 넘어서는 경이로움에 대한 그녀의 성찰에 깊이 감동한다. 카슨은 어린 시절 그녀가 살던 앨러게니Allegheny강 근처 시골 환경의 경이로움에 매료되었다. "집 밖의 자연 세계에 항상 관심을 가지고 살았다." 그러나 자신이 글쓰기를 너무나도 좋아한다는 사실을 깨달은 것도 어린아이였을 때다. 그녀는 현대 생태운동과 살충제의 전쟁을 촉발했다는 평가를 받는 책 『침묵의 봄』으로 유명하다. 《뉴욕타임스》에 실린 그녀의 부고 기사에서는 『침묵의 봄』의 영향력을 "성서에 나오는 메뚜기 떼 재앙에 빗대어 부유한 화학산업과 일반 대중을 호되게 꾸짖는다"*라고 설명했다. 그러나 카슨의 작품 중 가장 가슴 아픈 작품이 『센스 오브 원더』라는 사실은 누구도 부인할 수 없을 것이다. 그녀가 56세에 암으로 사망한 이후 출간된 수필이다.

카슨은 경이로움을 사회를 변화시킬 강력한 도구로 인식했다. 그녀는 1963년 내셔널 북 어워드(미국에서 매년 뛰어난 문학작품을 저술한 작가들에게 주는 문학상-옮긴이) 수상 연설에서 이렇게 말했다. "우리 주변 세계의 경이로움과 현실에 더 명확하게 관심을 기울일수록 종족을 파괴하려는 생각이 줄어들 것입니다. 경이로움과 겸손함은 유익한 감정이며 파괴 욕망과 함께 존재할 수 없습니다." 카슨 역시 경이로움을 의미를 만드는 감정으로 인식했는데, 『센스 오브 원더』에 "아름다움 속에서 마시고 당신이 보는 것이 가진 의미에 경이로움을 느껴라"라고 썼다. 그러나 사실 이 책은 모든 부모에게 보내는 격려 편지이자 지구 그 자체에 대한 연애편지다. 또한 사방으로 뻗은 시골스러운 메인Maine 해안과 조카 마조리가 갑자기 세상을 떠나는 바람에 고아가 된 조카의 네 살짜리 아들 로저(카슨이 입양했다)와의 경이로운 관계에 경의를 표하는 책이다.

카슨과 로저는 매우 힘든 일을 겪으며 마음이 산산조각이 났지만, 그들이 공유한 경이로움 덕분에 휴식을 취하며 회복할 수 있었다. 카슨과 로저 그리고 대자연은 네온 이끼와 이슬에 젖은 쐐기풀 사이에서 아름다운 관계를 쌓았다. "어린아이의 세계는 신선하고 새롭고 아름다우며, 경이로움과 흥분으로 가득하다"라고

---

* 카슨은 미국환경청 제도와 DDT(살충제이자 농약) 살포 금지에 자극을 준 것으로 인정받고 있다.

카슨은 말했다. "아름답고 경외감을 불러일으키는 것을 바라보는 순수한 본능이 흐려져 세상을 바라보는 맑은 눈을 상실하는 것은 우리의 불행이다."

카슨과 로저는 1964년 카슨이 죽기 전까지 10년 동안만 경이로운 탐험을 함께했을 뿐이지만, 그녀가 쓴 글은 그녀가 지속 가능한 삶의 아름다움을 칭송하는 생태학자나 경이로움의 현상학을 다른 사람과 공유하는 철학자 이상임을 보여 주었다. 그녀는 아마도 자연의 경이로움에 대한 사랑을 자신이 입양한 아들과 나누는 어머니였을 것이다. 사랑, 우정, 가르침, 자연의 숭고함 등 경이로움을 불러일으키는 이 모든 요소가 아름답게 잘 뒤섞인 이야기다.

정신과 마음에 경이로움을 가져오는 요인

나는 약간 범생이nerd(명석하지만 세상 물정은 잘 모르는 사람-옮긴이)다. 나는 이 말이 나쁜 뜻이라고 생각하지 않는다. 나는 모범생이 좋고, 그런 가족들 사이에서 자랐다. 우리 가족은 스포츠에 능한 계통이 아니었다. 1980년대에 달리기를 조금 하고 라켓볼을 친 것 말고는 우리 가족들은 괴짜 측에 속했다. 저녁 식사를 하기 전 아빠가 『워드 파워』 영어 단어 책을 가지고 와서 내게 퀴즈를 냈었고, 저녁 식사 후에는 공영방송 서비스(PBS)를 보면서 차를 마시고 레몬 쿠키를 먹는 게 일상이었다. 우리 가족이 제일 좋아하던 프로그램은 〈베일리의 럼폴^{Rumpole of the Bailey}〉(1978년에서 1992년까지 방영된 미스터리물로 영국의 인기 텔레비전 시리즈-옮긴이)과 〈에르퀼 푸아로^{Hercule Poirot}〉였다.

온 가족이 열렬하게 '트리비얼 퍼슈트^{Trivial Pursuit}' 보드게임을 할 때 엄마가 질문이 너무 어렵다고 말하면서도 완벽한 대답을 내놓으면, 경쟁자들의 눈 돌아가는 소리와 탄식 소리가 들린다. 여행을 갈 때면 오빠와 나는 조사할 도시를 배정받았고, 우리가 직접 여행안내자가 되었다. 이 관행 때문에 우리 남매는 내비게이터 네르빌, 내비게이터 네르바라고 불렸는데, 아버지가 지어 준 기발한 별명이었다. 삶은 합창단 연습과 장학 퀴즈 경쟁, 연극 연습, 여름학기 과정으로 가득 차 있었다. 아마 그림이 그려질 거다. 전형적인 모범생.

그래서 장엄한 자연에 감사하고 감탄도 하지만, 내게 더 큰 경이로움을 불러일으키는 대상은 똑똑한 것들이다. 예술과 음악, 시와 문학, 물리학과 철학, 신경과학과 천문학 같은 과목들. 그리고 자연스럽게 유발된 경이로움을 경험할 때조차 나를 잠시 멈추게 하는 것은 어떤 지적인 속성, 예를 들면 날씨의 기상학이나 풍경의 지질학인 경우가 더 많다. 경이로움을 불러일으키는 것들을 전체적으로 조사하면, 그것들이 우리의 정신적 스키마를 적극적으로 형성하고 있어서 거의 항상 경이로움을 불러일으키는 것에 작용하는 어떤 인지적 요소가 있다고 주장할 수도 있다.

2부에서 다루는 것처럼 때로는 경이로움이 순전히 지적이거나 고독한 것처럼 보일 수도 있지만 사회적으로 파생된 측면도 있다. 경이로움을 '상당히 집단적인 감정'이라고 설명하는 연구자도 있다. 경이로움의 진화적 유산이 우리가 공동체를 만들고, 함께 번성하며, 지식을 공유하는 방식에서 비롯되었다는 점을 살펴보면 이 개념은 일리가 있다. 경이로움은 혼자서도 경험할 수 있지만, 그것을 경험하고 다른 사람들과 이야기를 나누는 행동은 경이로움의 영향력을 확대한다. 경이로움은 공유하면 배가된다. 우리가 다른 사람과 교류하지 않는다면 경이로움은 번성하기가 어렵다.

그러나 공정하게 말하면, 마음이든 정신이든, 자연이든 예술이든, 경이로움을 불러일으키는 것들 사이의 차이점은 사실 우리의 경이로움을 간질간질 건드리는 수준으로 이해하는 데 도움이 되는 분류 수단일 뿐이다. 경이로움을 불러일으키는 것은 가둬 둘 수 없는 깊이와 풍부함을 가지고 있지만, 경이로움의 원천에 언어를 부여하면 정서적으로 풍부한 삶과 의미 있는 관계를 촉진할 수 있다. 앞에서 나한테 반향을 불러일으키는 몇 가지 보편적인 경이로움 전달체를 공유했지만, 사실 경이로움을 불러일으키는 목록을 작성하다 보면 끝이 없을 것이다. 우리 인간은 다양한 측면을 가지고 있기 때문이다. 자, 이 질문에 대답해 보자. **당신에게 경이로움을 불러일으키는 것**은 무엇인가?

예술

비, 찌는 듯한 더위, 눈, 우박. 그 어떤 상황에서도 일주일에 6일은 뉴욕의 워싱턴광장 공원에서 춤을 추는 쿠사지마 카나미[Kanami]

Kusajima를 볼 수 있다. 잭슨 폴락을 연상시키는 염료가 뿌려진 2제곱미터 크기의 커다란 종이 위에서 유일한 파트너인 검정 먹물과 함께 춤을 춘다. 카나미는 정식으로 교육받은 댄서이지만, 코로나19로 인한 봉쇄 기간에 자신의 예술을 관객들과 공유할 수 없다는 사실에 낙담했다. 그녀는 다른 현지 예술가와 협업하다가 독립하기로 결심했다. 지금 카나미는 렛 헤어 다운Let Hair Down이라는 행위예술로 잘 알려져 있다. 이 제목은 엄숙한 의상, 소품, 그리고 커튼 역할을 하는 카나미의 길고 검은 머리카락을 의미한다. 그녀의 머리카락은 엄청나게 흔들리고, 날씨에 따라 채찍질하는 것처럼 보이기도 하며, 그녀의 어깨 아래로 드리워지기도 한다. 대부분은 머리에서 늘어뜨려진 채 카나미의 얼굴 전체를 가린다. 헐렁한 회색 티셔츠와 한쪽 무릎 아래가 잘려 나간 부드러운 검은색 바지를 입고 춤추는 그녀는 시대를 초월해 흑백으로 포착된 일반인Everyman이 된다. 인종이나 성별 없이, 구체화한 감정을 나타내는 중성적 대리인. 매혹적인 동작을 하는 인간의 몸.

카나미는 춤을 출 때 분주하고 열광적인 주변 환경을 전혀 인식하지 못한 채 무아지경에 빠진 것처럼 보인다. 대마초를 파는 젊은이들, 가죽을 때리는 드럼 연주자와 함께 공원을 사용하지만, 주변 사람들을 그녀의 세계로 끌어들이기 때문에 그들은 그저 카나미가 주인공인 무대 위 소품 정도로 보인다. 경이로움 상태에 빠진 관객 중 몇 명이 나와서 박수를 치기 시작하면, 그녀는 고개를 들고 얼굴을 가린 머리카락을 빗어 넘기면서 밝은 미소를 드러낸다. 카나미는 나마스떼 인사를 하고 나서 다시금 무대 조명을 어둡게 하듯 머리카락을 늘어뜨리며 그녀만의 이상한 나라로 들어간다.

"팬데믹은 인간 사이의 연결, 감정, 기분을 잊지 않는 것이 얼마나 중요한지 깨닫게 해 주었죠. 하지만 요즘 세상의 시스템은 종종 그 모든 것을 잊으라고 강요해요"라고 카나미는 말한다. "나는 인간의 따뜻함을 잊지 않기 위해 매일 춤을 춰요." 나는 그녀에게 춤을 출 때 머릿속 어디로 가느냐고 물었다. 그녀는 초월 상태에 들어가긴 하지만, 제일 중점을 두는 것은 청중과 연결될 수 있도록 열린 인식을 유지하는 것이라고 대답했다. "가끔은 영적인 공간에 들어온 것 같은 느낌이 들어요. 모든 것을 알고 있는 것처럼 느껴집니다. 이 상태에서, 내 몸의 모든 세포가 활성화되는 것을 느끼고, 내 의식은 주변에서 일어나는 모든 것을 포착하죠."

카나미는 관중이 자신의 공연에서 얻는 메시지에는 관심 없지만, 자신과 청중 그리고 더 넓은 세계 사이의 상호작용이 자신의 창작 과정에 없어서는 안 될 부분이라는 점을 분명히 한다. "나는 호기심을 가지고 주변에서 일어나는 자연, 인간, 사건을 관찰하고 교류하는 것을 좋아해요. 그 경험에서 경이로움을 많이 느끼죠. 그 경험이 나에게 반향을 불러일으키고, 그런 경험이 무의식적으로 내 몸과 춤 동작에 영향을 미친다고 생각해요." 그녀는 매일 같은 장소에서 춤을 추면 지루해질 수 있다고 인정하면서, 자신의 예술적 표현을 신선하고 의미 있게 유지하는 비결은 경이로움을 연습한 덕분이라고 생각한다. "열린 마음과 호기심을 가지면 새로운 것을 끊임없이 발견할 수 있어요."

예술은 인간 감정의 역사를 들여다볼 수 있는 창문이다. 우리는 예술을 만들기 위해 영감을 받았고, 그것을 소중히 여기고 보호한다. 조지 버나드 쇼는 "예술이 없다면 현실의 조잡함이 세상을 참을 수 없게 만들 것이다"라고 말했다. 레오 톨스토이는 예술을 "인간들 사이의 결합 수단"이자 "삶에 없어서는 안 되는… 인류애"라고 말한다. 르네 마그리트는 예술이 "세상에 존재하지 않는 신비함을 불러일으킨다"라고 생각했다. 강제수용소의 수감자들은 몰래 그림을 그리거나 금지된 노래를 부르기 위해 목숨을 걸었다. 〈모나리자〉는 나치의 손아귀에 잡히지 않기 위해 다섯 번이나 옮겨 다녀야 했다. 난민들은 시집 한 권만 가지고 다닌다. 홀로코스트 생존자이자 런던 체임버 오케스트라의 창립 구성원인 아니타 라스커발피슈Anita Lasker-Wallfisch는 젊었을 때 아우슈비츠와 베르겐벨젠Bergen-Belsen 수용소에 갇혔던 적이 있다. 그녀는 "히틀러는 끝없이 무언가를 파괴했지만, 음악은 파괴할 수 없었다"라고 말하면서, 수용소에서 첼로를 연주한 것이 자신의 생명을 구했다고 말한다.

예술 작품을 따라 그린 그림이나 그것을 구현하는 기술력이 우리에게 감동을 줄 수도 있지만, 실제 예술 작품을 볼 때는 본능적인 무언가가 발생한다. 그게 아니라면, 왜 우리는 폼페이의 낙서 유적이나 라스코동굴 벽에 붉은색으로 칠해진 동물에게 그렇게 매료될까? 이것들은 기술적 측면에서 보면 대단하지 않다. 대신 그 작품을 그린 사람들과의 어떤 연결성이 있다. 즉, 그들의 에너지가 보는 사람에게 전달되는 것이다. 그렇기 때문에 우리는 감동을 느낀다. 우리는 고대 이야기에 등장하는 인물이 된다. 우울증과 싸우다 끝내 스스로 목숨을 끊은 현대 화가 마크 로스코는 "내 그림 앞에서 눈물을 흘리는 사람은 내가 그림을 그릴 때 느꼈던 것과 같은 종교적 경험을 하고 있다"라고 말했다. 심미적인 감정 전염은 공감을 불러일으킨다. 그리고 로스코 또는 빈센트 반 고흐처럼 더 잘 알려진 예술가의 비극적인 뒷이야기를 알게 되면 그들의 작품을 보면서 더 깊은 감정을 느끼게 된다. 공감을 연구하는 자밀 자키Jamil Zaki는 예술을 '공감 훈련소'라고 설명한다. 샌프란시스코 플레이하우스의 예술 감독인 빌 잉글리시Bill English는 그들의 공간을 '공감 체육관'이라고 부른다. 예술이 항상 경외감을 가져오는 건 아니지만 개방성과 호기심을 불러일으킨다. 어떤 연구자들은 **예술로서 예술**을 보는 행위, 즉 모나리자를 루브르박물관에서 예술 작품으로 보는 것은 맨투맨 셔츠 위에 그려진 모나리자를 보는 것과 달리 우리 마음속 특정 유형의 스키마를 활성화한다고 생각한다. '일상 스키마'가 아닌 '예술 스키마'를 통해 작품을 감상하면 더 마음을 열게 되고 호기심을 가지게 된다.

접근하기 쉬운 경이로움을 찾고 있다면 예술은 집이나 사무실에서 경이로움의 혜택을 누리는 확실한 방법이다. 경이로움을 가져다주는 대상으로서 예술의, 주관적이긴 하지만, 풍부하거나 희귀하거나 웅장하거나 더 엄청난 힘을 불러일으키는 것 같은 일부 디자인 특성은 계속해서 경이로움을 불러일으킨다. 또한 우리가 의식적으로 그런 패턴들을 감지하지 못하더라도, 작품이 발견한 패턴에 연결된다. 프랙털 연구원 리처드 테일러는 어린 시절

잭슨 폴락의 작품에 매료된 이후 프랙털을 연구하기로 결심했다. 테일러는 자연에서 발견한 다양한 프랙털 패턴을 조사했고, 컴퓨터를 사용해서 그것들을 폴락의 작품과 비교했다. 그는 폴락의 작품들이 무작위와는 거리가 멀며, 오히려 나무와 눈송이 조각과 유사한 프랙털 패턴을 따른다는 사실을 발견했다.

분명한 것은 이 맥락에서 말하는 예술은 단순히 벽에 걸려 있는 시각적인 무언가가 아니라는 점이다. 여기서 말하는 예술은 패션과 장식, 디자인과 건축에 이르기까지 우리 삶의 모든 부분에 스며들어 있는 것이다. 나는 음식도 예술이라고 생각한다.[*] 예술은 시와 구어, 연극과 음악이다. 영화와 사진 그리고 춤이다. 토마토소스 위에 놓인 완벽한 아뇰로티(파스타의 한 종류인 이탈리아 요리-옮긴이)다. 톨스토이의 정의를 빌리자면, 예술은 감정을 전달하는 모든 것이다.

건축물

우리는 어디에서나 건물을 볼 수 있다. 주로 인간의 기본 욕구를 충족시키는 역할을 하지만, 동시에 접근하기 매우 쉬운 경이로움 전달체이기도 하다. 경이로움을 느끼게 해 주는 예술에 어떤 특성이 있는 것처럼, 건축상의 어떤 특징 또한 경이로움을 불러일으키는 경향이 있다. 예술가이자 영화 제작자인 웬디 얀Wendi Yan은 프린스턴대학교에서 진행한 연구에서 영감을 주는 건축 디

---

[*] 점심을 먹으면서 친구와 이 의견에 대해 논의했을 때, 내 친구는 "사랑하는 사람들과 함께 식사를 하는 것은 기도와 같다"라고 말했다.

자인의 네 가지 주요 특성으로 '무한성(예: 규모, 반복, 총체성), 고요, 위협의 환상(얀은 '안전한 위협'이라고 부른다), 자연'을 꼽았다. 건축 환경의 다양한 특성을 조사한 캐나다의 한 연구에서는 경이로움을 불러일으키는 주요 특징 세 가지로 광대함, 상식, 신성함을 발견했다. 이러한 일관된 특성은 인상적인 구조물, 화려한 성당, 수수한 기념물이 왜 그처럼 강한 경이로움을 불러일으키는지를 알려준다.

물론 모든 건축이 경이로움을 불러일으키는 것은 아니다. 특히 경이로움을 불러오는 디자인을 가진 건축물로는 박물관을 꼽을 수 있다. 입구에 거대한 현관을 설치해서 또는 물리적 공간이나 조명을 이용한 압축 해제 기술을 사용해서 이런 디자인을 만든다. 워싱턴 DC에 있는 미국홀로코스트기념관은 암울한 이야기를 들려주는 어두컴컴한 갤러리가 빛으로 가득 찬 현관으로부터 위안받는 느낌으로 설계되었다. 이 구조물은 조명의 압축 및 해제 기법을 사용한 훌륭한 예다. 벨기에의 연구원들은 이런 구조가 경외감을 불러일으키는 데 도움이 될 뿐만 아니라 개방성, 공동체 구축, 사회적 결속을 촉진한다는 이론을 세웠다.

박물관은 경이로움으로 가득 찬 실험실이다. 예술 박물관이든, 과학 박물관이든, 역사 박물관이든 그 안에 들어가면 '일상에서 볼 수 없는 신기한 것들을 기대하면서' 마음을 열고 호기심이 발동해 **경탄**하곤 한다. 좋은 박물관은 우리에게 이야기를 들려준다. 우리가 보고 있는 작품과 관련한 숨겨진 이야기가 있을 때면, 우리는 더 깊은 감정 몰입을 하게 된다. 우리가 작은 정보라도 알게 되면, 그 기초 지식의 양이 우리의 호기심을 더욱 자극한다. 우리는 몰두하게 되고, 감탄하며, 경외감을 느낄 준비를 하게 된다.

우리가 일하는 사무실 건물에도 경이로운 디자인을 할 수 있는 엄청난 기회가 존재한다. 생물학자 에드워드 오즈번 윌슨E. O. Wilson의 생각을 식물, 유기적인 선, 물의 특징, 자연광, 색상, 재료 같은 요소와 통합해서 실내 디자인에 적용한 바이오필릭Biophilic 디자인이 인기를 끌고 있는데, 이 디자인은 사무실을 사용하는 사람들이 계속해서 원하는 최고 디자인으로 손꼽힌다(바이오필리아에 대한 자세한 내용은 12장에서 더 다룰 예정이다). 이런 근무자들의 열망에도, 한 연구에 따르면 사무직 근로자의 47퍼센트는 여전히 자연광에 접근할 수 없으며, 58퍼센트는 작업 공간에 식물이 부족하다. 자연 친화적 디자인을 가진 사무실의 장점은 주의력 회복과 스트레스 감소인데, 10장에서 살펴볼 '친환경의 장점' 연구에서도 이런 사실이 발견되었다. 이러한 장점 외에도 자연광을 쐬면 사기를 높일 수 있으며, 눈의 피로나 두통, 피로감을 줄일 수 있다. 또한 식물은 질병의 원인이 되는 열악한 실내 공기 질을 개선하는데, 연간 약 6400만 명의 직장인이 이 혜택을 누린다. 사람들은 바이오필릭 특징을 지닌 집이나 호텔 객실에 기꺼이 더 많은 돈을 낼 의향이 있으며, 이런 환경에서 일하는 것을 더 좋아한다. 미국인들이 90퍼센트의 시간을 실내에서 보낸다는 점을 고려할 때, 바이오필릭 디자인은 자연을 제대로 접하지 못하는 사람들에게 실용적이고 효과적인 개선책을 제공하며, 작업 환경에 경이로움을 가져올 방법을 제공한다.

음악

나는 미국 남부에서 자랐기 때문에, 지역사회를 연결하는 음악의 엄청난 역할을 피해 갈 수 없었다. 종교 예배에서 음악은 감정을 표현하고 공유된 믿음을 공고히 하는 대화 역할을 하며, 부르심과 응답call and response 합창 전통은 회중을 하나로 묶기 위해 음악을 사용한다. 그 전통은 음악으로 정체성 통합을 촉진하는 민권운동 노래에도 영향을 미쳤다. 오순절의 교회는 종교적 초월을 촉진하기 위해 음악을 사용하는 교단의 한 예일 뿐이며, 연구자들은 음악이 그 공동체 내에서 종교적 경이로움을 불러일으키는 가장 결정적인 단일 요인이라는 사실을 밝혔다. 물론 미국 남부에만 국한된 이야기는 아니다. 아프리카 이보Igbo족은 '종교'와 '음악'을 의미하는 단어가 똑같다. 노래 부르기는 경이로움과 관련한 특정 생리적 반응을 유발한다고 알려져 있으며, 단체 공연은 연대감과 동시에 감동을 경험하는 경이로움 증진 요소를 수반하기도 한다.

삶에서 음악과 음악의 역할은 보편적이다. 하버드대학교 인간진화생물학과의 연구원들은 전 세계 315개 사회의 민족지학적 데이터를 분석해서 음악에 대한 매력, 연결 및 사용이 인류가 공유하는 것임을 발견했다. 자장가에서 사랑 노래, 춤에서 애가에 이르기까지 음악은 우리가 공유하는 인간 경험의 일부이며, 표현 및 사회적 유대의 주요 형태다. 또한 미학적 경이로움의 보편적 원천으로 작용한다. 앞서 살펴본 바와 같이 음악이 경이로움을 불러일으킨다는 점을 암시하는 한 가지 징후는 음악을 들으면 심미적 오한이 흔하게 발생한다는 점이다.

심미적 오한에 관한 초기 연구에 따르면 사람들은 일반적으로 조화, 역동성, 음조, 조의 변화 같은 음악 구성의 전환점에서 소름을 느낀다. 화성 음조 변화나 극적인 크레셴도(점점 세게 연주-옮긴이) 같은 이런 전환은 청각적 기대치 위반으로 작용해서 경이로움을 불러일으킨다. 심미적 오한은 불이행방식망과 현출성신경망 사이의 높은 연결성과 관련이 있으며, 기대치 위반에 대응하는 이 두 망 사이의 상호작용이 소름을 유발할 가능성이 높다.*

옥스퍼드대학교의 과학자들은 다양한 유형의 음악을 발췌해서 경이로움을 불러일으키는 특성을 분석했다. 음악의 크기와 진폭에 대한 지각적 특성이 일종의 음악적 작은 자아를 통해 경이로움을 불러일으킨다는 것이 그들의 가설이었다. 경험에 대한 높은 개방성과 낮은 인지 종결 욕구가 일반적으로 경이로움을 예측하므로, 개방성이 높고 인지 종결 욕구가 낮은 사람이 경이로움을 더 잘 느끼고 음악을 들으며 전율을 느낄 가능성이 더 크다. 그러나 음악 장르에 대한 선호도 역시 중요한 요소다. 좋아하는 유형의 음악을 들을 때 경이로움을 느낄 가능성이 가장 높다.

심미적 오한이 음악과 불이행방식망 사이의 유일한 연결 고리는 아니다. 2021년부터 진행된 연구에 따르면, 리허설을 하거나 악보를 외우는 동안에는 문제 해결을 담당하는 뇌 영역인 실행제어망executive control network이 활성화된다. 반면에 재즈 음악가가 즉흥연

---

* 연구진은 '음량 변화가 크고 크레셴도를 사용하고 출력과 음악 소리에서 주요한 변화가 있을 때' 사람들이 가장 크게 감동한다는 점을 발견했다. 또한 성악의 경우 서사적인 스토리텔링이 더해지면 경이로움의 이원적 특성으로 인해 행복한 음악과 슬픈 음악 모두 더 깊은 감동을 유발한다는 점을 발견했다.

주를 할 때 활성화되는 부분은 불이행방식망(백일몽과 관련된 영역)이다. 이 연구의 이론에서는 이렇게 자유롭게 창의성을 발휘하는 동안에는 활성 뇌가 사용하는 여과 성능이 떨어지고, 불이행방식망이 활성화되어 표현의 자유를 더 많이 허용하는 일종의 몰입 상태에 들어간다고 설명한다.

불이행방식망과 역의 상관관계를 가진 망 중 하나인 현출성신경망도 심미적 오한을 넘어 음악과 연결 고리가 있다. 알츠하이머 환자에게 친숙한 음악을 들려주면, 질병 말기 단계에서도 정신이 들게 하는 창이 열리는 것 같은 현상이 나타난다는 것은 잘 알려져 있다. 유타대학교의 연구원들은 그것을 알츠하이머의 피해를 입지 않는 '기억의 섬'이라고 부르며, 그 순간에 활성화되는 뇌 부분이 현출성신경망이라는 사실을 발견했다.

현출성신경망 안에는 아직 완전히 이해되지 않은 뇌의 약간 신비한 부분인 뇌섬엽이 있다. 외측구라는 영역에 숨겨져 있어서 뇌섬엽은 오랫동안 눈에 띄지 않았으며, 신경 영상의 부정확한 특성 때문에 뇌섬엽이 어떤 역할을 하는지에 대한 논쟁이 여전히 계속되고 있다. 다양한 이론에서 **뇌섬엽**이 음악의 즐거움뿐만 아니라 사랑, 갈망, 고통, 중독, 자기 인식의 개념에서 와인 맛 느끼기에 이르기까지 많은 것과 연관이 있을 수 있다고 주장한다.

사랑

쿠 드 푸드호coup de foudre는 프랑스어로 놀라운 이중적 의미가 있는 어구다. 직역하면 '벼락'이라는 뜻이지만, 구어로는 '첫눈에 반하다'라는 뜻이다. 프랑스인은 사랑을 매우 영리하게 관찰했다. 첫눈에 반하는 사랑은 번개처럼 느껴지고 때로는 경이롭게 느껴지기까지 한다. 어떤 인간의 경험은 너무나 심오해서 우리에게 충격을 주며 말로 설명할 수조차 없다.

경이로움은 사랑과 자연스럽게 어울린다. 그렇지 않은가? 나는 1970년대에 유년 시절을 보냈기 때문에 여리고 어린 내 마음은 1980년대 R&B 스타일의 감미롭고 부드러운 사랑 노래에 흠뻑 젖어 있었다. 빌리 오션, 루서 밴드로스, 테디 펜더그래스, 라이오넬 리치는 물론 스티비 원더까지 모두 사랑의 경이로움을 서정적으로 노래했다. 빅토르 위고는 『레미제라블』에서 "사랑은 남자와 여자의 융합이 완성되는 숭고한 시련이다. …… 사랑으로 신성해진 두 입술이 서로 가까워지면, 말로 표현할 수 없는 그 입맞춤으로 별들의 엄청난 신비 가운데 있는 것 같은 전율이 없을 수가 없다"라고 썼다. 숭고하고, 말로 표현할 수 없으며, 별들의 엄청난 신비 가운데 있는 것 같은 전율? 그게 바로 사랑의 경이로움이다! 그리고 기원전 2000년경으로 역사를 훨씬 더 거슬러 올라가 가장 오래된 사랑의 시로 알려진 「슈신을 위한 사랑 노래The Love Song for Shu-Sin」를 살펴보면 이런 구절이 있다. "신랑이여, 내 마음속 사랑하는 이여, 꿈같이 달콤한 그대의 아름다움이여, 사자여, 내 마음속의 사랑하는 이여. 당신이 나를 사로잡았으니, 내가 당신 앞에 떨며 서게 하소서." 아름다움 앞에서 전율하는 것, 사랑은 정말로 경이로움을 가져다준다.

많은 심오한 감정과 마찬가지로 말로는 사랑의 경험을 제대로 표현하지 못하는 것처럼 보인다. 하지만 보통 사랑을 느끼게 되면 그게 무엇인지 알게 된다(『메리엄웹스터 사전』에는 사랑을 정의하는 12가지 다양한 방법이 있다. 테니스 경기에서 사용하는 단어 '러브'까지 포함하면 13가지다). 역사를 통해 우리의 수명이 늘어나고 뇌 크기가 커지면서 인간은 무수히 많은 종류의 사랑을 발전시켰다. 부모와 자식 간의 유대, 생존 집단과의 결속, 그리고 가장 최근에 나온 진화적인 암수 한 쌍의 결합은 모두 안정된 공동체를 보장하기 위한 메커니즘으로 발전했다. 공감은 사랑의 진화적 전조일 가능성이 매우 높으며, 이제는 우리의 모든 관계에서 주요 자양분 역할을 한다. 그뿐만 아니라 공감은 경이로움을 연습한 결과이기도 하다.

사랑과 관련된 화학물질인 도파민, 옥시토신은 경이로움의 요소에서도 발견된다. 도파민은 마치 호기심이 즐거움의 유혹을 제공하는 것처럼 사랑의 고통을 피하고, 쾌락을 추구하도록 유도한다. 도파민은 배고픔과 갈증 같은 다양한 원초적 충동을 유발하는 시상하부에 영향을 미친다. 흥미롭게도 종종 쾌락적 사랑인 정욕과 관련되기도 한다. 옥시토신은 결합 화학물질이며, 일부 연구자들은 옥시토신이 호기심과 경외감을 불러일으키는 일부 진화 및 생물학적 동인의 중추적 연결 고리가 될 수 있다고 생각한다. 현재로서는 추측일 뿐이지만, 우리가 아는 것은 옥시토신 분비가 많은 경우 오르가슴, 모유 수유, 춤, 명상, 기도, 카리스마적·영적 지도자들 앞에 있는 것, 서로 나누는 우정을 포함한 경이로운 경험들과도 연관된다는 사실이다.

성관계

프랑스인들은 사랑의 특징을 잘 보여 주는 좋은 표현을 가지고 있었는데, 오르가슴에 대해서도 훌륭한 표현을 가지고 있다. **드 폴 프티 모흐**de fole petit mort는 '작은 죽음'이라는 뜻으로 누군가에게는 섹스, 특히 오르가슴이 의식이 변한 상태, 즉 자아가 죽는 순간을 촉발한다. '확장된 성적 반응expanded sexual response(이후 ESR)'으로 알려진 이런 유형의 오르가슴은 과학 문헌에서 '오래 지속되는, 오래가는, 여러 번 느끼는, 지속되는 오르가슴, 일반적인 오르가슴보다 더 오래 지속되면서 더 강렬한 오르가슴'이라고 정의한다. 남녀 모두 ESR을 경험할 수 있지만, 의식 변화 경험과 마찬가지로 여성에게 더 흔하게 나타난다. 스위스의 한 연구원은 ESR을 '모든 것과의 일체감 및 신성함을 경험하는 것'이라고 설명했다. 그는 또한 그렇게 강렬한 성적 경험이 자신의 연구에서 드물지 않다는 점에 주목했다. 심지어 그 반응이 강력한 환각제인 디메틸트립타민N-Dimethyltryptamine(이후 DMT)에 취한 사람의 반응과 유사하다고 주장했다. "우리는 그것을 DMT 효과라고 부른다. …… 여성들은 자신이 메시지를 받고 있다고 느낀다. 뭔가를 보고 환영을 본다. 아니면 녹아 버린다."

여성 오르가슴이 초월 상태로 가는 관문이라는 생각은 고대 개념이며, 동양의 도교와 『카마수트라』로 잘 알려진 탄트라 전통에서 꽤 자유롭게 탐구된 개념이다. 이것은 성욕, 특히 여성의 성욕을 억압하고 사악한 것으로 간주하며, 쾌락이 아닌 출산의 수단으로만 용인했던 다른 문화권에서는 약하게 나타난다. 2011년,

성에 관해 연구하는 마이크 루사다Mike Lousada와 엘리나 앤절Elena Angel
은 탄트라 섹스의 방법과 장점을 탐구하면서, 개인적·대인적·초
월적이라는 인간 오르가슴의 3단계 모델을 개발했다. 이것은 각
각 개인의 마음속에서 생기는, 상호 관계에서 발생하는, 개인의
한계를 초월한 오르가슴을 뜻한다. 초월적 오르가슴은 '개인 또
는 자아 수준의 인식을 초월하는 경험'으로 묘사되며 '영혼 오르
가슴'이라고도 불린다. 혼자서도 오르가슴에 도달할 수 있으므로
섹스에 늘 사회적 노력이 필요한 것은 아니지만, 초월적이고 최
고의 경험을 제공하는 경이로운 섹스는 보통 다른 사람과 함께한
경우에 느낄 수 있다고 보고된다.

성 치료사 에밀리 재미아Emily Jamea는 최고의 경험으로 이어질 가
능성이 가장 높은 섹스 유형을 알아보고 싶었다(너무 흥분하지 마라.
이 책은 그런 종류의 책이 아니다). 연구를 통해 그녀는 최적의 성적 경
험에서 공통으로 나타나는 특성인 관능, 호기심, 상상력, 관계 애
착 4가지를 확인했다. 조사 결과, 이러한 특성은 경이로움 주기
요소와 동일한 속성을 많이 공유하고 있었다. 예를 들어 재미아
가 말한 관능에는 경이로움의 첫 번째 요소인 마음을 여는 개방
성이 필요하다. 성적 호기심은 경이로움의 두 번째 요소처럼 깊
고 공감적이다. 상상력 측면은 몰입도가 높은 사람과 관련된 일
종의 몽상과 생생한 정신적 이미지에 의해 촉진된다. 그리고 연
구 참가자들은 최적의 성적 경험을 하는 동안 "마치 세상의 나머
지가 사라지는 것 같다"라거나 "시간이 멈춘 것 같은 기분이다"라
고 말했는데, 이는 경이로움의 마지막 요소인 경외감 상태와 동

일하다. 경이로움을 더 잘 느끼는 사람이 감각을 추구하는 욕구가 더 높다는 점을 고려할 때, 재미아의 모델은 애착이 있는 사랑하는 사람과의 관능적이고 창의적이며 상상력이 풍부한 성관계가 실제로 경이로움을 가져올 수 있음을 시사한다.

우정

그리스인들이 **파레아**parea라고 부르는 단어는 우정에 관한 매우 다양한 개념을 지닌다. 직역하면 '함께 있는 사람' 또는 '동반자 관계'를 의미한다. 그러나 더 넓게는 정기적으로 모여 함께 있는 것을 즐기고, 삶의 경험을 공유하며, 철학을 탐구하고, 더 나은 세상을 만들기 위한 방안을 논의하는 사람을 의미한다. 당신의 파레아는 헌신적인, 당신이 함께 '있을' 수 있는, 당신이 선택한 사람들의 모임이다. 그리스인들은 이런 종류의 연결을 단순히 즐거움을 위한 수단이 아니라 웰빙의 기본이 되는 필수 불가결한 인간의 유대로 여겼다. 많은 종류의 고대 지혜가 그렇듯이, 현대 과학은 이를 뒷받침한다. 우정은 신체적·정신적 건강을 좋아지게 하며, 일부 연구에서는 우정이 담배를 끊거나 운동을 시작하는 것과 같은 효과로 수명을 50퍼센트까지 연장하는 데 영향을 미친다는 결과를 보여 준다.

이러한 유형의 깊은 우정을 나누는 집단은 보통 20대 후반에 형성되지만, 나이가 들면서 이런 역동성은 변한다. 우리는 새로운 우정을 더 적게 찾는 경향이 있으며, 대부분 소셜미디어상에 친구가 더 많고, 현실 세계 친구는 더 적을 것이다. 이런 이유는 부분적으로 20대의 강한 탐구적 성향이 30대가 되면 보금자리를 짓는 성향으로 넘어가기 때문이다. 또한 우리 삶이 진화하면서 우정의 조건을 충족하기가 더 어려워졌다. 서로에게 비밀을 털어 놓는다든지 우연히 만나서 어울릴 수 있는 자유 시간을 내기가 전처럼 쉽지 않다. 우리는 모바일 시대에 살고 있으며, 이것은 종종 깊은 우정을 쌓는 데 필요한 근접성과 빈도에 반한다. 친구를 사귀는 데 도움이 되는 호기심이 나이가 들수록 줄어든다는 사실은 말할 것도 없다. 그래서 대학 시절, 군대 시절, 청년 시절에 다양한 집단을 이뤄 본 경험이 평생 친구를 사귀는 데 굉장히 큰 도움이 된다.

경이로움은 파레아의 결속을 촉진한다. 열린 마음과 유연한 사고방식은 훨씬 더 형성하기 어려운 성인 이후 새로운 우정을 쌓는 데, 특히 초기 단계에서 관계를 키우는 데 도움이 된다. 굉장했던 하이킹 경험이나 감명 깊었던 연극 세부 내용을 친구에게 전달하는 것처럼, 경이로움을 가져다주는 대상을 공유하는 것 또한 관계를 굳건히 하는 좋은 방법 중 하나다. 신나고 흥미로운 경험을 하고 그것을 친구들과 공유할 때, 그 경험은 새롭고 중요한 의미를 지니게 된다. 사실 기억은 우리 마음의 눈으로 볼 때 더 강력해지고, 호기심을 더 불러일으키며, 더 많은 새로운 경험과 사람을 찾게끔 부추긴다. 등반가 앨리슨 레빈은 "어떤 사람이 지닌 호기심이 그 사람을 어디로 이끄는지 보는 것은 다른 사람의 호기심도 자극한다"라고 설명했다.

우정 그 자체도 경이로움을 불러일으킬 수 있다. 특히 친구들이 인정 많은 또는 인상적인 행동을 하는 것을 볼 때 그렇다. 더 나아가 파레아는 경이로움 증폭제 역할을 한다. 우리는 정기적으로 경이로움을 경험하는 사람이 시간 사용에 더 관대하고, 도움의 손길을 더 많이 제공하며, 동정심이 더 많고, 공감을 더 잘한다는 것을 알고 있다. 그런 사람은 개인보다 집단의 필요를 더 우선한다. 이런 점은 의심할 여지 없이 친구로서 훌륭한 자질이며, 경이로움은 이 모든 것을 계발하는 데 도움이 된다.

유대감

정치 집회, 종교의식, 콘서트, 스포츠 행사, 연극, 춤은 모두 경이로움을 높여 주며, 경이로움에 의해 강화된다. 경이로움은 우리가 모일 때 더 깊은 수준의 친밀감을 갖게 하며, 공동 참여를 이끈다.[*] 사회적 관계를 강화하고 집단 정체성을 하나의 응집력 있는 단위로 통합한다. 그리고 그 공유된 정체성은 우리로 하여금 더 도움이 되거나 관대해지게 하는 등 서로를 위해 희생하도록 만든다. 이 경이로움이 이끄는 연결성은 자부심보다 훨씬 더 단단하게 가족, 지역사회, 국가를 묶을 수 있다. 그리고 서로를 희생하면서 자신을 소용돌이치는 은하계에 속한 별 하나에 불과하다고 생각할 때, 세상이 우리를 중심으로 돌아가지 않는다는 것을 깨닫게 된다. 그것은 우리의 시야를 넓히고 우리와 직접적인 연관이 없는 사람과 경험에 대한 개방성을 높인다. 이렇게 확장된

---

[*] 폴 실비아는 이것을 집단 구성원이 "더 적게 고립되고, 덜 특이하며, 더 큰 무언가와 관련이 있으며, 때로는 휩싸이거나 소모되는 느낌을 받을 정도"라고 느끼게 만드는 고조된 연결감이라고 설명한다.

2부 경이로움을 위한 연습과 효과

관점은 결국 자신의 문제를 더 작게 느끼도록 만든다.

뇌와 신체의 나머지 부분을 연결하는 뇌신경이자, 감사 같은 경이로움을 불러일으키는 다양한 감정 및 경외감과 연관이 있는 **미주신경**vagus nerve은 심리와 생리를 연결하는 중요한 역할을 한다. 대커 켈트너는 자신의 연구를 통해 더 건강한 미주신경 긴장도를 가진 사람이 자신에게 덜 집중하고 "신성한 변화를 경험하는 경향이 증가"한다고 밝히며, 이를 위대한 '정신과 몸의 결합'이라고 설명했다. 신경과학자이자 '다미주신경polyvagal 이론'을 만든 스티븐 포지스Stephen Porges는 미주신경이 옥시토신 체계와 연결되어 있고, 옥시토신 방출과 관련이 있는 것으로 보이기 때문에 '사회적 참여 행동' 및 '자기 친밀감' 그리고 사랑의 뿌리라고 간주한다. 포지스는 또한 교제와 종교의 경이로움 속에서 미주신경이 하는 역할을 살펴본다. "수피족Sufis은 춤을 추고, 불교도는 찬송을 부르며, 이슬람교도와 유대인은 그들만의 기도 자세와 음성 기도를 사용한다. 이것들은 모두 자기 친밀감을 촉진하는 미주신경 유발 요인이지만, 사회적 참여를 촉진하는 맥락으로 구성된다. 그냥 몸만 움직이는 것이 아니라 사회적 맥락에서 몸을 움직인다. 이 사회적으로 관여하는 움직임은 미주신경계의 두 부분을 자극하여 경외감뿐만 아니라 공감과 사랑을 키우는 그런 종류의 깊은 연결 상태를 불러일으킨다."

모든 뇌신경 중에서 가장 긴 미주신경(**미주**vagus는 라틴어로 'wandering'을 의미함)은 뇌간에서 결장까지 쭉 이어진다. 미주신경은 뇌섬엽을 신체의 나머지 부분에 연결하고 '휴식 및 소화' 반응을 담당한다. 심박수, 내장, 면역 및 혈관 시스템 같은 것들을 제어함으로써 투쟁-도피 반응의 균형을 맞추는 신체의 무의식적 활동을 담당하는 부교감신경 체계의 일부가 바로 미주신경이다. 우리가 스트레스받고 그 스트레스에 압도당할 때 미주신경은 본능적 반응을 촉진해서 고차원적 사고를 차단하고, 원초적인 투쟁-도피 상태로 만든다. 우리가 차분하게 있고 미주신경이 좋은 상태일 때, 즉 미주신경이 건강할 때는 심박수가 감소하고, 호흡이 느리고 깊어지며, 더 편안하고 개방적이며 창의적일 수 있다.

좋은 상태의 미주신경 긴장도는 전반적인 웰빙과 관련이 있다. 사실 미주신경 긴장도를 건강하게 활성화하는 역할을 하는 미주신경 자극제는 우울증과 간질 치료제로 미국 식품의약국의 승인을 받았다. 미주신경은 어떻게든 우리의 감정, 지각, 신체를 연결하는 것으로 보이며, 신체 표지 가설(우리가 느끼는 감정과 신체적 감각 사이에 타고난 연관성, 일명 '직감')과도 일치한다. 그리고 미주신경이 향수 같은 친사회적 감정을 공유하거나 친목 활동 같은 친사회적 활동을 할 때도 활성화되기 때문에, 많은 사람이 이 연결이 우리가 사회적 연결을 발전시키는 방법에 더 광범위한 영향을 미칠 수 있다고 생각한다.

유대감 같은 사회적 경이로움을 가져오는 요인은 우리가 연결하고 소통하는 방법이다. 유대감은 체계적이거나 외향적일 필요도, 비밀 악수법을 아는 사람들끼리 공생하는 사교 클럽일 필요도 없다. 구조가 없고, 내성적이며, 임시방편일 수 있고, 공통 목적을 위해 함께 던져진 자신을 발견하는 오합지졸 무작위 그룹일 수도 있다(**목적**이 그들을 움직이게 한다). 유대감은 혈연으로 연결된 가족이나 내가 선택한 가족, 또는 교회·모스크·사원을 통해 얻을 수 있다. 허접한 밴드 활동을 하거나 해변 청소 자원봉사를 통해서도 느낄 수 있다. 박물관을 방문하거나 절벽 점프를 하러 가는 친구들 사이에서도 찾을 수 있다. 아마도 이건 여행 또는 가르침이나 배움일 것이다. 유대감이라는 경이로움을 추구할 때 물어야 할 것은 **"무엇이 나에게 의미 있는 유대감을 만들어 내는가?"**라는 질문이다.

가상의 경이로움

2018년 캐나다의 한 과학자 그룹이 경외감을 자극하는 웰빙 환경, 즉 AWE 프로젝트라 불리는 실험을 시작했다. 그 과학자들은 조망 효과와 같은 감탄과 수용을 모방하도록 설계된 몰입형 가상현실(VR) 공간을 만들었다. 목표는 참가자들에게 '경외감과 경이로움을 불러일으키고', '웰빙이라는 혜택과 상호 연결감 증가'를 촉진하는 것이었다. 참가자들은 반짝이는 꼬마전구로 장식된 작은 부스로 안내받았다. 다음으로 편안한 의자, 담요, 가상현실 고글 세트가 완비된 깔끔하고 사적인 공간을 마주하며 부스 안으로 입장했다. 그런 다음 경이로움을 유발하도록 설계된 숲, 호수, 우주공간의 감동적이면서 엄청나게 멋진 풍경을 보기 위해 자리를 잡았다. **"우와!"**라는 감탄사를 연발하는 것 외에 가장 흔한 반응은 놀라움, 호기심, 두려움, 연결성의 조합이었다.

연구진은 가상현실을 기반으로 성공적인 경이로운 경험을 만들기 위해 자신들의 생각을 공유했다. 첫 번째 기준은 시작할 때 적절한 정신적 맥락을 설정하기 위해 의식 같은 느낌을 연출하는 것이었는데, 밀폐된 텐트에 장식용 전구를 달아 놓는 것으로 이를 달성했다고 생각했다. 다음으로 각 참가자에게 개인 공간을 제공하여 어떠한 판단 없이 열린 마음으로 경험을 펼칠 수 있도록 했다. 마침내 연구진은 안전하고 아늑한 환경이 강렬한 가상현실 '여행'에서 나타나는 두려움이나 불안을 완화하는 데 도움이 된다는 것을 발견했다. 16장에서 살펴보겠지만 이러한 의식, 환경 설정, 환경을 설정하는 데 필요한 요소도 성공적인 사이키델릭 여행의 구성 요소다. 가상현실 세트를 손에 넣을 수 없더라도 두려워하지 마라. 경외감을 불러일으키는 장소가 나오는 비디오 영상을 보는 것조차 경이로움을 유발하는 것으로 나타났다. 의식, 사생활, 안전, 편안함이라는 안내법을 사용해서 그런 비디오 영상을 본다면 경이로움을 한층 더 깊게 경험할 수 있을 것이다.

다시 말하지만 경이로움은 주관적이다. 그리고 연구에 따르면 경이로움을 불러일으키는 대상이 우리와 연관된 것이라면 우리는 더 많은 경이로움을 경험할 것이다. 따라서 우리가 인간으로서 비슷한 점이 많긴 하지만, 다른 사람에게 경이로움을 불러일으키는 것이 반드시 나에게도 경이로움을 가져오지는 않는다는 점을 기억해야 한다. 경이로움의 아름다움은 우리가 경이로움을 불러일으키는 것을 발견하고, 그 마법을 다른 사람과 공유하면 마법의 상당 부분이 우리에게 온다는 점이다. 정원 가꾸기, 감사,

명상, 독서, 글쓰기, 창작 댄스, 동그랗게 모여 앉아 드럼 치기, 스카이다이빙, 서핑, 마술 묘기, 과학 박람회, 꽃꽂이, 나무 조각하기, 수중 바구니 짜기 등 경이로움은 당신에게 감동을 주는 것에 관한 것이다. 당신을 거대한 우주라는 퍼즐의 작은 조각으로 느끼게 하는 매력적이고, 매혹적이고, 감정을 압도하고, 균형감을 유발하고, 말로 설명할 수 없는 경험을, 그것이 무엇이든 간에, 더 많이 하라.

요약

- 경이로움을 일으키는 것에 관한 감정적으로 세분된 언어를 식별하고 제공하는 것은 경이로움을 불러일으키는 요소를 더 많이 배우고 공유하는 데 도움이 된다. 경이로움을 불러오는 것에 공통된 특징이 있는 것처럼, 경이로움을 일으키는 예술, 건축, 디자인, 음악에도 보편적인 공통점이 있다.

- 경이로움은 어떤 분류에 정확히 들어맞지는 않지만, 경이로움을 가져오는 많은 전달체가 예술, 과학, 철학에서 발견되듯이 매우 지적인 요소를 가지고 있다. 번개나 폭풍 같은 시각적 요소가 경이로움을 불러일으키지만, 그 폭풍 뒤에 숨겨진 기상학도 인지적인 경이로움을 가져올 수 있다.

- 경이로움은 사회적 환경에서 번성한다. 집단 경이로움은 더 강한

관계를 구축하며 더 많은 공동 참여를 유도한다. 경이로움을 나누면 그 경이로움은 배가된다.

- 뇌와 신체의 나머지 부분을 연결하는 뇌신경인 미주신경은 신체에서 가장 긴 신경이다. 미주신경은 경외감, 감사와 같은 친사회적 감정뿐만 아니라 유대감 같은 경이로움을 불러일으키는 대상과도 관련이 있다.

- 가상현실은 조망 효과에서 나타나는 심오한 방대함 같은 경이로움을 가져다주는 환경을 모방해서 경이로움을 불러일으킬 수 있다. 과정을 의례화하고 안전하고 편안한 환경을 조성하면 이런 가상현실이 가져오는 경이로움을 더 강하게 느낄 수 있다.

2부 경이로움을 위한 연습과 효과

9장.　효과 1:
시간 확장과 이타심

> 경외감 경험은 우리를 현재 순간에 몰두하고 집중하
> 게 만든다. 그리고 더 많은 시간이 있다고 느끼게 만
> 든다. 이 확장성은 우리가 다른 사람이나 우리 자신을
> 위해 시간을 할애할 수 있게 해 준다.

프랑스 역사가 알렉시 드 토크빌Alexis de Tocqueville이 미국인들은 "항
상 서두른다"라고 말한 것이 벌써 150여 년 전 일이다.* 지금도 별
반 달라진 것은 없다. 미국은 법적으로 유급휴가를 의무화하지
않은 몇 안 되는 국가 중 하나이며, 미국 근로자의 평균 휴가 일수
는 대부분 5주의 의무 휴가 기간을 가진 유럽 근로자의 절반 정도
다. 유럽 근로자들은 그 휴가를 어김없이 다 사용한다. 미국에서
는 휴가 일수 중 많은 날 출근을 하고 있으며, 미국인의 절반 이상
이 휴가를 완전히 다 사용하지 않는다. 부분적으로 많은 사람에
게 "시간은 금이다"라는 격언이 사실처럼 여겨지기 때문이다. 벤
저민 프랭클린이 만든 이 문구는 노동법과 기술 같은 요소 덕분

---

* 토크빌은 계속해서 "미국에서 세상이 제공하는 가장 행복한 환경에 처해 있는, 가장 자유롭고 계몽된 사
  람들의 얼굴에 늘 구름이 드리워진 것처럼 보였다. 나는 그들이 즐거움 속에서도 심각하며 대체로 슬프
  다고 생각했다. 이러한 대비적 현상이 나타나는 주된 이유는 자신이 소유하지 못한 강점에 대해 계속해
  서 생각하기 때문이다. 미국인들이 열성적으로 자신들의 복지를 추구하는 것을 지켜보는 것과, 그렇게
  될 수 있는 가장 짧은 길을 선택하지 말았어야 하는 것이 아닌가 하며 끊임없이 자신을 괴롭히는 막연한
  두려움을 지켜보는 것은 이상하다"라고 말했다. 지금도 그다지 바뀌지 않았으며, 이는 경이로운 삶과는
  정반대의 모습이다.

에 사람들이 100년 전보다 더 많은 자유 시간을 갖게 되었음에도, 시간을 현금과 동일시하고 시간을 희소하다고 여기는 사고방식을 갖게 한다. 사실, 집단적 풍요가 커질수록 시간에 대한 집착도 커진다. 우리의 시간 소비는 '가치 있는' 것이어야 하며, 돈이 많고 시간이 부족한 사람이 증가함에 따라 시간이 더 귀중한 자원처럼 느껴진다. 시간 부족을 느끼는 사람들에게는 시간 가용성의 '현실'이 사실인지 아닌지에 관계없이 시간은 희소한 자원이다.

이 현상을 실험하기 위해 과학자들은 실험 참가자들에게 매우 섬세하고 멋진 오페라 공연 중 하나인 〈라크메〉의 '꽃의 이중창'을 들어 보라고 요청했다. 참가자 중 절반은 음악을 듣기 전에 시간당 임금을 계산하라는 요청을 받았고, 나머지 참가자들은 단순히 음악을 듣기만 했다. 임금 계산을 한 사람들은 실험 참여 대가인 시급을 받기 전까지 더 불안해하며 음악을 즐기지 못했다. 시급을 받은 이후에야 그들의 불안감은 감소했고 즐거움 수준도 높아졌다. 현실은 우리가 끝도 없이 계속되는 압박에 일종의 파블로프 반응(조건부 반응-옮긴이)을 하도록 연결되어 있다. 이렇게 끝없이 뭔가가 진행되는 문화에서는 경이로움이 번성하지 않는다. 경이로움은 급박한 환경에서는 잘 자라지 않는다.

하지만 경이로움 덕분에 우리가 시간이 **더 많다**고 느낄 수 있다면 어떨까?

시간은 참 재미있다. '시간 감각'이란 우리의 감각 자체를 통해 시간을 인식하는 것을 말하는 게 아니다. 우리는 시간을 냄새 맡거나 맛보거나 느끼거나 듣거나 보지 않는다. 윌리엄 제임스가 『심리학의 원리』에서 언급했듯이, 시간은 인식의 문제이며, 모든 사람이 사물에 대해 각자 다르게 인식하기 때문에 시간 역시 우리가 생각하는 것처럼 그렇게 고정된 것으로 인식되지 않는다. 윌리엄 제임스보다 1500년 전에 살았던 신학자이자 철학자인 성 아우구스티누스는 시간을 기억과 측정의 함수로 인식했다. 즉, 인간은 이전에 발생한 일에 대한 기억을 기준으로 시간 개념을 측정한다. 본질적으로 시간은 상황에 따라 다를 수 있으며, 상대적이다. 물리학적으로도 시간은 상대적이다. 아인슈타인은 아우구스티누스가 옳다는 것을 증명했다. 물론 아인슈타인은 "예쁜 여자와 한 시간 동안 앉아 있는 것은 1분처럼 느껴지지만, 뜨거운 난로 위에 1분 동안 앉아 있는 것은 한 시간처럼 느껴진다"라고 말하며 물리학이 아닌 심리적 시간성에 관해 설명했다. 시간은 인식이며 우리의 인식은 바뀔 수 있다.

시간의 탄력성

데이비드 이글먼이 여덟 살이었을 때, 그는 그 또래 다른 소년들처럼 호기심이 많았다. 산디아^{Sandia}산맥 바로 외곽에 있는 앨버커키^{Albuquerque}에서 자라면서 이글먼 형제는 교외를 탐험할 기회가 많았다. 1970년대는 부모들이 아이들 곁을 그다지 맴돌지 않던 시절이다. 아이들은 저녁까지 동네를 여기저기 돌아다녔고 가로등이 깜박거릴 때까지 밖에 있으면 집으로 오라고 손짓하던 시기였다.

데이비드의 아버지는 형제에게 근처 공사장에서 놀지 말라고 충고했지만, 두 사람은 그 말을 듣지 않았다. 이글먼이 공사 중인 집의 지붕을 따라 걷다가 단단한 재료라고 생각했던 것에 발을 내디뎠다. 하지만 그건 그냥 타르 종이였고, 그는 바닥까지 나선형으로 떨어졌다. 코와 자존심에 심각한 손상을 입었지만, 다행히 심각하고 오래 지속되는 상처를 입지는 않았다. 데이비드의 아버지는 "너 1점짜리 착지를 했네"라고 농담하곤 했다. 그 경험에서 데이비드에게 선명하게 남아 있는 기억은 시간이 매력적이라는 점이었다. 무서운 경험을 한 많은 사람이 그렇듯, 지붕에서 떨어지는 사건이 발생했던 당시 데이비드도 시간이 느려졌다는 느낌을 받았다.

데이비드는 지붕에서 떨어질 때 느꼈던 공중에서 회전하는 느낌, 바닥에서 반짝이던 못을 기억한다. 심지어 반성하는 시간도 가졌다. "나는 앨리스가 토끼 굴로 떨어졌을 때 어땠을지, 『이상한 나라의 앨리스』에 대해 생각했다." 똑바로 생각할 수 있을 정도로 충분히 회복되자 그는 그 사건을 이해하려고 노력했다. 데이비드에게 타르 종이를 뚫고 바닥으로 떨어지는 데 걸린 시간을 추측하라고 했다면 4초에서 5초 정도로 계산했을 것이다. 그러나 나중에 그는 평균적으로 사람이 3.6미터 정도 떨어지는 데 걸리는 시간이 1초 미만이라는 사실을 알게 되었다. 정확히는 0.86초다. 왜 그렇게 차이가 나는 걸까? 심각한 위기 순간에 시간이 느려진 것처럼 느끼는 이유는 무엇일까?[*] 그리고 왜 우리는 세부 사

---

[*] 타키사이키아tachypsychia 현상

2부 경이로움을 위한 연습과 효과

항을 그렇게 선명하게 기억할까? 이러한 질문은 부분적으로나마 데이비드가 과학자가 되는 데 원동력이 되었다.

우리는 보통 과학자가 로큰롤처럼 멋지다고 생각하지 않는다. 우리가 과학자에 대해 가지는 이미지는 아인슈타인과 번슨 허니듀 박사(인형 애니메이션인 〈머펫쇼The Muppet Show〉에 나오는 미치광이 과학자로 가상의 인물임-옮긴이) 사이 어딘가로, 다소 옹졸하거나 괴짜라는 고정관념이 있다. 그러나 데이비드 이글먼은 이런 고정관념을 깬다. 그가 당신보다 멋지다고 말하지는 않겠지만, 확실히 나보다는 멋지다. 자칭 '록 스타' 옷차림으로 휴스턴에서 가장 옷을 잘 입는 남자 중 한 명으로 알려진 이글먼은 분명 다른 부류의 과학자다. 신경과학자, 소설과 비소설 부문 모두에서 베스트셀러 작가, 기술자, 기업가, 미국공영방송 TV쇼 〈더 브레인The Brain〉의 진행자, HBO 시리즈 〈웨스트월드Westworld〉의 과학 고문인 그는 라이스Rice대학교와 베일러Baylor대학교에서 학위를 받았고 지금은 스탠퍼드대학교에서 신경과학을 가르치고 있다. 이글먼이 대표로 있는 기업 네오센서리Neosensory는 감각 대체를 사용하여 이명 환자에서 시각장애인 내비게이션에 이르기까지 사람들을 지원하기 위한 많은 물품을 생산한다. 지금은 하드웨어 개입 관점에서 뇌 가소성을 연구하고 있지만, 이글먼의 초기 작업은 그가 추락한 사건에서 영감을 받은 시간 인식에 중점을 두었다.

    댈러스 시내에서 북쪽으로 16킬로미터 떨어진 곳에는 버려진 놀이공원의 잔해가 있다. I-635 진입로를 따라 산업지역 안 빅시티 콘크리트Big City Crushed Concrete와 리퀴드 환경 솔루션Liquid Environmental Solutions 사이에 있는 '제로 그래비티Zero Gravity'는 한때 '간담을 서늘하게 하는 세계 유일의 놀이공원'이라고 광고했던 곳이지만, 지금은 디스토피아 영화나 모래바람이 가득한 소설에나 나올 법한 장소처럼 쓸쓸해 보인다. 주인이 땅을 팔고 세입자를 퇴거시킨 후, 청룡 열차나 자이로 드롭 같은 놀이 기구들은 2021년 '일괄 판매' 급매로 경매에 내놨다. 제로 그래비티가 폐장하면서 미국에 남아 있는 마지막 스캐드Suspended Catch Air Device, SCAD가 폐쇄되었다.

    그러나 놀이공원이 번성하던 시절, 제로 그래비티는 용감함과 강인함을 시험해 보고 싶어 하는 전 세계 사람들의 성지 같은 곳이었다. 낫싱벗네트Nothin' but Net라고 불리는 어떤 놀이 기구는 자발적으로 참여한 사람들을 단지 재미를 위해 16층 아래 대기하는 그물 안으로 던졌다. 이 놀이 기구는 명백히 타는 사람들을 매우 겁주기 위한 것이었는데, 이것이 바로 데이비드 이글먼이 찾고 있던 것이었다. 그는 가설을 하나 세웠는데, 우리 뇌가 삶과 죽음을 경험하는 동안 정보를 더 빨리 처리하기 때문에 위기 속에서 시간이 느려지는 것 같다고 생각했다. 이 이론을 검증하기 위해서는 삶과 죽음의 경험 그리고 그 처리 속도를 측정하는 방법, 바로 이 두 가지가 필요했다. 생사를 건 경험을 모의실험하기 위해 처음에는 롤러코스터를 삶과 죽음을 경험할 장치로 사용하려고 시도했다. 하지만 참가자들은 롤러코스터를 재밌다고만 여겼지 무섭다고 생각하지 않았다. 그래서 이글먼은 스캐드를 생각했고, 이것이 충분히 공황을 유발한다고 판단했다. 속도를 측정하기 위해 이글먼은 희생자들, 즉 **참가자들**이 30미터 아래로 돌진하기 전에 착용한 작은 지각 측정용 손목시계perceptual chronometer를 사용했다.

그 손목시계는 임의의 숫자를 일반적인 뇌가 인식하기에는 매우 빠른 속도로 깜박이게 설정되어 있었다. 이글먼은 뇌가 정보를 더 빨리 처리한다면, 떨어지는 사람들이 깜박이는 숫자를 보고 식별할 수 있을 거라고 이론을 세웠다(적어도 한 명의 참가자는 눈을 뜨지 못했다). 이글먼은 자신이 틀렸다는 사실에 놀랐다. 그러나 이상하게도 모든 참가자가 마치 어린 시절 이글먼이 공사하던 집에서 떨어졌을 때의 기억처럼, 실제 떨어진 시간보다 훨씬 더 오랜 시간에 걸쳐 떨어졌다고 생각했다. 하지만 그 이유가 우리 뇌가 생사를 가르는 상황에서 정보를 더 빨리 처리하기 때문이 아니라면, 이런 지각 기억의 변화를 어떻게 설명할 수 있을까?

이글먼은 뇌의 처리 속도가 빨라지는 것이 아니라 뇌가 짧은 시간 안에 더 많은 정보를 저장해 시간이 느려지는 듯한 **착각**을 일으키기 때문이라는 결론을 내렸다. 이 이론은 여러 후속 실험을 통해 증명되었는데, "오, 하느님!" 하고 놀라는 순간에 투쟁-도피 반응의 동인인 편도체가 촉발되고, 이것이 더 풍부한 감정 기억을 부호화한다는 것이다. "중요한 것은 사람들이 이것을 처음 생각할 때 직관적이지 않다는 사실이다"라고 이글먼은 설명한다.

"그저 실제로는 기억에 거의 저장하지 않을 뿐이다. 내 말은 당신이 지난 목요일에 한 일을 생각해 보면, 아마 30초가 넘어가는 장면은 기억하지 못할 것이라는 점이다." 더 많은 관심을 기울일수록 더 많은 기억을 부호화한다.

한때 우리 엄마는 기업가적인 열정으로 펠레 플립북(각 장에 움직임 하나하나를 연속적으로 그려서 넘겼을 때 그림이 움직이는 것처럼 보이는 책-옮긴이)을 한 상자 샀다. 1960년대 브라질 축구 신동 펠레가 자신의 트레이드마크인 오버헤드킥을 하는 모습이 담긴 다양한 색상의 계단식 이미지가 들어 있는 수백 권의 작은 휴대용 책이었다. 우리 엄마가 도대체 무슨 생각으로 이런 책을 샀는지 알 수 없지만, 도가 지나쳤다고 생각한다. 어린 시절 우리 집에는 그런 책들이 매우 **많았다**. 실제 펠레가 오버헤드킥을 차는 시간은 1초에 불과하지만, 내가 가진 플립북은 너무 많은 움직임을 담고 있어서 가장 빨리 움직여도 10초 정도의 시간이 걸렸다.

우리의 기억을 플립북이라고 생각해 보자. 우리 기억이 '일반' 기어로 작동할 때는 시간당 10개의 기억을 내장할 수 있다. 음, 당신은 주어진 시간에 얼마나 많은 것을 기억하는가? 대부분은 그날 점심으로 무엇을 먹었는지 기억하려 해도 상당히 머리를 써야 한다. 그리고 거기엔 이유가 있다. 우리 뇌에는 기억을 위해 할당된 영역이 제한적이기 때문에 우리는 꼭 기억해야 할 것만 붙잡고 싶어 한다. 기억의 이런 특징은 목격자 증언이 불완전한 경우가 매우 많은 이유 중 하나다(이것은 그저 하나의 이유로 여기에는 더 많은 이유가 있다). 무언가를 기억해야 할 강력한 이유가 있지 않은 한 우리는 기억하지 못할 것이다.

반면에 무섭고 생명을 위협하는 무언가는 우리 뇌에 세심한 주의를 기울이라는 메시지를 보낸다. 그래서 시간당 10개의 기억을 기록하는 대신, 편도체가 활성화되면서 **초**당 10개의 기억을 기록할 수 있게 된다. 우리 뇌는 더 빨리 처리하는 게 아니라 더 많은 세부 내용을 부호화하는 것이다. 우리가 무섭거나 강렬한 경험을 회상하기 위해 마음의 플립북으로 가면 평소보다 더 많은 이미지가 저장되어 있으며, 우리는 그 많은 기억에는 분명 더 긴 시간이 걸렸을 것으로 생각한다.

삶과 죽음을 오가는 경험이 마치 시간을 멈춘 것처럼 느끼게 한다면, 경이로움을 불러일으키는 경험은 어떨까? 몰두에는 시간적인 특성이 있다. 특히 몰입 상태에서 사람들은 시간 감각이 사라지는 것 같다고 보고한다. 영적으로 초월적인 또는 감동적인 경험을 한 사람들은 "모든 것이 매우 느리게 진행됐다"라고 느꼈음을 일관되게 보여 준다. 이글먼의 연구는 편도체를 가리키지만, 실험실에서 만들어지고 기능적 자기공명영상법으로 측정된 경외감은 일반적으로 강한 편도체 반응을 보이지는 않는다. 그런데도 동일한 유형의 시간 관점 변화가 나타난다.

라니 시오타는 이것이 해마 때문이라고 생각한다. 해마는 편도체에 인접해 서로 맞물려 있다. 결과적으로 특정 뇌 처리 과정 동안 분석을 위해 이 두 영역을 구분하기가 상당히 어렵다. 그는 이렇게 설명했다. "해마가 하는 중요한 일은 생생한 일화 기억을 쉽게 부호화하는 것입니다. 풍부한 감각적 방식으로 기억을 되살리고, 다시 경험할 수 있는 그런 종류의 기억들 말이죠." 그리고 시오타의 말처럼 과학자들은 최근 해마에서 '시간 세포'를 발견했는데, 이는 일화 기억에서 역할을 한다. 해마는 호기심 상태에서 기억을 부호화하는 역할을 담당한다고 앞서 설명했다. 따라서 두려운 순간과 초월적 순간에 모두 편도체와 해마 사이에서 상호작용이 발생하는데, 이는 더 풍부하고 많은 기억을 저장하고 있기 때문이다.

이글먼은 또한 우리가 더 생생하게 기억하는 것이 경외감을 느낀 순간만은 아니라고 지적한다. 호기심을 느낄 때도 우리는 부분적으로 우리가 흥미를 느끼는 정보에 뇌가 반응하는 방식 때문에 더 생생한 기억을 장기기억으로 부호화한다. "호기심의 맥락에서 질문할 때, 주로 아세틸콜린(혹은 '기억 분자'라고도 함)과 같은 신경전달물질 시스템을 가지고 있지만 다른 시스템도 가지고 있습니다. 그리고 당신은 단지 정보를 들었을 때와는 반대로 정말로 조형적인 변화를 만들고 있습니다."

경외감은 시간을 연장한다

휴스턴의 제로 그래비티에서 I-45번 고속도로를 따라 남쪽으로 400킬로미터 떨어진 곳에서 우리는 행복 연구원인 멜라니 러드를 찾았다. 러드는 사람들이 행복 증진이라는 최종 목표를 위해 돈과 시간을 어떻게 사용하는지 이해하려고 노력한다. 마케팅과 경이로움 사이의 관계가 분명하지 않을 수 있지만, 러드는 시간 부족 또는 넉넉함에 대한 사람들의 인식이 소비자의 결정에 영향을 미칠 수 있다고 인식했다. "시간이 없다고 느낀다면 시간이 걸리는 일을 할 가능성이 줄어듭니다. 그것이 자원봉사든, 밖으로 나가 다른 여가 경험을 찾는 것이든 말이죠. 끔찍한 악순환에 가깝습니다."

러드는 어떤 감정이 우리를 시간에 덜 가난하게 만드는지 이해하고 싶었다. 그녀는 시간 때문에 스트레스를 받는 사람들에게서 경이로움이 주는 주요 이점, 즉 **시간 연장**을 발견했다. 러드는 연구 중 하나에서, 참가자들에게 경외감 또는 행복을 불러일으키도록 설정된 다양한 비디오를 보여 준 뒤, 참가자들에게 시간 인식에 관한 질문이 들어 있는 설문조사에 응답해 달라고 요청했다. 행복과 경외감을 함께 실험한 이유는 시간 인식의 차이를 만드는 것이 단지 '기분이 좋은 것'이 아니라 '경외감을 느끼는 것'임을 확인하기 위해서였다. 러드의 가설은 옳았다. 경외감 비디오를 본 참가자들은 행복 비디오를 본 참가자들에 비해 더 시간이 많다고 느꼈다.

이글먼이 생명을 위협받는 경험에서 발견한 것처럼 경외감 경험은 우리를 현재 순간에 몰두하고 집중하게 만든다. 추억의 플립북처럼, 우리는 경외감을 경험할 때 더 많은 기억을 엮는데 이것이 우리 기억을 더 풍부하게 해 줄 뿐만 아니라 더 많은 시간이 있다고 느끼게 만든다. 러드는 "더 많은 경험을 부호화할수록 경험을 더 풍부하게 느끼고 더 광범위하게 느낍니다"라고 설명한다. 그 확장성은 결국 우리가 다른 사람이나 우리 자신을 위해 시간을 할애할 수 있게 해 주는데, 현대사회에서는 이렇게 행동하기가 상당히 어렵다.

극도의 시간 부족이라는 개념은 건강에 좋지 않을 뿐만 아니라 종종 정확하지도 않다. 여가를 즐기고 있을 때도 앞서 언급한 '꽃의 이중창' 오페라 실험에서처럼 여전히 불안과 시간의 압박을 느낄 수 있다. 러드는 이 점을 잘 보여 준다고 생각한 역학의 예를 공유한다. "여기 휴스턴에서 열린 연 축제에서 자료를 수집했다. 가족들이 모이고, 큰 언덕 위의 넓은 들판에서 연을 날린다. 날이 너무 좋았다. 우리는 여기저기 돌아다니며 사람들에게 '지금 얼마나 바쁘다고 생각하세요?'라고 물었다. 사람들은 보통 '6에서 7 정도로 바빠요'라고 대답했다. 연 축제에서 말이다!" 러드는 우리가 사는 현대의 삶이 아니라, 시간에 대한 현대적 인식이 시간에 대한 압박감을 완화하는 데 중요한 장벽 중 하나라고 생각한다. "시간에 대한 우리 인식은 균형이 맞지 않는다. 우리는 항상 바쁘다고 느끼도록 훈련받았다. 적어도 미국 문화에서는 특히 더 그렇다."

"지금까지 기술은 우리의 시간 스트레스 증가 측면에서 일반 근로자에게 불리하게 작용했다. 우리는 더 많은 기술을 가지고 있으며 더 빠르고 쉽게 일할 수 있지만, 더 많이는 아니더라도 여전히 그만큼 일하고 있다고 느낀다." 러드 박사는 시간 압력이 수면 패턴에 영향을 미치고, 우울증을 유발하며, 두통과 고혈압 같은 부정적 신체 증상을 나타낼 수 있다고 말한다. "사람들은 시간을 실제보다 훨씬 더 희소하다고 생각하는 경향이 있다. 그래서 우리 인식이 제대로 돌아가지 않는다. 약간의 재조정이 필요하다." 러드는 경이로움의 시간 효과에 관한 자신의 연구가 시간을 더 현실적으로 평가하는 데 도움이 돼서 우리가 스트레스를 덜 받고, 더 건강하며, 더 관대해지기를 바란다. "시간에 대한 우리 인식을 확장하는 것은 그게 무엇이든 우리가 계속해서 시간이 부족하다고 느끼는 경향에 맞서는 데 사용할 수 있는 좋은 도구라고 생각한다."

자신에게 시간이 더 많다고 느낀다면 시간을 사용하는 데 더 관대해질까? 그리고 그 관대함이 돈 같은 다른 것으로도 확장될까? 이를 알아보기 위해 러드는 후속 연구에서 참가자들에게 행복이나 경외감을 느꼈던 순간에 관한 이야기를 쓰게 했다. 그녀는 다시 한번 경외감이 조급함을 감소시키고 사용할 수 있는 시간이 더 많다고 인식하게 했으며, 경외감을 경험한 사람은 그 '추가 시간'을 자원봉사에 기꺼이 사용한다는 사실을 발견했다. 러드는 경외감이 삶의 만족도를 높이고, 소비와 관련한 의사 결정에 영향을 미친다는 사실을 계속해서 보여 주었다. 특히 사람들은 시간에 더 관대했고, 물건보다 경험을 더 선호하는 덜 물질적인 모습을 보였다. 이 현상은 물건이 아닌 경험이 장기적인 행복과 웰빙이 주는 이점을 창출하기 때문에 특히 흥미롭다.*

러드는 "약간의 경외감은 참여자들의 삶의 만족도를 일시적으

---

* 벨기에, 캐나다, 중국에서 한 추가 연구에서도 시간 인식과 자원봉사에 관한 러드의 연구 결과와 동일한 결과가 나왔다. 감정으로서의 경외감이 시간에 대한 기부뿐만 아니라 돈도 기부하게끔 한다는 사실을 발견했다.

로 높여 주기도 했다"라고 말한다. "이러한 결과는 또한 사람들이 시간을 보내는 방식에 영향을 미치며, 일상생활에서 경외감을 키우는 것의 중요성과 기대를 강조한다." 이런 실용적인 혜택은 경이로움을 느끼는 작은 순간들이 인식, 행동, 신체적 건강과 정신적 건강에 지속적이고 유용한 변화를 제공할 수 있음을 보여 준다.

사람들이 경이로움을 불러일으키는 여가 활동에 더 관심이 있다는 것을 보여 주는 관광 마케팅 연구도 많다. 예를 들어, 연구에 따르면 경외감은 문화유적에 더 깊은 감정을 느끼게 한다. 경이로움으로 가득 찬 장소를 방문한 사람들은 그 이후 '장소 애착'을 가지게 된다. 즉, 특정 장소에서 경이로움을 유발하는 사건을 경험하면, 같은 경험을 하기 위해 다시 그곳으로 돌아간다. 이런 발견과 경외감을 불러일으키는 장소들 그리고 환경을 위해 장려하는 여러 가지 책임 있는 행동(예: 쓰레기 버리기 감소)을 결합하라. 그러면 경이로움의 시간 효과에 힘입어 자원봉사 성향이 증가하고, 경이로움이 경이로움을 유발하는 관광지의 보존, 복원 및 관리를 위한 잠재적 메커니즘을 제공하는 방법을 찾을 수 있다. 이런 통찰력은 또한 지속 가능한 관광을 지원하고 경이로움을 유발하는 레저 활동의 소외를 줄일 수 있다. 지역사회는 문화유산과 장소 애착을 활용해서 관광객들이 집에서 가까운 곳에서 경이로움을 불러일으키는 장소를 찾을 수 있도록 돕고, 경이로움 기반 여행을 더 쉽고 지속 가능하도록 만들 수 있다.

러드는 이 연구가 자원봉사 장려부터 운전 중 폭발하는 분노 감소에 이르기까지 모든 분야에 적용할 수 있는 실용적 방법이라는 데 만족한다. 다음 두 장에서 살펴보겠지만 학교와 직장에도 적용할 수 있다. "나는 세상이나 그 어떤 것을 바꾸려는 것은 아니지만, 사람들에게 도움이 되고 유익한 일을 할 수 있다는 것은 굉장합니다. 그리고 경외감은 이를 위한 정말로 유용한 도구라고 생각합니다." 러드는 또한 그녀의 연구가 다양한 긍정적 감정, 특히 경외감을 더 잘 식별하는 데 도움이 되어 사람들이 더 정기적으로 그런 감정에 연결되고, 시간 부족의 악순환에서 경이로움의 선순환으로 이동할 수 있기를 바란다. "경외감은 더 나은 세상을 위해 사람들이 작성한 주요 체크리스트에 있는 것들, 즉 다른 사람을 돕고, 시간에 쫓기지 않고, 환경을 생각하고, 더 개방적이고, 호기심을 갖는 것 등에 많은 영향을 미치며, 계속해서 영향을 미치는 것으로 보입니다. 나는 사람들이 이렇게 말하면 좋겠습니다. '오, 이거 대단한데. 경외감을 더 느끼고 싶어. 어떻게 하면 경외감을 더 느낄 수 있을까?' 일단 경외감의 중요성을 이해하면, 그것을 추구해야겠다는 의욕이 생깁니다."

요약

- 우리는 바쁘게 지내는 삶이 칭찬받아 마땅하다고 여기도록 길들어 왔기 때문에 종종 실제보다 더 시간이 부족하다고 느낀다. 그러나 너무 바쁘거나 바쁘다고 생각할 때, 우리는 경이로움을 느낄 기회를 놓치게 된다.

- 우리는 시간을 맥락에 따라 다르게 인식하기 때문에, 상황과 조건이 달라지면 시간이 제각기 다른 속도로 흘러간다고 느낀다. "재미있는 것을 할 때는 시간이 금방 지나간다" 같은 표현이 그 예시다. 이런 현상의 일부는 뇌가 기억을 부호화하는 방법과 관련 있다.

- 깊은 의미가 있거나 무서움 또는 경이로움을 불러일으키는 무언가를 경험할 때, 우리는 그 경험에 대해 더 자세하게 기억을 부호화한다. 그래서 그 시간에 대한 기억은 더 길게 느껴진다.

- 이런 역동성 때문에 우리는 경이로움, 특히 몰두와 경외감을 통해 시간 감각을 확장하고 시간 부족에 대한 감각을 줄일 수 있다.

- 시간과 관련한 경이로움의 이점은 웰빙 증진 및 스트레스 감소 등 학교와 직장에서 실질적으로 다양하게 응용할 수 있다. 이러한 연구 결과는 또한 경험적 구매, 경이로움을 기반으로 한 여가 활동, 지속 가능한 관광 및 자원봉사와 관련한 진취적 마케팅 방안으로 확장할 수 있다.

10장. 효과 2:
교육적 활용

> 우리는 학습과 교육에서 또 다른 경이로움의 선순환
> 을 발견할 수 있다. 학습은 경이로움을 촉진하고 경이
> 로움은 학습을 촉진한다.

크루티 파렉Kruti Parekh은 경이로움에 둘러싸여 이 세상에 왔다.
부모 자이스와 수바스에게 파렉의 탄생은 첫 아이가 태어났을
때 부모들이 느끼는 경이로움 그 이상이었다. 파렉은 인도 최초
의 시험관 아기였다. 유심론자이자 마술사인 파렉은 자신의 쇼인
〈일루전 오브 마인드〉에서 손재주를 발휘하고, 사람들의 마음을
읽으며, 코끼리를 사라지게 한다. 그리고, 흠, 심지어 포크까지 구
부린다. 내가 유리 겔러의 재능에 얼마나 매료되었는지 그녀에게
언급하자 파렉은 포크 구부리는 것을 보여 줬다. 크루티는 마술
외에도 마술의 기술을 학습에 적용하는 박사학위를 가지고 있으
며, 이것을 장애 아동과 장애 아동을 가르치는 선생님을 위해 사
용한다. "나는 마법이 내 타고난 권리라고 농담하는 것을 좋아해
요. 왜냐하면 나는 과학의 마법으로 태어났기 때문이죠"라고 파
렉은 웃으며 말한다.

마법은 불가능을 가능으로 바꾸는 것이라고 그녀는 설명한다.

"나는 경이로움을 창조하기 위한 언어로 마법을 사용해요." 파렉은 세인트갈렌대학교의 연구원들과 함께 마법의 경이로움이 장애 아동에게 수학과 과학 같은 과목에 흥미를 갖게 하고 기억을 상기하게 하는 방법을 연구한다. 그녀는 아이들과 함께 마술 속임수를 교육 매체로 사용하면 색상, 숫자, 깊이 인식 같은 영역에서 기초 지식이 향상된다는 사실을 발견했다. 더 중요한 것은 아이들이 전에는 없었던, 배움에서 기쁨을 찾는 모습을 보인 것이다.

파렉은 또한 "마법은 논리가 실패하는 곳이죠"라고 설명하면서 선생님이 학생의 독특한 요구사항을 더 잘 이해하도록 돕는 방법으로 마법을 사용한다. 그녀는 마법 같은 것을 목격할 때 발생하는 일시적인 논리 중단을 사용해서 선생님들이 새로운 렌즈를 통해 학생들의 경험을 볼 수 있도록 돕는다. "교사들은 능력을 잃는다는 게 어떤 느낌인지 몰라요. 그래서 나는 교사들에게 그들의 이해할 수 있는 능력을 없애겠다고 말했죠. 나는 선생님들에게 단어를 보여 줬어요. 그들은 그 단어가 무엇인지 읽을 수 없지만, 나머지 청중은 읽을 수 있게 속임수를 사용하죠. 그제야 그들은 다른 사람의 처지를 이해할 수 있게 되죠. 이런 방법은 선생님들을 아이들과 연결하는 데 도움이 됩니다."

경이로움은 의미 형성에 기반한 인지적 감정 경험이기 때문에 학습과 직관적으로 연결되어 있다. 교육 연구원인 캐시 피어스Cathie Pearce와 매기 맥뤼르Maggie MacLure는 경이로움을 "미학적·인지적·영적 경험이 동시에 동원되는, 아는 것과 모르는 것 사이 경계에서 빛나는 일종의 희미한 불안감"이라고 설명한다. 데카르트는 경이로움을 '영혼이 갑작스럽게 놀라는 것'이라고 불렀으며, 또한 학습 도구로 보았다. "경이로움의 특별한 유용성이란 우리가 전에 알지 못했던 것들을 배우고 기억에 간직할 수 있게 해 주는 것이라고 말할 수 있다. …… 그래서 우리는 이러한 열정을 타고나지 못한 사람들이 일반적으로 매우 무지하다는 것을 안다." 다른 철학자들도 여기에 동의했다. 소크라테스는 "지혜는 경이로움에서 시작된다"라고 주장했고, 성 토마스 아퀴나스는 경이로움을 "배우고자 하는 열망"으로 여겼다.

우리는 학습과 교육에서 또 다른 경이로움 선순환을 발견할 수 있다. 학습은 경이로움을 촉진하고 경이로움은 학습을 촉진한다. 개방성, 깊은 호기심, 몰두, 기대치 위반, 인지적 격차 해소, 새로운 관점을 창출하게 해 주는 새로운 정보를 위한 여지 만들기 등 경이로움의 구성 요소가 어떻게 최상의 학습 여정을 따르는지, 따라서 왜 연구에서 교육 및 학습 기법으로 경이로움을 지원하는지 쉽게 알 수 있다.

심화학습, 우리는 심화학습을 점점 안 하고 있는가?

학습 과정의 핵심에는 두 가지 기본 접근법이 있다. 깊은 호기심처럼 경이로움을 불러일으키는 심화학습과 그렇지 않은 표면학습이다. 심화학습은 학습자가 더 많은 것을 알고 싶어 하는 내재적 욕구에 따라 적극적이고 비판적으로 내용에 참여하게 만든다. 심화학습을 하는 사람은 주제 영역의 의미를 탐구하고, 서로 다른 주제 간의 연결을 기반으로 새로운 인지 구조를 만들며, 습득한 지식을 다른 학습 영역에 적용하는 것을 즐긴다. 심화학습으로 얻은 지식은 더 오래 기억에 남고 계속해서 적용할 수 있다. 심화학습 방식은 높은 개방성, 깊은 호기심 특질, 높은 인지 욕구 및 낮은 인지 종결 욕구를 가진 사람들에게서 주로 관찰된다. 이는 경이로움을 잘 느끼는 사람들의 상태 및 특성과 유사하다. 기존의 긍정적 학습 경험도 심화학습에 기여하기 때문에 학습과 관련한 이런 접근 방식은 부가적 측면이 있다.

이와 대조적으로 표면학습은 내용의 겉 부분을 훑어보는 피상적 접근 방식이다. 시험을 위해 최종 사실에서 시작해 내용 파악에 주로 중점을 두고 해당 사실을 수집한다. 표면학습은 연결 패턴을 밝히지 않으며, 학습 과정에서 학습자의 참여가 부족하다. 내용을 비판 없이 받아들이며 연결되지 않은 상태로 항목들을 저장한다. 게다가 표면학습은 속히 끝내야 할 작업으로 인식되며 외적 동기에 뿌리를 둔다. 표면학습으로 습득한 내용은 짧은 시간 안에 내용을 생각해 낼 수 있지만, 특별히 오래 지속되지는 않는다. 호기심 특질과 인지 욕구가 낮고 인지 종결 욕구가 높은 사람들에게서 발견되는 경향이 있지만, 불안이 높거나 기존에 좋지 않은 학습 경험을 한 사람에게서도 나타날 수 있다. 마지막으로 표면학습자는 모호함을 견디기 힘들어한다. 만약 평가에 단 하나의 정답만 있다면, 그 정답만 배우려고 할 것이다.

모든 경험은 맥락에 따라 달라진다. 학습 역시 마찬가지다. 심화학습을 촉진하는 교육 방식이 있는가 하면, 표면학습에 머무는 교육 방식도 있다. 평가와 시험에 중점을 두고 교육하거나, 상호 작용을 장려하지 않거나, 교사가 학습 내용에 부정적이거나 무관심하면 학생들은 자신의 고유한 학습 방식과 상관없이 표면학습을 하게 된다. 반대로 교사가 적극적으로 참여하고, 학습 내용을 실제 사례와 연결하며, 총체적인 평가 수단을 허용하고, 질문과 실수를 장려하면 심화학습이 촉진된다. 예리한 관찰자면서 호기심이 많은 교사는 예리한 관찰자이자 호기심 많은 학생에게 영감을 준다.

경이로움에 기반한 학습은 개방성과 본질적으로 동기부여된 호기심을 촉진하고, 기대치 위반의 영향을 활용하며, 학생들에게 경외감을 불러일으키는 학습으로 정의할 수 있다. 경이로움 기반 학습에 투자하는 것은 다양한 이점이 있으므로 충분히 노력할 가치가 있다. 예를 들어, 높은 개방성 특질을 가진 사람은 심화학습(심화학습과 관련된 유일한 빅파이브 성격 특성이 개방성임)과 창의성에 더 관심이 있는 경향이 있다. 개방성은 또한 더 높은 언어 인지 능력 및 추상적 사고와 관련이 있어서 조기교육에서 개방성을 기르면 아동이 성장함에 따라 나타나는 학습 성과에 상당한 영향을 미친다.

호기심은 배움이라는 양초의 심지라는 말이 있다. 깊은 호기심을 품고 있다면 더 길고 밝게 타오를 것이다. 존경받는 교육자 존 듀이는 학습에 대해 이렇게 말했다. "필수적이며 가장 중요한 요소는 의심할 여지 없이 호기심이다. …… 경험에 대한 열망, 새롭고 다양한 접촉에 대한 열망은 경이로움이 있는 곳에서 발견된다.” 듀이는 호기심의 힘이 “적절한 시기에 사용되지 않거나 계발되지 않으면, 일시적으로 나타났다가 사라지거나 강도가 약해지며 쉽게 무디어지는 경향이 있다”라고 생각했다. 그러나 그 반대도 사실이어야 한다. 호기심은 탐색이라는 숫돌에 연마할 수 있어야 한다. 이것이 바로 교육제도와 양육 방식이 아주 어린 나이부터 아이들의 호기심 성향을 형성하는 방법이다.

호기심은 학습을 돕고 더 비판적으로 사고하게 한다. 학생들이 타고난 호기심에 반하지 않게 작업하도록 허용하는 것은 학습의 신경과학에 반하지 않게 작업하도록 한다는 것을 의미한다. 누군가의 호기심이 그들을 답으로 이끌 때, 그들이 배우는 것은 더 깊이 부호화되어 더 오래 유지되며, 호기심이 내재적으로 동기부여를 한 경우에는 더더욱 오래 유지된다. 로체스터대학교 심리학 및 사회과학 교수인 에드워드 데시Edward Deci는 내재적으로 동기부여된 호기심이 장기 기억력을 향상할 뿐 아니라 외재적으로 동기부여된 호기심(돈이나 성적 같은 외부 보상에 의해 구동되는)은 사실 본질적인 호기심을 죽인다는 것을 밝힌 혁신적인 연구 시리즈를 발표했다. 9장에서 데이비드 이글먼은 호기심 맥락에서 질문을 던지는 것은 우리 뇌에서 조형적 변화를 만든다고 설명했다. “선생님이 ‘좋아요. 여기 몽골 역사에서 중요한 날짜 10개가 있어요’라고 말해도, 당신은 전혀 신경 쓰지 않습니다. 그래서 기억하기가 정말 어렵습니다. 하지만 당신이 정말로 그것에 관심이 있다면, 모든 게 달라집니다.”

그렇다면 몽골 역사에 대해 배워야 하는데, 거기에 전혀 흥미

　　　　　2부 경이로움을 위한 연습과 효과

를 느끼지 못한다면 어떻게 해야 할까? 지루한 주제와 함께 깊은 호기심이 생기는 것을 **무엇이든** 찾아서 동시에 탐색하면, 지루한 부분의 기억력까지도 향상된다. 캘리포니아대학교 데이비스 University of California, Davis의 인지신경과학자들은 본질적인 호기심은 우리가 관심 있는 것뿐만 아니라 우리가 지루하다고 생각하는 것도 더 능숙하게 배울 수 있게 만든다는 것을 발견했다. 이 연구의 주요 저자인 마티아스 그루버Matthias Gruber는 "호기심은 뇌가 어떤 종류의 정보도 학습하고 유지할 수 있는 상태로 만들 수 있다. 호기심은 배우려는 동기가 부여된 것과 그 주변의 모든 것을 빨아들이는 소용돌이 같다"라고 말했다.

경외감은 또한 학생들이 더 열심히 학습에 참여하게 만드는 것으로 보인다. 경외감이 시간을 늦춘다는 것을 발견한 연구원 멜라니 러드는 경외감이 학습 및 '경험적 창조'라고 하는 학습 기반 경험에 참여하려는 열망에 어떤 긍정적인 영향을 미치는지 알고 싶었다. 러드와 동료 연구자인 캐슬린 보스Kathleen Vohs는 밸런타인 데이 직전, 연구 참여자들에게 경외감을 불러일으키거나 행복을 유발하는 중립적 이미지의 비디오를 보여 주는 실험을 했다. 이후 연구진은 참가자들에게 초콜릿 한 상자를 받을 수 있는 쿠폰과 경험적 창작을 할 수 있는 선물용 초콜릿을 만드는 요리법 중에서 하나를 선택하라고 제안했다. 경외감을 불러일으키는 비디오를 본 사람들은 경험적 창작이나 '참여 학습'을 더 많이 선택했다. 후속 연구는 이 연구 결과를 더욱 뒷받침했다. 연구진은 "경외감은 배움과 호기심에 대한 개방성을 높여 줍니다. …… 인간은 창조하려는 욕구가 있는데, 그게 우리가 배우는 자연스러운 방법이기 때문입니다. 물건에 손을 대는 것은 우리가 태어났을 때부터 배우는 매우 원시적인 방법입니다. 우리는 그냥 그렇게 하고 만들 뿐입니다"라고 설명했다. 또 다른 경이로움의 선순환 구조다. 개방성과 호기심은 우리가 경외감을 더 잘 느끼게 하며, 경외감은 우리가 더 개방적이게 하고 배움에 호기심을 갖게 해 준다.

공감 같은 친사회적 감정을 불러일으키는 경외감에 관한 연구가 많지만, 러드는 경외감과 학습 사이의 관계에 초점을 맞추고 싶다고 말한다. "경외감은 확실히 학습환경에 영향을 미칩니다. 나는 특히 경외감을 토론과 대화를 위해 열린 사고방식을 갖도록 하는 데 어떻게 적용할 수 있을지에 관심이 많습니다. 이것은 우리가 더 필요로 하는 것입니다."

기어를 바꾸기 전에, 경이로움과 경외감이 심화학습을 증진하는 반면, 단조로움은 호기심과 몰두를 감소시킨다는 점, 따라서 모든 학습에 부정적 영향을 미친다는 점에 주목할 필요가 있다. 이 효과는 경외감이 학습에 미치는 영향이 기대치 위반의 대조와 흥분에서 시작되기 때문에 발생한다. 기대치 위반은 우발적 기억을 강화하고 장기기억 및 학습과 관련된 해마의 활동을 촉진한다. 하지만 단조로움은 해마를 위축시킨다. 이러한 이유로 호기심은 마술이나 멋진 화학 실험 같은 놀라움과 감탄으로 이어지는 기대치 위반과 결합해 학습에 동기를 부여하고 강화하는 강력한 전략으로 작용한다. 이 흥미로운 대조는 마술사가 발휘하는 예술성의 핵심이며, 크루티 파렉의 접근법이 효과적인 이유다.

2부 경이로움을 위한 연습과 효과

심화 놀이, 우리는 심화 놀이를 점점 더 안 하고 있는가?

어떤 종류의 교수법이 나타나기 전까지 생활 기술을 배우는 가장 기본적인 방법은 놀이였다. 효과적인 학습전략으로서 놀이의 힘은 자신이 사는 새로운 세상에 대해 배우는 작은 경이로움 기계인 아기들을 보면 쉽게 이해가 된다. 아기들의 스키마와 구성요소는 너무 적기 때문에 아기의 뇌는 끊임없이 새로운 정보를 관찰하고, 탐구하고, 수용한다. 그리고 새로운 스키마의 개발은 거의 항상 장난스러운 활동의 맥락에서 이루어진다.

행복과 경이로움 같은 긍정적 감정의 진화 목적에 대한 기본 이론 중 하나로 **확장-구축**broaden-and-build **이론**이 있다. 확장-구축은 긍정적 정서가 우리의 시야를 넓힐 정도로 충분한 안정감을 느끼게 해 주고, 대초원에서든 막다른 골목에서든 새로운 기회를 찾을 수 있게 해 주며, 그렇지 않으면 다소 불쾌해 보일 수도 있는 일을 하도록 격려한다. 결과적으로 우리가 관계, 기술, 더 풍요로운 삶의 요소들을 구축할 수 있게 해 준다. 확장-구축 모델을 제시한 바버라 프레드릭슨Barbara Fredrickson은 특히 어린이들이 놀이에서 경험하는 기쁨, 결과적으로 놀이에서 얼마나 많은 지적·사회적 기술 및 의사소통 기술이 나오는지에 흥미를 느꼈다.

놀이는 자기 주도적 심화학습이 뿌리를 내리기 시작하는 곳이다. 시인이며 학자이자 자연주의자인 다이앤 애커먼Diane Ackerman이 설명하는 심화 놀이는 몰입 유형의 초월을 통한 학습의 경이로움을 반영한다. "심화 놀이는 인간이 지닌 매혹적인 특성이다. 초월이라는 특별한 브랜드를 추구해야 할 필요성을 잘 보여 준다. 심화 놀이를 하다 보면 더 이상 시간 감각이 느껴지지 않는다. 심화 놀이에 빠지게 되면 우리는 뜻밖의 새로운 사실과 감사를 경험하게 된다. 심화 놀이가 우리에게 너무 익숙하고 어린 시절 기억에 너무 깊이 뿌리 박혀 있어 우리는 그것을 당연하게 여긴다." 애커먼은 놀이의 개방성, 호기심뿐만 아니라 경외감을 보여 주는 초월에 대한 몰두와 잠재력을 설명한다. "경이로움은 심장의 주기율표에서 가장 무거운 원소다. 아주 작은 조각이라도 시간을 멈출 수 있다."

놀이가 단순해 보일 수 있지만, 아이들은 자유롭고 구조화되지 않은 놀이에 참여하면서 언어 능력이 빠르게 발달한다. 연구에 따르면 자유 놀이 시간의 거의 50퍼센트가 수학적 학습 기초를 활용하는 데 사용되며, 슈츠 앤 래더스 보드게임 같은 유도 놀이에 참여하는 아이들은 계산, 숫자 크기, 그리고 판단 같은 수리 영역에서 향상을 보인다. "우리는 놀이를 선택 사항, 일상적 활동이라고 생각한다. 하지만 놀이는 진화의 근본이다"라고 애커먼은 말한다. "놀이가 없다면, 인간과 많은 다양한 동물이 멸종할 것이다." 놀이는 즐거움과 유대감을 통해 스스로 동기를 부여하고 실패에 관한 판단 없이 새로운 접근을 시도하는 것이다. 놀이에는 열린 탐험, 호기심, 경외감이라는 경이로움이 아주 풍부하다.

인류학자들은 고대 수렵채집 문화에서 관찰, 놀이, 탐험이 아이들을 위한 주요 교육법이었다고 말한다. 탐험 놀이를 하면서 아이들은 지역사회 생활에 필요한 동식물에 대한 필수 지식을 습득할 수 있었다. 창의성, 진취성, 시행착오, 자유분방한 호기심은 학습에 충분한 도구였다. 아이들이 이런 행동을 하도록 그저 허용한 것이 아니라 10대 후반이 될 때까지 권장하고 신뢰했다. 여기에는 헬리콥터 부모(아이 주변을 헬리콥터처럼 맴돌며 학교와 교사가 하는 일에 사사건건 간섭하는 학부모를 일컫는 말-옮긴이)가 없었다.

인간이 정착하기 시작하면서 농경민이 되자 모든 것이 바뀌었다. 땅은 노동력이 필요함을 의미했다. 노동력이 필요하다는 것은 더 큰 가족 단위가 필요함을 의미했다. 가족 단위가 커지면서 가족을 돌보는 데 더 많은 시간을 할애하게 되었고 노는 시간이 줄어들었다. 재산을 소유하게 되면서 위계적 종속 구조가 나타났고, 복종이 생존의 최우선 순위였던 독립을 앞질렀다. 9세기 봉건주의가 시작된 이후부터 19세기 산업주의가 끝날 때까지 아이들은 일반적으로 일을 하며 하루를 보냈다. 아동이 노동할 필요가 줄어들게 되면서 아이들의 노동은 배워야 한다는 믿음으로 대체되었다. 그러나 어떤 목적을 가지고 그렇게 해야 할까? 학교교육의 역할을 주로 종교교육으로 보는 사람들이 있으며, 통제와 예속의 도구로 보는 사람들도 있다. 실제로 학교교육을 아이들을 지원하고 보호하기 위한 수단으로 보는 사람도 있지만, 여전히 교육과정은 도덕과 암기 위주의 커리큘럼으로 구성되어 있다. 한마디로 자기 주도적 탐구와 놀이는 사라지고 주입과 반복이 그 자리를 대체했다. 그러나 이러한 교육이 말 그대로 어린이들에게서 놀이를 빼앗았음에도("매를 아끼면 아이를 망친다"), 학습 수단으로 놀이하려는 우리의 기본적인 진화적 열망은 계속되고 있다.

체험학습

오늘날 교육은 대체로 더 인간적이지만, 놀이는 여전히 보조 수단으로 간주되는 경향이 압도적이며, 표준화된 기준에 따르는 구조화된 커리큘럼이 일반적이다. 그러나 발도로프와 몬테소리 같이 잘 알려진 대안학교 철학과 소규모 학교, 학습자 주도 학교 및 프로젝트 기반 학습 등을 포함해 독립적이고 비전통적인 학교 같은 아웃라이어(보통 범주에서 확연히 벗어난 것을 지칭-옮긴이)가 빠르게 증가하고 있다. 뉴욕에는 블루 맨 그룹의 구성원들과 그 가족이 시작한 블루 학교^{Blue School}가 있는데, 이 학교에는 '빛나는 시간^{glow time}'에 편안하게 쉴 수 있도록 검은 조명을 완비한 '경이로운 방'이 있다. 체험학습에 중점을 둔 또 다른 예로 미국 전역에 있는 독립학교 네트워크인 혁신학교협동조합^{Innovative Schools Cooperative}이 있다.

경이로 가득하고 놀이를 포용하는 환경 중 하나로 과학자 보로토가 영국 런던 과학박물관과 협력하여 운영하는 과학교육 프로그램인 i가 있다. 로토는 "사실을 배우는 것이 목표인 다른 과학교육 프로그램과는 매우 다릅니다"라고 설명한다. 그는 무엇이 이런 다른 접근법을 촉진하는지 명확하게 설명한다. "그 과정의 첫 번째 단계는 경이로움입니다. 우리는 효과적으로 학교를 과학실험실로 바꾸고 있습니다. 그리고 과학, 사실 창의적인 모든 것은 의도를 가지고 노는 것이라고 말합니다. 놀이는 경이로움에서 시작됩니다." 로토는 학습에 있어서 흥미가 결정적인 요소라는 데이비드 이글먼의 의견에 공감한다. "아이들은 별로 관심이 없

2부 경이로움을 위한 연습과 효과

으면 질문하지 않습니다. 그래서 우리는 실제로 학교를 실험실로 바꾸는 일을 하고 있습니다. 아이들은 과학에 대해 배우는 것이 아니라 과학자가 되고 있습니다." 로토는 i가 아이들이 새로운 경험에 개방적이고, 불확실성을 향해 나아가며, 호기심을 즐기도록 가르치는 곳이라고 설명한다.

경이로움에 기반한 이런 유형의 조기교육은 주로 호기심에 초점을 맞추기 때문에 어린아이의 학습 성과에 상당한 영향을 미친다. 3세부터 11세까지의 어린이를 추적한 종적 연구에서 3세 때 호기심이 많았던 아이들은 11세가 되었을 때 더 똑똑했고 높은 성과를 보였다. 호기심이 많은 아이는 호기심이 덜한 아이들보다 언어 능력이 더 좋았고, 지능 테스트에서 12점 더 높은 점수를 받았다. 또 다른 연구에서는 '엄청난 호기심'을 가진 아이들은 여러 학업 성과에서도 또래 아이들을 능가하는 것으로 나타났다. 이것이 의미하는 바는 깊은 호기심은 그 자체로 높은 성과의 메커니즘이며, 인지적 재능, 즉 높은 지능만큼 미래의 성과에 영향을 미친다는 것이다.

특히 과학 학습은 학습 내용을 깊이 새기게 하고 기억에 영향을 미치는 참신한 것을 접할 기회를 풍부하게 하는 경이로움에 기반한 접근 방식에 적합하다.* 학습환경을 바꾸는 것만으로도 학생의 기억력과 학습력을 높일 수 있다. 참신성 연구자들은 새

---

* 일부 호기심 연구자들은 경외감을 호기심의 강렬한 형태로 보기도 한다. 광대함과 수용이라는 경외감에서 발견되는 감정은 호기심을 조장하는 일련의 요소인 참신함과 포괄성의 덜 강렬한 버전이다. 연구진은 호기심과 경외감이 연속선상에 있다고 본다. 참신함은 이해하기 점점 더 어려워지는 연속선상에 있다. 4장의 전등 스위치를 생각해 보자. 전등 스위치를 누르자 다른 방 불이 꺼지면 호기심이 생겼고, 고양이가 사라지면 경외감을 불러일으켰다.(Campos, Belinda, Michelle N. Shiota, Dacher Keltner, Gian C. Gonzaga, and Jennifer L. Goetz. 2013. "What Is Shared, What Is Different? Core Relational Themes and Expressive Displays of Eight Positive Emotions." Cognition & Emotion 27 [1]: 37-52.)

로운 정보와 약간 친숙한 정보를 섞으면 새로운 정보뿐만 아니라 약간 친숙한 정보의 기억력도 증가한다는 사실을 발견했다. 참신함은 해마(장기기억을 위해 기억을 저장하는 역할을 하는 뇌 부분)의 유연성을 높이는 데 기여하는 것으로 보인다. 연구 참가자들에게 약간 익숙한 정보를 새로운 정보와 혼합해서 알려 주었을 때, 그 정보에 대한 기억력이 19퍼센트 더 좋아졌다. 이 연구를 실제 삶에 어떻게 적용할까? 시험공부를 할 때 학습하려는 막연하게 익숙한 내용에 완전히 새로운 요소를 살짝 뿌리면 가장 효과적이다. 그 새로운 요소가 학습 내용과 전혀 관련 없는 내용이면 더 좋다. 앞서 몽골 역사 사례와 유사하게, 우리는 호기심의 소용돌이를 만들고 싶어 한다.

그러나 우리 아이들이 이렇게 다양한 교육 모델에서 학습하고 있을까? 보 로토의 블랙오턴Blackawton 초등학교에 다니는 8세에서 10세 사이 과학자 집단의 몇몇 아이들은 동료 검토 저널에 연구를 발표한 역사상 최연소 과학자임이 틀림없다. 참고 문헌이 부족하고("아이들은 사실 참고 문헌에 그다지 영감을 받지 않는다."), 손으로 그린 삽화만 있음에도 불구하고 꿀벌 행동에 대해 아이들이 한 연구는 검토자들로부터 문서로 잘 정리된 방법론과 새로운 발견을 보여 준 건전한 과학이라는 평가를 받았다.

이런 체험학습 환경 및 이와 유사한 환경은 대체로 자기 주도적이고, 자율적이며, 장난스럽고, 경이로움으로 가득 찬 탐험을 권장한다는 기본 원칙을 따른다. 너무 난해하다는 일부 비판에도 불구하고 이 학교들은 전반적으로 더 엄격한 환경의 학교와 비슷하거나 더 나은 학업 성취를 보여 주고 있으며, 훨씬 더 높은 수준의 웰빙과 창의성을 보고한다.

탈학습

짐 개리슨Jim Garrison은 고르바초프재단의 공동 설립자이자 대표, 세계 포럼The state of the World Forum의 의장이자 대표, 가장 최근에는 유비쿼티대학교의 총장을 역임한 일평생 사회적, 정치적 행동주의자 역할을 해 온 교육자다. 중국과 대만에서 활동하던 기독교 선교사의 자녀로 태어난 개리슨은 대립하는 이념에 둘러싸여 자랐다. "인생에서 가장 중요한 경험을 한 건 내가 다섯 살 때였습니다. 나는 놀다가 불교 사원에 들어갔습니다. 거기에는 사프란 법복을 입은 승려가 부처를 마주 보고 바닥에 앉아 있었습니다." 개리슨은 그 순간을 상세한 것까지 하나하나 생생하게 기억할 수 있다. "그 승려가 어떻게 생겼는지 보려고 주위를 힐끔 둘러보았는데, 그는 움직이지 않은 채 죽은 듯이 가만히 있었습니다. 그때 파리 한 마리가 날아와 그의 이마에 앉았습니다. 그리고 그의 이마를 기어 다니기 시작했습니다. 그는 움직이지 않았습니다. 파리는 날아갔고 나는 그 승려의 고요함을 바라보았습니다. 파리가 다시 와서 승려의 입술을 기어 다녔습니다. 그는 조금도 움직이지 않았습니다. 그 순간, 내가 안다고 생각했던 모든 것이 사라졌습니다." 개리슨은 그 사원에서 경이로움을 느꼈던 순간이 인생

철학의 토대를 마련했다는 점을 분명히 알고 있다.

시간이 지나면서 그는 자신이 자라 온 고정된 종교적 세계관이 '탐구 정신을 키우기보다는 약하게 한다'는 사실을 알게 되었다. 개리슨은 엄격한 세계관을 가진 사람들에게 호기심은 종교 배반이라는 것을 어린 시절에 알아차렸다. "호기심은 위험합니다. 이단으로 여겨지기도 합니다. 그리고 개인적 경험을 통해 알 수 있듯이, 이단은 큰 대가를 치르게 됩니다." 그는 가족의 삶에서 중심 역할을 한 공식화된 종교를 거부했다. 그 공허함 속에서 자라난 것은 호기심에 대한 사랑과 이데올로기에 대한 경멸로 이어졌다. 이데올로기를 피하는 사람으로서 그는 그것을 연구하는 데 시간을 보냈다. 하버드대학교에서 종교사 석사학위를, 케임브리지대학교에서 철학 신학 박사학위를 받았다. 이제 개리슨은 유비쿼티대학교를 이끌면서 학생들에게 신성한 호기심을 전하고 싶어 한다. "나는 현대 교육이 현대 위기의 근원이라고 생각합니다. 우리는 질문이 아니라 알아야 할 사실과 그것을 얼마나 잘 외우는지를 확인하는 시험을 중심으로 교육 시스템을 설계했습니다. 따라서 호기심, 주관성, 개인적 성장은 98퍼센트를 얻든 99퍼센트를 얻든 상관하지 않습니다."

교육 시스템이 표준화와 경직성의 대가로 경이로움과 모호함을 제거하려고 할 때, 이는 우리의 학습 능력뿐만 아니라 학습한 것을 잊어버리는 능력에도 영향을 미친다. 연구진들은 요즘 아이들이 평생 6가지 경력에서 18개의 직업을 갖게 될 것으로 예측한다. 따라서 빠르게 배우고 잊는 능력이 중요하다. 탈학습unlearning이란 무엇을 의미할까? 우리 뇌는 변경 가능한 인지 영역이 너무 많으며 새로운 기술이 항상 이전 기술 위에 쌓일 수는 없다.

하버드대학교 의과대학 신경학 교수인 알바로 파스쿠알레온 Alvaro Pascual-Leone은 **신경가소성**neuroplasticity이라는 용어를 만든 사람이다. 그는 스키장 슬로프 비유를 사용해서 우리가 무언가를 배우고 잠재적으로 잊는 방법을 설명한다. 언덕, 나무, 바위의 윤곽 등 경사면의 지형은 우리가 지닌 유전자가 우리 뇌에 기여하는 것이다. 그것이 우리 성격이든 성적 성향이든 아니면 특정한 정신 건강 상태에 대한 성향이든 말이다. 우리가 처음으로 스키를 타고 슬로프를 내려갈 때, 지형이 이미 형성되어 있긴 하지만, 어느 길로 갈지는 우리가 선택할 수 있다. 그 부분은 우리가 통제할 수 있다. "하지만 슬로프를 두 번째 내려갈 때 분명히 발생하는 일은 처음 내려갔던 경로와 관련이 없는 다른 어딘가로 갈 가능성이 더 낮다는 사실이다. 정확히 처음 갔던 그 길은 아니지만, 다른 어떤 길보다 더 그 길에 가까운 곳으로 갈 것이다"라고 파스쿠알레온은 말한다. 시간이 지날수록 같은 길을 반복해서 내려오다 보면 새로운 길을 택하기가 점점 더 어려워지고, 지나온 길에 자국이 남아서 좋은 습관이 되기도 하고 나쁜 습관이 되기도 한다. "마지막에는 많이 사용한 경로와 거의 사용하지 않은 경로가 있을 것이다. 이제는 그 궤도에서 벗어나기가 매우 어려워진다. 그리고 그 흔적들은 더 이상 유전적으로 결정되지 않는다." 그래서 우리는 유전학(지형)과 습관(궤도)에 의해 신경 경로에 갇히게 된다. 경로를 **변경할 수는 있지만**, 우리 뇌는 빠른 지름길을 좋아하며 그 궤도로 가는 게 빠르므로 경로를 변경하기가 어려워진다. 경이로움은 다져진 활강 코스를 정리하고, 새로운 흔적을 만드는 방법이다.

어렸을 때 우리의 슬로프는 스키 자국이 새겨지기를 기다리는 신선하고 깨끗한 눈처럼 완전히 깨끗했다. 하지만 나이가 들수록 지나간 자국이 점점 깊어진다. 작가 버지니아 울프는 "나이가 들수록 설명할 수 있는 이성을 통해 더 큰 힘을 갖게 된다"라고 썼다. 그리고 시간이 지나면서 "이 설명은 타격의 강력한 힘을 무디게 한다". 울프는 우리의 휴리스틱을 변화에 대한 방어 수단 정도로 상상했다. 아이에게 중대한 변화가 생기면 '휴리스틱 방어'가 약하기 때문에 아이의 스키마는 쉽게 변경된다. 그러나 성인인 우리는 '타격을 무시'할 수 있는 충분한 설명과 충분한 휴리스틱 방어를 구축했다. 이는 어른은 아이처럼 삶의 변화로 인해 균형을 잃지 않을 수 있지만, 아이들보다 탈학습에 덜 능숙하다는 것을 의미하기도 한다.

밝혀진 바와 같이 탈학습의 핵심 중 하나는 우리가 4장에서 살펴본 학습된 부적절성인 잠재적 억제다. "무엇을 무시해야 하는지 배우는 것은 효과적인 심리 기능을 위해 매우 중요하다. 우리가 세상을 헤쳐 나갈 때 감각으로 이용할 수 있는 모든 정보를 처리한다면 정말 벅찰 것이다. 따라서 우리는 관련된 세부 정보를 찾기 위해 이 정보를 추려 내고 다른 모든 정보를 걸러 낸다. 문제는 선별에서 배제된 정보가 나중에 유용할 수 있지만 그때가 되면 그 중요성을 깨닫고 관련성이 없다는 것을 잊어버리는 게 더디다는 것이다"라고 개방성 연구자인 루크 스마일리가 말한다. "보통 사람의 경우 이러한 사전 노출은 후속 학습을 방해한다. 중요한 자극이 '무의미함'으로 바뀌어 인식을 관통하지 못한다. 그러나 잠재적 억제에 덜 민감한 개방성이 높은 사람들에게는 그렇지 않다."

20세기 초 변화 관리 이론의 선구자인 심리학자 쿠르트 레빈 Kurt Lewin은 탈학습에 대한 생생한 그림을 발전시켰다. 그는 변화하려면 "해동하고, 재구성한 뒤, 다시 얼려야" 한다고 보았다. 이 아이디어에 대해 타당한 비판이 몇 가지 있지만, 주로 변화는 결코 실제로 '설정'할 수 있는 것이 아니라 오히려 일정하다는 점이다. 하지만 레빈의 설명을 통해 탈학습이 얼마나 어려운지에 대한 유용한 시각을 얻을 수 있다. 이런 식으로 한번 생각해 보자. 나는 어렸을 때 아이스바를 매우 좋아했다. 우리 부모님이 큰돈을 들여 고급스러운 손잡이가 달린 치치 아이스바 틀을 사 주기 전까지 플라스틱 랩과 이쑤시개 그리고 얼음 틀로 아이스바를 만들곤 했다. 하지만 아이스바가 완전히 얼 때까지 기다리는 건 힘들었다. 겉은 언 것처럼 보였지만 속은 여전히 액체였다. **휴.**

아이스크림을 냉동실에 다시 넣고 계속해서 기다려야 하는 그 실망감. 너무 고통스럽다. 이제 당신이 몇 년 또는 몇십 년 동안 특정한 방식으로 행동해 왔다고 상상해 보자. 20년간의 행동을 녹이고 다시 틀을 만든 다음 단단해질 때까지 다시 얼리는 데 얼마나 많은 시간과 에너지가 필요할지 생각해 보자. 그게 바로 탈학습이다. 미래학자이자 철학자인 앨빈 토플러는 "21세기의 문맹은 읽고 쓸 줄 모르는 사람이 아니라 배우고, 잊고, 다시 배울 수 없는 사람이 되는 것"이라고 설명했다. 답 자체가 아닌 탐구 과정에 중점을 두는 경이로움 기반 교육은 더 영리한 학습자가 되게 해서 우리가 배우는 것뿐만 아니라 배우지 않는 것에도 더 능숙하게 만든다.

현대 교육, 양극화, 한 가지 정답

다른 사람들과 마찬가지로 개리슨 역시 현대 교육에는 놀이뿐만 아니라 협력이 부족하다고 생각한다. 그는 학교의 교육 환경이 아이들의 정신 건강을 고려하기보다 경쟁적이며 궁극적으로 해로운 문화를 조장한다고 생각한다. "이 아이들은 유치원에서부터 그들이 성취해야 한다는 것을 알고 호기심을 없애야 하는 시스템에 들어갑니다. 그것이 게임의 핵심이기 때문입니다." 개리슨은 이러한 호기심과 공감의 감소가 학생들을 편견에 더 쉽게 빠지게 하고 정신 건강을 더 나쁘게 만들 수 있다고 우려한다.

예상할 수 있듯 학생들의 정서적 건강은 학업 성과에 영향을 미치며, 그 정도는 상당히 크다. 미국 어린이 8명 중 1명은 불안 장애를 가지고 있으며, 임상적 불안을 가진 아이들은 고등학교를 중퇴할 가능성이 1.4배나 높다. 불안한 아이들은 이해력과 표준화된 지능검사 모두에서 더 낮은 결과가 나온다. 임상적으로 상당한 수준의 불안이 없더라도 실험 불안을 경험하는 학생들의 수행 능력 역시 학습에 방해가 될 정도로 손상될 수 있다. 불안이 증가하고 투쟁-도피 반응이 촉발되면 주의력 조절, 집중, 몰두뿐만 아니라 정신적 유연성을 관리하는 실행 기능이 저하되고, 정보

보유 능력이나 기억력이 저하된다.

"현재 우리의 교육 시스템은, 특히 경영대학원은 반사회적일 뿐만 아니라 정신병적입니다"라고 개리슨은 충고한다. "경영대학원은 양심도, 연민도, 공감도 없는 사이코패스 세대를 양성하고 있습니다. 무자비하고 거친 경쟁자들은 어떤 대가를 치르더라도 이겨야 하며, 가장 많은 전리품을 가진 사람이 이긴다고 가르칩니다. 이것은 완전히 진화에 어긋납니다. 진화에 대해 더 많이 배울수록, 진화가 경쟁이 아닌 협력으로 동기가 부여되고 지속된다는 사실을 알게 됩니다." 개리슨은 학교에서 협력 문화를 더 조성하는 경이로움의 힘을 인정한다. 그는 "경이로움은 본질적으로 사회적 기업"이라고 생각하며, "실존적 관점에서 경외감과 경이로움은 사회적 현상일 뿐만 아니라 무언가 다른 것을 상상하려는 의지와도 연결되어 있다고 봅니다"라고 말했다.

그는 배움은 경쟁 과정이 아닌 협력 과정일 때 가장 활발하다고 주장하며, 경이로움을 협력적 연결을 위한 메커니즘으로 본다.* 어린 시절에 우리는 매우 개방적이며 호기심 많은 접근법을

---

* 이 아이디어는 '마시멜로 챌린지'라는 제목의 인기 있는 팀 구축 활동에서 잘 나타난다. 도전 과제는 정해진 양의 말린 스파게티, 테이프, 끈으로 꼭대기에 크고 푹신한 마시멜로를 지탱할 수 있는 가능한 한 가장 높은 탑을 만드는 것이다. 어린아이와 대학생에서부터 시작해서 정치계, 산업계에 이르기까지 다양한 유형의 그룹이 이 마시멜로 챌린지를 수행했다. 계속해서 최고의 성과를 낸 집단은 유치원생들이었다. 그리고 계속해서 최악의 성과를 낸 그룹은 바로 MBA 학생들이었다. 왜 그럴까? 톰 우젝Tom Wujec이 설명했듯이 아이들 가운데 누구도 '스파게티 주식회사의 CEO가 되려고' 하지 않았기 때문이다. MBA 학생들은 자신과 강박적인 기획자 사이에서 경쟁적 경향이 있는 반면, 어린아이들은 매우 협조적이고 지속적이고 장난기 많고 반복적인 경이로움 주기에 참여한다. 유치원생들은 모든 아이디어를 좋은 아이디어로 여기며(개방성), 모든 해결책을 다 같이 탐색할 가치가 있다(호기심)고 생각한다. 해결책을 추구하는 과정에서 개인의 자아가 상실된다(몰두). 시도하고 실패할 때마다 학습으로 이어진다(기대치 위반). 해결책은 스키마를 변경한다(경외감). (Wujec, Tom. 2010. "Build a Tower, Build a Team." TED2010. 6:35. https://www.ted.com/talks/tom_wujec _build_a_tower_build_a_team)

취하도록 격려받는다. 하지만 시간이 지나면서 우리 사회는 이 접근법을 만류하는 것처럼 보인다. 이런 현실은 우리를 위험에 처하게 하는데, 탐색 행동의 부재는 장기적으로 부정적 영향을 미치기 때문이다. 심리학자이자 성격 이론가인 실반 톰킨스^{Silvan} ^{Tomkins}는 호기심 부족이 '뇌 조직의 파괴'와 유사하게 학습에 매우 해롭다고 설명하면서 "지속적인 관심이 없는 상태에서 인간의 역량은 없다"라고 설명했다. 어린 시절은 타고난 뇌 가소성이 가장 높을 때이기 때문에 어릴 때부터 호기심을 키우는 것이 중요하다. 우리가 살펴본 것처럼 성격 특성의 약 절반은 유전이지만 나머지 절반은 환경에서 온다. 따라서 학교와 학습 기관은 우리가 배우는 것뿐만 아니라 평생 배우는 방식에도 근본적인 영향을 미친다.

인생에서 경외감이 절정에 이르는 시기는 6세에서 20세 사이로, 이때는 뇌 가소성이 최대인 시기이기도 하다. 그리고 65세 이후에는 다시 뇌 가소성이 확 떨어진다. 이 시기를 고려할 때, 대커 켈트너는 경이로움에 기반한 학교교육을 어린이의 학습뿐만 아니라 평생의 정서적 능력에 긍정적 영향을 미칠 엄청난 기회로 보고 있다. "경이로움의 과학에서 나오는 교육 철학이 있을 것입니다. 그냥 질문하세요. 먼저 크게 생각한 다음에 작게 생각하세요. 나는 경이로움이 우리 젊은이들에게 다음과 같은 질문으로 방향을 바꿀 기회를 제공한다고 생각합니다. '어떤 방식으로 음악을 듣는가?', '어떤 방식으로 그림을 보는가?', '과학적으로 어떻게 생각하는가?'"

유비쿼티대학교를 모델로 삼아 개리슨은 인지적 유연성을 장려하고 어린이들의 더 나은 천성적 성장을 촉진하는 경이로움 기반 교육 시스템을 설계하길 원한다. "10억 명이 있다고 치면, 이 사람들을 친사회적으로 만드는 학습 시스템을 어떻게 설계할까요? 어떻게 하면 낯선 사람인 당신과 관계를 맺고, 당신이 누구인지 두려워하기보다 본능적으로 당신이 누구인지 궁금해할까요?" 이것은 더 나은 세상뿐만 아니라 학생들의 학업 성취도 향상을 위해서도 우리가 던져야 할 질문이다. 학습을 친사회적 또는 자기 초월적 목적과 연결하는 학습자들이 더 나은 성과를 낸다는 것을 많은 연구가 보여 준다. 이는 현재 교육 모델의 양극화 문제를 해결하기 위해 반드시 답해야 할 질문이기도 하다. 『경이로움이 가득한 교육Wonder-Full Education』이라는 책에서 로라 피어솔Laura Piersol은 이렇게 썼다. "내가 보기에 현재 교육 시스템 아래에서 학생들은 겸손하고 경이로운 사람이 되기보다는 독단적인 강아지들과 더 닮아 가도록 배우고 있다. …… 해결할 수 있는 문제로 가득 찬 것처럼 보이는 세상에서 경이로움은 어떻게 될까? 사라지고 말 것이다. 우리의 깔끔하고 정돈된 배움의 길 아래로 휩쓸려 갈 것이다."

개리슨은 이러한 질문에 담긴 철학이 우리가 삶에 접근하는 방식의 기초가 되어야 한다고 생각한다. 그렇지 않으면 생각이 굳어지고 하나의 정답에 순응할 위험이 있다. "교육학과 기풍을 통해 질문의 중요성을 심어 주는 것은 호기심과 경이로움, 심지어 상상력의 열쇠입니다. 알고 있다고 생각하면 호기심이나 경이로움, 상상이 무의미해지기 때문이죠. 왜냐하면 이미 알고 있으니

까요." 다시 말해서 아이들이 모든 질문에 단 하나의 정답만 있다고 배운다면, 그 아이들은 커서 자연스럽게 머리가 굳어 버린 사상가가 될 것이다.

피어솔은 "교실 안에서 경이로움 부족과 관련해 가장 걱정되는 부분은 우리가 그 잠재력을 그냥 무시하는 정도를 넘어서 때로는 적극적으로 단념시킨다는 점이다. 우리 교육과정은 학생들이 기존의 가정을 해체하고 '이상한' 새로운 아이디어를 고려할 용기를 갖도록 지도하는 대신에 학생들을 구체적 답변으로 유도한다. 주제도 알려지지 않은 것이 거의 없는 정적인 실체로 제시한다"라고 설명한다. 그리고 이렇게 고정된 사고는 우리의 정치적·사회적·경제적 행동에 영향을 미친다. 심리학자 커크 슈나이더도 이에 동의한다. "우리 문화와 많은 문화권에서 삶, 발견, 놀라움에 대한 근본적인 겸손과 경이로움을 약하게 만드는 것은 큰 비극입니다. 대부분의 규칙과 규정은 여러 가지 관점이 서로 경합하지 못하게 만들며, 아이들이 빠르게 단일 관점에 집착하게 만듭니다." 물론 모호함을 불편해하는 경향이 있는 사람들은 여전히 더 구체적인 답변에 끌릴 가능성이 높다. 그럼에도, 경이로움 기반 교육은 **모든** 어린이가 더 많은 개방성, 호기심, 적응, 미묘함으로 불확실성에 접근하도록 도와서 잠재적으로 더 관용적인 사회를 만들 수 있다.

개리슨은 유비퀴티대학교가 표준에 반하는 경이로움에 기반한 학습환경 중 하나라고 생각한다. 그는 이 학교의 비전통적인 교육 방식이 플라톤의 아카데미, '고대의 신비한 학교', '원주민의 샤머니즘 전통'으로 거슬러 올라갈 수 있다고 주장한다. 인가받은 학교지만, 교과과정은 전통적인 대학에서 기대할 수 있는 것이 아니다. 예를 들어 이 대학교 학생들은 니카라과 커피 농장에서 일하거나, 나무 가공법을 가르친 것에 대해 학점을 받는다. "그것은 사람의 호기심과 배움에 대한 열정에서 탄생한 삶의 경험입니다. 우리는 그걸 학점으로 간주해야 한다고 생각합니다"라고 개리슨은 설명한다.

그가 대학의 사명을 너무 자연스럽게 공유하고 있어서 그 명백한 거대함을 거의 놓칠 수 있다. "젊은이들과 함께 대규모로 변혁적 경험을 촉진할 수 있다면 나는 행복한 사람입니다." 게다가 개리슨은 경이로움을 단지 배움의 중요한 요소일 뿐만 아니라 그의 삶과 일의 지침이 되는 원칙으로 본다. "젊었을 때 나는 무엇을 하든 상상을 벗어나겠다고 다짐했습니다. 그래서 내 인생은 상상의 연속이었습니다. 다섯 살 때 스님에 대한 경외감을 경험한 이후 항상 나에게 '여기서 경이로운 점은 무엇일까'라고 묻기 위해 노력해 왔기 때문입니다."

비전통적 학습자

종래와는 다른 학교들이 있으며, 다른 학습자들도 있다. 오늘날 학교가 직면한 큰 문제 중 하나는 작가 데보라 레버^{Deborah Reber}가 말하는 '다른 방식의 회로를 지닌' 아동, 즉 ADD, ADHD, 자폐성장애, 학습장애 또는 영재성과 같은 신경학적으로 다른 아동의 교육적 요구를 어떻게 충족시킬 것인가 하는 점이다. 레버가 설명하듯이 "두뇌 회로가 다른 아이들은 기존 학습환경에서 자주 어려움을 겪는다. 그런데 이런 학생들이 전체의 20퍼센트 이상을 차지한다". 레버는 아이 다섯 중 한 명이 이 범주에 속한다면, 교육에 격차가 있다고 생각한다. "전통적 교육 모델은 다르게 배우고 생각하는 학생들을 지원하도록 설계되지 않은 측면이 많이 있다"라고 레버는 설명한다. 이런 학생들에게 적절한 학습환경을 제공하지 못하면 평생 영향을 미칠 수 있다. "두뇌 회로가 다른 많은 아이가 학교에서 성공하기 위해 고군분투하고, 자신이 '망가졌다거나' 어리석다는 메시지를 내면화하고, 시작하는 데 실패하고, 때론 성인이 될 때까지 남아 있는 고통과 트라우마에 시달린다."

아이들을 현재 학교 구조에 맞추기 위해 사회가 가는 길은 놀라울 정도다. 미국에서는 ADD/ADHD 진단을 받은 어린이의 3분의 2가 각성제를 복용하고 있다. 이런 약물은 ADD/ADHD를 가진 많은 학생에게 실질적이고 의미 있는 혜택을 제공하지만, 단순히 기존 교실에서 제대로 작동하지 않는 행동을 관리하기 위해 사용하기도 한다. 메시지는 분명하다. 아이들은 앉아서 주의를 기울이고 조용히 공부해야 하며, 만약 그렇게 할 수 없다면 우리가 그것을 '고칠' 수 있다는 것이다. 『우리 아이는 조금 다를 뿐입니다』의 저자 레버의 목표는 부모가 "부족한 점에 기반한 양육 방식, 즉 자녀를 '고치는' 것에 뿌리를 두는 것에서 각각의 자녀와 아이가 지닌 고유한 강점에 중점을 두는 양육 방식으로 전환하도록" 돕는 것이다. 레버는 전통 교육의 실패를 직접 목격했다. 자신의 개인적 경험을 통해 알게 되었는데, 그녀 자신이 영재성과 ADHD를 동시에 진단받은, 두뇌 회로가 다른 아들을 키우고 있었다. "대부분의 시스템, 전통적인 시간표, 교육 모델, 공동체는 실제로 내 아이 같은 아이들의 생생한 경험을 존중하거나 지원해 주지 않는다."

ADHD는 자제심이 부족하거나 가만히 앉아 있을 수 없는 아이들에게 영향을 미치는 질병으로 지나치게 단순화되었지만, 사실 그보다 훨씬 더 복잡하다. 앞서 배웠듯이 호기심은 신경전달물질인 도파민에 의해 촉진되는데, 도파민은 신경세포 사이에서 소통하고 뇌의 보상 또는 동기부여 시스템과 연결되는 '기분 좋은' 화학물질 전달자다. 도파민은 또한 주의력과 몰두에 필수적 역할을 담당한다. 수년 동안 연구진들은 ADD/ADHD가 있는 사람들이 신경학적으로 일반적인 사람들보다 도파민 수치가 낮다고 생각했다. 최근에는 ADD/ADHD를 가진 사람들이 충분한 도파민을 가지고 있지만, 도파민 수용체가 너무 효율적으로 작동한다는 의견이 우세하다. 즉, 도파민이 너무 빨리 흡수된다는 것을 뜻한다. 그래서 주의력 결핍이 있는 사람들은 계속해서 호기심을 유발하는 도파민을 찾으려 하지만, 도파민은 당면한 주제에 충분히 집중할 수 있을 만큼 오래 머물지 않는다. ADHD에 처방하는 대부분의 약물은 도파민 흡수를 차단하는 자극제로 작용하므로 도파민이 더 천천히 제거된다. 이런 약물 없이 주의력 결핍이 있는 사람이 호기심에서 몰입으로 전환하는 데 필요한 자극을 주려면 엄청난 정신적 노력이나 흥미로운 무언가가 필요하다.

여기에 경이로움이 필요하다. 어느 정도의 경이로움 개입은 ADHD가 있는 학생뿐만 아니라 기존 교실 환경에서 제대로 대우받지 못한 자폐증 및 기타 신경 발달장애가 있는 학생들에게 도움이 되는 것으로 보인다. 사실 경이로움에 기반한 치료법은 이미 ADHD 증상을 개선하는 것으로 밝혀졌으며, 특히 몰두 요소를 돕는 것으로 나타났다. 예를 들어 환경심리학자 레이철 캐플런Rachel Kaplan과 스티븐 캐플런Stephen Kaplan의 주의력 회복 이론Attention Restoration Theory은 주의력 피로로 고통받는 아이들이 그저 자연 또는 녹색인 주변 환경을 바라보는 것만으로도 그러한 정신적 노력에서 벗어날 수 있음을 발견했다(12장과 13장에서 더 자세히 다룰 것이다). 일리노이 어바나-샴페인대학교의 또 다른 연구는 같은 아파트 단지에 사는 아이들을 연구한 결과 황량한 풍경이 아닌 녹색 자연환경을 전망으로 가진 집 아이들이 충동 조절 검사를 더 잘 수행한다는 사실을 발견했다. 이런 결과는 ADHD를 앓고 있지만, 약물 치료를 받지 않은 어린이가 '더 푸른 녹지 환경'을 산책했을 때, 주의력 검사에서 더 나은 성과를 보였다는 추가 연구로 뒷받침된다.

이러한 실험에서 나타난 '친환경적 이점'에 주목할 가치가 있다. 포장된 놀이터와 같이 인공적으로 만들어진 야외 환경은 같은 결과를 보여 주지 않았기 때문에, 단순히 아이들이 뛰어놀며 '에너지를 소모하는' 문제가 아니다. 오히려 지리적, 경제적, 인구통계학적으로 조사했을 때도 녹색, 자연환경은 아이들에게 무언가 구체적인 의미가 있다.

마지막으로 백일몽을 포함하지 않고는 경이로움, 신경 다양성, 학습 사이의 연관성을 탐구할 수 없다. 백일몽은 아이들을 더 사색하게 만들고, 동정심을 길러 주며, 도덕적으로 의사 결정하게끔 돕는 것을 포함해 많은 장점이 있다. 하지만, 불행하게도 안절부절못하는 것과 마찬가지로 백일몽은 대부분의 전통적 학습환경에서 강하게 권장되지 않는다. 대다수 학교는 높은 집중력이 필요하다는 가정에 지나치게 집착한 나머지 '건설적인 내부 성찰'의 잠재적 이점이라는 균형을 맞추는 데 실패했다. 몽상 또는 '멍때리는 것'이 ADHD의 특징이라는 점을 고려할 때, 얼마나 많은 아이가 그들에게 도움이 되지 않는 교육 접근 방식 때문에 '학습 부진아' 또는 '말썽꾸러기'로 분류되고 있는지 의문을 가져야 한다. 즉, 교육 방식의 문제이지 아이들의 문제가 아니다. 레버는 패러다임을 전환해야 한다고 주장한다. "두뇌 회로가 조금 다른 아이들에게 그들이 지닌 많은 장점을 유지하고 그들의 관심과 열정을 따르도록 격려하는 것이 잠재력을 발휘하고 자아를 실현하는 어른으로 성장시키는 열쇠다"라고 설명한다. "신경 다양성을 가진 많은 학생이 전통적 학교에서는 풀이 죽지만, 그 아이들의 부모가 그들을 끌어내서 재택학습homeschool을 하거나(보통 부정적인 학교 경험에서 '해독'하는 기간이 지난 후) 자녀가 자신이 추구하는 바대로 갈 수 있도록 격려하고, 아이의 관심사를 깊은 탐구, 기술 함양, 성장을 위한 발판으로 활용하도록 하면 성공을 거둔다."

랍비이자 교육자인 해럴드 쿠시너Harold Kushner는 아이들이 자신의 교육을 주도하도록 장려해야 한다는 레버의 의견에 동의한다.

"나는 우리 종교학교의 선생님들에게 이렇게 말한다. '첫눈이 내리는 날, 선생님이 창가에 있는 아이들을 다시 자리에 앉게 한 뒤 교과서 43페이지를 보라고 했다는 말을 듣고 싶지 않습니다. 어린아이가 눈의 아름다움에 기뻐하며 흥분하는 것은 그날 오후 수업 계획에 있는 그 어떤 것만큼이나 진정한 기도이자, 신이 만든 세계의 경이로움과 아름다움에 대해 종교적 근거가 있는 응답이 될 것입니다.'" 대커 켈트너가 학생들에게 전하고 싶은 메시지는 좀 더 직설적이다. "시험 걱정은 제발 그만하고, 마음을 열고 밖으로 나가서 이것저것에 대해 경이로움을 느껴 보세요."

경이로움이 우리가 세상을 바라보는 렌즈를 바꾸는 것과 같은 방식으로 경이로움에 기반한 학습은 사물을 다르게 보도록 한다. 교수법이 서서히 변하고 있긴 하지만 기존 교육 모델은 여전히 표준화된 기준에 너무나 중점을 두고 있어서 아이들의 정신 가소성이 최대인 시간을 활용하지 못한다. 교육자들은 교과 내용을 가르칠 뿐만 아니라 아이들이 성인으로서 생각하고 상호작용하고 문제를 해결하는 방식에 기여할 수 있는 특별한 기회를 가지고 있다. 크루티 파렉이 즐겨 말했듯이 "어제의 마술은 오늘의 과학이며, 오늘의 마술은 내일의 과학이 된다". 심화학습, 놀이, 건전한 약간의 마법을 허용하는 경이로움에 기반을 둔 교육은 개방적이고, 호기심 많고, 넓은 마음을 지닌 어른으로 자라게 할 가능성이 더 높고, 개방적이고 호기심 많고 마음이 넓은 어른은 훌륭한 부모, 상사, 리더가 될 가능성이 더 높다.

• 심층적 호기심, 표면적 호기심이 있는 것처럼 학습에도 심화학습과 표면학습이 있다. 심화학습은 학습자들이 더 적극적으로 참여하며 더 많이 알고자 하는 본질적 욕구를 가진다는 특징이 있다. 심화학습자들은 유연하고 미묘한 차이를 잘 파악하며, 배운 내용을 더 오래 기억할 수 있다. 표면학습은 평가를 목적으로 학습하는 것으로 이런 학습자는 모호함을 싫어하고, 단 하나의 정답을 추구하기 때문에 경직된 사고방식을 가지게 되며, 학습 내용을 오래 기억하지 못한다.

• 놀이는 학습의 기본으로, 경이로움에 기반을 둔 학습은 심화 놀이로 가득하다. 심화 놀이는 경이로움 주기의 각 요소와 관련이 있으며 개방적 탐험, 깊은 호기심, 몰입 유형의 몰두, 경외감을 잘 보여 주는 순간으로 특징지어진다. 심화 놀이는 또한 협력 행동을 장려한다.

• 호기심이 많은 아이는 학습을 더 잘할 수 있으며, 새로움은 호기심을 자극하고 우리가 정보를 더 잘 기억할 수 있도록 돕는다. 경이로움 기반 교육은 암기가 아닌 새로움과 깨달음의 순간을 위한 기회를 추구한다.

• 많은 학교의 환경이 학습 기술로서 놀이나 심지어 개방적 탐구를

소홀히 여긴다. 이는 공감 능력을 떨어뜨리고 양극화를 심화한다. 경이로움 기반 교육학은 학생들끼리 경쟁하기보다는 협력을 장려하고, 관용을 가르치며, 인지적 유연성을 발달시킨다.

- 학습은 맥락에 따라 달라져야 한다. 어떤 학습자는 특정 환경에서 학습을 더 잘 수행하며, 비전통적 학습자에게는 그에 맞는 비전통적 해결책이 필요하다. 경이로움에 기반한 학습은 일부 비전통적 학습자에게 특히 유익하다.

11장. 효과 3:

리더십과 동료애 그리고 기업문화

문화는 우리가 하는 일련의 행동 뒤에 남는 여파다. 경
이로움의 요소는 친사회적 리더십 자질에 이바지하며,
직장에서의 경이로움 실천은 훌륭한 기업문화를 싹틔
운다.

암스테르담 구교회Oude Kerk는 도시의 미로 같은 홍등가로 유명
한 더 발런De Wallen 구역에 약간 어울리지 않게 우뚝 솟은 구조물이
다. 1213년, 소박한 목조 예배당으로 시작해 100여 년 뒤에는 석
조 교회로 봉헌된 구교회는 암스테르담에서 가장 오래된 건축물
로 장기간 복원작업을 하지 않을 때는 현대미술 및 문화 센터로
사용된다. 이 화강암 구조물은 15세대에 걸친 전쟁, 화재, 약탈,
폭도들의 기물 파손에서 살아남았으며, 여러 차례 보수공사를 했
지만, 렘브란트가 이곳에서 그의 네 자녀에게 세례를 주었을 때
와 거의 비슷하다. 3345제곱미터, 네 대의 파이프오르간, 에스토
니아 목재로 만든 유럽에서 가장 큰 뾰족한 첨탑이 인상적인 건
축물이다. 한마디로 말해서, 경외감을 불러일으킨다.

네덜란드의 과학자들은 구교회를 배경으로 **작은 자아**로 알려
진 심리 현상을 연구했다. 그 연구를 하기 전에 작은 자아는 일반
적으로 자아와 자기현출성self-salience의 감소 같은 심리적 위축을 나

타내는 개념이었다. 그러나 네덜란드 연구진은 경외감이 **육체** 인식에 미치는 영향을 알고 싶었다. 켈트너와 하이트가 제안한 경외감 경험의 두 가지 요소인 광대함과 수용을 연상하면서, 연구진은 광대함의 감각이 어떻게, 그리고 왜 우리의 정신 스키마를 이런 식으로 바꿀 수 있는지 이해하기 시작했다. 이 연구를 위해 연구진은 교회 방문자들이 안으로 들어가기 전과 후에 설문지를 작성하게 해서 교회의 큰 출입문과 비교해 본인의 신체 크기를 추정하도록 요청했다. 연구진은 교회를 방문한 이후 더 높은 수준의 경외감을 보고한 방문자가 자기 신체를 더 작게 인식한다는 점을 발견했다. 또한 두 가지 추가적인 경이로움 데이터를 발견했다. 즉, 몰두 특질이 높은 참가자일수록 경외감을 경험할 가능성이 더 크며, 나이가 많은 참가자는 경외감을 경험할 가능성이 더 작다는 사실이다.

이 작은 자아 현상은 경이로움이 겸손, 공감, 기타 많은 친사회적 감정을 불러일으키는 주요 방법 가운데 하나다. 작은 자아는 이기심을 감소시키고, 자신의 필요에만 관심을 두고 행동하던 것에서 벗어나 타인의 필요에 관심을 갖도록 한다. 이를 통해 우리의 어려움을 보다 소화가 가능한 단위로 세분화할 수 있으며, 주변 사람이 무엇을 생각하고 느끼는지 고려해 동정심을 가지고 대응할 수 있게 해 준다. 이것은 바로 관리자나 팀원이 갖춰야 할 훌륭한 속성이다.

경이로움으로 이끌기

압도적으로 사람들은 겸손하고 감정을 잘 헤아리는 리더를 위해 일하고 싶어 하며, 개방적이고 신뢰할 수 있으며 자신을 지지해 주는 팀의 일원이 되기를 원한다. 직장이 싫어서 떠나는 게 아니라, 상사 때문에 그만둔다는 표현을 들어 봤을 것이다. 리더는 직원들의 만족도에 엄청난 영향을 미치며, 관리자는 조직문화의 기조를 결정한다. 2018년에 수행된 연구에서 자신의 상사가 훌륭하다고 생각하는 직원 중 94퍼센트가 자신이 업무에 열정과 에너지를 가지고 있다고 답한 반면, 상사가 나쁘다고 보고한 직원의 경우 그 비율이 59퍼센트에 불과했다. 관리자는 직원들이 업무를 수행하는 데 직접적인 영향을 미친다. 공감을 잘하는 것 외에 좋은 상사를 만드는 요인은 무엇일까? 겸손, 정직, 인내, 진정성, 이타심, 새로운 아이디어에 대한 개방성, 이 모든 특징은 경이로움으로 인해 강화된다.

조직문화는 까다롭다. 리더가 "이것이 우리 문화입니다"라고 선언했다고 해서 조직이 그렇게 마법처럼 작동하는 것이 아니기 때문에 쉽지 않다(많은 사람이 그렇게 돌아간다고 생각하는 것 같지만 말이다). 사실은 그 반대다. 행동이 우선이며, 그런 행동은 의식적으로 노력해서 만들어야 한다. 문화는 우리가 하는 일련의 행동 뒤에 남는 여파라고 생각하라. 만약 그 행동에 일관성이 없거나 흐트러진다면 그 여파는 약할 것이고, 다른 난기류가 당신이 만들려는 파급효과를 엉망으로 만들 수 있다. 그러나 행동에 일관성과 진정성이 있다면 상당한 영향력을 가질 것이고, 웬만한 방해물로는 이를 중단시킬 수 없다. (그리고 이것은 그런 행동이 긍정적이든 유해하든 여전히 진실이며, 그래서 고착된 기업문화를 바꾸기란 매우 어렵다.)

어떤 행동이 훌륭한 문화에 기여할까? 각 조직이 지닌 목표에 따라 다르겠지만, 경이로움에 기반한 직장문화의 행동 기반으로 보통 공감, 겸손, 윤리, 이타주의, 신뢰, 창의성, 유연성, 개방성, 호기심, 감성지능, 응집력 있고 포용적인 팀워크 같은 특성을 발견할 수 있다. 개방성, 호기심, 몰두, 경외감이라는 경이로움의 요소는 이러한 친사회적 리더십 자질에 이바지하며, 직장에서의 경이로움은 이런 종류의 문화를 싹트게 한다(나도 그런 곳에서 일하고 싶다!).

공감

훌륭한 리더십, 인간관계, 높은 성과를 내는 팀, 건전한 조직문화의 특징인 공감은 직원들에게 매우 중요하다. 2001년 한 연구에 따르면, 회사원의 75퍼센트가 인정을 더 베푸는 회사에서 일한다면 더 낮은 급여를 받아도 상관없다고 말했다. Z세대 직원들(1996년 이후 출생자)에게 물어보면 그 비율은 83퍼센트로 증가한다. 또한 공감은 중요한 장점을 가지고 있다. 다른 연구에서는 가장 '공감 능력이 좋은 기업' 상위 10개 기업이 하위 10개 기업보다 2배 이상의 가치 성장을 보였고, 50퍼센트 더 많은 수익을 창출한 것으로 나타났다. 그렇다면 공감하는 회사를 만들려면 어떻게 해야 할까? 공감하는 회사는 연민을 가지고 사업을 하는 회사다. 경청하고, 일과 삶의 균형을 지원하며, 사람에게 투자하고, 윤리적이며, 신뢰받고, 신뢰한다. 공감하는 기업이 더 나은 성과를 내는 이유는 쉽게 예상할 수 있다. 좋은 사람들이 일하고 싶어 하는 곳이기 때문이다.

공감은 생존 가능성을 높이기 위해 집단 구성원이 서로를 지지하는 메커니즘으로 진화했을 가능성이 높으며, 부분적으로는 마음 이론Theory of Mind이라는 사회적 인지능력 덕분에 가능했을 것이다. 이마누엘 칸트가 개발한 개념인 마음 이론은 다른 사람들이 나와는 다른 생각, 감정, 신념을 가지고 있음을 인식하는 개인의 능력이다. 이런 인식이 있어야 우리는 사회적 상호작용을 통해 주변 다른 사람들의 정신 상태와 행동을 해석하고 추론할 수 있다. 그런 다음 그 추론을 사용해서 공감이나 연민 같은 친사회적 감정을 느끼도록 동기가 부여되는지를 결정한다.

지난 10년 동안 **거울뉴런**mirror neurons으로 불리는 뉴런의 하위집합 발견이 상당한 관심을 받았다. 이름에서 알 수 있듯 이 뉴런은 우리가 관찰하는 사람들의 행동과 감정 상태를 반영하는 것으로 보이며, 연구진은 이 뉴런이 공감을 일으키는 데 상당한 역할을 한다고 생각한다. 18개월 된 아이들이 사람이 장난감 사용법을 알려 주는 것을 보면 그 동작을 배우지만, 기계가 같은 동작을 하는 것을 보았을 때는 장난감 사용법을 배우지 않았다는 사실은 흥미롭다. 이 발견이 매우 획기적인 이유는 거울뉴런이 말과 언어, 모방과 지식 공유, 공감, 사회적 인지, 마음 이론과 같은 여러 신경인지기능에 큰 역할을 하고, 우리가 배우고 상호작용하는 방식에 엄청난 영향을 미치기 때문이다.

철학자이자 작가인 로먼 크르즈나릭Roman Krznaric은 우리는 공감을 더 잘해 주는 직장과 더 자비로운 사회의 장점을 알고 있음에도 "만성적이며 증가하는 공감 부족에 직면해 있다"라고 말한다. 크르즈나릭은 1970년대 이후로 공감 능력이 거의 50퍼센트 떨어졌다고 주장한다. 대학생 1만 4000명을 대상으로 한 2010년 분석에서 지난 30년 동안의 공감을 추적할 수 있었다. 연구 결과 '공감적 관심empathic concern'과 '조망 수용perspective-taking' 모두 꾸준히 감소하는 것으로 나타났다. 그는 이런 공감 능력 저하는 요즘 사회가 공감 능력을 구축하는 일종의 커뮤니티 사회화를 허용하지 않는 가상 활동으로 가득하기 때문일 가능성이 크다고 생각한다. 그는 또한 지난 수십 년 동안 증가하고 있는 나르시시즘의 원인을 정확하게 꼬집었다.* "디지털 문화는 나르시시즘이라는 유행병을 만들었고, 사람들을 하나로 단합시키기보다는 분열시키는 정치적 양극화를 악화시켰다."

그러나 희망이 있다. 인류가 이기적인 얼간이들로 구성되어 있다는 생각과는 달리, 크르즈나릭은 실제 인간이 '호모 엠파티쿠스homo empathicus(공감하는 인간-옮긴이)라고 부르는 공감, 사회적 협력, 상호 지원을 위해 연결된 존재'라는 방향으로 연구를 쌓아 가고 있

---

* 2006년 연구에서 18세에서 25세 사이의 81퍼센트가 부자가 되는 것이 그들 세대의 최고 목표 중 하나라고 응답했으며, 61퍼센트는 부자가 되는 것을 최우선 목표로 꼽았다(이 연구 대상자의 한 범주가 1980년에서 1996년 사이에 태어난 사람들이었으며, 그들의 현재 나이는 25세에서 41세 사이다). 자밀 자키의 2020년 최신 연구 결과는 이와 일치한다. 공감 연구가인 세라 콘래스Sara Konrath는 이것을 해당 세대에 대한 압박이 증가했기 때문이라고 생각한다. "불평등이 증가하면 일반 사람들이 경제적으로 지속 가능한 생활 방식을 유지하는 것이 매우 어려워진다. 나는 젊은이들에게 가해지는 이 모든 다양한 압박으로 인해 많은 사람이 자기 관리와 다른 사람을 돌보는 데 중점을 두지 않는다고 생각한다."

다. 그의 연구 결과에 영향을 받은 스탠퍼드의 연구원 자밀 자키는 비난, 비인간화, 양극화 문화로 향하는 뚜렷한 추세 등 현재 공감에 대한 우려에서 벗어나, 인간은 또한 공감을 강화할 수 있는 타고난 추진력을 공유하고 있다고 여긴다. "공감은 기술과 같다. 또한 근육과도 같다. 다른 기술처럼 공감을 연습할 수 있고 사람들과 더 잘 연결할 수 있다."

크르즈나릭은 경이로움의 요소인 호기심이 공감 근육을 강화한다고 본다. "호기심은 우리가 일상적으로 만나는 사회 집단 밖의 사람들과 이야기하거나 우리와는 매우 다른 삶이나 세계관을 마주할 때 우리의 공감 능력을 확장한다. 그리고 그것은 미국인 3명 중 1명에게 고통을 주는 만성적 외로움을 유용하게 치료할 수 있다."("판단하지 말고, 호기심을 가져라"라고 말한 사람이 월트 휘트먼Walt Whitman인지 테드 라소Ted Lasso인지 확실하지 않지만, 둘 다 정확했다.) 그러나 경이로움이 지닌 공감 형성이라는 이점을 얻으려면 표면적 호기심 이상의 것이 필요하다. 우리는 다른 사람에게 심층적 호기심을 가질 필요가 있다. "호기심을 키우려면 날씨에 대해 잠깐 이야기하는 것 이상이 필요하다"라고 크르즈나릭은 설명한다. "공감력이 매우 높은 사람들은 낯선 사람들에게 엄청난 호기심을 가진다. 그들은 우리 모두가 어린 시절 가졌던 자연스러운 호기심을 유지한 채 버스에서 옆자리에 앉은 사람과 이야기를 나눌 것이다(하지만 사회가 결국 우리에게서 호기심을 앗아가 버린다)." 따라서 호기심은 공감을 낳고, 공감은 호기심을 낳는다는 또 다른 경이로움의 선순환 구조가 나타난다.

연구진은 또한 몰두가 공감과 관련이 있다는 점을 발견했다. 누군가가 다른 사람의 말과 감정에 세심한 주의를 기울인다면 그런 몰두는 더 큰 연민으로 이어진다. 그리고 이런 공감 행동은 상대방과 같은 보디랭귀지나 목소리 톤을 사용하는 등 대인관계에서 무의식적으로 상대를 흉내 내거나 모방하는 경향이 커지면서 강화된다. 모방은 사람들을 편안하게 하고 친밀감을 형성한다. 14장에서 살펴볼 카리스마에서도 중요한 역할을 한다.

〈던전 앤 드래곤〉 같은 판타지 롤플레잉 게임을 하는 사람들을 추적한 어떤 연구는 이런 게임을 하는 사람들이 더 높은 기질적 공감 능력을 갖추고 있음을 발견했다. 모방과 역할극의 상관관계를 뒷받침하는 이론은 몰입도가 높은 사람이 특히 다양한 관점을 취하는 데 더 능숙하다고 설명한다. 판타지 게임 등장인물의 역할을 맡는 데 필요한 기술과 역량은 실생활에서 다른 사람의 관점을 취하는 기술과 역량으로 해석된다. 본질적으로 다른 사람의 이야기를 들으면서 자신을 잃어버리는 대인 몰입과 공감의 정의는 기능적으로 유사하며, 소설 속 세계든 아니든 다른 세계에 발을 들여놓는 능력은 이전이 가능하다. 이것은 감성지능의 주요 특징이기도 하지만, 경이로움이 리더십과 팀워크에 필수적인 또 다른 이유이기도 하다.

겸손

직장에서 겸손함이 매우 중요한 이유는 쉽게 이해할 수 있다. 겸손은 직장에서의 도덕성과 가장 밀접하게 연관된 성격 차원이며, 더 나은 조직원이 되기 위한 동기가 되기도 한다. 겸손한 사람들은 안정되고 균형 잡힌 자아감을 가지고 있으므로 다른 사람의 공헌을 감사히 여기고 인정하며, 특히 부정적인 피드백을 받았을 때 더 개방적이다. 2015년 연구에서 싱가포르대학교의 에이미 오우Amy Ou는 겸손한 최고경영자들이 더 강력한 경영 팀을 이끌고, 결과적으로 협업, 정보 공유, 의사결정 및 공동 비전을 수립하는 데 더 뛰어나다는 사실을 발견했다. 또 다른 연구에서 오우는 최고경영자의 겸손함이 리더십 행동에 권한을 부여하며, 더 나아가 이러한 권한이 최고경영진과 중간관리자 간의 더 큰 통합을 촉진해서 참여, 헌신, 업무 성과를 높이는 데 이바지한다는 사실을 발견했다.

긍정적 감정을 연구하는 제니퍼 스텔라는 경이로움과 겸손 사이의 밀접한 관계를 발견했다. 한 연구에서 그녀는 참가자들에게 본인이 인식한 겸손 수준을 스스로 보고하도록 한 다음, 친구들에게 참가자가 얼마나 겸손하다고 생각하는지를 물었다. 약간의 일상적 경외감이든 더 강렬한 경외감이든, 경외감을 더 자주 느낀다고 보고한 연구 대상자들은 **친구들이 평가한 것과 비슷한 수준으로** 자신을 더 겸손하다고 생각했다. 스텔라는 "감정은 행동에 영향을 미칠 뿐만 아니라 다른 사람 및 외부 세계와 관계를 맺는 자아의 개념과 사고 패턴을 더 넓게 변화시키는 기능을 한다"라고 말한다.

경이로움은 우리에게 균형 있게 바라보는 능력을 제공한다. 스텔라는 "경외감은 우리가 자기 인식을 바꾸고 다른 사람들의 가치를 충분히 인식하고 자신을 더 정확하게 볼 수 있도록 도와주며 겸손함을 불러일으킨다"라고 설명한다. 조망 효과와 유사하게, 우리가 일하는 세계를 경이로움의 관점에서 볼 때, 경계가 사라지고, 위계에 덜 집중하며, 더 쉽게 피드백하고, 개인을 있는 그대로 보며 감사할 수 있다.

이타주의와 윤리

스텔라의 연구 동료인 폴 피프 역시 자신의 연구에서 작은 자아의 친사회적 효과를 발견했다. 이번에는 버클리대학교 캠퍼스에 우뚝 솟은 태즈메이니아 유칼립투스나무 숲을 경외감을 끌어내는 대상으로 사용했다. 이것은 그냥 캠퍼스 안에 있는 오래된 숲이 아니라 높이가 60미터나 되는, 북미에서 가장 높은 활엽수 숲이다. 피프는 참가자들을 두 그룹으로 나누어 한 그룹은 나무를 올려다보고 다른 그룹은 거의 같은 높이의 건물을 올려다보도록 요청했다. 1분이 지난 후, 실험자가 참가자들에게 설문지를 들고 다가갔고, 참가자들의 반응을 관찰하기 위해 '우연히' 펜 상자를 떨어뜨렸다. 그리고 참가자들이 주워 준 펜의 수를 도움 행동의 척도로 사용했다. 이 연구는 1분 동안 나무숲을 바라본 사람들이 더 많은 도움을 제공했음을 보여 주었다. 이후 참가자들은 설문지를 작성했다. 나무를 바라본 그룹은 윤리적 의사결정이 증가했으며 권리에 대한 요구가 감소한 것으로 나타났다.

피프는 몇 가지 후속 실험을 했다. 그중 하나는 참가자들이 비디오를 본 이후 나타내는 행동에 대한 실험이었는데, 일부는 경외감을 불러일으키는 비디오를 시청했다. 그리고 게임을 했는데, 게임에서 얻은 점수를 100달러짜리(대학생에게는 꽤 큰 돈이다) 경품으로 교환하거나 다른 연구 참가자에게 선물할 수 있었다. 경외감을 불러일으키는 동영상을 본 학생들은 상대에게 더 많은 점수를 주고 자신은 더 적은 점수를 받았다. 피프는 각각의 연구에서 경외감과 이타주의 사이의 동일한 관계를 발견했으며, 경외감이 친사회적 기능을 수행함을 보여 주었다.[*] 이러한 이타적 행동은 정직과도 관련이 있다. 2014년 퓨 리서치에서 수행한 연구에 따르면, 직원의 84퍼센트가 리더가 가져야 할 가장 바람직한 자질로 정직을 꼽았으며, "절대적으로 필요하다"라고 응답했다.

피프의 태즈메이니아 유칼립투스 실험 참가자들이 나무를 보는 데는 60초밖에 걸리지 않았다. 이렇게 짧은 시간에 결과가 나타났다는 사실은 경외감이 우리의 태도와 행동에 차이를 만들 수 있고, 경이로움의 다른 요소들이 더 건강한 조직문화에 이바지한다는 이론에 신빙성을 제공한다. 60초의 경이로운 휴식이나 5분의 경이로운 글쓰기 연습이 우리의 직장 생활에 어떤 영향을 미칠지 상상해 보자.

진정성

우리는 기업문화 전문가들이 '온전한 자아를 일에 투입'해야

---

[*] 경외감을 불러일으키는 시간을 회상하며 다섯 문장으로 된 이야기를 쓰도록 요청한 추가 연구에서 참가자들은 잃어버린 지갑을 돌려주는 것 같은 가상의 시나리오에서 더 이타적으로 행동했다. 게다가 이러한 결과는 부정적 경외감과 자연에 기반하지 않은 경외감, 그리고 행복과 자긍심 같은 여러 친사회적 감정에는 반하는 것으로 나타났다.

하며, 많은 다양성·형평성·포용 노력이 직원들이 자유롭게 진정한 자신이 되도록 격려하는 문화에 중점을 둔다고 말하는 것을 들어 왔다. 그러나 진정한 문화를 지지한다고 믿는 리더와 직원들의 생각에는 계속 격차가 있다. 이런 문화적 일관성 부족은 우리 직장생활에 상당한 영향을 미친다. 위트레흐트^{Utrecht}대학교에서 한 연구에 따르면, 직장에서 자신이 진정성 있다고 느끼는 사람들이 직업 만족도, 참여도, 동기, 성과가 더 높은 것으로 나타났다. 2019년에 수행된 또 다른 연구에서는, 직장에서 진정한 자신이 될 수 있다고 느끼는 사람들이 동료들과 더 끈끈한 업무적 관계를 맺고 있으며 향상된 웰빙을 누린다고 보고했다. 하버드대학교에서 진행한 후속 연구에 따르면, 대중의 입맛을 맞추려고 노력하기보다 진정한 자신의 모습을 보여 준 기업가들이 더 좋은 첫인상을 남겼다.

경이로움은 사람들이 더 진정성을 가지게 도와준다. 중국 연구진이 수행한 광범위한 다국적 연구에 따르면, 경외감은 우리가 진정한 자아 추구를 더 원하도록 만든다고 한다. 이 연구는 자기 초월이 더 높은 수준의 진정한 친사회성에 이바지한다는 것을 보여 준다. 즉, 사람들이 다른 사람들을 위해 좋은 일을 하는 것은 보이기 위한 게 아니라 내면의 신념과 일치하기 때문이며, 이는 진정성이라는 방향으로 자신을 발전시키기 위한 노력의 결과라는 것이다. 또 다른 최근 연구에서는 개방성과 호기심 둘 다 사람들이 더 의미 있고 진정한 삶을 즐기는 데 기여한다는 사실을 발견했다. 호기심은 또한 진정한 리더십을 지원한다. 호기심이 많은 리더는 더 개방적이고, 진심으로 관심을 가지고 질문하며, 적극적으로 경청하고, 자신의 의견을 기꺼이 재구성하는 등 리더로서 바람직한 자질을 갖추고 있다.

팀 차원의 경이로움

인생에서와 마찬가지로 직장에서도 팀은 부담을 공유하고, 우리를 더 행복하게 하며, 기술을 배우고, 개발하고, 생산성을 높이고, 스트레스 수준을 낮추는 데 도움을 준다. 팀 구성원에게 우리의 맹점을 보여 줄 수 있으며, 팀의 지원을 통해 우리는 더 기꺼이 위험을 감수하며, 혁신적인 해결책으로 그런 위험을 보상받을 수 있다. 존중, 정직, 개방성이 장려되는 팀에서 일할 경우, 더 높은 행복감을 경험할 가능성이 80퍼센트나 높았다. 어떻게 이런 팀을 만들 수 있을까? 투명성, 협업, 변화에 대해 준비된 자세 같은 열린 행동에 중점을 두고, 조직도상의 위치와 관계없이 모든 사람에게 정직한 피드백을 장려하고, 다양성과 포용을 기본으로 삼아라.

포괄적으로 팀을 봉합하기

인간으로서 우리는 부족 내에서 자연스럽게 협력하도록 진화해 왔다. 공감은 부분적으로 우리를 동료나 동포와 결속시키는 방법으로 발전했을 것이다. 그러나 동시에 우리는 그룹 밖에 있는 사람들을 거부하도록 진화하기도 했다. 친구인지 적인지 파악하기 위해 패턴 매칭을 하는 이 뿌리 깊은 행동 현상은 **내집단화** 또는 **외집단화**로 알려져 있으며, 인간은 생존, 정체성, 공동체의 수단으로 이를 개발한다. 우리는 직장에서도 자연스럽게 내집단과 외집단을 형성한다. 내집단과의 유대감은 견고하고 효과적인 팀을 만들 수도 있지만, 또한 최고의 팀을 만드는 데 방해가 될 수도 있다. 최고의 팀은 거의 항상 다양성을 가지고 있는데, 외집단 편견은 다양성에 역행하기 때문이다.

시간을 연구하는 데이비드 이글먼은 내집단과 외집단에 대한 우리의 성향이 얼마나 확고한지 이해하고 싶었다. 그는 참가자들을 fMRI에 넣고, 그 위에 있는 화면에 이미지를 보여 주는 실험을 진행했다. 먼저 그들은 바늘에 찔린 손 사진을 보았다. 과학자들이 예상한 대로 관찰자의 뇌 속 통증 중추는 마치 자신이 바늘에 찔린 것처럼 활성화되었다. 다음으로 연구원들은 각각 '유대인', '기독교인', '이슬람교도', '무신론자'라고 메모를 써 붙인 똑같은 사진을 보여 주었다. 연구진은 집단별로 뇌스캔 상에서 차이가 나타날 것이라고 예상하긴 했지만, 그 차이가 너무 커서 충격을 받았다. 사람들은 자신이 속한 그룹의 손이 바늘에 찔리는 사진을 보았을 때, 예를 들어 '기독교인'이라고 써 붙인 바늘에 찔린 손 사진을 기독교인이 보았을 때 뇌의 통증 중추가 활성화되었다. 하지만 외집단의 손에 바늘이 찔린 사진을 보았을 때, 즉 기독교인이 '무신론자'라는 이름표가 붙은 손을 보았을 때는 거의 반응이 나타나지 않았다. 이 반응이 너무 뚜렷해서 연구진은 고통 중추 반응을 기준으로 거의 75퍼센트의 시간 동안 외집단의 반응

　　　　　　　　　　2부 경이로움을 위한 연습과 효과

을 추정할 수 있었다.* 이글먼은 "이 실험을 통해 나는 우리가 그룹을 형성하는 데 매우 견고하다는 교훈을 얻었습니다"라고 말했다. 일반적으로 뇌의 가소성을 지지하는 부류인 이글먼조차도 이런 내집단 행동이 얼마나 뿌리 깊은지에 충격을 받았다.

누가 '우리 편'인지 재빠르게 분별하려는 본능적 추진력은 팀을 구성하는 데 있어서 진화적 목적을 달성했다. 하지만 대부분의 경우 다양성이 더 좋다. 다양성을 갖춘 팀에 속해 있으면 더 개방적이고 창의적이며, 더 높은 성과를 낼 수 있다. 또한 심리적 안정감과 혁신적 성향이 증가한다. 여러 연구에서 다양성이 높은 팀이 더 우수할 뿐만 아니라 '최고'의 팀보다도 더 우수하다는 결과를 보여 준다. 즉, 최고의 자격을 갖춘 숙련된, 비슷한 사람들로 구성된 팀이 기술 수준이 제각각이고 다양한 경험을 갖춘 팀만큼 잘하지 못한다는 것이다. 한 예로 여러 유망 주식을 추천하는 증권 상담사의 경우 다양성이 큰 팀이 더 좋은 주식을 고를 가능성이 58퍼센트 높았고, 실수도 더 적게 했다. 따라서 우리가 인식하지 못하고 있는, 사람들을 배제하려는 타고난 휴리스틱은 때때로 최고 팀을 만들려는 우리 노력에 불리하게 작용한다. 높은 성과를 내는 팀을 구성하겠다는 목표를 가지고 있다면 집단 편향을 인식하고 이런 끼리끼리 철학을 우리에게 유리하게 활용할 방법을 찾아야 한다.

좋은 소식은 외집단화하지 않도록 자신을 훈련할 수 있다는 점

---

* 이글먼이 관찰한 것처럼 이 현상은 종교적 이름표에 아무런 의미를 부여하지 않을 무신론자들에게도 동일하게 나타났다. 이는 종교에 대한 실험이 아니며, 오히려 우리가 사람들을 포용하거나 배제하는 데 사용하는 여러 범주에 관한 것이다.

이다. 이글먼은 이렇게 설명한다. "우리는 가장 간단한 답을 빨리 찾는 경향이 있습니다. 왜냐하면 그게 대체로 효율적이기 때문입니다. 하지만 인간은 더 사려 깊고 덜 습관적이 되도록 훈련할 수 있습니다." 이글먼은 이 아이디어를 확인하기 위해 또 다른 실험을 했다. 먼저 그는 사람들을 팀에 배정했고, 예상대로 내집단 및 외집단 효과가 관찰되었다. 그런 다음 참가자들에게 두 팀이 서로 동맹을 맺었다고 말했다. 그 추가 정보만으로도 기존의 외집단 효과는 사라지고 두 동맹 팀에 새롭게 내집단 효과가 나타났다. 후속 연구에서도 연구진은 비슷한 결과를 발견했다. 연구 참가자들에게 할당된 그룹이 나중에 다른 그룹과 협력할 것으로 예상된다는 사실을 알려 주는 것만으로도 그룹화 편향이 다시 감소했다.

이글먼은 단 한 문장의 안내로 인해 전에는 외부인으로 여겼던 사람들에게 얼마나 쉽게 공감을 생성할 수 있는지에 놀랐고 용기를 얻었다. 그는 "대부분의 경우 나는 매우 냉소적인 편이라, 그게 그렇게 간단하지 않다고 말하겠지만, 내집단화 측면에서는 꽤 간단합니다"라고 말했다. "그 연구에서 얻은 중요한 교훈 중 하나는 집단의 빠른 유연성입니다." 빠르게 변화하는 비즈니스 환경에서 팀 구성의 유연성은 핵심 역량으로 간주해야 한다. "그것은 인간에 관한 그 어떤 것도 영원하지 않다는 것을 뜻합니다. 그러나 이는 우리 사회가 이 일을 제대로 하고 있는지 확인하기 위해 노력해야 함을 의미합니다. 어떤 식으로든 그룹이 십자수처럼 교차 연결될 수 있도록 해야 합니다."

경이로움은 팀을 하나로 엮을 수 있는 실이다. 예를 들어, 호기심이라는 경이로움의 특성을 구현하는 사람은 새로운 사람을 만나는 데 더 몰입하고, 더 많은 흥미를 지니며, 그 사람에게서 배울 점을 찾고 이를 토대로 관계를 구축할 가능성이 더 크다. 어떤 연구에서는 낯선 사람들로 하여금 서로에게 개인적 질문을 하도록 했다. 대화 상대에게 진정한 호기심을 보인 사람이 더 친근하고 매력적으로 평가되었다는 것을 발견했다. 또 다른 연구에 따르면, 호기심이 많은 사람은 사회적 거부에 영향을 덜 받기 때문에, 더 적극적으로 사회적 참여를 하는 것으로 나타났다.

경외감은 포용성도 장려한다. 학생들의 모의재판을 이용한 연구에서, 행복하도록 유도된 사람은 사건 파일에 대한 부정적 고정관념을 떠올려서 더 가혹한 형을 선고한 반면, 경외 상태에 있는 사람은 판단을 내릴 때 기존 고정관념에 덜 의존하는 경향을 보였다. 그리고 경외감은 다른 자기 초월적 경험과 마찬가지로 사회집단과 더 강한 유대감을 느끼게 한다. 원주민 부족 행동 연구자들은 부족 내에서 공유된 자기 초월적 경험이 응집력이라는 부족 문화의 핵심 특징을 형성했다고 언급했다. 그리고 폴 피프가 유칼립투스 숲 연구에서 발견한 것과 유사하게, 깊은 몰입, 경외, 절정의 경험과 같은 더 강렬한 자기 초월적 경험은 친사회적 행동에 영향을 미치며, 그 효과는 몇 달에 걸쳐 계속된다.

"갈등은 피할 수 없다. 갈등은 뇌가 확장되는 방식이며, 뇌가 학습하는 방식이다. 갈등을 없애기 위해서가 아니라 다른 방식으로 갈등에 개입하기 위해 경외감을 사용할 수 있다면 어떨까?" 신경과학자 보 로토가 물었다. "그리고 경외감이 적어도 두 가지 다른 방식으로 우리가 그것에 들어갈 수 있게 해 준다면 어떨까? 첫째, 모르는 것에 대해 겸손과 용기를 주어 대답 대신 질문으로 갈등에 개입하는 것. 그리고 두 번째는 그런 식으로 갈등에 개입할 때, 설득하기보다는 이해하려고 노력하는 것이다. 왜냐하면 모든 사람은 자신을 이해하기 때문이다. 그렇지 않은가? 그리고 다른 사람을 이해한다는 것은 그들이 하는 행동을 유발하는 편견과 가정을 이해하는 것이다."

변화에 대한 유연성과 개방성

예상치 못한 변화는 종종 반갑지 않다. 이런 변화에 직면했을 때, 우리 대부분은 단지 우리가 장악하고 있다고 느끼기 위해 삶의 다른 영역을 통제하려고 할 수 있는 모든 것을 할 것이다.* 세상을 좀 더 느슨하게 바라보면 변화에 대처하기가 훨씬 쉬워진다. 정신적 관성이라고 생각하라. 경직된 생각을 하는 사람은 고정관념을 벗어나지 못한다. 유연한 사고를 하면 유연하게 대처할 수 있다.

"특히 요즘 사람들은 변화를 원하지 않고 마음을 열려 하지 않습니다"라고 멜라니 러드는 설명한다. 이어서 "그리고 우리가 사물에 대해 생각하는 방식을 바꾸고 발전시킨다는 생각은 끔찍하

---

* 사람들이 변화를 좋아한다고 생각한다면, '파인애플 토핑이 들어간 피자'를 좋아하는 사람 중 한 명에게 당신 취향을 나폴리 전체 시민들이 혐오할 것이라고 말해 봐라. 진지하게 말하는 것이다. 이게 무슨 일이지? 따뜻한 파인애플과 마리나라소스? 그다음엔 뭐가 올까? 파스타에 파인애플? 파인애플 라사냐? 아, 파국으로 치닫고 있다.

기까지 합니다"라고 덧붙인다. 러드는 경외감이 변화를 관리하고 열린 마음을 유지하는 데 도움이 될 수 있다고 생각한다. "경외감의 무언가가 특히 변화를 덜 무섭게 만드는 것 같습니다. 경외감에는 뭔가 특별한 것이 있습니다. 경외감은 당신의 현재 인식과 스키마를 위협하지만, 그와 동시에 감정의 긍정성과 그것을 둘러싼 다른 모든 것들에 힘입어 당신은 변화를 그다지 두려워하지 않게 됩니다. 그리고 당신은 사실 변화에 더 개방적입니다. 그건 정말 드문 일입니다."

앞서 2장에서 인지 종결 욕구의 개념과 인지 종결 욕구가 인지 유연성에 영향을 미치는 방식에 대해 살펴봤다. 인지 종결 욕구는 리더십의 스타일과 사람들이 팀에서 일하는 방식에도 영향을 미칠 수 있다. 겐트Ghent대학교의 아르네 로에츠Arne Roets 교수는 인지 종결 욕구가 높은 사람은 "독재적 리더십과 위계적인 그룹 의사결정 구조를 선호하는 한편, 일탈적인 의견을 제시하는 그룹 구성원들을 깔보는 경향이 있다"라고 말한다. 간단히 말해서, 인지 종결 욕구가 높은 사람은 모두가 '자신이 처한 위치'를 아는 것을 좋아하는 유형의 사람이다. 이런 욕구는 또한 높은 편견과 관련 있는데, 인지 종결 욕구가 높은 사람은 새로운 스키마를 구축하기보다는 기존 고정관념에 의존하는 경향이 있기 때문이다.

로에츠는 "기본적으로 인지 종결 욕구가 높은 사람에게는 신속하고 확실하게 종결하는 것처럼 보이는 모든 게 매력적이다. 이러한 것들은 대부분 그들이 이미 알고 있고 익숙한 것(전통, 다수의 관점 등) 또는 매우 명확한 것(국가에서 선포한 것, 때로 극단주의적 견해도 있다. 왜냐하면 극단적 견해는 아주 단호하기 때문이다)이다"라고 설명한다. 그러나 이글먼과 마찬가지로 로에츠는 이러한 행동이 바뀔 수 있으며, 경이로움이 이를 촉진할 수 있다고 생각한다.

경이로움은 인지 종결 욕구를 낮추며, 인지 종결 욕구가 낮은 사람은 특히 '집단 간 접촉의 긍정적 효과에 민감하기 때문에 일단 외부인이 내부인이 되면 그들의 태도는 바뀔 수 있다. 또한 더 개방적이고, 관용을 베풀며, 엄격한 계층구조를 싫어한다. 이런 태도 유연성은 인지 유연성으로 바뀐다. 팀 차원의 인지 유연성, 즉 낮은 인지 종결 욕구는 창의성 향상, 지식 공유 증가, 압박 속에서 더 나은 성과 창출, 변화에 대한 더 높은 내성과 관련이 있다 (개방성과 호기심 모두 창의성을 예측한다). 그리고 경이로움이 가져오는 이런 인지 유연성은 사람들이 변화와 위험을 처리하는 방식에도 중요한 역할을 한다. 5장에서 설명한 태양의 서커스 관람객 연구를 통해 보 로토는 참가자들이 경외감을 불러일으키는 쇼를 관람한 후 위험에 대한 내성이 증가함을 발견했다. "그 참가자들은 기꺼이 더 많은 위험을 감수하고자 했고, 실제로도 위험을 더 잘 감수할 수 있었습니다. 사람들은 인지 종결 욕구가 낮아졌고 불확실성을 더 잘 받아들일 수 있었습니다."

경이로움의 또 다른 장점으로 **역설적 사고방식** 또는 경쟁 아이디어가 주는 긴장을 수용하는 정도가 높다는 점을 꼽을 수 있다. 인지 종결 욕구가 낮은 사람들은 이 역설적 긴장을 분석 마비가 아닌 혁신과 성장의 기회로 더 잘 활용한다. 그리고 사람들이 이런 종류의 역설적 표현에 익숙해지면 다양한 사고 활동이 증가한다.* 노벨문학상 수상자들, 위대한 문학가들, 뛰어난 사상가들은 겉보기에 반대되는 개념을 고찰하면서 활력을 얻는 것으로 알려져 있다. 역설적 사고를 수용하면 조직이 더 기민해지고, 더 섬세해지며, 인지적으로 유연한 사고와 학습이 가능해진다.

직장에서 경이로움의 가장 큰 구성 요소는 사람이지만, 작업 환경도 분명히 영향을 미친다. 8장에서 예술과 건축에서 경이로움을 발견하는 법을 간략히 살펴보았다. 사무실 건물도 예외가 아니라고 언급했다. 폴 피프의 유칼립투스 숲 실험을 상업적 건축 디자인에 적용하면 어떤 의미가 있을지 상상해 보라. 또한 10장에서 학교에서 더 나은 성과를 내기 위해 '녹색 환경의 장점'을 어떻게 활용할 수 있을지 살펴봤는데, 이는 직장에서도 마찬가지다. 다음 몇 개 장에서는 자연 속에서 느끼는 경이로움의 힘과 자연과 어우러지고 자연과의 교감을 중시하는 바이오필릭 디자인Biophilic Design이 어떻게 더 건강하며 회복탄력성을 지원하는 경이로움으로 가득 찬 작업 공간을 만들 수 있는지를 자세히 알아볼 것이다.

상사에게 가서 "일에서 더 많은 경이로움을 느끼고 싶습니다"라고 말한다면 상사가 당신을 째려볼 수도 있다. 하지만 진실은 일이 수많은 사람에게 효과적이지 않다는 것이다. 그렇다면 우리가 잃을 게 뭐가 있을까? 개방성, 호기심, 몰두, 경외감, 경이로움에 기반한 리더십, 경이로운 휴식을 취하는 법, 경이로움으로 팀

---

* 역설적 표현을 하는 사람들은 대조군보다 다양한 사고를 14퍼센트 더 잘 수행했다.

원을 대하는 방법에 대한 교육을 상상해 보라. 직장에서의 경이로움은 달성 가능하다. 대기업이 글로벌 정책, 문화 및 사회적 관습을 형성하는 데 엄청난 영향력을 가지고 있다는 점을 고려하면, 더 좋은 직장을 만드는 건 곧 더 나은 세상을 만드는 것이다. 공감, 겸손, 신뢰, 포용성에 기반을 둔 경이로운 업무 문화로 형성된 세상을 원하지 않는 사람이 누가 있을까? 나는 그런 세상을 원한다.

요약

- 경이로움은 직장에서 다양한 프로그램으로 응용할 수 있다. 공감, 겸손, 진정성, 창의성, 포용성, 유연성, 윤리, 신뢰, 감수성, 혁신은 경이로움에 기반한 조직에서 찾을 수 있는 특징 중 일부에 불과하다.

- 경이로움에 기반한 조직문화에서 나타나는 많은 긍정적 특징은 작은 자아가 친사회적 결과를 이끌면서 생겨난다. 내 요구보다 우리 팀의 요구를 더 우선시할 때 우리는 더 나은 리더이자 동료가 된다.

- 공감, 겸손, 정직은 우리가 리더들에게 바라는 자질이지만, 직장에는 공감과 신뢰 문제가 만연하다.

- 경외감은 자기 초월의 메커니즘을 통해 우리가 진정한 자아를 추

구하는 것을 더 열망하게 만든다. 진정성은 직원들의 직무 만족, 업무 참여, 성과를 높인다.

• 우리는 안전과 수용을 위해 부족 단위를 만들고 결속하지만, 이러한 내집단화와 외집단화로 인해 편견이 생겨 사람들을 배척할 수도 있다. 경이로움은 편견을 줄이고 내집단을 넓힐 수 있게 한다.

• 경이로움을 잘 느끼는 사람은 인지적으로 더 유연하다. 이런 유연성은 관용, 창의성, 혁신을 증진하고, 위험이나 압박 상황에 더 잘 대처할 수 있게 한다.

12장 효과 4:
건강한 삶을 위한 치유력

자연은 우리의 신체 및 감정과 정서에 긍정적인 영향을 미친다. 자연에 기반한 건강 접근법을 탐색하면 경이로움이 건강을 증진하는 핵심 방법을 파악할 수 있다.

봄에는 부드럽게 나부끼던 잎사귀가 가을에서 겨울로 바뀌어 가면서 부서지기 쉽게 변해 간다. 나무껍질의 독특한 냄새와 풍화작용으로 인한 지층의 퀴퀴한 곰팡내. 나무에 잡담을 속삭이며 나뭇가지를 넘어 다니는 바람. 차양을 통해 윙크하는 따사로운 햇살. 발밑에서 나는 오도독 소리. 조용하지만 그렇게 고요하지는 않다. 적어도 당신의 청력이 야생에 맞춰져 있다면 그리 조용하지 않다. 누군가와 함께 오지 않았지만, 어깨 너머를 보고 싶은 충동을 억누를 수 없다. 어쩐지 혼자가 아닌 것 같은 느낌이 든다. 마치 누군가 당신을 부르는 것처럼. 오감 그리고 육감이 넌지시 일제히 일어나 주의를 기울인다. 사냥개의 실룩거리는 코처럼 당신의 온몸이 열심히 공기를 들이마신다.

우리 모두 숲의 마법을 느꼈다. 초월주의 철학자이자 수필가인 랠프 월도 에머슨은 숲과 깊은 관련이 있었고, 그곳에서 보낸 시간에 대해 글을 쓸 때 그의 말은 경이로움으로 가득 찼다.

숲에서 우리는 이성과 믿음으로 돌아간다. 그곳에 있으면 나는 인생에서 아무 일도 일어나지 않는다는 것을 느낀다. ……맨땅에 서 있으면 상쾌한 공기가 내 머리를 흠뻑 적시고 무한한 공간으로 나를 들어 올린다. 모든 비열한 이기주의가 사라진다. 나는 투명한 눈이 된다. 나는 아무것도 아니다. 나는 모든 것을 본다. 우주라는 존재의 흐름이 나를 순환한다. 나는 신의 일부이거나 입자다.

이성과 믿음의 이중성. 조용하고 개방적인 인식. 자아의 해체. 모든 우주 에너지와 하나 됨. 에머슨은 자신의 집 근처 매사추세츠주 콩코드에 있는 월든 숲을 산책하면서 영감을 받아 41쪽 분량의 논문 「자연」을 집필했다. 에머슨은 나중에 월든 숲을 제자이자 친구인 헨리 데이비드 소로와 공유했고 소로는 『월든』이라는 책을 썼다. 1836년에 출간된 「자연」은 미국인이 저술한 최초의 의미 있는 철학 작품으로 유명하다. 에머슨은 숲에서 신을 보았을 뿐만 아니라 치유도 보았다.

에머슨에서 아리스토텔레스, 신토Shinto, 초월주의자에 이르기까지 우리는 자연의 치유력을 존중하는 위대한 사상가와 철학을 목격해 왔다. 의학의 아버지인 히포크라테스도 '자연 그 자체가 최고의 의사'라고 생각했다. 인간이 존재한 대부분의 시간 동안 현재 우리가 알고 있는 의학은 존재하지 않았다. 마취가 발명된 지 200년이 채 되지 않았고, 페니실린은 100년도 되지 않았다. 그러나 자연에 기반을 둔 의학적 관행은 네안데르탈인까지 거슬러 올라간다. 고대 인도의 전통 의학인 아유르베다^{Ayurveda} 의학과 중국 전통 의학은 수천 년 동안 계속됐으며, 일부 아프리카 및 아시아 국가에서는 지금도 자연 기반 의학의 인기가 많다. 이 때문에 전 세계 인구의 80퍼센트는 여전히 자연요법을 매우 중요한 건강 관리법으로 여긴다. 서구 역시 1900년대 중반까지는 자연 기반 의료 행위를 매우 존중했다.

자연 의학은 '대체의학'으로 밀려나기 전, 특히 산업혁명 기간에 엄청난 인기를 끌었다. 대표적인 예로 요양원 이용을 들 수 있는데, 1900년과 1925년 사이 요양원은 1만 5000퍼센트 이상 증가해서 미국에서만 60만 개 이상의 병상을 기록했다. 과밀한 도시의 오염, 소음, 혼란 그리고 야생 및 시골 땅을 잠식하며 급격히 확장된 도시경관에서 탈출해 요양원은 보통 뉴욕주 북부의 애디론댁^{Adirondack}산맥과 스위스의 알프스 같은 고도가 높은 장소나 애리조나와 캘리포니아 같은 건조한 지역에 있었다. 당시는 전체 사망자의 3분의 1을 차지할 정도로 결핵이 유행이었는데, 요양소의 신선한 공기와 햇볕은 항생제 외에 환자가 이용할 수 있는 몇 안 되는 치료제 중 일부였다.

의사들은 이 시골 휴양지를 류머티즘에서 우울증에 이르기까지 다양한 질병의 치료제로 처방했다. 그러나 20세기 중반에 의학이라는 돌파구가 등장하면서 자연 의학에 대한 태도가 바뀌었다. 연구실에서 재현할 수 있는 결과에 더 많은 관심과 자원이 집중되었기 때문에 요양원은 곧 문을 닫았고 현대 의료시설로 대체되었다. 일부 초기 의학적 치료법이 의심스럽기도 하고 최악의 경우 끔찍했다는 것에는 의심의 여지가 없다(그 누구도 침을 이용해서 피를 뽑는 방식으로 되돌아가자고 하지는 않을 것이다). 그럼에도 자연 기반 요법이 다시 나오고 있으며, 이번에는 많은 정밀한 과학적 근거를 가지고 복귀하고 있다. 그 과학 중 일부는 경이로움의 유익한 역할을 지적한다.

자연이 인간의 건강 상태에 미치는 영향에 관한 관심이 높아지고 있으며, 그 결과는 부인할 수 없지만, 우리가 이러한 이점을 경험하는 이유에 대해서는 여전히 논의가 진행 중이다. 많은 사람이 자연의 생물학적·화학적 특징에 중점을 두지만, 우리가 대자연에서 경험하는 감정과 정서적 특징에도 큰 이점이 있다. 순전히 생리학적 관점이 아닌 정서적 관점을 통해 산림 의학, '녹색이 주는 장점', 다양한 자연 기반 건강 접근법을 탐색할 때, 인간의 정신이 자연에서 보내는 시간을 찾는 이유를 알 수 있고, 이를 통해 경이로움이 핵심 역할을 하는 방식을 볼 수 있다.

산림 의학

1988년에 리칭Qing Li은 도쿄에 사는 젊은 의대생이었다. 어린 시절 칭은 중국 산시성 다퉁시에 있는 포플러와 살구나무가 많은 숲에 자리 잡은 작은 마을에서 살았다. 일본으로 유학을 온 이후 그는 자신이 지쳐 있음을 깨달았다. 휴식이 필요했던 칭은 친구의 초대를 받아 봄을 기념하는 일본의 황금연휴 기간을 야쿠시

마라는 작은 섬에서 보냈다. 야쿠시마는 2000년이 넘은 **야쿠스기**(고대 일본 백향나무) 자생 원시림이 유명한 곳이다. 일주일 동안 숲에서 야영한 후, 칭은 활력을 되찾았다. 그리고 호기심이 생겼다. 그는 숲의 어떤 치유적 특성이 자신에게 새로운 활력을 주었는지 알고 싶었다. 그 이후로 칭은 이런 오래된 숲이 우리에게 어떤 치유를 제공하는지 이해하는 데 자기 삶을 바쳤다.

　"숲을 연구하는 사람도 있고 의학을 연구하는 사람도 있습니다. 나는 숲속을 걷는 것이 우리의 웰빙을 어떻게 향상시키는지 알아보기 위해 산림 의학을 공부합니다." 칭은 "우리가 숲을 여행한 후 스트레스를 덜 느낀다면 여기에 어떤 생리학적 영향이 있지 않을까요?"라고 가정했다. 지금까지 그는 이 질문에 답하기 위해 최소 20개 정도의 연구를 진행했다. "자연살해세포natural killer cell를 포함한 면역체계가 박테리아, 바이러스, 종양으로부터 우리 몸을 방어하는 데 중요한 역할을 한다는 사실은 널리 알려져 있습니다. 스트레스가 면역기능을 억제한다는 것도 잘 알려진 사실이죠"라고 칭은 설명한다. 그의 팀은 세포 내 항암단백질과 항바이러스 세포의 활동 증가를 관찰했는데, 숲을 방문한 후 일주일 내내 이런 중요한 변화가 유지된다는 사실을 발견했다. 칭은 숲에서 4~6시간을 보내면 일주일 동안 면역체계를 강화할 수 있고, 숲에서 주말을 보내면 한 달 동안 면역기능을 강화할 수 있다고 결론지었다.

　칭의 연구는 테르펜terpene(특정 식물의 냄새, 풍미, 색상을 담당하는 화학물) 및 나뭇잎 사이로 반짝이는 햇빛(일본인은 **코모레비**komorebi라는 용어를 사용)과 같은 숲이 지닌 특정한 대기의 장점을 확인했다. 그러나 이 연구는 또한 물리적 상호작용 이상의 것이 작용하고 있음을 보여 준다. 이러한 장점을 가진 자연환경이 유발하는 감정이 있다. "산림욕은 다리와 같아요. 우리의 감각을 열어서 우리와 자연 세계 사이의 틈을 메워 줍니다"라고 칭은 생각에 잠기며 말한다. 숲에서 찾을 수 있는 어떤 종류의 영적 또는 형이상학적 연관성에 대해 물었을 때, 그는 의심할 여지 없이 숲에 있으면 일본인들이 **유겐**yuugen이라고 부르는 어떤 감정적 인식으로 가득 찬다고 말했다. "데이터를 가지고 있지는 않아요. 그냥 느낄 수 있어요." 이 단어를 딱 들어맞게 번역할 수 있는 단어는 없지만, '미묘한 은혜', '신비한 심오함' 같은 의미를 지닌다. 우주와 하나라는, 말로 표현할 수 없는 일체감에 감동하는 것이라는 칭의 설명을 듣는데 나에게는 마치 경이로움처럼 들렸다.

칭이 야쿠시마를 방문하기 6년 전쯤 일본 정부는 이미 일본산림의학회(JSFM)를 설립해 **신린요쿠** 또는 '산림욕' 개념을 도입해서 도시 거주자들에게 작고 붐비는 집을 떠나 일본 국토의 거의 70퍼센트를 뒤덮고 있는 4830킬로미터에 달하는 자연 그대로의 삼림에 몸을 담그라고 부추겼다. 일본 정부는 1980년대 기술 붐에 대한 이 해독제가 환경주의에 대한 새로운 사고와 이러한 토착 산림지에 대한 책임을 고취해 주기를 기대했다.

일본 정부가 1만 1265킬로미터 떨어진 곳에서 자연의 치유 효과를 연구하기 시작할 무렵, 미국의 진화생물학자 에드워드 오즈번 윌슨은 칭과 유사한 이론을 고안했다. 윌슨은 자신의 책『바이오필리아』에서 인간은 자연을 양육하고, 자연에 의해 양육되어야 하는 생물학적 의무를 지고 있다고 설명했다. 인간의 고대 두뇌는 여전히 대초원에 살았던 과거의 자연적 신호를 찾는다. 열린 공간은 포식자로부터 안전하다는 것을 의미한다. 물, 나무, 꽃은 피난처이자 식량 공급원이라는 표시였다. '안전한 조짐', 물, 은신처 같은 이런 특징 중 상당수가 경이로움을 불러일으키는 것으로 알려진 예술과 건축의 특징이다. 윌슨은 인간이 '다른 유기체와 제휴'하도록 진화했으며, 어머니 지구가 바로 우리 존재의 탄생을 나타내기 때문에, 우리 인간은 항상 자연과 연결되기를 원한다고 말했다. 윌슨은 이 개념을 '생명'을 의미하는 그리스어 **바이오**bios와 '사랑'을 의미하는 **필리오스**philios를 합해서 **바이오필리아** biophilia라고 불렀다.

같은 해인 1984년, 의료건축센터Centre for Healthcare Architecture의 로저 울리히Roger Ulrich는 공식 의학 연구 실험에서 자연이 건강 관련 결과에 미치는 영향을 처음으로 입증하면서 윌슨의 논문이 사실임을 증명했다. 울리히와 그의 팀은 담낭 수술에서 회복 중인 환자들의 의료기록을 검토했다. 연구진은 나무가 내려다보이는 병실에 입원한 환자들이 평균적으로 하루 더 빨리 낫고, 수술 합병증이 적으며, 갈색 벽돌벽이 내려다보이는 병실에 입원한 환자들보다 진통제를 훨씬 적게 복용했다는 사실을 발견했다. 칭과 마찬가지로 울리히는 자연의 치유성을 직접 경험했다. 10대 때, 울리히는 신장병을 앓아서 어린 시절 대부분을 '우울하고 때로는 살벌한 병동'에서 또는 집에서 홀로 누워 소나무 한 그루를 바라보며 보냈다. 수십 년 후 인터뷰에서 그는 "그 소나무를 보는 것이 내 감정 상태에 도움이 되었다고 생각합니다"라고 말했다. 울리히의 '생명을 구하는 나무'는 드문 일이 아니다. 다음 장에서 살펴보겠지만, 자연과의 단절은 신체 건강에 영향을 미칠 뿐만 아니라 인간의 경이로움도 위축시킨다.*

일본산림의학회의 또 다른 연구원인 지바대학교의 미야자키 요시후미Yoshifumi Miyazaki는 숲속 산책을 한 사람이 도시 환경에서 같은 속도로 15분간 걸은 사람보다 코르티솔 수치가 낮다는 사실을 발견했다. 자연환경은 웰빙, 정서적 안정, 부정적 생각 반추와 관련한 뇌 부분 혈류 감소와 연관된 뇌섬엽, 전뇌 피질 두 영역을 활성화해서 우리 뇌를 행복하게 만드는 것으로 보인다. 16장에서 살펴보겠지만 경이로움의 큰 장점 중 하나는 부정적 반추를 차단하는 능력이다. 미야자키는 자연에 대한 우리의 반응이 인간의 본질에 녹아 있다고 생각한다. "유전자는 불과 몇백 년 만에 변할 수 없다"라고 그는 주장한다. 미야자키는 자신의 저서 『삼림욕: 숲에서 몸과 마음의 평화를 찾다』에서 인류 탄생 이래 우리는 자연 속에서 살아왔고, 우리 유전자가 자연에 대한 반응을 기반으로 진화했을 뿐만 아니라 인간의 유전적 구성은 자연이 없는 세상을 처리해 나갈 준비가 안 되어 있다고 설명한다. "1800년에는 세계 인구의 3퍼센트만 도시 지역에 살았다. 지금은 거의 55퍼센

---

* 스웨덴 남동부 웁살라Uppsala에서 한 또 다른 연구에서는 집중치료실에 있는 환자들에게 두 개의 추상화, 흰색 합판, 빈 벽, 어두운 숲이나 개울가에 나무가 늘어선 풍광 이렇게 6개 이미지 중 하나를 무작위로 나누어 주었다. 울리히는 나무가 늘어선 개울 그림을 본 사람이 다른 그림을 본 사람보다 불안을 덜 느끼고 진통제를 적게 먹는 등 건강 상태가 더 양호하다는 사실을 발견했다.

트가 도시에 살고 있으며, 2050년에는 68퍼센트가 될 것으로 예상된다. 우리는 여전히 자연환경에 적응한 몸으로 현대사회를 살아가고 있다."

캐플런의 주의력 회복 이론은 주의력 자원은 용량이 제한되어 있으며, 자연과의 접촉을 통해 주의를 돌리는 능력을 갱신할 수 있다고 말한다. 이 이론은 자연환경의 특정한 특징(이상한 것, 움직이는 것, 야생동물, 밝은 것 등)이 '노력 없이 다른 이의 마음을 끄는' 것이라는 점을 관찰한 윌리엄 제임스의 연구를 기반으로 한다. 이런 자연환경 특징들은 **무의식적** 주의만 필요로 하는 반면, 적응하기 까다로운 환경은 자발적인 정신 에너지 또는 캐플런이 말하는 **통제된 주의력**directed attention을 필요로 한다. 문제는 계속해서 집중하다 보면 우리가 지친다는 점이다. 이것이 바로 도시 거주자인 전 세계 인구 절반 이상의 사람들에게 나타나는 현상이다. 도시 생활 방식의 심리적 스트레스 요인은 계속해서 높은 주의력을 유지해야 한다는 것인데, 주의력 회복 이론에 따르면 이런 인지 과부하는 주의력 피로를 초래한다. 해결 방법은 우리의 인지 및 주의력 자원을 재구축해 주는 덜 까다로운 자연환경에 우리를 노출함으로써 주의력을 요구하는 현대 도시에서 보내는 시간을 줄이는 것이다.

울리히의 연구는 자연의 시각적 요소가 지닌 장점에 초점을 맞췄지만, 자연의 장점은 무궁무진하다. 그리고 칭은 산림욕을 할 때 단순히 숲을 산책하는 것을 넘어서 모든 감각을 동원해야 한다는 점을 금세 알아차렸다. 자연은 향기만으로도 우리에게 이롭

2부 경이로움을 위한 연습과 효과

다. 칭은 피톤치드로 알려진, 나무에서 분비되는 보호 화학물질이 아주 적은 양으로도 항암단백질로 알려진 자연살해세포의 면역기능을 증가시킨다는 사실을 발견했다. 그리고 이러한 피톤치드, 특히 일본 편백나무에서 발견되는 테르펜은 면역기능 개선, 불안 감소, 통증역치 증가와 관련이 있다. 칭은 후속 연구에서 삼림욕이 알츠하이머 환자에게 어떤 영향을 미치는지 보고 싶어 한다. 그는 피톤치드에 의해 촉발된 후각 반응이 기억력에 유익한 효과가 있기를 바란다.

자연에서든 아니든 경이로움은 치유한다

제니퍼 스텔라는 늘 긍정적 감정을 연구하고 싶었다. "나는 항상 심리학의 긍정적 측면에 관심이 있었다. 내 삶과 연구를 어떤 것에 바쳐야 한다면, 우리에게 어떤 결점이 있고 얼마나 적대적이고 인종차별적인지보다 사람들의 좋은 점을 이해하는 데 바치고 싶었다." 그녀는 인간 본성의 부정적 측면을 좀 더 연구하는 것이 중요하다는 사실을 인식하고 있지만, 박사학위를 받는 데 소요되는 많은 시간을 자신이 즐기는 것을 연구하는 데 쏟고 싶었다. "나는 우리가 이기적 생명체여야 한다는 생각에 매료되었지만, 우리는 그렇지 않다. 인간에게는 공감과 연민이 있으며, 우리는 협력적 성향을 보인다. 그 모든 것이 우리를 진정 하나로 묶어준다."

그녀의 박사학위 지도교수인 대커 켈트너가 경외감을 친사회적 감정 중 하나로 보라고 제안했을 때 스텔라는 확신하지 못했다. "그 생각이 처음부터 완전히 마음에 들었던 건 아닙니다"라고 회상하며 스텔라는 웃었다. "'음, 이 감정은 뭐지? 왜 내가 그것에 신경을 써야 하지?'라고 생각하는 쪽에 가까웠습니다." 스텔라는 경이로움의 세계에 발을 들여놓기 시작하면서 철학자, 작가, 종교학자 들이 이 주제에 대해 얼마나 많은 책을 썼는지에 놀랐지만, 여전히 과학적 연구는 부족했다. "경이로움에 대해 읽을수록, 너무 많은 일이 벌어지고 있으며, 우리가 아는 것이 너무 적다는 사실을 알게 되었습니다." 그녀는 이 주제의 잠재력을 높이 평가했고, 그러한 연구 격차를 바로잡고 싶었다. "할 것이 많습니다. 연구하기에 너무 얽히고설킨, 복잡한 감정입니다. 나는 우리가 알아야 하는 것보다 훨씬 조금만 알고 있다고 생각합니다."

간단히 말하자면, 부정적 감정은 우리를 아프게 한다. 정신뿐만 아니라 육체도 병들게 한다. 두려움, 슬픔, 수치심, 불안, 스트레스는 모두 건강에 해로운 생물학적 반응을 유발하며 이러한 부정적 감정이 우리를 아프게 하는 방법 가운데 하나는 염증을 자극하는 것이다. 상처가 나거나 감염되었을 때, 우리 면역체계는 **염증을 일으키는 사이토카인**이라는 작은 단백질을 방출해서 염증 형태의 강력한 면역반응을 유발한다. 이런 염증성 사이토카인은 항염증성 사이토카인과 균형을 이루어 반응을 비례적으로 유지하고 억제하며, 시간이 지남에 따라 이러한 상호작용으로 치유가 진행된다. 그러나 만약 우리의 염증반응이 부상이나 질병으로 인한 것이 아니라면, 심혈관질환, 당뇨병, 우울증, 류머티즘관절염, 천식, 알츠하이머 등을 포함한 실질적인 건강 문제를 일으킬 수 있다.

부정적 감정과 염증성 사이토카인의 관계를 탐구한 연구가 이미 많지만, 스텔라는 **긍정적** 감정도 영향을 미칠 수 있는지 알아보고 싶었다. 예상했던 대로, 스텔라는 긍정적 감정이 염증성 사이토카인에 영향을 미치며, 실험한 모든 긍정적 감정 중에서 경외감이 가장 강력한, 낮은 사이토카인 예측인자라는 사실을 발견했다.*

연구진은 경외감이 염증 발생을 낮추는 강력한 예측인자인 이유를 파악하지는 못했지만, 염증을 유발하는 사이토카인이 단독 치유를 위한 적응반응으로서 사회적 고립을 조장하는 경향이 있는 것 같다고 제안했다. 스텔라는 경외감이 '호기심 및 탐구 욕구'와 관련이 있으므로 개방성, 호기심, 경외감의 조합이 이러한 고립의 충동에 대항하는 사회적 연결과 탐색을 유도해서 결과적으로 사이토카인 발현의 더 건강한 균형을 촉진한다고 설명한다.

사이키델릭이 과격한 경외감을 불러일으킨다는 것을 보여 주는 증거가 많지만, 스텔라는 자신의 연구에서 중요한 것은 작은 경이로움의 경험이라는 점을 발견했다. 그녀는 사이토카인 연구 참가자들에게 '일시적이고, 매우 덧없고, 엄청난 경험'에 대해 생각하라고 요청한 것이 아니라 그들의 일상에서 겪은 소소한 경이로운 순간에 대해 적어 달라고 요청했다. "내 경험을 바탕으로 나

---

* 이는 기질적 경외감 및 경험적 경외감 모두에 해당한다.

는 참가자들에게 경외감을 느낀 경험을 매일 밤 일기로 쓰게 했습니다. 일상에서 발생하는 평범한 경외감 경험을 이용하는 것입니다." 다른 연구자들과 마찬가지로 스텔라는 자신의 연구 결과로부터 너무 많은 것을 추정하지는 말라고 경고한다. 하지만, 결과는 유망하며, 대커 켈트너 같은 스텔라의 많은 동료는 일상적 경외감의 추가적인 '복용량 효과dose effect'가 시간이 지남에 따라 상당하고 중대한 영향을 미칠 수 있다는 데 동의한다. 켈트너는 이렇게 설명한다. "그 덜 강렬한 경험들은 아마도 자기 초월적 경외감 경험으로 뇌의 꽤 유사한 부분들을 활성화하고 있을 것입니다. 경외감은 코르티솔을 감소시키고 미주신경 긴장도를 높이며, 염증을 감소시킵니다. 그래서 이후 1~2주 동안, 당신의 몸은 다른 상태에 있게 됩니다. 연인이나 배우자에게 다른 방식으로 이야기하고 있을 겁니다. 당신이 가진 질병 역시 다른 방식으로 다루게 됩니다."

경이로움을 발견하며 걷기

자연에서 보내는 시간의 영향에 대해 길게 다루었다. 경이로운 산책은 자연에서 얻는 경이로움의 장점에 관한 것이기도 하지만, 경이로움을 얻고자 하는 의도 설정 효과에 관한 것이기도 하다. 캘리포니아대학교 버클리University of California, Berkeley의 심리학자들은 경외감이 60세에서 90세 사이의 성인들을 더 움직이게 하는 촉매제가 될 수 있는지, 즉 정신과 신체 건강에 도움이 되는지 알아보고 싶었다. 연구진은 참가자를 두 집단으로 나누었다. 참가자들에게 각각 8주 동안 매일 15분씩 산책하라고 지시했으며, 나머지 시간에는 그들의 걷기와 감정 상태에 대한 서술형 설문조사에 응답해 달라고 요청했다. 한 집단은 그냥 '일반적인 산책'을 했는데, 산책을 시작하기 전 별다른 지시 사항이 없었다는 뜻이다. 다른 집단은 '경이로움을 발견하는 산책wonder walk'을 했는데, 이는 참가자들이 '경이로움의 감각을 이용하고, 새로운 지역을 걸음으로써 경외감을 느끼며 걷는 방법을 배웠다'는 뜻이다. 연구진은 경이로운 산책을 더 유익하게 만들기 위해 프라이밍과 새로움이라는, 경이로움을 불러일으키는 지지물에 의존했다.

연구 결과 연구진의 가설이 성립되었다. 경이로운 산책을 한 사람들은 "주변 세계의 세부 사항에 관심을 가졌고, 경이로움을 더 많이 느꼈다". 이와 대조적으로 통제 그룹에 속한 사람들은 주로 다음 주에 가는 여행 짐 싸기 같은 일상적인 일을 곰곰이 생각하면서 시간을 보냈다. 연구진은 또한 경이로운 걷기와 연민 같은 친사회적 감정 사이에 추가적 복용량 같은 관계를 발견했는데, 이런 친사회적 감정들이 걸을 때마다 점점 더 증가했다. 경이로움을 느끼며 산책하는 사람이 더 좋은 시간을 보낸다는 것을 알 수 있는 또 다른 증거로 뭐가 있을까? 더 크게 웃는 것! 연구진은 날마다 산책 전후 참가자들에게 본인의 사진을 찍도록 했다. 그냥 산책한 참가자보다 경이로운 산책을 한 참가자들이 일관되게 더 많이 웃는 것으로 나타났다.

경이로운 산책에 관해 아는 집단이 있다면 아마도 이상주의, 통합, 인간의 타고난 선함, 자연의 경이로움에 초점을 맞춘 19세기 초 종교 및 철학 운동 추종자인 초월주의자들일 것이다. 그들은 일상생활에서 신을 발견할 수 있다고 믿었고, 좋은 곳을 정처 없이 거닐면서 자연과 교감하는 것이 자신의 존재 이유라고 생각했다. 초월주의의 선두 주자인 랠프 월도 에머슨은 어느 날 저녁 집으로 돌아가는 산책길에서 느낀 전율을 다음과 같이 감동적으로 묘사했다.

> 해 질 녘, 눈웅덩이 같은 평야 가운데 난 길을 가로지르면서, 특별한 행운을 생각하지 않고도 완벽한 쾌감을 즐겼다. 나는 두려움의 가장자리에서 기뻐한다.

"두려움의 가장자리에서 기뻐한다"라는 표현은 경이로운 산책의 절정을 완벽하게 보여 준다.

그렇다면 이상적인 경이로운 산책을 만드는 건 무엇일까? 일단 높고 넓은 곳으로 가라. 높은 곳의 전망이나 사방이 탁 트인 전경을 찾아라. 크게 할 수 없다면 작게 하라. 일상적으로 산책할 때 그냥 지나칠 수 있는 모든 작은 것에 호기심을 가져 보라. 세세한 부분 하나도 당연하게 여기지 마라. 참신함과 기대치 위반을 마주칠 수 있도록 완전히 다른 길을 시도해 보라. 우리는 휴리스틱에 도전해서 습관화에 대항하고자 한다. 그리고 이런 시도가 경이로움으로 가득 찬 산책이 될 것이라고 자신을 미리 준비시킨다. 그러면 우리는 경탄하고 받아들이는 순간들을 발견하는 데 마음을 열게 된다. 레이철 카슨은 '눈에 띄지 않는 아름다움'에 눈 뜨기 위해 자신에게 이렇게 질문하곤 했다. "전에 이것을 본 적이 없다면 어떨까? 그것을 다시는 볼 수 없다는 걸 알았다면 어땠을까?"

경이로운 경험은 대부분 긍정적이다. 개방적이고, 호기심이 많고, 몰두하며, 경외감을 느끼는 것이 일반적으로 즐겁기 때문에 경이로운 경험이 건강에 긍정적 영향을 미친다는 것은 크게 놀랍지 않다. 그러나 때때로 위기나 비극에서 호기심과 경외감이 생길 수 있다. 경이로움이 특별한 이유 중 하나는 그 기원이 부정적 경험일 때에도 스트레스 감소, 동정심, 회복력 같은 긍정적 결과로 이어지는 경우가 많다는 점이다. 이것은 경이로움을 특정 장점을 가진 단순한 감정 이상으로 만든다. 삶의 방식이 된다.

요약

- 자연은 사람의 정신과 육체를 치유한다. 이런 혜택을 주는 것이 물리적 환경뿐 아니라 자연이 불러일으키는 경이로움이라는 증거가 늘어나고 있다.

- 자연에서 시간을 보내는 것뿐만 아니라 단순히 자연을 보고 냄새를 맡는 것만으로도 고통이 줄어들고, 치유가 빨라지며, 불안감이 낮아지고, 신체적으로나 심리적으로 더 건강해진다. 이 현상을 탐구하기 위한 다양한 철학으로 산림 의학, 바이오필리아, 주의력 회복 이론 등이 있다. 여러 혜택 중 일부는 자연의 생물학적 및 화학적 특성에 기인하지만, 자연의 정서적 특성 역시 경이로움과 밀접한 연관을 지닌다.

- 자연에서 혹은 다른 측면에서 얻는 경이로움은 코르티솔 수치를 낮추고, 미주신경 긴장도를 높이며, 심장질환과 류머티즘관절염 등 여러 염증성 질환과 관련된 단백질인 염증성 사이토카인 수치를 낮춘다. 이런 효과를 위해서 반드시 엄청난 감탄의 순간이 필요한 것은 아니다. 일상생활에서 느끼는 소소한 경이로움만으로도 가능하다.

- 연구에 따르면 경이로운 산책을 한 사람은 평범한 산책을 한 사람보다 기분이 더 많이 좋아졌고, 더 많이 웃었다. 이상적인 경이로

운 산책을 계획할 때, 새로운 경로나 참신한 요소를 찾아보라. 전
망이 탁 트인 곳으로 산책하고, 세부 사항에 주목해 보라.

3부

경이로운 삶 실천하기

경이로움을 추구한다는 것은 모든 경험에 초대장을 보내는 것을 의미한다. 경이로움을 가지고 우리의 하루와 서로에게 다가간다면, 우리가 초심자처럼 삶에 접근한다면, 엄청나게 특별한 마법에 마음을 연다면, 우리는 더 나아질 것이다.

13장. 회복탄력성:
어려운 상황을 극복하는 힘

> 그의 영혼은 공간이 필요했다. 상세함이 필요했다. 탐험할 무언가가 필요했던 것이다. 그가 빼앗긴 것은 단지 자연 세계가 아니라 경이로움을 느낄 수 있는 광대함과 다양성이었다.

330명이 넘는 남성 사형수를 수감하고 있는 플로리다의 연합교정기관Union Correctional Institution(이후 UCI)은 전체 인구가 224명인 레이퍼드 타운 외곽 16번 국도 바로 옆에 있다. 탤러해시Tallahassee에서 동쪽으로 약 217킬로미터 떨어진 이곳은 울창한 들판이 펼쳐져 있으며 군데군데 젖소 목초지가 있는데, 너무 암울해서 그다지 흥미롭지 않다. 다른 많은 교도소처럼 UCI 역시 접근성이 떨어지고, 토지와 노동력도 더 저렴하다. 마을이 보잘것없어 보일지는 몰라도 레이퍼드 교도소 단지에는 여러 시설이 있고 5000명 이상의 수감자가 살고 있다. 개인 사업체에 파견하기에는 너무 허약한 무급 형벌 노동을 하는 수감자들을 위한 감옥으로 1913년에 설립된 이곳은 오늘날 종잡을 수 없는 감옥으로 서서히 바뀌었다.

그곳에 처음 방문했을 때가 기억난다. 당시 나는 범죄 전과 구제 또는 부수적 항소collateral appeal로 알려진 제도를 통해 사형수들을 변호하고 무죄를 선고하는 플로리다주 법무부의 한 부서에서 조사관으로 일하고 있었다.* 변호사와 수사관으로 구성된 우리 팀은 이 피고인들이 무죄를 입증하거나 감형 소송을 제기할 수 있도록 도왔다. 이 일을 하느라 나는 전국에 있는 상당히 많은 교도소와 수감자 및 그들의 가족을 방문했다. 그게 바로 내가 그 험난한 봄날에 UCI에 있었던 이유다. 등 뒤에서 감옥 문이 닫히는 소리가 들리면 마치 무덤에 들어가는 것처럼 마지막이라는 느낌이 들었고 그 기분은 절대 익숙해지지 않았다. 나중에 그곳을 떠날 거라는 사실을 알고 있었음에도 그 소리는 내 등골을 오싹하게 했고, 플로리다 북부의 숨 막히는 더위조차 그것을 녹일 수 없었다.

수용소에서 사형수 면회실로 가는 길은 양옆과 위가 울타리로 둘러싸인 좁은 통로였다. 울타리 반대편에서 몇몇 수감자가 운동장을 손질하고 있었는데, 파란색 셔츠를 입고 있는 것으로 보아 사형수가 아닌 일반 수감자였다. 사형수들에게는 세부 작업이 허용되지 않는다. 그들은 주 2회 운동 시간, 주 3회 5분간의 샤워, 주 3회 면회 시간(대부분은 법 관련 면회고, 드물게 지인이 방문한다)에만 감방 밖으로 나올 수 있다.

이 사형수들은 경이로움이라곤 찾아볼 수 없는 진공 상태에서 산다. 자율성이 완전히 상실된 상태. 친구와 가족이 떠나면서 사회적으로 죽은 상태가 되어 버렸다. '완벽하게 지루한 상황', 즉 매

---

* '부수적 항소'는 유죄와 무죄가 확정되고 직접 항소가 모두 끝난 후, 일반적으로 절차적 요소가 잘못된 사건이나 재판의 특정 부분을 법원이 검토하도록 요청하는 항소다.

일 같은 환경에서 같은 사람을 만나며 매일 똑같은 활동을 하는 것은 단조로움이 주는 세 가지 모욕이다. 그들의 개방성은 살아 있는 시체처럼 벽돌로 매장되어 있다. 이 영혼 없는 존재로서의 인간은 정신에 헤아릴 수 없는 타격을 입는다. 연구에 따르면, 단 며칠만이라도 독방에 감금당한 사람들의 뇌파는 '무감각과 정신착란의 비정상적 패턴'으로 바뀌는 것으로 나타났다.[*] 플로리다의 사형수는 그나마 나은 편에 속하는데, 그들은 창살을 통해 다른 수감자와 이야기를 나눌 수 있으며, 대부분은 자연광을 볼 수도 있다. 다른 주에 있는 많은 사형수는 햇빛이나 하늘을 보지 못한다. 그들이 유일하게 볼 수 있는 것은, 복지 점검을 하는 교도관이 얼굴을 들이밀지 않을 때, 작은 창문을 통해 볼 수 있는 내부 복도뿐이다. 수감 기간 내내, 어떤 수감자는 교도관들이 쇠사슬을 달 때를 제외하고는 수십 년 동안 다른 사람과 신체 접촉을 할 일이 없다. 미국 내 사형수는 거의 530만 명에 달하는데, 이들은 점점 수가 늘어나는 자연에 대한 접근이 제한된 미국인을 대표한다. 병원, 요양원, 교도소에 있는 이 사람들은 자연 속에서 누릴 수 있는 신체적·정서적 혜택을 박탈당한다. 자연이 부족한 도심에 사는 사람들을 포함하면 그 숫자는 1억 명으로 급증하며, 그중 2800만 명은 어린이다.

UCI에 처음 방문했을 때 나를 사로잡은 것은 사건에 관한 이야기가 끝나고 고객과 나눈 대화였다. 자극에 굶주리고, 새로운 것

---

[*] 여기에는 중환자실에 있는 환자, 병상에 누워 있거나 움직이지 못하는 다친 환자, 감각기능을 상실한 환자도 포함된다. 이는 우주비행선이나 잠수함 안 같은 고립되고 제한되거나 극단적인 환경에서도 나타난다.

3부 경이로운 삶 실천하기

이 없고, 탐색할 게 아무것도 없는 이 사람들은 어떤 주제로든 이야기하는 것을 좋아했지만, 그들 중 대다수가 나와 이야기하고 싶어 한 주제는 날씨였다. 폭풍우가 몰아치는 여름 하늘의 색, 차를 타고 지나가면서 본 나무의 종류. 한 수감자는 "**내 목까지 눈이 쌓여요! 그런 눈 본 적 있어요?**"라고 이야기하며, 자신의 고향인 뉴욕의 겨울을 회상했다. 압착한 야생화나 희귀한 낙엽을 몰래 들여오던 한 조사관이 떠오른다. 경이로운 세계로부터 온 이 귀중한 유물은 오래 남겨져 소중한 밀수품이 되었다. 그 정도의 박탈감과 그것을 견디는 데 필요한 회복력을 이해하기까지 몇 년이라는 시간이 걸렸다.

2012년, 캘리포니아 펠리컨베이의 한 죄수 집단은 펠리컨 베이 보안 주택 유닛Secure Housing Unit(이후 SHU), 즉 독방 감금의 다른 이름인 SHU에 수감되어 있는 동안 열악한 대우를 받았다며 소송을 제기했다. 수감 상태에 대해 증언하던 한 심리학자는 그 환경이 '만성적이고 압도적인 슬픔, 절망, 우울감'을 지속시켜서 수감자들이 "제정신으로 온전히 있을 수 없었다"라고 말했다. 그 심리학자는 수감자의 '감수성이 있는 사회적 존재로서 기능하는 능력'이 위축된다고 지적했다. 수감자 케빈 매카시Kevin McCarthy는 펠리컨베이에서의 시간에 대해 이렇게 말했다. "독방에 감금된다는 것은 바다에 좌초된 것과 같다. 모든 생활 방식이 구조될 희망을 중심으로 돌아가지만, 방향 감각도 없고 끝도 보이지 않는다. 시간이 지나면서 구조될 거라는 희망은 익사할 거라는 절망으로 바뀐다." 또 다른 수감자는 "1998년 이후 달을 보지 못했다"라고 한탄

했다.

　매카시 같은 사람들을 지원하기 위해 생태학자인 티어니 타이스Tierney Thys와 그녀의 동료들은 블루 룸Blue Room이라는 실험적 안식처 공간을 테스트하고 있었다. 수감자들은 이 공간 안에서 가상으로 만든 자연에 연결될 수 있었다. 오리건주 온타리오에 있는 스네이크 리버 교도소의 수감자들은 일주일에 5회, 한 시간 동안 어떤 방으로 보내진다. 이곳에서 수감자들은 아무것도 보지 않거나 38개의 자연을 담은 동영상 중 하나를 골라 볼 수 있다. 가장 인기 있는 동영상은 사람이 나오지 않고 산과 해변처럼 확 트인 공간에 푸른 하늘과 햇빛이 보이며 자연의 소리가 들리는 영상이다. 한 참가자는 '백일몽을 꿀 수 있는 장소'라고 묘사했다. 수감자들은 기분이 좋아졌고 그 기분이 몇 시간 심지어 며칠 동안 계속되었다고 말했다. 타이스는 "감옥 콘크리트 벽에 전시된 아름다운 자연을 디지털로 재현한 것만으로도 수감자의 정신 상태에 지속적인 영향을 미쳤다"라고 설명한다. 그녀는 자연 안에서 생활하며 얻는 건강상의 이점과는 별개로, 블루 룸 실험이 자연의 경이로움이 심지어 가장 극한의 환경에서도 회복력을 지원할 수 있음을 입증한다고 생각한다.

　수감자의 거의 절반이 자연 동영상을 본 후 더 차분해지고 짜증이 줄어들었다고 보고했지만, 타이스는 12장에서 다룬 기분 개선 외에 더 심오한 반응을 관찰했다. 한 수감자는 그 경험을 통해 "이 감옥보다 이 세상에 훨씬 더 아름다운 게 많다는 사실을 인식하는 데 도움이 되었다"라고 말했다. 그들은 감금에서 벗어나 다시 세상의 광대함과 다양성을 떠올릴 수 있었다. 수감자들은 회복탄력성을 더 가지게 되었고, 감옥 생활에서 오는 엄청난 스트레스 요인을 더 잘 견디고 회복할 수 있었다. 블루 룸의 이미지를 떠올리는 것만으로도 감정을 더 성공적으로 관리할 수 있었으며, 그 동영상들이 교도소 안에서 보내는 시간을 견디는 데 큰 도움이 되었다고 말했다.*

UCI에서 만났던 의뢰인 하나가 생각난다. 그는 자신이 기소된 범죄를 저지르지 않았다고 확신했던 사람이다. 그는 이미 20여 년 동안 사형수로 복역했으며, 항소하지 않고 그냥 사형 집행을 요청하는 게 더 나을까 고민한 적도 있었다. 그러나 그의 사건에 아무런 진전이 없었을 때조차 그는 이상할 정도로 기분이 좋았고 내가 방문하면 즐거워했다. 나는 그에게 무엇을 하며 시간을 보내는지 물어보았다. 그 당시 수감자 대부분은 텔레비전을 볼 수 없었다. 그는 뭐든 손에 잡히는 대로 읽고, 나머지 시간은 이런저런 상상을 하며 보낸다고 대답했다. 감옥에 들어오기 전 알던 장소를 여기저기 날아다니는 새 같은 자신을 상상했다고 말했다. 마치 유체 투사astral projection와 비슷하게 묘사했다. 일종의 초월이었다. 그 공상이 너무나 생생하게 구성되어 있어서 그는 실제로 자신이 그것을 관찰하고 있다고 확신했다. 육체가 아닌 형이상학적으로 말이다.

---

* 수감자들은 그런 '응석'을 받아 줄 만한 자격이 안 되는 인간이라는 이유로, 교도관들은 초기에 블루 룸 실험에 거세게 저항했다. 하지만, 설문에 응한 직원들은 수감자들이 동영상을 본 후 더 차분해졌으며, 그 효과가 몇 시간 동안 지속된다는 데 동의했다. 가장 눈에 띄는 건 폭력적 행동의 감소였다. 블루 룸 수감자가 징계를 받았다는 보고는 26퍼센트 더 적었고, 수감자와 간수 모두에게 충격적인 트라우마로 남는 감방 추출(감방에서 수감자를 강제로 내쫓는 것) 사건도 감소했다.

그 수감자가 새라는 자아를 가지고 경험한 것은 가상 비행이 제공하는 자연도, 심지어 자유도 아니었다. 그가 머무는 세계가 여섯 개 감방이 아홉 줄로 늘어선 교도소로 줄어든 후, 그의 영혼은 공간이 필요했다. 상세함이 필요했다. 탐험할 무언가가 필요했던 것이다. 그가 빼앗긴 것은 단지 자연 세계가 아니라 경이로움을 느낄 수 있는 광대함과 다양성이었다. 그래서 그는 그런 경험을 떠올렸고, 나중에 나에게 그 여행의 경이로움이 철저한 절망과 체념에서 그를 지켜 주었다고 고백했다.

바다에서 길을 잃다

스티븐은 그날 밤 자신의 배가 무엇을 쳤는지 결코 정확하게 알지 못했다. 자신의 6.5미터 범선 **나폴레옹 솔로호**를 남중국해 한가운데에 침몰시킨 건 아마 고래일 거라고 짐작했을 뿐이다. 그가 아는 것은 배를 버리고 난 다음 닥칠 상황에서 살아남기 위해 최대한 많은 것을 챙길 수 있는 시간이 불과 몇 분밖에 남지 않았다는 사실이었다. 스티븐 캘러핸Steven Callahan은 강한 선원이었고 완전한 고독과 바다의 무자비한 잔인함에 대해 잘 알고 있었지만, 자신이 처한 심각한 곤경, 즉 바다에서 76일 동안 이어질 표류에는 대비하지 못했다.

마치 오래된 항해 전설에서 나올 법한 이야기다. 물과 음식 없이 하루하루 간신히 버텨야 했던 나날들. 거의 죽을 뻔한 위기의 순간들과 순전한 공포. 그러나 어쨌든 캘러핸은 평온함을 유지했다. 불확실성과 무력감의 혼돈 속에서 캘러핸은 자신이 던져진 '자연의 경이로운' 세계를 맹목적으로 보지 않았다. 그는 자신을 둘러싼 환경에 놀라움을 금치 못했고 이것이 삶의 부표가 되었다. 캘러핸은 일지에 생존을 위한 세부 계획, 조수 패턴뿐만 아니라 '곡예하는 황새치', '보송보송한 흰 구름의 발레', '소용돌이치면서 불타는 석양', '깊고 어두운 밤으로 던져진 반짝이는 은하'도 기록했다. 캘러핸은 이 상황을 부정할 수 없는 이분법을 사용해 '지옥에서 천국을 바라보는 것'이라고 묘사했다. 하지만 그에게 살아남을 의지를 준 것은 아름다움 그 이상의 것이었다. 오히려 그는 "더 큰 전체와 완전히 연결된 것 같은 차분한 느낌"을 가져온 것은 "자신이 보잘것없는 존재임을 마음속 깊은 곳으로부터 깨달았기 때문"이라고 말했다. 그에게 감동을 준 것은 위엄이 아니었다. 캘러핸은 경이로움을 느낌으로써 공포와 공황의 벼랑 끝에서 주저하던 발을 다시 빼내 살아남는 데 집중할 수 있었다.

포츠머스대학교 생존심리학 선임 연구원인 존 리치John Leach는 캘러핸이 구조된 후 그를 인터뷰했다. 리치의 작업 대부분은 위기 발생 이후 처음 몇 분 또는 며칠에 초점을 맞추어, 고립되고 제한된 극한의 환경에서 극심한 위기와 시간이 의사결정과 생존에 어떤 영향을 미치는지 연구한다. 리치의 연구 결과는 선박 포기 절차 같은 실용적 방법으로 비상 대응과 훈련을 개선하는 데 적용된다. 리치는 "생존 수단을 제공하는 것은 훈련이지만, 생존 **의미**를 제공하는 것은 심리입니다"라고 설명했다. 리치는 비행기 사고 생존자들, 수용소에 갇힌 사람들, 난파선과 납치 생존자들을 인터뷰했다. 내가 그와 이야기를 나누던 날, 리치는 코카서스에서 게릴라들에게 붙잡혀 몇 달 동안 동굴에 쇠사슬로 묶여 있다가 구출된 남자와 막 인터뷰를 마치고 왔다.

모든 이야기에는 일관된 궤적이 있고, 생존은 하나의 결정적 요소에 좌우되는 경향이 있다고 리치는 말했다. 그는 "사람들이 삶의 의미를 잃기 시작하면 그들의 삶은 꽤 빨리 사라지죠"라고 설명했다. "나는 종양 전문의로부터 꽤 많은 서신을 받아요. 그들이 걱정하는 것 중 하나는 환자의 반응이죠. 환자를 진단하고, '여기 보이시죠? 암에 걸렸는데, 말기입니다'라고 말한다고 해서 환자들이 갑작스럽게 삶의 의미를 상실하지는 않아요. 하지만 환자가 일단 반응을 일으키면, 꽤 빨리 사망하죠."

철학자이자 홀로코스트 생존자인 빅터 프랭클Victor Frankl은 나치 강제수용소에서 보낸 시간 동안 자기 초월과 삶의 의미가 자신을 구원했다고 말하며, "삶의 의미를 찾기 위해 노력하는 것은 인간에게 주요한 동기를 부여한다"라고 썼다. 하지만 리치는 '의미'가 프랭클이 말한 것처럼 실존적인 종류일 필요는 없다고 빠르게 지적한다. 훨씬 더 평범할 수 있다. "생존자 중 의료계 종사자 수가 불균형적으로 많은 경향이 있어요. 당연히, 이 사실은 상당한 의미가 있죠. 포로수용소, 구명보트, 난파선 등 생존해야 하는 상황에 부닥쳐 있는데, 당신이 의사, 간호사 또는 구급대원이라면 당신에게는 목표가 생깁니다. 하지만 다른 사람들은 그런 종류의 목표를 가지지 않는 경향이 있어요. 그래서 이들은 목표를 찾아야만 하죠." 리치는 의미 있는 목표를 추구하고 그 목표를 달성하는 것이 회복탄력성의 중요한 구성 요소라고 설명한다. 개방성과 호기심을 잘 유지할수록 이런 종류의 의미 있는 목표 설정을 잘할 수 있다. 탐색적 행동은 목표를 설정하고 달성하는 데 필요한 일상적 추진력을 제공하기 때문이다. 또한 본질적으로 동기부여가 되는 활동에 참여하면, 감정적 트라우마를 관리하고 의사결정을 할 때 명석함을 유지하는 데 도움이 된다.

가장 극단적인 환경 중 하나로 의심의 여지 없이 우주를 꼽을 수 있다. 미국항공우주국NASA은 우주비행사에게 미치는 극단적 환경의 영향을 완화하는 법을 연구해 왔다. 확실한 근거는 없지만, 사실인 것처럼 퍼지는 일종의 괴담이 하나 있다. 1973년 12월 28일, 스카이랩Skylab 4호에서 임무를 수행하던 우주비행사들이 너무 빡빡한 업무 일정 때문에 극도로 스트레스를 받아 90분 정도 파업에 돌입했다고 전해진다. 우주비행사들이 원했던 건 무엇일까? 그들은 매일 한 시간씩 지구를 내다보며, '반성하고, 관찰하고, 매혹적이며 전례 없는 우주에서 머무는 경험 가운데 자신의 위치를 찾고자 하는 욕구'를 충족시키길 원했다. 이 괴담과 관련해 우주비행사들이 실제로 '도구를 떨어뜨리기까지' 했을 정도였다는 것을 비롯해 다양한 설이 있다. 여전히 많은 설이 있지만, 확실한 것은 우주비행사들이 매우 바쁜 일정을 소화했고, 불평했으며, 창밖을 바라보며 조망 효과를 통해 얻는 경외감이 이 상황을 개선하기 위한 절충안 중 하나였다는 점이다. 향후 임무에서는 경이로움의 필요성을 인식하고 우주비행사들에게 카메라를 제공했다. 처음에는 연구 목적으로만 카메라를 사용할 수 있었지만, 이제는 개인 시간에도 카메라를 사용할 수 있다. 이로써 우주에서 찍은 놀라운 지구 사진 20만여 개를 생산했을 뿐만 아니라 카메라 사용은 긴 우주비행 동안 효과적인 스트레스 관리 수단으로 입증되었다.

이건 매우 극단적 예지만, 난파한 스티븐 캘러핸은 다음과 같이 말했다. "평범한 삶과 생존 사이에 뚜렷한 경계가 없었다. 그저 매우 위험한지 극도로 위험한지의 문제였다. 기분이 처질 때는 믿을 수 없이 깊이 바닥으로 떨어졌지만, 괜찮은 상황에서는 놀라울 정도로 좋았다." 캘러핸은 이 고통스러운 감정 기복의 순환 속에서 경이로운 세상을 붙잡고 있는 것이 그에게 지속적인 회복 탄력성을 제공했다고 한다. 캘러핸은 베스트셀러인 자신의 저서 『표류』에서 끊임없는 호기심, 깊고 초월적인 몰두, 그에 따른 경외감이 자신에게 생존할 수 있는 기민함을 부여한 방법에 대해 길게 서술했다. "'살아남은' 생존자들의 초점은 전적으로 당면한 위험을 넘어서는 것이다. 완전히 그렇게 존재해야만 승리할 수 있다." 그리고 위기의 시기에 느끼는 경이로움은 매우 강력하고 감동적일 수 있다고 설명한다. 위기에서 살아남은 자들은 때때로 그들의 삶이 그렇게 반짝이는 명료함과 의미가 있던 때로 돌아갈 수 있기를 바란다. "사실 내가 만나 본 모든 생존자는 자신이 겪었던 경험을 통해 개인적 지식에서부터 영적인 것에 이르기까지 우리가 사실상 놓치고 있었던 숭고한 가치를 발견한다."

바다에서 초월적 경험을 겪은 후 캘러핸의 종교적 관점도 변했다. 오늘날 그는 자신의 신앙을 '과학적 신비주의'로 정의하며 이렇게 말했다. "나와 다른 많은 사람이 다양한 방법으로 신성을 발견했다. 그들이 말하듯 전쟁터의 참호 속에는 무신론자가 없다. 나는 이 속담이 상황을 지나치게 단순화했다고 생각하지만, 요점이 무엇인지는 쉽게 이해할 수 있다. 모든 경험은 선물이 될 수 있다."

비록 우리가 이 장에서 극한의 위기 및 환경과 관련된 경이로움을 살펴보고 있지만, 보고된 경외감 대부분은 긍정적이며, 경외감 사건의 20~30퍼센트만이 일종의 위협을 포함한다고 추정된다. 그러나 이러한 위협에 기반한 경외감 속에서도 이 그룹의 69퍼센트는 연구진이 '실버 라이닝silver linings(고난 가운데 한 줄기 희망-옮긴이)'이라고 부르는 것을 포함하는 사건들을 경험했다. 위협에 기반한 경외감은 종종 개인 통제감을 감소시키는 반면, 실버 라이닝 효과는 더 큰 회복탄력성을 부여해서 개인 통제감을 다소 증가시킬 수 있다.

예를 들어, 코로나19의 영향을 연구하는 연구진들은 팬데믹이 위협에 기반한 경외감을 불러일으켰지만, 의료 종사자와 지역사회 전체의 집단 대응에서 긍정적 측면이 있음을 발견했다. 방대한 공중보건 비상사태에 적응해야 한다는 필요성에 의해 촉발된 경외감은 사람들이 **문제 중심 대처**를 채택하도록 이끈 작은 자아를 끄집어냈다. 문제 중심 대처 전략은 사람들이 스트레스가 많은 사건을 관리하기 위해 직접적인 행동을 취하는 것을 포함한다. 코로나19 상황에서 손 씻기와 마스크 착용 증가가 이를 설명한다. 연구진들은 경외감의 사회적 유대감과 집단주의적 본성이 이런 행동들을 이끌었다고 가정한다. 캘러핸이 말한 경험의 선물처럼 비극 속에서 이타주의, 자기희생, 회복탄력성 등 '고난 가운데 한 줄기 빛' 같은 행동은 부정적 경험에서 비롯되었음에도 여전히 외상 후 성장에 대한 잠재력을 제공한다.

외상후스트레스장애와 외상 후 성장

제니퍼 스텔라 연구 팀의 일원이었던 버클리대학교 박사후연구원 크레이그 앤더슨Craig Anderson은 스텔라의 염증성 사이토카인 연구를 더 발전시키고 싶었다. 구체적으로 그는 경이로움이 외상후스트레스장애에 미치는 영향을 알고 싶었다. 앤더슨은 연구실에서 연구하는 대신 시에라 클럽과 팀을 이루어 연구를 현장으로, 엄밀히 말하면 급류로 가져갔다. 그는 경외감을 불러일으키는 경험에 대한 참가자의 반응을 연구하기 위해 퇴역 군인 72명과 도심의 젊은이 52명을 캘리포니아의 아메리칸강과 유타에 있는 그린강의 사우스 포크South Fork를 따라 내려가는 급류 래프팅 여행에 초대했다.

전투에서 돌아와 전쟁신경증을 앓는 퇴역 군인들을 포함해 미국 전역 군인의 35퍼센트가 외상후스트레스장애를 앓고 있으며, 이는 평균 미국 인구의 약 7퍼센트에 달한다. 외상후스트레스장애는 삶에서 여러 가지 충격적인 사건을 경험함으로써 생길 수 있으며, 냄새나 소리 같은 겉보기에 평범해 보이는 경험으로 인해 촉발되어 심각한 악몽, 섬망, 불안, 공황발작으로 이어질 수 있다. 치료하기 어려운 이 만성적 질환은 평생 지속되는 경향이 있는데, 때로는 조금 호전되기도 한다. 베트남 참전 용사 중 일부는 50년이 지난 지금도 여전히 외상후스트레스장애 증상을 호소한다.

앤더슨은 다른 긍정적 감정을 넘어 경외감이 웰빙을 유도하고, 스트레스나 외상후스트레스장애를 줄일 수 있는지 연구하고 싶었다. 더 중요한 것은, 자연의 경이로운 효과가 회복탄력성 같은 웰빙의 결과 요인에 기여한다는 점과 이러한 효과가 급류 래프팅 같은 극한 환경에서뿐만 아니라 일상에서도 발견될 수 있다는 점을 설명하고 싶었다. 그 경험의 영향을 측정하기 위해 연구진은 참가자들의 연구 참가 전후 스트레스 호르몬 수치를 측정했고, 웰빙 설문조사를 완료한 뒤 경험을 일기로 작성하도록 했다. 또한 여행 내내 참가자들의 표정을 포착하기 위해 뗏목 전면에 고프로 카메라를 부착했다.

연구 참가자들은 급류 래프팅을 경험한 결과 전반적인 스트레스 수준이 21퍼센트, 외상후스트레스장애 증상이 29퍼센트 감소했다. 이런 회복탄력성의 효과는 일주일 동안 지속되었다. 더욱 놀라운 것은 보트에 탄 모든 참가자가 이러한 이점을 경험했다는 사실이다. 앤더슨은 "우리는 같은 뗏목을 탄 사람들이 비슷한 감정과 호르몬 수준을 보여 준다는 사실을 발견했다"라고 말했다. 그는 이 발견이 경이로움이 옮겨 간다는 것을 보여 준다고 생각했다. 연구 팀은 또한 "자신이 속한 편안한 영역을 벗어나 주변 세계에 관해 더 배우려는 참가자들의 욕구를 가장 강하게 불러일으킨 것은 바로 호기심이었다. 특히 팀 내에서 강경하게 행동하는 데 익숙한 사람들에게 더 그랬다"라고 말했다. 앤더슨은 특히 도심에 사는 아이들 집단에 관해 설명했다. "당신이 위험한 동네에 산다면, 마음을 여는 것이 그다지 도움이 되지 않을 것이다. 누군가 당신에게 도전한다면 맞서 싸워야 하므로 늘 당당한 척해야 한다. 그렇지 않으면 만만한 사람이 되어 버린다." 퇴역 군인에서부터 위험에 처한 아이에 이르기까지 래프팅 경험은 스스로 만든 껍데기에서 벗어나 그들을 더 개방적이고, 호기심 많으며, 경외감으로 가득 차게 만들었다.

'급류 래프팅' 경이로움을 일상의 경이로움과 비교하기 위해 앤더슨과 그의 팀은 별도의 참가자 집단에 일기를 작성하게 했다. 또한 그들을 대상으로 일상적인 경외감 경험에 대해 일일 설문조사와 종단 설문조사를 실시했다. 놀랍게도 일상생활에서 경이로움을 기재한 참가자들은 급류 타기를 했던 사람들과 같은 이점을 보고했다. 더 많은 자연을 경험할수록 경이로움이 더해졌다. 경이로움을 더 많이 느낄수록 경험 당일뿐 아니라 시간이 지난 뒤에도 감정 조절을 더 잘했다. 앤더슨은 "이것은 자연에 있는 것이 우리에게 좋은 이유를 설명하는 데 매우 유효하다"라고 말했다.

육체적으로나 정신적으로 매우 복잡한 상태인 외상후스트레스장애를 고려할 때 **큰 곤경에 처한 상황에서는 경외감이 중단**되는 것처럼 느껴진다. 고통받는 사람들은 어마어마한 순간의 강렬함을 경험하지만, 그 경험을 수용하기보다는 공포에 빠지며, 그 무서운 기억이 미래에 촉발되는 방식으로 부호화된다. 내가 최근에 이 생각을 라니 시오타에게 말했을 때 그녀도 동의했다. "당신의 본능은 매우 정확합니다." 비록 외상후스트레스장애가 "경외감과는 정반대의 방식으로 신체적 각성을 일으키지만" 편도체와 해마는 서로 깊이 연결되어 있다. 외상후스트레스장애를 가진 사람에게 가해지는 정신적 자극은 스트레스 호르몬인 코르티솔의 증가 같은 물리적 유발 요인으로 이어진다. 코르티솔의 증가는 염증 시스템에 신호를 보내 염증성 사이토카인을 방출한다. "따라서 생각해 보면 외상후스트레스장애는 과부하 반응입니다." 경외감은 당신이 그것을 제쳐 두도록 돕고 우리가 세상을 이해할 수 있는 짧은 순간의 유연성을 만들어 낸다. 그 유연성은 외상후스트레스장애를 가진 사람들이 새로운 신경 경로를 개척할 수 있게 해 준다. 이 경로는 공황을 초래하기보다는 감정을 처리할 수 있는, 보다 회복 탄력적인 감정 상태로 이어진다.

모든 외상이 외상후스트레스장애를 유발하는 것은 아니다. 어떤 사람들은 외상 위기에서 외상 후 성장기로 전환하는데, 이는 트라우마가 치유, 유대감, 감정적 힘을 촉진하는 역할을 하는 현상이다. 그런데 왜 어떤 사람들은 외상 이후 성장을 경험하는 반면, 어떤 사람들은 외상 이후 스트레스 장애가 생길까? 그 답은 해마에 있을지도 모른다. 앞서 말했듯이 해마는 기억 수집과 기억에 중요한 역할을 담당한다. 쌍둥이 중 한 명이 외상을 경험해 외상후스트레스장애를 일으켰고 다른 한 명은 그렇지 않았다. 이 쌍둥이 연구에서 두 사람 모두 뇌스캔 결과 해마가 일반인보다

더 작게 나타났다. 전에는 외상후스트레스장애가 해마를 축소시
킨다고 생각했지만, 캘리포니아의 연구진들은 이제 외상 이전 해
마가 더 작은 개인이 외상후스트레스장애에 더 취약할 수 있다고
생각한다. 현재 진행 중인 연구는 해마가 정서적 회복탄력성에
미치는 상당한 영향을 지적하고 있으며, 이는 회복탄력성이 유전
에 크게 영향받을 가능성이 있음을 의미한다.

회복탄력성에서 호기심의 중요성

알리아 보질로바Alia Bojilova 대위는 시리아 골란고원에 본부를 둔
뉴질랜드 방위군의 특수 항공 서비스 및 대테러 전술 그룹에서
근무하는 육군 심리학자이자 UN 군사 관찰자였다. 2013년, 시리
아에서 복무하던 중 보질로바와 그녀의 동료 2명은 시리아 자유
군 38명에게 인질로 잡혔다. "우리는 극위험 지역으로 끌려갔다.
우리의 운명이 완전히 파묻힐 거라는 것을 알았다. 그들이 우리
가 확실히 그렇게 느끼도록 만들었다." 보질로바는 풀려나기 위
해 자신의 심리학적 지식을 활용한 방법을 이야기했다. 그녀는
그들의 목적이 무기나 다른 죄수 같은 특정 자원과 자신을 교환
하기 위한 것이 아니라는 것을 먼저 확인한 후, 자유군 38명에게
질문을 던지기 시작했다.

보질로바는 자신을 납치한 사람을 부정적 의도만 가진 괴물로
보는 대신, UN 대표단을 포로로 잡는 위험하면서도 상징적인 결

정을 내린 이유를 파악하려고 노력했다. "우리 목을 베는 것은 긍정적 의도를 달성하는 가장 현명한 방법으로 보이지 않았기 때문에 그들이 원하는 것이 무엇인지 알아낼 방법을 찾아야 했다." 그녀는 그들이 가진 두려움, 희망, 욕망을 알아 가며, 그들을 사람 대 사람으로 알기 위해 노력했다. "그 과정에서 깨달은 점은 우리를 가두던 벽에 작은 균열이 생기기 시작했다는 것이다. 표면을 충분히 오랫동안 바라보면, 이런 균열을 알아채기 시작한다." 보질로바는 계속해서 관찰하고 호기심을 유지하면 두려움을 막을 수 있고 해결책이 나타날 거라고 믿었다. 포로 생활의 전환점은 포획자 중 지도자 격인 사람이 번역 사전을 요청한 뒤 **겸손**이라는 단어를 가리켰을 때였다. 보질로바가 보인 호기심이 자기중심적이지 않고 오히려 공감적이며, 그녀가 보인 겸손이 그녀를 납치한 사람들의 마음을 움직였다는 것이 분명해졌다. 자신을 납치한 이가 처한 곤경에 대해 보질로바가 보여 준 진정한 호기심은 그들이 석방을 위해 활용할 수 있는 인류애의 기반을 드러냈다. 보질로바는 "적과 대화를 나누고 억제되지 않은 호기심을 유지하는 방법을 찾는 것"에서 의미 있고 생명을 구할 수 있는 연결 고리를 만들 수 있었다고 생각한다.

"극복할 수 없을 것 같고 압도적으로 보이는 무언가 앞에 내가 서 있을 수도 있다. 하지만 다른 관점, 다른 각도에서 본다면 여기서도 기회를 찾을 수 있지 않을까? 이 순간이 바로 내가 회복탄력성과 호기심 사이의 연관성을 연구하는 데 초점을 맞추게 된 이유다." 보질로바는 현재 회복탄력성 분야에서 세계적으로 유명한 전문가로서 회복탄력성 구축을 위한 수단으로 호기심을 연구한다. 그녀는 호기심이 있으면 "더 많은 질문을 하기 시작하고, 더 궁금해하고, 더 많은 공간을 확보하면 친밀감과 낮은 사리사욕으로 다른 사람들과 상호 의존을 키울 수 있는 조건을 만들 수 있다"라고 생각한다.

앤더슨의 급류 래프팅 연구 결과를 반영해서, 연구원 토드 캐시던은 호기심이 회복탄력성과 외상 후 성장에 핵심적인 역할을 한다고 생각한다. 캐시던은 "모든 사람이 개인적 성장 기회의 혜택을 얻을 준비가 되어 있지는 않지만, 대부분 호기심은 주요 촉진제가 된다"라고 설명한다. 그는 호기심이 충격적인 사건이 유발하는 자극을 더 효과적으로 처리하도록 도와서 성장과 회복력을 촉진한다는 가설을 세웠다. "호기심을 촉진하면 극도의 불안과 우울한 일 이후 발생하는 회피와 이탈을 견뎌 내는 자기 조절 자원을 구축할 수 있다. 또한 어려운 정서적 물질에 접근하고 처리하고 의미를 부여하는 뒷문 역할을 할 수 있다."

리치는 또한 회복탄력성에서 인지적 유연성의 중요성을 관찰했다. 그는 다음과 같이 말했다. "사람들은 즉각적 위협이 있는 상황에서는 결정을 내리지 않습니다. 전두엽 피질은 우리 진화 과정에서 뒤늦게 발달해서 매우 느리기 때문입니다. 그래서 전두엽 피질은 효과적으로 작동하지 않는 상태에 놓이게 됩니다. 자원이 부족한 겁니다. 즉, 인지적 유연성에 영향을 주는 전두엽 피질 기능이 그 순간에는 존재하지 않는다고 보면 됩니다. 직접적으로 뇌가 다시 활동하기 시작하면 나중에 전두엽 피질도 다시 작동하지만, 시간이 걸릴 수 있습니다." 극심한 스트레스를 받는 상황에서 인지적 유연성을 발휘하기가 쉽지 않지만, 개방적이고 호기심 많은 사고방식을 유지하면 균형을 찾는 데 도움이 된다.

호기심은 회복탄력성을 증진한다. 그렇다면 경이로움의 다른 요소는 어떨까? 연구에 따르면 개방성이 높은 사람들이 스트레스 조절과 회복을 잘하며, 스트레스를 즐긴다. 또한 외상 후 성장을 연구하는 스콧 배리 카우프만은 '경외감 중독자'는 나쁜 상황을 자신에게 경이로움을 주고, 상황을 극복할 동기를 주는 방식으로 훨씬 더 빨리 재구성한다고 짐작한다. 공포가 우리를 움츠리게 만드는 반면, 경이로움 주기는 우리가 앞으로 나아갈 수 있는 의지와 능력을 갖추게 한다.

개방성에서 경외감에 이르기까지 경이로움 주기의 모든 단계는 회복탄력성을 더 강화한다. 스티븐 캘러핸에게는 끔찍한 경이로움조차 의미 있는 성장을 가져왔고, 그 심오함 앞에서 겸손해졌다. "인생에는 우리가 통제할 수 없는 상태에서 그저 반응하고, 살고, 생존할 때 오는 놀라운 강렬함이 있다. …… 나에게 바다에 간다는 것은 어렴풋이 신의 얼굴을 보는 것과 같다. 바다에서 나를 포함한 모든 인간이 보잘것없는 존재임을 떠올린다. 이렇게 겸손해지는 것은 멋진 기분이다." 캘러핸은 바다에서 잃어버린 시간이 끔찍하다고 단언하겠지만, 그 경험에서 얻는 경이로움, 그 경이로움이 그를 감정적으로 풍부하게 했으며 생존할 수 있는 회복탄력성을 부여했다는 사실은 부인할 수 없을 것이다. "자신이 하찮은 존재임을 진심으로 깨닫는 것은 더 큰 전체와 완전히 연결되어 있다는 차분한 느낌을 준다. 세상의 작은 부분이자 인류로서, 나는 이제 혼자 있을 때 느꼈던 것보다 더 평화롭고 훨씬 더 큰 것을 느낀다."

요약

- 개방성에서 경외감에 이르기까지 경이로움 주기의 모든 요소는 매우 극단적이고 끔찍한 상황에서도 정신이 회복탄력성을 지니도록 지원한다. 이러한 경이로움의 속성은 어려운 시기에도 인간에게 약간의 장점이 있을 수 있음을 의미한다.

- 교도소나 우주 같은 고립되거나 폐쇄적인 극한 환경에 처해 있을 때에도 경이로움을 경험하면 감정 조절 능력이 향상된다.

- 경이로움 주기의 한 요소라도 부족하면 경이로움을 경험하지 못하며, 이는 정서적·육체적 고통을 유발한다. 자극이나 인간관계의 부족 외에 이런 고통의 원인 중 하나로 삶의 의미 상실을 꼽을 수 있다. 인간이 경험을 신진대사하고 삶을 유지할 목적을 찾기 위해서는 의미가 필요하기 때문이다.

- 외상후스트레스장애는 외상으로 인해 신경이 쇠약해지는 상태를 의미한다. 외상후스트레스장애 환자 중 경이로움을 경험한 환자

는 그 증상이 30퍼센트 가까이 호전되었다는 연구 결과가 있다.

- 외상을 겪었다고 해서 모두 외상후스트레스장애를 경험하는 것은 아니다. 어떤 사람은 정서적 힘과 회복탄력성 증가를 특징으로 하는 외상 후 성장을 경험하기도 한다. 경이로움에 의해 촉발된 정신적 유연성은 덜 민감한 감정 스키마를 다시 발달하게끔 만든다.

14장.   종교와 경이로움:
여러 종교가 공유하는 경이로움의 패턴

신과 경이로움을 독실하게 믿었던 전설적인 이론물리
학자 아인슈타인은 자신이 신에 대해 알아챈 이유는
우주에 대한 경이로움 덕분이라고 말했다.

사람들은 농담처럼 나를 돌아온 2세대 가톨릭신자라고 부른
다. 부모님은 가톨릭 학교의 전통적 수녀님들 밑에서 컸고 그것
을 증명이라도 하는 듯 무릎이 으깨진 옥수수 알갱이처럼 움푹
들어갔다. 부모님은 가톨릭교회가 제공하는 의식, 깊은 감사와
성찰의 중요성을 인식하고 존중했다. 하지만 가톨릭의 교리, 가
끔은 혹독한 규율, 취약한 부분에서의 비극적 실패를 이유로 가
톨릭을 거부했다. 결국 어머니는 다른 교파에서 예배와 경건함을
찾기로 결심하고 가톨릭을 떠나 기독교로 갔다. 그러나 아버지는
오랫동안 가톨릭 관습에 얽매인 지역 뉴올리언스에 살고 있으며,
가톨릭 공동체 안에서 위안과 가치를 발견한다. 아버지는 자신이
공감하는 것을 받아들이고 나머지는 취하지 않는 것을 편안하게
여긴다. 두 방향 모두 부모님의 영적인 청지기 정신에 효과가 있
어서 두 분에게 긍정적으로 작용한다.

어렸을 때, 나는 일요일마다 교회에 가야 했다. 운전할 수 있는

나이가 되자 엄마는 더 이상 엄마와 함께 교회에 다닐 필요는 없다고 말씀하셨다. 하지만 반항적인 10대에서 벗어난 뒤에도 일주일에 한 번은 경건함을 실천하기 위해 나는 어디론가 가야만 했다. 그래서 유대인 회당, AME 교회, 힌두교 사원 등 친구들이 권한 다양한 종교를 한 번씩 살펴보면서 이 종교 저 종교를 꽤 많이 기웃거렸다. 그리고 그 경험 이후 조직화한 종교에 대한 내 접근 방식은 이제 "종교는 하나의 빛을 비추는 여러 가지 빛깔의 등불이다"라는 격언으로 가장 잘 요약할 수 있다(아마 고인이 된 데즈먼드 투투Desmond TuTu 대주교가 "하느님은 기독교인이 아닙니다. 하느님은 그들이 분별할 수 있는 가장 좋은 빛으로 사는 사람들을 기쁘게 받아들이십니다"라고 한 말이 이 의미를 더 잘 표현할 것이다). 그래서 전 세계 인구의 27퍼센트(점점 증가하고 있음)와 마찬가지로 나는 나 자신이 영적이지만 종교적이지는 않다고 생각한다. 그리고 연구에 따르면, 신을 믿는 사람은 보통 사람보다 더 자주 경이로움을 경험하지만, 그 데이터는 또한 종교가 필수적 메커니즘이 아니라는 점을 보여 준다.

2014년, 퓨 리서치 센터에서 종교와 경이로움 사이의 연관성을 조사했다. 조사에 응한 미국인 중 거의 절반이 일주일에 한 번 또는 그 이상 세상에 대해 깊은 경이로움을 느낀다고 보고했고, 경이로움을 느끼는 사람의 4분의 3 정도는 영적인 평화와 웰빙을 느낀다고 말했다. 기도와 묵상 모두 응답자의 경이로움을 증가시켰지만, 성서 같은 종교 경전을 교리 그대로 받아들이지 않은 신자들이 경이로움을 더 많이 느꼈다. 이런 발견은 짐 개리슨의 경험, 즉 경직된 이데올로기는 경이로움을 느낄 여지를 주지 않는

다는 것을 반영한다. 예배와 감사, 신을 존경하는 마음으로 대하
는 것은 실행하기 좋은 습관이지만, **실행**이 효력을 발휘해야 한
다. 이러한 습관은 경이로움을 길러 주고 경이로움과 종교의 협
력 관계 중간에 자리 잡고 있지만, 경이로움을 찾는 사람들이 어
떤 종파에 속해 있는지는 중요하지 않다. 경이로움은 색깔처럼
빛에 의해 드러나는 게 아니라 빛에 반응한다.

종교운동 및 사회운동의 구조

모든 종교와 경이로움의 관계를 탐구하는 것은 불가능하겠지
만, 모든 종교가 공유하는 유사한 경이로움 패턴을 살펴보면 통
찰력을 얻을 수 있다. 종교에 보편적 구조가 있다는 생각에 반발
하는 사람도 있겠지만, 이것이 단일 신앙의 모든 독특한 특징을
배제한 '보편적 종교'를 암시하는 것이 아니라는 데 주목해야 한
다. 오히려 우리는 서로 다른 종교 내외에서 공통 맥락을 찾기만
하면, 각 단일 신앙의 독특한 특성을 효과적으로 식별하고 표현
하고 강조할 수 있다.

이런 보편성 중 첫 번째는 종교가 의미 형성을 위한 틀을 만든
다는 점이다. 그 틀은 인간의 경험을 도표화할 수 있는 공유된 믿
음의 나침반을 제공한다. 유대 신학자이자 철학자인 아브라함 요
수아 헤셸Abraham Joshua Heschel은 종교적 경이로움에 대해 "감정 그 이
상의 것으로, 이해하는 하나의 방식이다"라고 말했다. 종교는 경

3부 경이로운 삶 실천하기

이로운 경험이 그 집을 찾을 수 있도록 두드러진 틀을 만들어 낸다. 이 의견은 윌리엄 제임스가 그의 저서 『종교적 경험의 다양성』에서 처음 제시했다. 제임스가 의미한 바는 종교는 경이로움 없이 존재할 수 있으며, 사실 교리나 구속 체계로서의 종교는 경이로움과 결이 다르다는 것이다. 그리고 세속 세계가 경이로움을 부인하거나 회피하지 않기 때문에, 경이로움은 종교적 맥락 밖에서도 존재할 수 있다. 그러나 '종교적 경험'은 경이로움과 종교가 합쳐지는 곳이다. 그래서 종교인이 경이로움을 경험할 때, 그 경이로운 경험은 종종 종교적 관례의 틀 안에서 그 의미와 맥락, 즉 경건함을 찾을 것이다.

문화인류학자 R. R. 매럿Marett은 "종교는 종교인들에게 반복해서 경이로움을 불러일으키는 표준화된 절차를 제공하는 데 탁월하다"라고 말했다. 종교의식, 찬양, 신비주의, 설화 같은 이야기, 향수, 향, 기도, 성가, 촛불 등이 모두 한데 어우러져 경이로움의 마법을 불러일으킨다.

아주 어렸을 때 우리 집의 크리스마스 전통은 자정미사에 참석하는 것이었다. 어른들은 아이들이 미사가 끝날 때까지 즐거워하며, 몸부림치지 않고, 깨어 있게 하려고 뇌물을 줬다. **유인책**으로 크리스마스 선물 하나를 일찍 풀어 볼 수 있도록 허락받았지만, 사실 나는 미사의 화려함과 의식을 즐겼다. 자정미사는 늘 애틀랜타 시내에 있는 큰 교회, 예수성심대성당Basilica of the Sacred Heart of Jesus으로의 여행을 뜻했다. 플래허티 신부님이 성직자 옷을 입지 않을 때 플란넬 셔츠와 작업복을 입은 모습을 자주 목격할 수 있었던 우리 동네 초라한 시골 집회와는 매우 다른 경험이었다. 성심대성당은 1800년대 후반에 지어진 놀랍도록 인상적인 건축물로 녹슨 돌은 심지어 밤에도 해 질 녘 붉은 노을처럼 빛을 발하는 것 같았다. 내부는 크림색, 노란색, 금박이 촛불과 실내등의 불빛을 반사했다. 바깥이 깜깜할지라도 벽을 따라 늘어선 스테인드글라스 창문은 여전히 가로등에 비친 피치트리Peachtree 거리(애틀랜타 예수성심대성당이 있는 거리 이름-옮긴이)를 따라 늘어선 공간에 색의 파편을 비추었다. 그 밤은 신비롭기 그지없었다. 흔들리는 향로의 열정적 조합과 우리 뒤 교회당에서 떠내려오는 성가대의 음악 소리, 거대하고 둥근 천장으로 울려 퍼지는 웅장한 오르간 음악, 반짝이는 금실 의복을 입은 신부님이 들려주시는 힘든 여정, 마법의 별, 우리를 구하기 위해 이 세상에 오신 아기 예수 이야기. 이것은 모든 종교의 많은 성스러운 날에도 비슷하게 적용된다. 그것은 특정 교리와 관계없이 의도적으로 설계된 것이다. 이런 '표준화된 절차'는 관찰자에게 경이로움으로 가득 찬 초월을 일관되고 안정적으로 불러일으키기 위한 것이다. 사회운동의 행진, 구호, 시위도 이와 마찬가지다.

세속적이든 종교적이든 모든 운동의 핵심은 **이상**, **필요**, **인도자**라는 유사한 틀을 따른다. **이상**은 추종자에게 의미의 원천이자 놀라움으로 가득 찬 목표 역할을 한다. **필요**는 추종자와 이상을 떼어 놓는 결함이나 문제다. 이것은 부정적인 결점으로 보일 수 있지만, 또한 추종자들 사이를 동지애로 끈끈하게 엮어 줘서 이상을 불러일으킬 수도 있다. **인도자**는 필요를 충족시키며, 결점이

3부 경이로운 삶 실천하기

있는 추종자를 이상과의 결합 및 결의로 인도하는 희귀한 힘을 가지고 있다. 종교적이든 아니든 인지적 유연성과 개방성이 높은 사람은 경이로운 사건을 경험할 가능성이 더 높다. 하지만 신을 향한 경외감에 대한 기존의 믿음이 있을 때, 경이로운 사건은 종교적 틀이라는 집을 찾을 것이며, 따라서 종교적 맥락, 믿음, 그리고 신앙 공동체와의 연관성을 강화할 것이다. 이와 같은 이상, 필요, 인도자 모델은 많은 사회운동에도 비슷하게 적용된다.

종교가 공유하는 두 번째 공통된 맥락은 그들이 지니는 **기원 이야기**가 종종 경이로움과 경외감 경험이 겹치는 요소인 상실, 두려움, 신비로움과 관련이 있다는 것이다. 아룬자와 크리슈나의 이야기에 나오는 두려움과 신비로움을 한번 생각해 보자. 그리고 인류를 구원하기 위해 죽은 자 가운데서 다시 살아난 예수그리스도가 제자들에게 자신의 정체성을 증명하기 위해 본인의 몸에 생긴 못 자국 구멍에 손가락을 넣어 보게 한 이야기도 마찬가지다. 이와 비슷하게 지구가 반고盤古 신이 자란 거대한 우주 알이라는 도교의 기원 이야기도 있다. 1만 8000년 후 반고가 부서지고 산산조각이 나면서 죽게 되자, 그의 피는 강을, 그의 육체는 땅을 이루었고, 숨결은 바람을 일으켰다. 반고의 눈은 해와 달이 되었고, 이는 바위가 되었으며, 마지막으로 반고의 몸에 살던 곤충들은 인류가 되었다. 제우스는 아들 프로메테우스에게 인간을 창조하라고 지시했다. 그런데 프로메테우스가 오직 신들만 사용할 수 있었던 불을 인간에게 선물로 주자, 그는 영원히 고문받게 된다. 이는 유쾌하기보다는 어둡고 신비로운 기원 이야기다. 사회운동은 일반적으로 이렇게 끔찍하지는 않지만, 여전히 어떤 상실감 같은 것에서 영감을 얻는다. 예로 1911년 미국 역사상 가장 치명적인 산업재해이자 미국 산업안전 운동 촉매제였던 뉴욕 맨해튼 트라이앵글 셔트웨이스트^{Triangle Shirtwaist} 공장 화재(문이 잠긴 공장에서 근무하던 의류 노동자 146명이 사망한 사건으로 사망자의 다수가 이민자들과 10대 중반에서 20대 초반의 소녀들이었음-옮긴이) 사건 같은 것이 있다.

사실, 수 세기에 걸쳐 경이로움을 조사하던 철학자들 대부분은 신비로움의 일부 측면이 경이로움 분류법에 속한다고 생각했다. 예를 들어, 랍비 헤셸은 종교적 경외감을 "신비로움 앞에서 느껴지는 어떤 것 또는 숭고함에서 영감을 받은 경이로움과 겸손함"이라고 말했다. 루돌프 오토^{Rudolf Otto}는 종교와 관련한 주요 연구인 『성스러움의 의미』에서 **두려운 신비**^{mysterium tremendum}로 정의한 **누미노제**^{numinouse}라는 개념을 소개했다. mysterium은 경험의 모호함과 초월성을 나타내고 tremendum은 두려움, 떨림, 중대함, 종교적 경이로움에 대한 경외심을 말한다.

종교의 또 다른 보편성은 수행자에게 지속적이고 긍정적인 영향을 미치는 방식이다. 예를 들어, 신에 대해 경이로움을 느끼는 것은 더 높은 장기적인 삶의 만족감과 관련이 있다. 그리고 연구에 따르면 영적 변화를 경험한 사람들은 슬픔, 걱정, 죄책감 같은 부정적 감정을 자주 경험하더라도 그들의 관점과 목적의식에 장기적으로 긍정적 변화가 있음을 보고했다. 평균적으로 '교회에 다니는 것' 자체만으로는 지속적인 효과로 이어지지 않는다는 사실에 주목해야 한다. 일주일에 한 번만 교회에 나가고 나머지 주중에는 별도로 종교 활동에 참여하지 않는 사람의 경우, '경건한' 친사회적 행동과 관련한 많은 혜택이 급격하게 사라진다. 예를 들어, 보통 교회 신자들은 일요일에는 교회에 가지 않는 사람들보다 더 자선적인 경향이 있다고 밝혀졌지만, 주중에는 그렇지 않았다. 포르노물을 덜 봤지만, 일요일에만 덜 보는 것으로 나타났다.

또 다른 보편적 요소 중 하나로 종교가 사회적 결속력을 활용하고 강화하는 방식을 꼽을 수 있다. 일반적인 종교 관습에는 단체 기도, 라이브음악 공연, 몸을 움직이는 데 중점을 두는 예배 등이 포함된다. 수피즘 신도들은 신과 교감하기 위해 빙글빙글 돌면서 찬양하고 춤춘다. 종교의식, 부름과 응답, 노래는 모두 그 종교를 믿는 사람들을 동기화하고, 통합하며, 추종을 강화하는 역할을 한다. 집단 참여 메커니즘으로서의 경이로움의 기원은 매우 종교적인 사람들이 경외감을 자아내는 비디오를 본 후 다른 사람들과 하나가 된 느낌을 크게 받았다는 연구 결과가 뒷받침한다.

마지막으로 모든 종교와 사회운동은 카리스마를 활용한다. 아이디어 그 자체든 아이디어의 웅변가든 권위의 수단이자 변화를 위한 연료로 카리스마를 사용한다. 인도자는 카리스마를 가졌으며 추종자는 수신자다. 이러한 공생은 사회적으로 파생된 경이로움의 주요 조건을 구성한다.

사회운동은 사회학자 로버트 벨라Robert Bellah가 **시민 종교**라고 부른 유형의 역할을 한다. 시민 종교는 신을 필요로 하지 않지만(물론 신을 포함할 수도 있다), 동일한 신념 체계에 대한 광범위한 열정과 헌신을 고취하려고 조치한다. 벨라는 사이비종교에서 호전적 애국주의jingoism(벨라가 든 예시로 '친미주의'가 있다), 심지어 스포츠 팀에 이르기까지 모든 시민 종교가 이상, 필요, 인도자라는 삼자 구조에 딱 맞아떨어진다고 생각한다. 그가 1960년대 후반에 이 이론을 발표하자, 1900년대 초반과 중반에 걸쳐 비교적 안정적이었던(약 70퍼센트를 맴돌던) 교회 출석률이 수십 년간에 걸친 쇠퇴기에 접어들었다. 어떤 사람들은 1960년대 아폴로 미션이 이런 출석률 감소에 영향을 미쳤다고 생각한다. 우주에서 지구를 보는 것은 더 개인적인 경외감·감사·관점으로 이어져, 교회 및 공식화된 종교와의 관련성을 덜 느끼게 했다.*

경이로움의 어두운 면

그를 따르는 추종자들은 활주로에서 나는 총소리를 듣지 못했을 것이기 때문에, 그날 오후 하원의원 한 명을 포함한 다섯 명의 죽음이 그들의 운명을 바꿀 것이라는 점을 알 수 없었다. 그러나 짐이 조금 다르게 행동하고 있다는 것은 알 수 있었다. 평소보다 더 초조해했고, 긴장하고 있었다. 그래서 그가 확성기로 '백야(일명 혁명적 죽음)'의 시간이 왔다고 발표했을 때, 모두 이게 평소 하던 연습이 아니라는 사실을 깨달았다. 오늘이 바로 지상에서의 마지막 날이었다.

* 환경주의는 부분적으로 달 착륙에서 영감을 받은 시민 종교 유형의 하나로 볼 수 있다.

아이들이 먼저 음료를 마셨다. 병적으로 달콤한 과일 가루를 섞은 음료가 청산가리의 쓴맛을 완전히 덮어서 사람들은 의심 없이 그 음료를 삼켰다. 적당히 섞은 진정제 덕분에 평화롭게 죽을 수 있었다. 짐은 이런 방면으로는 영리했기 때문에 어린아이들을 먼저 죽게 했다. 아이들이 죽고 나면 부모는 자신을 기다리고 있는 천국으로의 석방을 애타게 기다리게 된다. 많은 사람이 기도했다. 우는 사람도 있었다. 실제로 저항하는 사람은 별로 없었고, 소수만이 어딘가로 숨었다. 결국 한 시간도 채 안 되어 짐 존스는 909명을 죽음으로 이끌었다. 이 사건은 9.11 테러가 발생하기 전까지는 미국에서 고의적 행위로 인해 가장 많은 사람이 사망한 사건으로 손꼽혔다. 모두 짐 존스의 명령에 따른 것이었다. 어떤 잔인한 최면술이 희생자들에게 불시에 닥친 걸까? 왜 사람들은 그 음료수를 마셨을까? 왜 거부하지 않은 걸까?

우리의 인식론적 겸손을 높이고, 친사회적 감정을 증가시키며, 독단주의 경향을 낮추는 경이로움 같은 감정이 어떻게 사이비종교를 영속시키는 역할을 할 수 있을까? 한 가지 이유는 경이로움에 의해 활용되고 강화된 인지적 유연성이 이전에 가졌던 믿음에 대한 양면성을 조장하기 때문이다. 이러한 양면성은 새로운 아이디어가 항상 훌륭하지는 않더라도 번성할 수 있는 비옥한 기반을 만든다. 여기에 카리스마라는 연료와 사회적 결속력이 결합하게 되면, 경이로움은 쉽게 사람들의 움직임을 일으킨다. 심지어 사람들이 부정적인 이상향을 향해 나아갈 때에도 말이다. 라니 시오타는 이 역동성을 설명하며 다음과 같이 말했다. "경외감이 가소성의 순간을 만든다면 그 가소성은 어떤 특정한 방향으로 가지 않을 것이다. 사이비종교 지도자들은 신도들의 마음을 재구성하기 위해 경외감을 일상적으로 사용한다."

경이로움은 영향력을 미치고, 관점을 바꾸고, 변화를 주도하는 힘이 있다. 이 힘은 긍정적 결과를 가져올 수 있지만 부정적 방식으로 활용될 가능성도 있다. 존스타운Jonestown 사건은 경이로움이라는 카리스마가 어떻게 무기로 사용될 수 있는지를 극명하게 보여 주는 고통스러운 사례.*

경이로움을 위한 수단, 카리스마

처음에 카리스마는 종교적이거나 적어도 초자연적인 개념이었다. 이 용어는 '은혜의 선물'을 의미하는 그리스어에서 유래했다. 역사적으로 카리스마는 그냥 은혜의 선물로 여겨졌다. 위대한 철학자, 교사, 예언자 들은 전능자가 부여한 카리스마를 가지고 있었고, 그들은 신과 인간 사이의 직접적이며 적극적인 연결의 힘, 즉 강력한 카리스마를 통해 추종자들을 설득할 수 있었다.

---

* 많은 사람이 존스타운 사건이 자살이 아닌 살인이라고 주장하겠지만(300명 이상의 희생자가 어린이였을 때는 의심의 여지 없이 쉽게 그렇게 할 수 있었을 것이다.), 존스가 죽으라고 지시한 것을 기꺼이 따랐던 사람들의 자율성을 부정할 수는 없다. 광신적 종교 집단은 분명히 카리스마 있는 지도자를 맹목적으로 따르는 사람의 집단보다 더 복잡하며, 여기에는 다양한 수준의 비인간적 행태, 고립, 학대 등이 포함된다. 그러나 광신적 종교 집단 전문가들은 세뇌라는 용어 사용을 거부한다. 세뇌라는 용어가 많은 신도가 스스로 결정 내리는 것을 적절하게 드러내지 않는다고 느끼기 때문이다. 작가 무라카미 하루키는 사이비종교 교인들이 지도자의 '영적 은행'에 '자신의 모든 귀중한 자아'를 예치했다고 묘사했다.(Murakami, Haruki, Alfred Birnbaum, and Philip Gabriel, 『Underground: The Tokyo Gas Attack and the Japanese Psyche』, London: Vintage, 2013.)

아리스토텔레스가 카리스마 있는 리더의 3대 요소를 **에토스**^{ethos}, **파토스**^{pathos}, **로고스**^{logos}(인품, 감성, 이성)라고 부른 것에 근거하여 20세기 영국 복음주의 작가 아서 월리스^{Arthur Wallis}는 이것을 '신성한 자성^{magnetism}이나 매력'이라고 명명했다. 1세기에 사도 바울이 이런 의미로 카리스마를 사용하기도 했는데, 그는 카리스마가 기독교 신앙을 세우는 수단이며, 하나님이 영적으로 부여한 초자연적 '선물'이라고 말했다. 비록 후대 교회 당국이 종교적 카리스마에 대한 바울의 견해를 채택하지 않아서 결국 더 차분하고 덜 열정적인 종류의 예배 유형으로 밀려났지만, 바울의 해석은 사라지지 않았다. 사실 1906년 미국에서 시작된 오순절 운동은 19세기에 발생한 여러 복음주의 운동의 정점이었으며, 이는 종교적 황홀경을 통해 탄생한 치유와 예언의 힘을 신성하게 카리스마에 부여해, 개인적인 기독교 카리스마에 대한 믿음을 재점화했다. 마틴 루서 킹 주니어 같은 진정한 카리스마적 지도자, 짐 존스 같은 '거짓 예언자'의 출현과 함께 빌리 그레이엄 같은 복음주의자들에 의해 1960년대에는 카리스마 넘치는 회복 운동이 다시 부흥했다.

사회학자 막스 베버의 저서가 리더십 용어로 대중화된 것도 이 무렵이었다. 무려 1500장에 달하는 베버의 저서 『Wirtschaft und Gesellschaft』는 1922년 베버 사후에 출판되었고, 1968년 『경제와 사회』라는 제목으로 영문판이 출간되었다. 여기서 베버는 상대적으로 모호한 종교적 개념을 현대 정치 및 경영 어휘로 끌어들였다. 사회적 권위와 통제의 한 형태로 정의되는 현대 세속적 카리스마를 소개했고, 그 이후 이 개념은 훨씬 더 큰 범위와 의미를 띠게 되었다. 그는 카리스마를 "모든 사람이 접근할 수는 없는 육체와 정신의 신성한 선물"이라고 했고, 카리스마 있는 지도자는 "초자연적, 초인적, 또는 적어도 특별한 예외적 능력이나 자질을 부여받은 사람"이라고 설명했다. 베버의 평가에 따르면, 카리스마 있는 지도자들은 변화의 필요성이 가장 큰 위기의 시기에 나타나며, 그들은 '엄청난 약속'을 해서 이러한 권한을 인수하고 유지한다. 하지만 지도자들이 초자연적인 힘이 부여한 다른 세계의 힘을 가진 것처럼 보인다는 점을 감안할 때, 지도자가 그 약속을 이행하지 못하면 그들의 카리스마는 퇴색하며, 동시에 장악한 권력도 약해진다.

예일대학교 사회학과 이반 셀레니Iván Szelényi 교수는 상호주의의 역동성이 카리스마적 영향력의 핵심이라고 강조한다. "베버는 카리스마를 가진 사람이 비범하고 초인적이거나 모범적 특징을 가진 것으로 보인다고 말했다. 중요한 점은 베버는 이 개인이 **실제로** 비범하거나 초인적이라고 말하지 않았다는 것이다. 어떻게 보면, 그것은 보는 사람의 시선에 달려 있다. 이러한 자질을 누군가에게 돌리는 것은 추종자들이다."

카리스마 있는 지도자의 권위는 베버가 **브루주마인샤프통**Verge-meinschaftung, 즉 '신자들의 공동체 형성'이라고 부른 것에 달려 있다. 이것이 바로 많은 권위주의 정권의 카리스마적 지도자들이 자신들의 신앙인 공동체를 계속 믿게 하려고 종종 자신에게 반대하는 사람들의 생명과 자유를 희생하면서까지 '큰 약속'(또는 '큰 오류')을 추구하려고 극단적으로 노력하는 이유다. 또한 '큰 약속'은 치명적 질병에서 기적적으로 회복하거나, 위업을 보여 주거나, 자신을 설명할 때 계속해서 최상급 표현을 사용하는 것 등 권위주의적 지도자가 초인적으로 보여야 하는 필요성을 이해하는 데 도움이 된다. 비추종자들은 그런 행태를 가식적이라고 여긴다. "어떤 면에서 카리스마적 리더는 추종자에 의해 만들어진다고 볼 수 있다. 당신이 다른 가치체계를 가져야 한다고 설득하기 위해서다"라고 셀레니 교수는 설명한다.[*]

경이로움의 요소를 다시 살펴보면, 그것들이 카리스마, 종교, 사회운동과 어떻게 연결되는지 알 수 있다. 새로운 아이디어에 대한 개방성, 배움에 대한 호기심, 자아의 해체 등이 있는데, 카리스마적 경험 앞에서 개인은 자신을 작게 느낀다. 자아가 감소하면 더 넓은 대인관계를 만들 수 있으며, 결과적으로 공동체적 공유는 경험의 강도를 높인다. 그러고 나면 추종자들은 그들의 가치체계 스키마의 변화를 겪으며, 이상을 실현하기 위해 자유롭게 돈과 시간을 기부한다. 종교운동과 사회운동 모두 의미 형성을 촉진하며, 많은 추종자가 카리스마가 있을 때 '감동'받거나 심지어 초월성을 보고한다.

오늘날 카리스마는 계시와 기적에 의해 생겨나기보다는 언론의 관심 덕택에 부여되는 경우가 많고 그 이상은 거의 없다. 인지종결 욕구가 여기서 작용하는데, 정보를 찾는 방식과 정보를 찾았

---

[*] 진화론적 관점에서 우리는 카리스마적 경이로움의 발전 기초와 왜 이것이 오늘날 사람들을 움직이는 효과적인 도구인지를 알 수 있다. 말속에 내포된 감정은 아이디어 전달을 용이하게 만든다. 카리스마는 인간이 강력한 리더를 빠르게 식별할 수 있는 단서로 작용하며, 그로 인한 경이로움은 공동 목표를 추구하는 집단주의적 응집력을 자극한다. 이 공유된 '도덕적 통합의 상징'은 강력한 변화 촉매제가 될 수 있는 집단 에너지를 만든다.

을 때 그 정보를 얼마나 단단히 붙잡고 있는지에 영향을 미치기 때문이다. 인지 종결 욕구 전문가인 아리에 크루글란스키는 "확실성에 대한 이런 요구가 명확함을 제공하는 이야기로 충족되고, 네트워크가 이를 지원 및 검증하면 급격하게 과격해지면서 사회적 운동이 생성된다"라고 설명한다. "단순히 개인 차원이라면 변할 수 있지만, 일단 사회운동의 일부가 되면 그 개인은 더 큰 공유 현실의 일부가 되고, 그것은 검증되고 지지받는 문화로 변하게 된다."

일단 그렇게 되면 음모론과 '가짜 뉴스'가 어떤 형태로든 운동에 투입될 수 있고, 비판적 사고가 어려워지기 때문에, 경이로움을 유발하는 자기 초월적 카리스마를 유명인 또는 '인플루언서'의 지위와 혼동하지 않는 것이 더 중요하다. 그 둘은 같지 않다. 철학자이자 신학자인 필립 퀸Philip Quinn은 이렇게 말했다. "사람들은 구원이나 해방의 초월적 원천이라고 생각하는 것을 접하면 경외감을 느낀다. 그리고 구원이나 해방의 초월적 원천이라고 믿는 것에 애착을 느끼며, 그런 성격적 특성, 의지와 마음의 자질을 개발하기 위해 노력한다." 나는 우리가 인플루언서나 리얼리티 스타를 우리의 초월적 해방의 원천이라고 기대하지 않기를 바란다. 왜냐하면, 해방의 원천은 거기에 없기 때문이다.

과학과 종교의 불안한 동맹

오늘날, 과학 그리고 이념으로서의 종교 사이에 줄다리기가 있는 것 같다. 그러나 역사적으로 종교인들과 개인으로서 지도자들은 과학과 종교를 편안한 동침자로 보았고, 이 둘을 연결하는 경이로운 실마리를 가지고 있었다. 달 착륙 직후, 휴스턴에 있는 웹스터장로교회의 장로였던 우주비행사 버즈 올드린$^{Buzz\ Aldrin}$은 자신이 우주까지 준비해 간 성찬식을 하기 위해 잠시 침묵해 달라고 요청했다. "무전이 끊겼을 때 나는 빵과 포도주가 들어 있는 작은 비닐 봉투를 열었다. 우리 교회에서 내게 준 성배에 포도주를 부었다. 지구의 6분의 1밖에 안 되는 달의 중력 때문에 포도주는 천천히 굽이지며 우아하게 잔 옆면으로 올라왔다. 그다음에 나는 성경을 읽었다." 올드린은 경이로움을 공유하는 이 순간을 과학과 종교가 공존할 수 있고 또한 공존해야 함을 전하는 이상적인 메신저로 보았다. "달 착륙선 이글의 금속 몸체가 삐걱거렸다. 나는 작은 성체를 먹고 포도주를 삼켰다. 두 명의 젊은 조종사를 평온의 바다로 데려간 지성과 성령님께 감사드렸다. 달에 쏟은 최초의 액체와 그곳에서 먹은 최초의 음식이 종교적 요소라는 사실이 흥미로웠다."

신과 경이로움을 독실하게 믿었던 전설적인 이론물리학자 아인슈타인은 자신이 신에 대해 알아챈 이유는 우주에 대한 경이로움 덕분이라고 말했다. "우리가 경험할 수 있는 가장 아름다운 감정은 신비로움이다. 그것은 모든 진정한 예술과 과학의 요람에 있는 근본적 감정이다. 이 감정이 낯선 사람, 더 이상 경이로움과 경외감에 사로잡힐 수 없는 사람은 꺼진 촛불처럼 죽은 것이나 다름없다." 그가 설명했듯이, 경이로움과 신앙심은 미지의 심오한 신비 속에서 교차한다. "경험할 수 있는 모든 것 뒤에는 우리 마음으로는 파악할 수 없는 무언가가 있으며, 그 아름다움과 숭고함은 간접적으로만 우리에게 도달한다는 것을 감지하는 것이 바로 신앙심이다. 이런 의미에서, 그리고 이런 의미에서만 나는 독실한 종교인이다."

아인슈타인은 우주에 대해 그가 느낀 경이로움이 신을 대체한다고 제안하려던 것이 아니었다. 오히려 갈릴레오, 뉴턴, 다윈과 마찬가지로 그 역시 과학을 신이 궁극적으로 솜씨를 부린 것으로 보았다. 심지어 찰스 다윈도 자신이 주장한 진화론이 기독교의 가르침과 일치하지 않는다고 여겨졌음에도 불구하고 매우 종교적인 사람이었다. 『비글호 항해기』에서 다윈은 이렇게 말했다. "그 누구도 움직이지 않고 이 고독에 설 수 없으며, 인간 안에 단순한 육체의 숨결 그 이상이 있다고 느끼지 않을 수 없다." 천재 물리학자 칼 세이건Carl Sagan은 "과학과 영성이 상호 배타적이라는 개념은 둘 모두에 해가 된다"라고 말하면서 다윈의 생각에 공감했다.*

많은 과학자가 종교를 포용하듯이 많은 종교 지도자도 과학을

---

* 세이건의 책과 후속 영화 <콘택트>만큼 이 줄다리기를 더 잘 묘사한 현대문학 작품은 거의 없다. 이 영화는 웜홀을 통한 여행에서 외계 생명과 친구가 되면서 자신이 가졌던 믿음에 의심을 품는 불가지론자 과학자 엘리의 이야기를 다룬다. 엘리는 경이로움이 과학과 종교 사이의 공통 주제이지만, 과학이 그 메시지를 더 효과적으로 전달한다는 그녀의 믿음을 이렇게 설명한다. "보세요. 우리는 모두 경이로움에 목말라 있어요. 경이로움은 인간의 특성이죠. 과학과 종교 모두 그것과 연결되어 있어요. 제 말은, 여러분이 이야기를 지어낼 필요도, 과장할 필요도 없다는 거예요. 현실 세계에는 충분한 경이로움과 경외감이 있습니다. 자연은 우리보다 경이로움을 만들어 내는 데 훨씬 뛰어나요." 그러나 초월적 순간에 엘리는 형언할 수 없는 그 경험에 경외감을 느끼고 세상에서 믿음의 역할을 평가하는 여정을 시작한다. "그걸 표현할 수 있는 단어가 없어요. 시! 그들은 시인을 보냈어야 했어요." (영화 <콘택트>, 1997년 작, 로버트 저메키스 감독, 워너 브라더스)

포용한다. 15세 때부터 불교 신앙 지도에 일생을 바친 달라이 라마 성하는 여전히 열렬한 과학 추종자다. "나는 과학이 불교의 이해와 상충한다는 사실을 증명한다면, 그에 따라 불교도 변해야 한다고 말해 왔다. 우리는 항상 사실과 일치하는 견해를 채택해야 한다. 조사 결과, 어떤 점에 대한 이유와 증거가 발견되면 우리는 그것을 받아들여야 한다." 세상에 대한 달라이 라마의 인식은 믿음, 과학, 신비가 혼합되면서 더 풍부해진다.

이 장을 쓰는 동안, 친구 하나가 프랑스 철학자 블레즈 파스칼의 다음 인용구를 상기시켜 주었다.

> 모든 사람의 마음에는 신의 형상을 한 공백이 있으며, 그 공백은 어떤 창조물로도 채울 수 없다.

공식 종교의 쇠퇴는 많은 사람의 삶에 신의 형상을 한 구멍을 남겼다. 경이로움의 보편성은 경이로움이 그 구멍을 메우기 위한 세속적인 도구가 될 수도 있고, 개인의 확립된 종교적 관행과 결합해 그 구멍을 풍요롭게 할 수도 있음을 의미한다.

요약

- 종교는 공유된 신념 체계(종종 시민 종교라고도 함)에 대한 광범위한 열정과 헌신을 공유하는 잠재적인 모든 운동과 마찬가지로 경이로움으로 가득 차 있다.

- 다른 종교보다 경이로움을 더 많이 느끼는 종교는 없다. 경이로움은 색처럼 빛에 의해 드러나는 것이 아니라 빛에 반응한다. 영적인 사람은 보통 사람보다 일상에서 경이로움을 더 잘 느끼지만, 인지 종결 욕구 형태의 정신적 경직성은 경이로움에 반대되기 때문에 종교적 이념을 문자 그대로 받아들이지 않는 경우에만 경이로움을 더 많이 느낀다. 경직된 이데올로기는 경이로움을 느낄 여지를 주지 않는다는 점을 기억하라.

- 종교적 경이로움은 사이비종교나 징고이즘(타 집단에 대한 적대적, 자기중심적 심리 상태를 지칭하는 용어-옮긴이) 같은 부정적 목적으로 이용될 수 있다.

- 카리스마는 그리스어에서 유래한 개념이다. 경이로움을 가져온다고 알려진 카리스마는 신과 인간 사이의 직접적이고 적극적인 연결로 여겨져 전능자가 부여한 카리스마를 지닌 사람에게 자성이나 매력을 부여했다. 이 개념은 사도 바울, 그리고 이후 오순절 운동에서 종교적으로 발전했고, 이후 막스 베버에 의해 세속화되

었다.

- 카리스마는 추종자들로부터 힘을 얻고, 추종자들은 카리스마가 있는 리더로부터 소속감과 목표를 얻는다. 이 상호성은 카리스마적 경이로움의 핵심 특징이다.

- 경이로움을 불러일으키는 카리스마는 작은 자아에 초월적 감각을 자극해 공유 정체성과 집단적 참여를 단단하게 구축한다.

- 종교운동 및 사회운동은 여러 기능에 걸쳐 유사한 구조를 공유한다. 종교운동 및 사회운동은 공동체와 그 공동체의 사명에 대한 목적의식, 추진력 및 추진력을 제공하는 '이상, 필요, 인도자' 모델을 수용한다. 그것들은 놀라운 미스터리를 통해 추종자들을 끌어들이는 매력적인 기원 이야기를 가지고 있다. 또한 지속해서 긍정적인 영향을 미칠 힘을 가지고 있으며, 카리스마를 사용해 공유된 응집력이 있는 커뮤니티에 연료를 공급한다.

- 과학과 종교가 늘 편안하게 공존하지는 않았다. 경이로움은 과학적 개념이지만, 종교로 엮일 수도 있고 세속적인 것으로 남을 수도 있다.

15장. 느린 생각:
경이로운 삶을 실천하는 몇 가지 방법

신속함은 공감과 인내심 그리고 경이로움을 죽인다.
느린 생각은 경이로움을 실천하는 발판이 될 뿐만 아
니라 경이로움을 우리 삶에 포함시킨다.

저널리스트 카를로 페트리니Carlo Petrini가 로마 중심부의 와인 저
장고에 친구들을 불러 모았을 때, 그는 자신이 122개국에 걸친 운
동의 대표자가 될 것이고는 전혀 생각지 못했다. 페트리니는 사
랑받는 식도락 중심지에 패스트푸드가 등장하는 것을 반대했다.
그래서 로마의 스페인광장에 맥도날드가 들어선 것에 항의했다.
맥도날드는 페트리니가 세상의 주요 질병으로 여기는 것, 즉 사람
들이 너무 빠르게 움직이는 것을 상징적으로 보여 주었다. 페트리
니는 '느림'을 모멸적으로 여기는 세상의 상징인 패스트푸드에 도
전했는데, 그의 개혁운동은 그가 생각했던 것보다 훨씬 더 커졌
다. 페트리니가 작성한 「슬로푸드 선언문」에서 그는 "우리는 속도
의 노예가 되었고, 모두가 교활한 바이러스인 빠른 생활에 굴복했
다"라고 썼다. 느린 도시, 느린 육아, 심지어 느린 섹스까지 모두
이 새로운 '느린 철학'을 열심히 모방했다.

커크 슈나이더는 이 철학을 그가 "천천히 끓이는 것"이라고 부

르는 우리 정신에 적용한다. "삶에 대한 느릿느릿한 접근법은 매일의 경험을 통해 평생에 걸쳐 배양해야 합니다. 이것을 달성하려면 많은 연습이 필요합니다." 하지만 슈나이더는 노력할 가치가 있다고 생각한다. "많은 사람에게 적어도 장기적으로는 천천히 끓이는 것이 빠르게 끓이는 것보다 더 만족스러울 수 있다고 믿습니다. 특히 현대사회에서는 조심해야 한다고 생각합니다. 속도와 즉각적인 결과를 너무 강조합니다." 신속함은 죽인다. 그것은 공감을 죽이고, 인내심을 죽인다. 그리고 경이로움을 죽인다. 느린 생각은 경이로움을 실천하는 발판이 될 뿐만 아니라 경이로움을 우리 삶에 포함시킨다.

명상

2015년 이후 명상 산업은 306퍼센트 성장했으며, 현재 시장 규모는 20억 달러를 넘어섰다. 5000개가 넘는 명상 스마트폰 애플리케이션을 사용할 수 있으며, 헤드스페이스Headspace, 캄Calm 같은 일부 애플리케이션은 연간 2억 달러의 수익을 창출한다. 2027년까지 온라인 애플리케이션 시장 수익만 40억 달러를 넘어설 것으로 예상된다. 여기에 명상 스튜디오, 수련회, 온라인 강좌, 책은 포함되지 않는다. 서양에서 명상에 대한 이해 대부분은 존 카밧진Jon Kabat-Zinn이라는 사람에게서 시작된다. 최근 MIT에서 분자생물학 박사학위를 받은 카밧진은 1970년대 중반 명상에 관심을 가지고 2주간 위파사나 명상 수행을 시작했다. 대략 '통찰력' 또는 '투명한 눈으로 참모습 바라보기'로 번역되는 팔리어 단어인 **위파사나**Vipassana는 2500년에 걸친 불교의 전통적 영적 명상이다. 위파사나는 1970년대에 미국에서 카밧진과 타라 브랙Tara Brach, 잭 콘필드Jack Kornfield 같은 현대 마음 챙김 운동의 다른 지도자들을 거치면서 다시 유행했다. 이 접근법은 호흡과 몸을 자세히 살피는 것에 중점을 둔다. 명상가는 규칙적으로 잠시 멈춰 관찰하고 수용하지만, 신체감각에는 반응하지 않는다.

2주간의 수련 동안 카밧진은 춥고 습한 비수기 여름 캠프에서 몇 시간 동안 완전히 움직이지 않은 채 앉아 있었다. 나중에 그는 평생 살면서 그런 고통을 경험한 적이 없었지만, 관찰하고 받아들이되 반응하지 않는 신체 스캔을 통해 그 고통이 '순수한 감각으로 녹아드는' 것을 느꼈다고 말했다. 이 경험은 카밧진이 만성통증 관리를 위한 명상 아이디어를 탐구하도록 영감을 주었고, 그 결과 종종 심리치료와 결합되는 일종의 마음 챙김에 기반한 스트레스 완화Mindfulness-Based Stress Reduction(이후 MBSR)가 탄생했다. 현재 전 세계의 학교, 직장, 교도소에서 MBSR을 가르치고 있으며, 이것이 우리 대부분이 생각하는 명상이지만, 여러 가지 결과를 가져오는 다양한 명상이 있다.

어떤 명상이 경이로움에 가장 좋을까?

전반적으로 명상은 복잡미묘한 연구 주제다. 첫째, 많은 문화권에 걸쳐 100가지 이상의 다양한 명상 전통이 있는데, 각각은 다른 방식으로 뇌를 사용하고 다른 혜택을 제공한다. 둘째, 연구 대상자의 명상 전 기존 성향은 물론이고 연구 대상자가 하는 명상 훈련의 강도, 시간, 빈도에도 엄청난 차이가 있다. 그래서 지난 50년 동안 산 정상에서 명상해 온 사람과 20년 동안 주말에만 명상을 한 사람 그리고 지난 10년 동안 하루에 두 번, 20분씩 초월 명상을 한 사람을 비교하는 것은 사실상 불가능하다. 한편, 어디에나 흔하게 있다는 명상의 특징 때문에 명상 연구 대부분은 MBSR에만 집중되어 있다. 연구자들이 인정했듯이, 1970년대와 1980년대의 명상 연구는 표준이 아니었고, 다양한 전통과 이점에 대한 새로운 연구가 마구 쏟아져 나와서 심리학자이자 작가인 대니얼 골먼Daniel Goleman은 "쓰나미처럼 밀려온 명상 연구가 혼란스러운 결과와 함께 흐릿한 그림을 만들어 낸다"라고 말했다.

이 혼란을 이해하기 위해 연구진들은 네 가지 주요 명상 유형을 분류했다. 명상가가 호흡, 소리 또는 불꽃 같은 특정 요소에 집중해서 초점을 좁히고 유지하는 **주목 명상**focused attention meditation이 있다. **초연 명상**open monitoring meditation은 생각에 머물거나, 반추하거나, 생각에 반응하지 않는, 즉 판단하지 않는 관찰이다(주목 명상과 초연 명상의 조합은 MBSR이나 헤드스페이스 같은 애플리케이션에서 익숙하게 볼 수 있다). 또한 명상가가 타인과 자신에 대한 연민과 사랑에 집중하는 **사랑의 자비 명상**loving-kindness meditation이 있다. 마지막으로 명상가가 단어, 구문, 소리를 큰 소리로 반복하거나 또는 머릿속으로 반복하는 데 집중하는 **만트라 암송**mantra recitation이라고도 하는 초월 명상 Transcendental Meditation(TM)이 있다. 그러나 이러한 분류는 일반적 유형의 접근 방식에 불과하며, 기간 및 빈도 같은 복용량 효과의 중요성을 강조하지 않을뿐더러, 명상이 우리 몸, 뇌 및 정신에 미치는 영향의 정도를 좌우하는 강도도 고려하지 않았다.

대니얼 골먼과 리처드 데이비드슨Richard Davidson이 그들의 저서 『명상하는 뇌The Science of Meditation』에서 제시한 분류에는 이러한 훈련, 빈도, 강도 요소가 포함된다. 골먼과 데이비드슨은 심층 수련 대비 광범위한 수련의 개념을 설명하고 숙련도에 따른 결과 수준을 더 세분화한다. 이 분류에서 우리는 명상가의 수행이 더 많은 명상 시간, 몰입 및 강도에 따라 어떻게 다른 수준으로 흘러가는지 볼 수 있다. 또한 특정 양식에만 중점을 둔 채 지속 시간, 몰입 정도 등의 다른 요소를 고려하지 않은 명상 연구가 물을 흐리게 할 수 있다는 사실을 이해하는 데 도움이 된다.

그렇다면 어떤 명상이 우리를 경이롭게 만드는 데 가장 유익한지 어떻게 알 수 있을까? 골먼, 데이비드슨, 그리고 일부 상식에 따르면 "경험에 근거한 법칙에 따라 연습하면 이 질문의 대답에 접근할 수 있다". 골먼과 데이비드슨은 불안이 있는 사람과 통증 관리를 원하는 사람이 각기 다른 전통적 명상법에서 이득을 얻는 것처럼, 사람마다 더 잘 반응하는 명상 유형이 다를 수 있지만, 모든 명상 유형에는 상당한 유사점이 있다고 설명한다. "실용적 수준에서 모든 형태의 명상은 마음 수련의 공통된 핵심을 공유한다. 예를 들어, 마음을 통해 흐르는 무수한 산만함을 버리고 하나의 관심 대상이나 인식 자세에 집중하는 방법을 배우는 것이다." 이것이 주의력 훈련 수단으로서의 명상이 특히 경이로움 주기와

3부 경이로운 삶 실천하기

몰두를 효과적으로 지원하는 이유다.

명상에 통달하는 것 역시 '1만 시간 수행하기'만큼 간단하지 않기 때문에 경로가 명확하지 않다. 얼마나 시간을 들였느냐의 문제가 아니다. 통달을 촉진하고 명상에 통달함으로써 얻는 이점을 촉진하는 것은 집중도, 지도자, 선생님이나 다른 명상가와 형성한 사회적 결속력이다. 따라서 수년간 혼자서, 심지어 풍수지리로 개조한 객실에서 연습한 초월 명상이 더 짧은 수련 기간에 전문적 코칭을 받은 사람의 더 치열한 명상만큼 효과적이지 않을 수 있다. 앞으로 살펴보겠지만 이것은 사이키델릭과 흡사하다. 최고의 결과는 스스로 해 보면서 넘어지는 사람이 아니라 자격을 갖춘 안내자가 있는 사람 그리고 사후 관리를 받은 사람에게서 나타난다.

명상 연습 단계

4단계: 앱 또는 짧은 '책상에서 호흡' 연습(전체): 효과가 크지는 않지만, 접근하기 쉬운 방법이다. 집중력과 존재감 느끼기 같은 주의력 기술 훈련에 중점을 둔다.

3.2단계: MBSR, TM(전체~초급): 사용자 친화적이지만, 약간의 훈련과 정기적인 연습이 필요하다. 초보자의 경우, 집중력 및 존재감 느끼기 같은 주의력 기술 훈련에 중점을 둔다. 이 수준에서 우리는 소소하고 단기적인 이점을 경험할 수 있다. 오랜 기간 연습한 사람은 중요하고 지속적인 특성

변화를 관찰할 수 있다.

3.1단계: MBSR, TM, 사랑의 자비 명상, 위파사나(전체~장기 수련자): 사용자 친화적이지만, 약간의 훈련과 정기적 연습이 필요하다. 장기 명상가에게 이것은 동정심, 사랑의 자비 같은 자질을 배양하는 주의집중 단계에서 건설적 단계로 이동하는 것을 포함한다. 오랜 기간 연습한 사람은 중요하고 지속적인 특성 변화를 관찰할 수 있다.

2단계: 요가 수행자, 수도승(심화·장기 수련자): 수년간의 지속적이고 집중적인 연구를 수반한다. 현대 서구 생활과 잘 맞지 않는 일부 요소를 제거해서 서구문화에 더 잘 맞게 만든 서구화된 명상 수행법이다. 평생 1만 시간을 초과하는 정도의 시간이 걸린다. 인지 장벽이 사라지고, 심리적·생리적으로 근본적이고 지속적인 변화가 관찰되며, 초월과 의식 변형이 가능한 해체가 일어나는 단계다.

1단계: 요가 수행자, 수도승(심화·장기 수련자): 완전히 몰입하는 명상 생활 방식으로 수년간 지속적이고 집중적인 연구를 수반하는 '산꼭대기 동굴에 사는 요가 수행자' 단계다. 수행 시간은 2만 시간을 초과하며 최대 6만 시간 이상이 걸린다. 근본적이고 지속적인 생리적·심리적 변화가 관찰되며 초월과 의식 변형이 가능한 해체가 일어나는 단계다.

3부 경이로운 삶 실천하기

이 단계에서만 사이키델릭과 동등한 효과를 얻을 수 있다.

- 대니얼 골먼과 리처드 데이비드슨의 저서
『명상하는 뇌』의 분류법에 기초

※ 골먼과 데이비드슨은 여기에서처럼 3단계를 세분화하지 않았지만, 결과적으로 초심자와 장기 명상가의 차이를 고려하면 이것이 좀 더 명확해 보인다.

사이키델릭과 명상 비교

연구진들은 사이키델릭의 영향을 받은 사람의 뇌스캔을 고도로 훈련된 명상 고수의 뇌스캔과 비교한 결과 눈에 띄는 유사성을 발견했다(자세한 내용은 다음 장에서 살펴보자). 2015년, 인지신경과학자 프레더릭 배럿Frederick Barrett은 두 유형의 뇌 영상이 "서로 구별이 안 되는 것은 아니지만, 상당히 유사하다"라고 관찰 결과를 언급했다. 사이키델릭과 명상 모두 불이행방식망을 진정시키고 뇌 엔트로피를 증가시킨다. 즉, 뇌 내부가 더 복잡하고 예상치 못한 연결 상태가 된다. 사이키델릭은 이런 인지 변화로 가는 더 빠른 길이지만, 자아 반응 없이 세상의 자극을 처리하고 해석하는 명상 고수의 방법은 다른 사람들의 방법과 크게 다르며 한 번의 사이키델릭 여행의 치료 효과와 비교할 수 없다.

명상은 정신적, 육체적 건강을 이롭게 하기 위한 것이 아니라, 더 친절하고 통찰력 있는 존재를 만드는 지속적인 특성 변화를 촉진하기 위한 것이다. 그러나 명상을 통해 건강상의 이점도 얻을 수 있고, 운이 좋으면 초보자 수준에서도 이러한 이점을 얻을 수 있다(이런 변화 중 일부는 나타나는 데 시간이 꽤 걸릴 수도 있다). 다양한 명상 전통을 탐구하는 명상과학 분야는 신경과학의 발전과 함께 비약적으로 발전하고 있다. 명상과학은 거의 모든 수준의 명상에서 이점을 발견했다. 이것들은 경외감 경험과 같은 자기 초월적 경험과 같지는 않지만 주로 개방성, 현재에 집중하기, 주의력 같은 경이로움의 구성 요소를 지원할 뿐만 아니라 공감과 연민 같은 경이로움의 결과 일부와 일치한다.

주의력 조절

이미 배웠듯이, 인간의 뇌는 끊임없이 정보를 여과한다. 그것은 우리의 외부 자극과 경험, 배경에서 실행되는 내적인 대화와 이야기, 우리가 효율적으로 행동할 수 있도록 도와주는 편향과 휴리스틱을 관리한다. 이들 중 많은 부분을 불이행방식망에서 실행한다. 뇌의 여과장치는 종종 그 과정에서 우리의 존재, 몰두, 주의력과 경쟁한다. 명상은 이런 여과장치의 영향을 최소화하는 동시에 수다스럽고 자기중심적인 자아의 목소리 크기를 낮추는 데 도움이 된다. MBSR 또는 MBCT 같은 마음 챙김 명상을 실천하는 사람들은 덜 산만하고 '주의 간섭attention interference'이 적다. 실제로 8분간의 집중 호흡만으로도 정신적 방황을 감소시키는가 하면, 10분간의 집중 호흡은 집중력을 현저하게 높이는 것으로 나타났다. 8주간의 MBSR 훈련 후, 명상가들은 더 나은 집중력과 주의력 조절을 보였고, 장기적으로 위파사나를 훈련하면 집중력과 주의력 조절이 더 좋아졌다.

그렇다면 왜 주의력 조절이 경이로움과 관련이 있을까? 경이로움을 잘 느끼는 성향을 유지하기 어려운 이유 중 하나는 습관화와 **반복 억제** 때문이다. 새로움은 기대치 위반의 주요 요소이기 때문에 어떤 것이 너무 익숙해지면, 우리 뇌는 반복되는 것의 중요도를 낮춘다. 이러한 억제는 우리가 현재에 존재하는 것을 방해하고 경이로움을 관찰할 기회에 영향을 미친다. 그러나 반복 억제를 방어할 수 있다. 예를 들어, 요가에 통달한 수행자는 소음으로 주의를 분산하는 테스트에서, 처음 들었을 때와 20번째 들었을 때 거의 같은 주의를 기울이면서 습관화 성향을 거의 나타내지 않았다. 이는 굉장히 이례적인 일로, 명상하지 않은 '전형적인' 뇌는 그 소음을 차단하기 시작한다. 휴리스틱 지름길에 대한 의존도를 낮춤으로써 우리는 더 현재에 존재할 뿐만 아니라, 자극에 대한 반응이 감소하여 더 명확하게 보고, 더 신중하며, 의식적으로 대응하는 데 도움이 된다. 본질적으로, 마음 챙김은 우리가 자동 조종을 사용할지 말지를 선택할 수 있게 해 준다. 다시 말하지만 이러한 연구 대부분에서 볼 수 있듯, 각 명상가가 훈련한 시간의 양은 그들이 보여 준 주의력 조절의 양과 직접적인 상관관계가 있다.

MBSR, MBCT, 주목 명상, 시각화가 신경증을 줄이면서 자기 초월의 전제 조건 및 경이로움의 기초로 간주하는 경험에 대한 개방성을 높이는 방법을 보여 주는 주목할 만한 증거가 있다. 대부분 사람이 이러한 전환을 이루려면 반응을 '추가'하기 위한 규칙적인 연습이 필요하다. 그러나 요가에 통달한 수행자의 경우 이런 변화가 특질 수준에서 발생하는 것으로 보인다. 이 말은 수행자의 뇌가 지속적인 열린 인식과 연민 상태에 있도록 적응했다는 것을 의미한다.

명상 수행 연습은 시간이 지남에 따라 뇌에 생리적 변화를 일으키는데, 주로 주의력과 관련된 뇌의 피질 영역을 두껍게 만든다. 연구원들은 또한 **우짜이**Ujjayi 호흡 또는 '바다 호흡'이라고도 하는 명상 그리고 요가의 심호흡이 미주신경 활동을 자극하여 혈압과 심박수를 낮추는 등 명상의 많은 이점을 발견했다. 명상은 또한 제니퍼 스텔라의 경외 연구에서와 같이 스트레스 호르몬인 코르티솔과 염증성 사이토카인을 낮춘다. 실제로 MBSR 명상가들의 염증성 사이토카인은 명상 수련 3일 만에 감소했다. 9000시간 이상 명상을 수행한 숙련된 명상가의 경우 염증 징후가 감소했을 뿐만 아니라 코르티솔 수치도 대조군보다 13퍼센트 더 낮았다.

더 많은 연구가 필요하지만, 자기 초월적 경험에 도달하기 위한 명상을 하려면 엄청난 연습이 필요하다는 것은 분명하다. 경험이 더 강렬할수록 얻을 수 있는 이익이 더 커지고 오래 지속되며, 강도 높은 훈련과 오랜 시간 훈련을 하면 그 혜택이 지속될 수 있다. 이것은 하루 20분씩 하는 일반적인 명상 연습이 당신의 경이로운 마음가짐에 기여할 수 없다는 것을 뜻하지는 않는다. 쉽게 접근할 수 있는 유형의 적당한 명상도 당신을 더 개방적이게 하고, 현존성과 인식 수준을 높이고, 그 순간에 몰입하게 만들 수 있다. 자기 초월의 경탄을 얻기는 더 어렵지만, **관찰하고, 이리저리 거닐며, 깎아 내는 것**은 모두 명상 연습을 통해 이루어지며, 이것들은 경이로운 사고방식의 기본 요소다.

감사하는 마음

삶이 우리에게 정기적으로 주는 선물을 생각하기 위해 멈춰 서는 것은, 속도를 늦추고 경이로움을 실천하기 위한 하나의 방법이다. 새 찻주전자나 슬리퍼 한 켤레를 준 누군가에게 감사하는 것과 마찬가지로 건강이나 따뜻한 집 같은 더 의미 있는 선물의 출처를 생각하고 이에 감사해야 한다. 비교는 기쁨의 도둑이면서 감사의 도둑이기도 하다. 우리는 우리가 가진 것을 다른 사람이 가진 것과 종종 비교하면서 가지지 못한 것에 대해 아쉬워한다. 이러한 비교가 성인의 생활 전반에 복합적으로 작용함에 따라, 후회와 원망도 증가한다. 그러나 호기심이 가득한 어린아이의 눈이 그러하듯, 열린 마음으로 경이로움 렌즈를 통해 삶을 바라본다면, 우리가 가진 선물을 더 선명하게 볼 수 있다. "우리는 감사 일기가 아이들에게 매우 효과적이라는 것을 발견했다. 아이들은 타고난 경이로움을 가지고 있기 때문이다. 감사 일기를 쓰는 아이들의 인생 후반부에는 겹겹이 쌓인 장애물이 없다." 감사 전문가이자 『Thanks! 마음을 여는 감사의 발견』의 저자 로버트 이먼스Robert Emmons는 이렇게 말했다. "경이로움과 감사함 사이에는 매우 밀접한 관계가 있다."

감사는 부정적 감정 감소, 긍정적 감정 증가에서부터 더 나은 대처 전략, 행복감 증가에 이르기까지 다양한 종류의 이익과 관련이 많다. 감사는 우리의 대인관계를 강화하고, 더 나은 지도자로 만들며, 우리 삶에 더 큰 의미를 부여한다. 연구에 따르면, 일주일 동안 매일 단 한 번의 감사 행동을 하면, 이후 최대 6개월 동안 행복감이 증가한다. 심지어 우리를 더 건강하게 하고, 더 잘 자게 하며, 운동을 더 많이 하고 싶게 만든다. 쉽고, 접근 가능하며, 공짜인 감사는 기도나 명상을 하면서 할 수 있으며, 온라인 감사 커뮤니티를 통해 지원받을 수도 있다. 이 모든 것이 감사를 일상생활에 포함하는 효과적인 방법이다. 종종 연민이나 경외감 같은 자기 초월적 감정으로 묘사되는 감사는 그 자체로 경이로움을 불러일으킨다. 따라서 다른 자기 초월적 감정과 마찬가지로 개방성과 호기심이 높은 사람은 자연스럽게 정기적인 감사 습관을 들이는 경향이 있다.

감사는 태도이기 때문에 그 자체로 이점이 있다. 그뿐만 아니라 경이로운 사고방식에 기여하는 이 기술에 투자하고 개선하도록 의식적으로 선택할 수 있다. 감사는 자신의 외부에 초점을 두고 반추와 자기 집중을 끝내게 해서 일종의 정신적 작은 자아를 촉발한다. 다시 한번, 우리는 자신의 작음을 볼 때 자신이 가진 행운의 크기를 더 잘 이해할 수 있다.

감사는 또한 우리가 직장에서 경이로움을 사용하는 또 다른 방법이기도 하다. 감사하면 우리가 지닌 권리의식이 낮아져 이기적 성향과 탐욕스러움이 줄어든다. 또한 감사는 적대감이나 공격성을 30퍼센트나 낮춰 준다. 집단에 기반한 감사는 상호주의와 같은 긍정적 집단화 행동을 증가시키고, 편견과 같은 부정적 집단화 행동을 감소시키기 때문에 더 강력한 팀을 만드는 데 도움이 된다. 이먼스는 감사를 '궁극적인 성과 향상 물질'이라고 부르며, 감사가 혁신적·창의적 사고뿐만 아니라 개방성, 인지적 유연성, 깊은 호기심이라는 경이로움 요소를 촉진한다고 설명한다.

감사와 경외의 마음으로 삶을 되돌아보는 것은 인지적 재평가로 작용한다. 잠시 멈춰 서서 속도를 늦추고 바로 그 순간 우리가 있는 곳의 마법, 신비, 장엄함을 생각해 보라. 일기 쓰기, 감사 목록 작성하기, 무엇에 감사하는지 간단하게 하루에 몇 번씩 확인하기 등 감사를 실천하는 방법에는 여러 가지가 있다. 그러나 감사가 경이로움을 불러일으키려면 깊이 파고들어 감사의 의미를 찾아야 한다. 이것은 단지 "모퉁이 가게에서 초코아이스크림을 사 먹을 수 있어서 감사합니다"가 아니다. 물론 어떤 날에는 이것이 매우 의미 있을 수도 있지만 말이다. 우리는 공감적 배려를 통해 자신을 다른 사람과 연결하고자 감사를 사용하기를 원한다.

기도는 감사나 명상의 한 종류이며, 특히 명상 기도는 신과의 친밀한 영적 연합에 중심을 둔다. 경이로움과 웰빙의 관점에서 명상 기도는 명상처럼 뇌 영역을 활성화하고 많은 동일한 긍정적 효과를 공유하기 때문에 매우 유익하다. 기도에서 우리는 의식, 동료애, 공감, 작은 자아를 포함해 더 큰 경이로움으로 이어지는 다양한 많은 요소를 발견한다.*

---

* 이것은 주로 이타심(매우 작은 자아)을 통해 이루어지며, 그 작은 자아는 무릎을 꿇거나 절하는 전형적인 탄원 기도 자세에 의해 강화된다.

묘사 일기 쓰기

이야기는 인간이 의미를 만드는 방식의 핵심이다. 이야기는 우리가 외부 세계에서 맥락을 구성하고 내부 세계에서 경험을 처리하는 방법이다. 우리 중 어린 시절 잠들기 전 이야기 시간과 "한 권 더 읽어 주세요"라는 피할 수 없는 간청에 익숙하지 않은 사람이 있을까. 이야기는 공감과 자기 인식을 증가시킨다. 남가주대학교 연구원들은 이야기가 우리 정신에 미치는 영향이 보편적이라는 사실을 발견했다. 전 세계 참가자들이 자신의 모국어로 번역된 같은 이야기를 읽고 동일한 공감 감정을 보였으며, 신경과학자들은 책을 읽은 각 참가자의 뇌에서 불이행방식망이 활성화되었음을 발견했다. 그들은 모든 인간이 같은 방식으로 이야기를 연결하고, 처리하고, 의미를 생성한다고 결론지었다. 이는 이야기가 개방성에서 경외감에 이르기까지 전체 경이로움 주기에 관여하기 때문에 경이로움을 추구하는 사람들이 주목할 만하다. 불이행방식망은 사실 느린 사고와 창의성 사이의 연결 고리일 수 있지만, 경외감 연구자 라니 시오타는 이러한 신경과학적 연관성 중 일부를 너무 세밀하게 지적하는 것에 대해 경고한다. "우리는 여전히 이 모든 것이 의미하는 바를 추측하거나 역설계하려고 노력하고 있습니다."

과학은 책에서 이야기를 읽을 때 우리의 공감 능력이 향상된다는 것을 보여 준다. 그런데 흥미롭게도 자신에 관한 이야기를 읽고 쓸 때 우리의 공감 능력은 더 향상될 뿐만 아니라 경이로움을 더 잘 느낀다. 일기를 쓰는 단순한 행위는 경이로운 경험을 회상하고 다시 불러일으키는 성찰적 수단이 될 수도 있고, 미래에 초점을 맞추어 우리가 경험하기를 기대하는 경이로움에 대해 글을 씀으로써 프라이밍 기술로 사용할 수도 있다. 경이로움을 불러일으키는 일기 쓰기의 성공에 중요한 것은 묘사 기능이다. 때때로 일기는 우리의 불만이나 일상생활을 되짚는 수단이 되기도 하지만 우리는 일기를 통해 자신에 관한 이야기를 들려주고자 한다.

연구자들이 피험자에게 제공한 글쓰기 방법의 하나는 경이로움을 경험한 시간에 대해 생각하고, 다섯 개 이상의 문장으로 그것을 묘사하는 것이었다. 연구자들은 참가자들이 경외감을 느낀 순간을 회상하고, 그 순간을 연장하고, 더 심오한 의미를 추출하도록 돕기 위해서 이 묘사 기법을 사용한다. 일기를 쓰는 과정은 개인의 경이로운 사고방식에 기여하는 것이 무엇인지에 대한 인식을 증가시켜 경이로움 주기를 방해하는 장벽뿐만 아니라 경이로움을 불러일으키는 것들을 식별하는 데 도움을 준다.

향수 Nostalgia

경이로움과 향수 사이의 관계를 직접적으로 보여 주는 연구는 많지 않지만, 고려할 가치가 있는 연관성을 시사하는, 주목할 만한 '친족 간 유사성'을 보여 주는 연구들이 있다. 과거에 대한 감상적 그리움인 향수는 종종 간과하기 쉬운 친사회적 감정이다.

표면적으로 향수는 '자기중심적'이기 때문에 부정적으로 인식될 수 있지만, 사실 호기심과 경외감처럼 양자 균형을 이루는 감정으로, 어려운 시기에 긍정적 영향을 주는 동시에 우리를 더 개방적으로 만드는 매우 건설적인 대처 메커니즘으로 작용한다. 향수는 심미적 오한을 유발하고, 의미 형성을 지원하며, 죽음에 대한 불안을 완화하고, 우리를 더 감사하도록 만드는 것으로 나타났다. 그래서 올바른 방식으로 배치될 때, 향수가 어떻게 경이로움을 불러일으키는지 볼 수 있다.

우리에게 향수를 불러일으키는 많은 생각에는 씁쓸하면서도 달콤한 느낌이 배어 있다. **실존적 갈망**이라고 알려진 씁쓸 달콤함은 성찰과 정신적 괴로움을 동반하는 유쾌한 우울감이다. 슬픈 노래를 듣거나 오래된 연애편지를 읽는 것을 좋아하는 것은 우리의 한 부분이다. 이 주제에 대해 광범위한 글을 쓴 과학자이자 작가인 수전 케인Susan Cain에 따르면, 실존적 갈망은 의미를 부여하고, 감사를 더 잘 느끼게 하는 것을 포함해 여러 면에서 꽤 유익하다. 케인은 스콧 배리 카우프만, 데이비드 야덴과 함께 씁쓸 달콤함을 측정하는 설문조사를 개발했고, 실존적 갈망과 경이로움 사이의 직접적 연관성을 발견했다. "그 퀴즈에서 높은 점수를 받은 사람들, 즉 씁쓸 달콤한 마음 상태를 경험하는 경향이 있는 사람들은 창의력, 경외감, 경이로움, 영성, 초월성을 더 경험하는 경향이 있다. 이런 성향은 인간의 가장 숭고한 측면의 일부이며, 삶이 얼마나 덧없고 취약할 수 있는지에 대한 우리의 인식과 관련이 있다"라고 케인은 설명한다.

향수와 실존적 갈망, 호기심, 경외감, 경이로움과 같은 복잡하거나 양자 균형을 이루는 감정은 모두 스트레스 반응 체계를 진정시키는 미주신경의 역할에서 비롯해 더 큰 회복탄력성에 기여한다. 긍정적 감정과 부정적 감정을 동시에 수용하는 것은 **공동 활성화**라고도 하는데 강력한 대처 메커니즘이다. 본질적으로 긍정적 생각과 부정적 생각을 동시에 머리에 품음으로써, 우리는 트라우마 경험을 더 잘 대사하고 의미를 부여할 수 있다. 사별한 배우자에 관한 한 연구에서 죽은 배우자의 긍정적인 면과 부정적인 면을 모두 기억한 미망인과 홀아비는 그들의 슬픔을 더 잘 관리할 수 있었다.

향수는 또한 직장에서 경이로움을 느낄 수 있는 훌륭한 도구이며, 서먹함을 깨기 위한 활동이나 동료들을 더 잘 알아 가기 위한 방법으로 자주 활용된다. **"어렸을 때 가장 좋아하는 휴일을 어떻게 보냈나요?", "첫 직장에서 그리운 점은 무엇인가요?"** 같은 간단한 질문은 향수를 불러일으킬 수 있다. 핵심은 단순한 한 줄의 대답이 아니라 몽상과 성찰의 이야기를 끌어내도록 부추기는 것이다. 향수와 경이로움 같은 혼합된 감정은 또한 다양하거나 역설적인 사고를 지원해 혁신에 기여하고, 작업 정확도를 높이는 것으로 보인다. 개방성, 일반적인 긍정적 기분에 영향을 미치는 향수의 장점을 고려할 때, 이 감정을 받아들이는 것은 여하튼 좋은 일이다. 그리고 몽상을 하거나 일기를 쓰는 것과 마찬가지로 우리는 반추에서 벗어나 감사나 긍정적 향수를 불러일으키는 사색을 하면서 반성하기를 원한다.

수면

어렸을 때 아버지가 지어 준 별명 중 하나는 '콧구멍 위로'였다. 아버지가 백미러로 차 뒷좌석을 들여다볼 때마다 내가 고개를 뒤로 젖히고 코를 하늘로 쳐든 채 황소개구리처럼 입을 벌리고 잠들어 있었기 때문이다. 난 어렸을 때 어디서든 잘 수 있었다. 어디든 빈 곳만 있으면 아무 층, 아무 의자에서나 잘 잤다. 움직이는 차에서도. 롤러코스터를 탈 때와 록 콘서트. 놀이터와 실습장에서도. 20대 때는 낮잠을 잤다. 시원한 해먹과 따뜻한 구석에서. 버스와 지하철에서. 밤늦게까지 일하고 출근했기 때문에, 낮에 일하다가 간부 화장실에서 낮잠을 자기도 했다. 꿀 같은 낮잠. 불행하게도 잠은 점점 더 함께하기 힘든 동반자가 되었다. 만성불면증을 앓아 본 적이 있다면 왜 수면 방해가 고문법 중 하나인지 그 이유를 이해할 수 있을 것이다. 그리고 사실 수면 부족은 경이로움을 경험하는 데 걸림돌이 되기도 한다.

아지지 세이셔스Azizi Seixas는 뉴욕대학교 랭건 인구건강 및 정신의학과의 생물의학 연구원이자 조교수다. 자메이카의 가장 가난한 지역에서 살면서 가장 비싼 고등학교에 장학금으로 다녔던 세이셔스는 사회적 불평등에 대해 직접 배울 수 있었다. 그가 매사추세츠 서부에 있는 홀리 크로스 칼리지에서 의학 학위를 따려고 했을 때, 미국에도 자메이카와 같은 불평등이 존재한다는 사실을 깨달았다. "내가 의학부 예과를 졸업한 유일한 유색인종이었던 것 같습니다. 확실한 건 예과를 졸업한 유일한 흑인이었습니다. 하지만 형편이 어려워서 의대를 졸업하지 못했습니다." 그 불행한 전환은 세이셔스에게 지금 그가 자신의 소명이라고 생각하는 일, 즉 소수인종과 소수민족의 건강한 수면에 대한 장벽을 연구하고 이러한 장벽을 허물기 위한 새로운 해결책을 찾을 기회를 제공했다.

현대사회의 그라인드 문화(업무를 중시하고, 열정적으로 일하는 것을 높이 평가하는 문화-옮긴이)에서 수면 부족은 가볍게 여겨지거나 심지어 찬사를 받기도 한다. 이는 불행한 일이다. 세이셔스에 따르면 수면 부족은 경이로움을 느끼는 것에 반하기 때문이다. "수면은 기계적 관점에서, 특히 밤에 뇌를 맑게 해 주는 교통체계인 림프계를 통해 도움을 줍니다. …… 뇌는 더 깨끗해지고 깨끗해져서 훨씬 더 최적화됩니다." 그러나 세이셔스는 전두엽 피질이 수면 부족으로 인해 스트레스를 받으면 우리는 쾌락적 의사결정에 참여할 가능성이 더 높고, 개방성·호기심·경이로움에 기여하는 친사회적 활동에 참여할 가능성이 더 적다고 주장한다. 앞서 몇몇 장에서 다루었듯이 우리는 스트레스를 받을 때 지름길과 휴리스틱에 의존한다. 이것은 우리가 경이로움과 같은 복잡한 감정을 경험할 가능성이 적다는 것을 의미한다. 사고는 우리 감정의 단순한 것에서 복잡한 것으로 이어지는 연속체 위에 놓여 있다. 우리는 스트레스를 받을 때 기본적으로 단순한 감정을 느끼기 때문에, 경이로움을 느끼거나 경이로움의 다차원성을 포용하는 대신 행복이나 슬픔 같은 단일 균형 감정을 느끼게 된다.

데이너 존슨Dayna Johnson은 에모리대학교 역학 조교수다. 학업 경력 초기에 존슨은 다양한 집단에서 나타난 건강 결과의 불균형에 관심을 가지고 식단, 운동, 스트레스 같은 영역을 살펴보기 시작했다. 그녀의 초점을 바꾼 순간은 수면 부족이 심혈관질환의 위험 요소라는 사실을 알게 되었을 때였다. 디트로이트에서 자란 존슨은 교대근무가 자동차산업에 종사하는 지역사회 거주자의 수면 패턴에 미치는 영향을 직접 목격했다. "교대근무자와 그들이 겪는 수면 부족이 얼마나 흔한지 생각했습니다. 내 어머니는 자동차 회사에서 일했는데, 잠을 많이 주무시지 못했습니다. 수면 부족이 심혈관질환의 위험 요소라는 생각이 나를 두렵게 했습니다. 우리 가족이 생각났기 때문입니다."

연구를 더해 가면서, 존슨은 경이로움을 지원하는 존재감과 주의력 조절을 포함해 인간 존재의 모든 측면에서 수면이 얼마나 근본적인지에 대해 더 많이 인식하게 되었다. "수면은 당신의 삶을 진정으로 통제하기 때문에 중요합니다. 또한 향후 당신의 건강 행보를 결정합니다." 존슨은 수면 부족을 해결하는 책임이 개인에게만 있는 것은 아니라고 지적한다. 수면에는 구조적 장벽이 있으므로 경이로움에 이르는 모든 사람의 경로가 다른 사람만큼 원활한 것은 아니다(예를 들어, 육아에 어려움을 겪거나 두 가지 일을 동시에 할 때는 현재에 머무르기와 휴식을 우선시하기 어렵다). "잠은 권리여야 합니다. 잠을 잘 수 있다는 건 정말 특권입니다. 그러나 여러 가지 이유로 모든 사람이 이 기회를 얻지는 못하며, 그중 일부는 구조적 문제의 직접적 결과입니다."

존슨은 수면 부족이 경이로운 행동을 할 가능성을 낮추는지는 아직 연구하지 않았지만, 수면 부족이 명상 같은 주의력 훈련을 매우 어렵게 만든다는 점은 분명히 밝혔다. 또한 명상, 일기 쓰기, 감사하기 같은 경이로움을 불러일으키는 행동들이 수면에 도움이 된다는 점을 보여 주는 몇 가지 연구에 참여하고 있다. 예를 들어, 감사 일기를 쓰는 사람은 하루에 30분 정도 더 자며, 푹 쉬었다고 느끼며 잠에서 깬다. 수면은 또 다른 경이로움 선순환 구조일 가능성이 높다. 경이로움을 실천하기 위한 연습을 하면 잠을 더 잘 잘 수 있고, 이는 다시 경이로움 실천 연습을 잘하는 데 도움이 된다.

인내심은 거의 모든 주요 종교가 미덕으로 여겼다. 그래서 아주 옛날부터 느린 사고의 힘에 대한 인식이 있었다. 카를로 페트리니는 심지어 교황과 협력해서 느린 삶의 가치를 전파하기도 했다. 이번 장에서 살펴본 감사, 묘사 일기, 향수 같은 경이로움을 실천하기 위한 많은 방법은 실제로 주의력 훈련에 관한 것이다. 일단 우리가 그 훈련에 더 익숙해지면 자기 집중력은 최소화될 것이며 반추는 자연스럽게 감소할 것이다. 더 큰 인내심을 갖게 되면 공감 능력이 커지고 우울증은 감소하며 자기 초월성이 증가한다. 이러한 느리게 생각하는 기술은 경이로움 속에서 살아가는 삶의 기초가 되며, 우리 주변에 존재하며 발견되기를 기다리는 모든 경이로움을 가져오는 것들을 볼 수 있게 만든다.

- 경이로움은 느린 환경에서 길러진다. 명상, 감사, 묘사 일기 등 느리게 생각하게 만드는 방법에는 여러 가지가 있는데, 충분히 잠을 자지 못하면 이런 것들을 제대로 하기가 어렵다.

- 명상에는 100가지가 넘는 다양한 종류가 있어서 연구하기가 상당히 어렵다. 다양한 종류의 명상은 다양한 종류의 장점을 제공한다. '제일 좋은' 명상은 정기적으로 하는 것이다. 모든 명상을 관통하는 핵심이 있는데, 바로 주의력 조절법을 구축한다는 점이다. 주의력 조절은 느린 사고와 경이로움을 실천하기 위한 연습의 기초다.

- 명인의 경지에 이른 요가 수행자는 사이키델릭 여행을 하는 사람들과 비슷한 뇌 패턴을 보이지만, 그 단계에까지 이르려면 대단히 혹독한 과정을 거쳐야 한다. 사이키델릭이 인지 변화로 가는 더 빠른 길일 수 있지만, 고속열차만이 우리가 이용할 수 있는 유일한 탈것이 아니라는 점을 기억하는 것이 중요하다.

- 감사와 경이로움은 연결되어 있다. 감사하는 마음은 경이로움을 불러일으키는 동시에 경이로움 실천 습관을 만드는 방법이다. 특히 우리 자신을 다른 사람과 공감하도록 연결하기 위해 감사를 할 때 더욱 그렇다. 감사는 공격성을 낮추고, 외집단에 대한 편견을

줄이기 때문에 경이로움에 기반한 직장 문화에 기여한다.

- 묘사 일기 쓰기는 이야기의 힘을 활용하며, 향수는 이런 이야기에 감정을 불어넣는다. 경이로운 순간을 회상하면서 일기를 쓰면 그 경이로움을 느꼈던 순간을 마음속에 확장할 수 있고 그로부터 더 많은 의미를 추출할 수 있다. 또한 경이로움을 불러일으키는 것이 무엇인지, 경이로움을 가로막는 장벽이 무엇인지 이해하는 데 도움이 된다.

- 향수는 동료애 같은 다른 경이로움을 불러일으키는 요소와 마찬가지로 미주신경과 관련이 있다. 향수에 실존적 갈망이 스며들면 우리는 경이로움을 더욱 잘 느낄 수 있다.

- 수면은 경이로움을 포함해 삶의 모든 측면의 기반이다. 수면 부족은 주의력 부족을 초래하는 반면, 충분하고 좋은 수면은 주의력을 높이고 우리가 경이로움을 실천할 수 있게 한다. 모든 사람은 다양한 수면 양상을 지니며, 수면의 차이가 그 사람이 느끼는 경이로움의 차이를 초래한다.

16장.　사이키델릭:
경이로움으로 가는 고속열차

사이키델릭은 약물을 통해 경이로움 요소가 자기 초월적 경험으로 이어지는 것이다. 아직 주의가 필요하지만 연구 결과는 매우 고무적이다.

"언제쯤 괜찮아질까?, 어느 정도 괜찮아질까? 나한테 무슨 일이 일어난 걸까? 우리 가족이 어떻게 대처할 수 있을까?" 55세인 팸 사쿠다는 암이 전이되었다는 사실을 알았을 때 필사적으로 자신에게 이런 질문들을 던졌다. 사쿠다가 받은 진단과 예후는 암울했다. 길어야 14개월 정도 남은 4기 대장암이었다. 그녀는 "끝이구나. 이제 난 죽을 거야"라고 생각했던 게 기억났다. 사쿠다는 전이 진단으로 큰 충격을 받았고 죽을 날이 슬금슬금 다가와 14개월이 지나가면서 매우 끔찍한 지옥의 변방에 갇혀 버린 듯한 기분이 들었다. 기다리고, 기다리고, 또 기다렸다. 어떤 희망도 행복도 찾을 수 없는 연옥에서. 그녀를 마비시킨 것은 본인의 죽음에 대한 실존적 두려움뿐만이 아니었다. 자신의 병이 24년 동안 헌신적이었던 남편에게도 고통을 주고 있다는 사실을 알았기 때문이다. "나 자신에 대한 두려움뿐만 아니라 남편이 겪는 고통의 근원이 되었다는 죄책감이 들었어요. 이 죄책감이 너무나 압도적

이어서 내 모든 시간을 침해했죠. 두려움 때문에 불구가 되어 버렸어요."

역경을 이겨 냈음에도 사쿠다는 여전히 상실감에 빠져 있었다. 의사가 말한 시일이 다가오자 자신이 살아 있지 못할까 봐 두려워서 매우 간단한 활동 계획을 세우는 것조차 불가능했다. 삶의 범위가 의사가 말한 날짜와 그녀의 규칙적이면서 힘겨운 질주로 좁혀지면서 사쿠다의 불안은 커져만 갔다. 사쿠다와 그녀의 남편은 병적인 상태에 빠졌다. 의사가 심리치료와 항우울제를 시도했지만, 평소 활기가 넘쳤던 사쿠다는 거의 나아지지 않았다. 다른 선택의 여지가 없다고 느낀 그녀는 캘리포니아대학교 로스앤젤레스에서 하는 우울증 치료 실험에 자원했다. 처음 진단을 받은 지 2년 후, 사쿠다는 훈련된 치료사들과 함께 작은 병실에서 '환각 버섯^{magic mushroom}'에서 추출한 사이키델릭 화합물 실로시빈^{psilocybin} 알약을 복용했다. 부드러운 천과 이불 몇 개, 베개가 놓인 무균실에서 사쿠다는 안대와 헤드폰을 착용하고 사랑하는 사람들 사진 몇 장을 움켜쥐며 천천히 침대에 누웠다. 그녀가 육체로부터 분리되어 내면으로 정신을 집중하도록 돕기 위해 특별히 고안된 악기 반주가 이 여정의 배경음악으로 선정되었다.

이후 7시간 동안 이어진 일은 사쿠다가 꼭 유쾌하다고 묘사할 만한 것은 아니었지만(이 여정에서 그녀는 여러 번 눈물을 흘렸다), 변화를 가져왔다. "이 감정 덩어리가 마치 하나의 실체처럼 뭉쳐지고 굳어지는 것을 느꼈어요. 조금씩 울기 시작했고 모든 것을 느끼기 시작했어요." 결과는 거의 즉시 나타났다. 병실에 들어온 사쿠다의 남편은 아내가 빛나고 있다고 말했다. "패미가 원래 모습으로 돌아왔어요"라고 사쿠다의 남편이 놀라며 회상했다. "패미는 그저 빛나고 있었어요. 나는 그 기쁨을 오랫동안 보지 못했어요. 그녀는 완전히 생기가 넘쳤고 행복해했어요."

사쿠다는 치료가 자신에게 열어 준 통찰력과 해방감에 감사했다. "약물에 이런 효과가 있으리라고는 생각하지 못했어요. 아주 단단히 감싸 두었던 내 생각과 감정을 발산할 수 있게 해 준 촉매제라고 생각해요. 그래서 내 마음과 의식을 열 수 있었고, 다른 감정들을 방출해서 내가 느낄 수 있는 또 다른 방법들을 탐구할 수 있게 해 주었어요." 비록 2년 후 병으로 다시 쓰러졌지만, 사쿠다와 그녀의 남편은 단 한 번의 실로시빈 여행으로 사쿠다가 잃어버렸던 시간을 즐길 수 있었다. "엄청난 안도감을 느꼈어요. 행복과 희망도 있었어요."

사쿠다가 보여 준 결과가 예외적인 경우는 아니었다. 존스홉킨스에서 실시한 무작위, 이중맹검二重盲檢, 위약 통제 연구는 말기 암으로 우울증을 앓는 환자의 약 80퍼센트가 정신 건강이 현저하게 나아졌으며, 60퍼센트 이상이 단 한 번의 환각제 투약 이후 우울 증상이 완전히 누그러졌다는 것을 발견했다. 연구자들은 여전히 사이키델릭이 이러한 영향을 미치는 이유에 대해 논쟁하고 있다. 대부분은 항우울제의 일종인 선택적 세로토닌 재흡수 억제제 SS-RI(우울증, 불안장애 치료제로 사용됨-옮긴이)나 항정신병 약물인 리튬에서 발견되는 뇌 화학물질 때문이 아니라고 생각한다. 대신 이 약물은 완전히 다른 렌즈를 통해 삶을 보여 주고, 새롭게 발견된 정신적 유연성을 참가자들에게 허락해서 삶을 변화시키는 **경험**을 보게 해 준다. 치료 후 참가자들은 종종 작은 자아감과 다른 사람과의 깊은 유대감을 느낀다고 보고한다. 이런 변화 때문에 연구자들은 어떤 특정한 환각제 약리학이 아니라, 참가자들의 관점을 변화시키는 것이 경이로움(환각제가 극단적인 기대치 위반에서 엄청난 경외감을 느끼는 순간으로 빠르게 이동하는 길 역할을 함)으로 이끈다고 생각하게 되었다. 많은 사람이 단 한 번의 참여만으로도 평생에 걸쳐 변화한다.

현대 사이키델릭의 역사

4월 19일은 사이키델릭 세계의 많은 사람에게 '자전거의 날'로 알려져 있다. 1943년 4월 19일에 스위스 화학자 알베르트 호프만 Albert Hofmann이 LSD로 첫 여행을 떠났다. 그리고 결국 이 매혹적이고 강렬한 약물의 정부 측 관리자와 연구자들 관계를 곤란에 빠뜨리게 될 일을 시작했다. 호프만은 LSD로 첫 여행을 떠나기 5년 전 산도즈제약회사Sandoz Pharmaceuticals에서 근무했다. 여기서 일하는 동안 맥각이라고 불리는 호밀 균을 연구하면서 처음으로 리세르그산 디에틸아미드lysergic acid diethylamide(LSD의 정식 명칭)를 합성했다. 그는 두통과 호흡기질환을 치료할 각성제를 찾고 있었는데, LSD로 동물 실험을 했을 때 원하는 결과를 얻지 못해서 이 물질을 연구실 한쪽으로 치워 두었다. 5년 후 호프만은 그 화합물을 다시 살펴봐야겠다는 강박감을 느꼈고, 실수로 극소량을 섭취했다. 반응은 경미했지만 그 발견에 잠재력이 있을 수 있다고 생각했다. 그래서 약간 잿빛이 도는 봄비가 부슬부슬 내리던 월요일 아침, 호프만은 소량을 다시 섭취해 보기로 결심했다. 하지만 그 소량이 거의 과다 복용이었다는 사실을 깨닫게 된다. 한 시간쯤 후, 호프만은 의식 변화를 느끼기 시작했다. 실험실 조교에게 집으로 데려가 달라고 요청했다. 전쟁 기간이라 자동차가 금지되었기 때문에 호프만과 그의 조교는 집으로 가기 위해 자전거를 타야 했고, 그렇게 자전거의 날이 탄생했다.

호프만은 집으로 돌아가는 그의 험난한 여정을 이렇게 묘사했다. "말을 또박또박 하는 게 매우 어려웠고, 눈앞에 보이는 것들이 흔들리면서 일그러진 거울 속 이미지처럼 마구 움직였다. 조교가 나에게 너무 빨리 간다고 말했지만, 그 자리에서 움직이지 않고 멈춰 선 느낌이 들었다." 집에 돌아왔을 때 그는 몸이 좋지 않다고 느꼈고(LSD를 과다 복용하면 그런 증상이 나타날 거라고 예상할 수 있다), 이웃에게 의사를 불러 달라고 부탁했다. 호프만은 그 후 "현기증, 시각장애가 왔고 주변 사람들의 얼굴이 선명하게 색칠한 것처럼, 그리고 찡그린 것처럼 보였다. 마비가 번갈아 나타나는 운동장애가 발생했고, 머리와 몸, 팔다리가 마치 금속으로 가득 찬 것처럼 무겁게 느껴졌다. 종아리에 경련이 일었고, 손은 차갑고 감각이 없었으며, 혀에서는 쇠 맛이 느껴졌고, 목구멍이 답답하고 건조했다. 숨이 턱 막혔다. 혼란과 상황에 대한 명확한 인식이 번갈아 나타났다. 반쯤 미친 듯이 울거나 불분명하게 중얼거리면서 내가 중립적 관찰자로서 마치 외부에서 나 자신을 바라보고 있는 것처럼 느껴졌다." 크리슈나가 아룬자에게 보여 준 환영만큼 참혹하게 들린다. 그러나 얼마 지나지 않아 그는 "번갈아 가며 다양하게 열렸다가 닫히고, 원과 나선형을 그리며 색색의 분수처럼 폭발하는 주마등같이 변화무쌍하며 환상적인 이미지들"을 즐기기 시작했다. 그리고 아침에 일어나서 이렇게 느꼈다. "안락함과 새로운 삶의 감각을 느끼며 잠에서 깼다. 마치 세상이 새롭게 창조된 것 같았다."

호프만은 이 화합물이 가진 엄청난 치료 잠재력을 알아차렸고, 산도즈는 이 화합물을 생산해서 전 세계의 연구원들에게 보내기 시작했다. 그 후 10여 년 동안 사이키델릭 연구는 제한 없이 진행되었으며 꽤 흥미로운 결과를 낳았다. 그중 일부는 분명히 정밀하게 수행된 동료평가 연구는 아니었지만, 일화적인 결과만으로도 고무적이었다. 그러나 1960년에 티머시 리어리Timothy Leary라는 하버드 심리학과 교수가 자신의 연구 대상자들과 함께 LSD를 복용하기 시작하면서 상황이 완전히 바뀌었다. 머지않아 **사이키델릭**이라는 용어는 추문과 연계되었고, 리어리는 얼마 지나지 않아서 불명예스럽게 해고당했다. 그는 몇 년 뒤 베트남전쟁 징집이 시작되었을 때, 미국의 젊은이들에게 "흥분하라, 함께하라, 이탈하라!"라고 호소했다. 닉슨 전 미국 대통령은 리어리를 공공의 적 1호로 선언했고, 그 정치적 폭풍은 사이키델릭 연구의 종말을 알리는 시작을 열었다. 그 후 수십 년 동안 사이키델릭은 퇴출되었는데, 최근 몇 년 동안 조심스럽게 다시 나타나기 시작했다. 로빈

칼하트해리스Robin Carhart-Harris와 데이비드 야덴 같은 몇몇 새로운 이름이 사이키델릭 부흥과 동의어라고 볼 수 있다. 하지만 어떤 면에서 이 젊은 연구자들은 1980년대 후반부터 데이비드 너트David Nutt 같은 과학자들이 마구 쳐서 느슨해진 유리병의 거의 다 열린 뚜껑을 마지막으로 살짝 돌리고 있을 뿐이다. 그 과정에서 너트는 그저 진실을 말한 것 때문에 비난받기도 했다.

과학에 먹구름이 드리운 날

데이비드 너트가 사이키델릭 연구를 옹호한다는 사실 외에 그가 '저항 문화'의 아이콘이라고 외치는 것에는 아무런 근거가 없다. 너트는 다양한 무늬로 염색한 옷을 입지 않으며, 천막에 살고 있지도 않다(물론 그렇게 사는 게 문제가 있다는 뜻은 아니다). 요가 전문가 람 다스Ram Dass처럼 이름을 바꾸지도 않았고, 티머시 리어리처럼 하던 일을 그만두고 저항 문화에 합류하지도 않았다. 너트는 굉장한 자격을 갖추었고, 오랫동안 정신약리학 연구원으로 근무하였으며, 정부로부터 약물 연구 요청까지 받았다. 하지만 당시 정치적 논조와 일치하지 않는 자료를 제시하여 비난받았다.

너트의 이력서를 읽어 보면 약리학 경력의 엄청난 히트작처럼 보인다. 케임브리지대학교를 졸업하고 옥스퍼드에서 강사로 근무했으며, 미국국립보건원에서 객원 연구원을 지냈고, 브리스틀대학교에서 정신약리학과 이사를 역임했다. 영국왕립의사협회,

왕립정신과학회, 의학과학아카데미의 회원이자 영국신경과학협회와 유럽뇌위원회 회장으로 재직 중이다. 또한 영국 국방성, 내무부, 보건부에서 다양한 자문 직책을 역임했다.

이처럼 인상적이고 의심할 여지가 없는 배경을 바탕으로 너트는 2008년 영국의 약물남용자문위원회Advisory Council on the Misuse of Drugs(이후 ACMD) 의장으로 임명되었고 박수갈채를 받았다. 하지만 그의 후속 연구 결과는 그렇지 못했다. "나는 마약의 해로움에 관해서 체계적인 평가를 시작했습니다. 기본적으로 술, 담배 같은 것들이 불법인 다른 마약보다 더 해롭지는 않더라도 분명히 해롭다고 폭로했습니다. 합법성 또는 불법성 논쟁은 완전히 임의로 행해지므로 정치적인 문제라고 볼 수 있습니다." 너트는 매우 권위 있는 미국 《정신약리학회지The Journal of Psychopharmacology》에 「안이함: 약물 피해에 대한 현재 논쟁에 시사하는 바가 있는 간과된 중독Equasy—An Overlooked Addiction with Implications for the Current Debate on Drug Harms」이라는 제목의 논문을 발표하면서 '완전히 임의적인' 시스템의 뱃머리를 가로지르는 엄청난 시도를 했다. 이 대담한 제목의 논문에서 너트는 승마가 350회당 한 번 꼴로 심각한 사고로 이어지는 반면, 엑스터시는 1만 번에 한 번 꼴로 심각한 사고로 이어졌다고 설명했다. 그러나 우리 사회는 승마를 제한하지는 않는다. 더 많은 말을 할 수도 있지만, 이 논문이 불청객 역할을 했다고만 말해 두겠다. 이 논란으로 너트와 그의 상사는 신문과 의회에서 장기간의 신경전을 이어 갔다. 당시 한 신문에서는 "대다수 마약 전문가가 너트의 분석이 옳다고 생각한다. 그러나 장관들은 진실을 듣기를 원하지 않았으며, 적어도 그것을 반복해서 상기시키는 것을 원하지 않았다"라고 말했다.

너트는 ACMD 의장직을 사임하라는 요구를 받았지만, 과학계는 즉시 그를 중심으로 집결해서 "과학과 증거에 입각한 정책 결정이라는 대의에 먹구름이 드리운 날"이라고 부르며 그의 해임을 비난했다. 해임 당시 언론 인터뷰에서 너트는 "정책은 증거에 기반해야 한다는 것이 제 견해입니다. 증거에 반하는 정책을 펴는 건 상식에 조금 어긋납니다"라고 말했다. 과학을 따르겠다는 그의 헌신은 마약 금지에 대한 논리가 부족하다는 사실을 깨닫게 했다.

데이비드 너트와 만나 이야기를 나눌 때 나는 그에게서 잃어버린 시간을 만회하려는 것 같은 긴박함을 느꼈다. "중요한 것은 사람들이 자신이 알고 있던 것이 거짓말이라는 사실을 깨달았다는 점이에요. 사람들은 이제 대마초가 사회를 완전히 전멸시키지 않는다는 사실을 알아요. 또한 비합리적으로 버려진 다른 약물들을 탐구하고 싶어 해요."*

우리가 다루고 있는 다른 많은 주제와 마찬가지로 사이키델릭은 그 자체만으로 책 한 권이 나올 정도로 할 이야기가 많으며, 실제로 많은 책이 저술되었다. 그것들은 사이키델릭 의식과 역사에서부터 사이키델릭 금지에 맞서는 투쟁, 이제는 사이키델릭이 정신 건강 개선을 지원하는 수많은 방법에 이르기까지 많은 부문을

---

* 이러한 비합리적인 포기를 거슬러 올라가다 보면 1971년 UN 향정신성 물질에 관한 협약이 있다. 이 협약은 환각제를 효과적으로 금지함으로써 최근까지 국제 약물 정책과 향정신성 연구의 기능적 종말을 알리는 이정표를 세웠다.

3부 경이로운 삶 실천하기

다룬다.* 1990년대 이전 연구자들이 사이키델릭에 관해 이야기할 때는 일반적으로 100종에 달하는 버섯에서 발견되는 실로시빈과 LSD를 언급했다. 그러나 실로시빈 및 LSD와 유사한 신경 효과가 있는 페요테peyote와 메스칼린mescaline(선인장에서 유래) 같은 고대 환각제도 있으며, MDMA(엑스터시 또는 몰리라고도 함), DMT(**부포 알 바리우스**Bufo alvarius라는 두꺼비 피부에서 발견되는 효과가 빠르게 나타나는 화학 물질로 합성해서 만들 수도 있으며, 고대 사이키델릭 양조주 **아야와스카**ayahuasca의 성분인 관목 **사이코트리아 비리디스**Psyotria viridis에서도 발견된다), 케타민(원래는 동물용 신경안정제로 사용됨) 같은 신종 '합성 마약'도 있다. 이런 종류의 약물에 대해 학술논문은 다음과 같이 설명했다. "고전적 환각제는 주로 5-HT2A 수용체의 경쟁자로 작용하며 감각 인식, 기분 및 인지에 중대한 변화를 일으킬 수 있는 환각제의 한 종류다." LSD는 금지 이전 가장 많이 연구된 사이키델릭이었지만, 최근의 임상 연구는 주로 LSD와 약리학적으로 매우 유사한 실로시빈에 초점을 두고 있다. 이 약물들 모두 다양한 치료 효과가 있는 것으로 밝혀졌지만, 우리는 주로 실로시빈과 LSD 그리고 그것들과 경이로움의 연관성에 초점을 맞출 것이다.

---

* 너트는 그의 끈기로 2013년, '격렬한 반대와 적개심에 맞서서 과학과 과학적 추론을 옹호하는 데 위대한 용기와 성실성을 보인 연구자'에게 수여하는 상인 존 매덕스 프라이즈John Maddox Prize를 수상하는 영예를 얻었다(2020년 수상자이자 코로나19 팬데믹 당시 미국 대통령의 수석 의료 고문인 앤서니 파우치에 버금가는 영예다).

사이키델릭은 어떻게 작동할까?

사이키델릭 요법이 작동하는 방식과 이유, 그리고 치료법에 따라 달라지는 작동 방식은 지금도 여전히 연구 중이다. 아직은 연구 초기 분야이기 때문이다. 간단하게 정리하면, 사이키델릭은 약물을 통해 개방성, 내적 호기심, 몰두 및 경외감이라는 경이로움 요소가 자기 초월적 경험으로 이어지는 것이다. 이 주관적 경험은 이전에는 다루기 어려웠던 인지적 변화가 일어날 수 있도록 정신적으로 유연해지는 기간을 만든다.

사이키델릭은 단 한 번의 복용으로도 '뇌 네트워크의 급격한 불안정'을 일으킨다. 이런 불안정은 개방성을 높이고, 유연하고 작은 자아감으로 인한 경외 상태를 유발해서 행동 변화에 대비한다. 그런 다음, 이 가소성 상태에서 일단 약물에 의해 '치료의 창'이 열리면 전통적 심리요법으로 환자를 자기중심적 불안, 트라우마 및 반추에서 벗어나 더 넓고 연결된 정신으로 이동시켜 지속적인 행동 변화를 공고히 하는 데 도움을 준다. 여기에는 몇 가지 주의할 점이 있다. 무작정 약물을 투여하는 것만으로는 이 환자들이 경험한 치료 효과를 얻을 수 없다. 성공적인 치료 여행을 하려면 '아주 적절한 용량' 설정, 맥락, 사전 준비, 지침, 사후 통합(경험 처리) 등 결과를 달성하기 위해 중요한 몇 가지 요소가 있다.

사이키델릭은 경이로움과 마찬가지로 성격 요소를 바꾸는 힘을 가진 정신적 가소성을 만들어 낸다. 더 개방적이고, 인지적으로 더 유연해지며, 다양한 사고를 하게 된다. 약물은 또한 옥시토신, 유대감, 공감, 친밀감, 신뢰, 행복감을 증가시킨다. 사이키델릭이 어떻게 우리를 더 좋고, 친절하며, 균형 잡힌 사람으로 만드는지 논의할 때면 항상 의문이 생긴다. 테러리스트들이 LSD를 복용한다면, 무기를 버리고 〈쿰바야Kumbaya〉를 부를까? "답은 '아니요'입니다. 상황을 더 악화시킬 수 있습니다"라고 너트가 말한다. "사람들의 정치적 성향을 근본적으로 바꿀 수는 없습니다. 엠케이울트라MKUltra 프로젝트에서 이미 시도했지만 실패했습니다." (이 프로젝트는 CIA가 사람들의 정신 상태를 조작하는 방법을 찾기 위해 비밀리에 진행한 인간 실험으로, 이때 실시한 비난받을 만한 실험 중에는 피실험자 몰래 LSD를 투여한 것도 포함된다.)

사이키델릭은 완전히 새로운 인간을 창조할 수는 없지만, 사이키델릭이 유도하는 유연성은 엄청나게 강력하고 치료 측면에서도 효과적이다. 사이키델릭의 영향을 받는 동안 신경 패턴이 어떻게 변하는지를 잘 보여 주는 것 중 하나는 일반적인 조건에서 작동하는 뇌와 실로시빈 투여 시 작동하는 뇌의 이미지다.

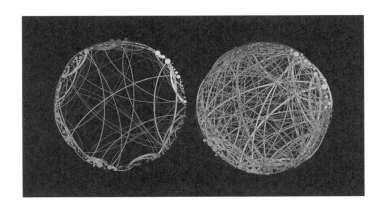

왼쪽 그림은 정상 활성 상태의 뇌를 보여 준다. 연결성은 최소로 짧고, 매우 효율적이며, 주로 주변부를 따라 이루어진다. 오른쪽 그림은 실로시빈이 있는 뇌를 보여 준다. 뇌의 한 부분에서 다른 부분으로, 한 연결에서 다른 연결로 튕겨 나가면서 중앙을 곧바로 관통하는 수많은 연결 더미가 있는 추상적인 드림캐처dream-catcher(아메리카 원주민의 전통 주술품으로 창문 등 잠자리 근처에 걸어 놓으면 악몽을 잡아 준다는 물건)처럼 보인다.

너트와 함께 이 그림을 보았을 때, 그는 "왼쪽 그림은 정상적인 뇌와 동기화된 활동 7200개의 통계 지도입니다. 그리고 정상적 뇌에서 동시성은 대부분 작은 뇌 네트워크라고 하는 가장자리 주변에 있습니다. 약간의 논쟁이 있지만, 대부분은 가장자리 주변에 있습니다. 왜냐하면 이것이 가장 효율적인 방법이기 때문입니다. 호랑이를 마주치면 팔다리를 움직여서 달려야 합니다"라고 했다. 그러나 오른쪽 그림은 좀 더 활동적이고 열광적인 뇌를 보여 준다. "사이키델릭에서는 불이행방식망이 중단되기 때문에 엄청난 양의 혼선이 발생합니다. 그리고 이것은 마치 아기 뇌와 같습니다. 이것이 뇌가 시작되는 방식입니다. 하지만 수십 년이 지나면서 결국 이런 종류의 제약에 굴복하게 됩니다."

이는 로토, 이글먼 및 여러 사람이 휴리스틱과 지름길이 세상에 대한 우리 관점을 여과하는 방식에 대해 말한 내용을 반영한다. 너트는 사이키델릭이 이런 여과장치를 제거해서 우리의 인식을 변경하지 않는다고 설명한다. "0.016초마다 기가바이트의 정보를 올리기 때문에 모든 데이터를 실시간으로 해독하기 어려울 뿐만 아니라 에너지를 많이 소모합니다. 그래서 당신의 뇌는 예측을 합니다. 이것은 매우 효율적입니다. 뇌는 실제로 당신이 보는 것을 제한합니다"라고 너트는 설명한다. "하지만 긴장을 풀 수는 있습니다. 잊어버렸거나 전혀 알지 못했던 자신에 대해 이해할 수 있도록 이러한 연결성을 만들 수 있습니다. 그리고 큰 퍼즐 조각의 일부를 모을 수 있기 때문에 새로운 해결책을 생각해 낼 수도 있습니다." 너트는 불이행방식망이 해제된 상태에서는 뇌가 만드는 연관성이나 변화에 대한 관리자가 없다고 설명한다. "그 혼란은 우리가 자유로워질 수 있게 해 줍니다. 당신이 가진 전통적인 자아를 무너뜨립니다. 우리는 그것이 사물을 다르게 볼 수 있게 할 뿐만 아니라 삶에 대해 더 장기적이고, 합리적이며, 적응력 있는 관점을 가지고 돌아올 수 있게 하는 이유라고 생각합니다. 그들은 실제로 낡은 사고방식에서 벗어났습니다."

중독

1950년대에 연구자들은 이미 중독 치료를 위해 LSD를 실험하고 있었다. LSD 환각으로 알코올 금단 **진전섬망**, 즉 섬망증을 모방해서 알코올 중독에서 벗어나 절주하게 만드는 혐오 효과에 대해 실험 중이었다. 그러나 나타난 결과는 절주를 유도한 것은 혐오감이 아니라 환각적 경험에서 얻은 통찰력이었다. 이 효과에서 영감을 받은 연구원 험프리 오즈먼드Humphry Osmond는 이런 종류의 약물을 설명하기 위해 '마음을 분명히 표출하는 것'을 의미하는 용어인 **사이키델릭**을 선택했다.

미국의 최남단(조지아, 앨라배마, 미시시피, 루이지애나, 사우스캐롤라이나주-옮긴이)은 사이키델릭 연구와 관련해 기대할 만한 곳은 아니지만, 버밍햄에 있는 앨라배마대학교는 중독 치료를 위해 사이키델릭을 실험하는 현대 연구원 중 한 명인 피터 헨드릭스의 본거지다. 헨드릭스는 "이 문제를 둘러싼 정치적 관점이 고조되고 있으며, 우리는 다소 보수적인 상태에 있지만, **사이키델릭**이라는 용어를 만든 유명한 험프리 오즈먼드의 마지막 학문적 고향이 바로 여기 버밍햄의 앨라배마대학교였습니다"라고 말한다. 그는 약간 자부심에 찬 목소리로 "티머시 리어리도 이 대학교를 졸업했죠"라고 덧붙였다.

헨드릭스는 자신의 첫 출간 학술논문인 박사학위 논문을 쓰기 위해 저널을 뒤적이다가 이 분야에 관심을 가지게 되었다. 그는 데이비드 너트와 동시대 사람 가운데 한 명인 롤런드 그리피스Roland Griffiths가 2006년 사이키델릭에 대한 획기적인 연구 결과를 공유한 기사를 우연히 발견했고, 이 내용에 흥미를 느꼈다. 그 주제를 연구하기 시작하면서 환각제 사용이 낮은 재범률과 관련 있음을 밝힌 또 다른 연구를 발견했고, 중독 치료에서 환각제의 잠재력을 즉시 알아챘다. "나는 중독에 관한 일을 하고 있는데, 치료법 대부분이 꽤 실망스러웠습니다. 훨씬 더 효과적인 무언가를 얻을 수 있다는 생각이 나에게 정말 흥미롭게 다가왔습니다." 헨드릭스는 신비로운 환각 경험과 행동의 심오한 변화 사이의 연결성을 타당하게 여겼다. "나는 스스로를 믿음의 사람이라고 설명하고 싶습니다. 나는 신앙이라는 배경을 가지고 있습니다. 그래서 영적 유형의 경험이 삶을 근본적으로 바꿀 수 있고 행동에 동기를 부여할 수 있다는 생각이 직관적으로 와닿았습니다. 티머시리어리가 환각적 경험을 일종의 종교적 개종 사건으로 묘사한 것이 아주 잘못된 설명이라고 생각하지 않습니다."

여러 후속 연구에서 나온 결과는 중요하고 신뢰할 수 있을 뿐만 아니라 지속적이었다. 500명 이상의 참가자를 대상으로 연구한 메타분석에서 연구진들은 환각제를 투여받은 사람들이 대조군에 비해 알코올 남용이 거의 두 배나 감소했으며, 치료 후 최소한 달 동안 그 효과가 지속되었음을 발견했다. 실로시빈 세션으로 단 한 번 치료받은 알코올 중독자를 대상으로 한 또 다른 연구를 살펴보면, 9개월 이후 후속 조치에서 참가자들의 음주가 절반 넘게 감소했다. 알코올중독자갱생회Alcoholics Anonymous(이후 AA)의 공동 창립자인 빌 윌슨Bill Wilson은 사이키델릭이 알코올 중독 치료에 매우 유망하다는 점을 알아채고 치료 목적으로 LSD를 직접 사용했으며, LSD의 초기 지지자가 되었다. 윌슨은 사이키델릭 경험이 자신의 금주 촉매제였던 초월적 경험과 매우 유사하다는 것을 알았기 때문에 이를 더 광범위한 AA 프로토콜에 통합하고 싶었다.

사이키델릭은 다른 유형의 중독 치료에도 도움이 된다. 미국에서 흡연으로 매년 50만여 명이 사망하며, 미국인들은 흡연자를 위한 직접적 의료서비스에 연간 약 2250억 달러를 쓰고 있다. 그런데도 미국의 대표적 금연 약물의 금연 성공률은 겨우 19퍼센트에 불과하다. 그에 비해 사이키델릭은 3배 이상 더 효과적이다. 금연을 위한 실로시빈 실험에서 참가자의 72퍼센트가 담배를 끊었으며, 2년 반 이후 후속 조치에서도 여전히 담배를 피우지 않았다. 이 연구는 신비로운 경험의 강도가 재흡연 여부를 결정했을 뿐만 아니라, 더 강렬한 경험을 한 사람은 사이키델릭과 관련 없는 다른 시도를 했을 때보다 담배에 대한 갈망이 적고 덜 심각한 금단 증상을 겪는다고 보고했다.

중독, 강박장애, 우울증과 불안 같은 기분장애는 모두 편협한 자기 집중, 방해가 되는 반추를 수반한다는 특징을 지닌다. 중독의 경우 반추가 주기적으로 나타나며, 물질이든 행동이든 그 중독의 대상에 의해서만 일시적으로 잠잠해진 다음, 그 대상이 초점에서 사라지자마자 바로 다시 작동한다. 강박장애와 섭식장애의 경우 이러한 반추는 통제할 수 없는 강박행동으로 나타난다. 우울증의 경우 실패감, 파국, 죄책감으로 나타난다. 헨드릭스는 반추의 단락short-circuiting을 사이키델릭의 가장 중요한 잠재적 이점으로 본다. "마약에 중독된 사람을 한번 생각해 보죠. 그들은 계속 쳇바퀴 돌듯이 '다음에는 또 어떻게 마약을 손에 넣을까?'라고 생각합니다. 그러다 갑자기 자신을 벗어나 외부에서 객관적으로 생각하는 경험을 하게 되면, 이렇게 끈질기게 계속되는 생각에서 벗어나게 됩니다. 갑자기 그 약에 대한 욕구, 갈망에 대해 생각조차 하지 않게 되고 다른 것에 집중합니다." 사이키델릭이 반추를 방해하는 것으로 보인다. 어떻게 그렇게 할 수 있을까?

헨드릭스는 사이키델릭의 효능에 대한 이론적 근거를 일종의

'불이행방식망의 정상화'로 표현한 논문을 읽었을 때, 흥미롭지만 심리학적 관점에서는 충분하지 않다고 여겼다. "다 좋은데, 나는 심리학자이기 때문에 심리적 수준에서 사물을 이해하려고 합니다. 그리고 누군가에게 불이행방식망이 정상화되고 있다고 말하는 것은 실제로 도움이 되지 않습니다." 헨드릭스는 사이키델릭의 주관적 경험과 관련된 감정들을 더 확인하고 싶었다. 단순히 사이키델릭 배후에 있는 신경과학뿐만 아니라 더 넓은 관점이 치료 과정 전체에 관한 이야기를 전달하는 데 중요하다고 생각했기 때문이다.

이 탐험에서 영감을 받은 헨드릭스는 자신이 사이키델릭 연구에서 관찰한 내용과 대커 켈트너가 경외감 실험에서 알게 된 단편적 사실을 통해 어떤 결론을 도출할 수 있었다. "여기 경외감에 대한 정의가 있고, 경외감을 불러일으키는 것들이 있지만 경외감은 개인에 따라 다르게 나타납니다. 아, 이것은 마치 사이키델릭에 대한 신비로운 유형의 경험처럼 들리는군요." 그는 지금 그 연관성이 자신에게 얼마나 분명하게 보이는지를 생각하며 웃는다. "내 주장이 유명해진다면 나는 매우 분명한 연결성을 보여 준 첫 번째 사람이 될 거예요. 나에게는 좋은 일이지요."

헨드릭스는 너무 겸손하다. 경로가 명확하게 밝혀지면 직관적으로 이해할 수 있다. 그러나 그의 통찰력은 매우 구체적이고 측정이 가능한 사이키델릭의 이점을 때로는 더 미묘한 경외감의 이점, 즉 우리 자신의 필요에 대한 집중을 줄이고 다른 사람의 필요에 더 집중하는 것과 같은 이점과 연결했다. "만약 사이키델릭 경험의 일부가, 중독성 있는 물질을 추구하는 것이 다른 사람에게 고통을 초래할 수 있음을 깨닫는 것도 포함한다면, 그 행동을 진정으로 바꾸려는 욕구가 생길 수도 있습니다. 「크리스마스캐럴」 이야기에서 스크루지가 자신의 부와 이익만 추구하는 것이 주변 사람들에게 얼마나 상처를 주는지 깨달았을 때 고통을 겪었던 것과 같은 방식으로 말이죠. 왜냐하면 사람들은 더 나은 가족구성원, 더 좋은 남편이나 아내, 아들이나 딸이 되고 싶어 하기 때문입니다."

헨드릭스는 사이키델릭 공동체 안팎의 일부 과학자들이 초월과 작은 자아 같은 주관적 효과가 사이키델릭이 주는 혜택의 근원이라는 생각이 불편해서 신경과학 뒤에 숨으려 한다고 우려한다. "모든 연구는 자가 보고된 주관적 효과가 사이키델릭 치료 결과의 강력한 예측 변수라는 것을 보여 줍니다. 그런데 왜 이 초월적인 부분을 빼려고 할까요? 문제가 뭘까요? 왜 그것에 문제가 있다고 표현하는 걸까요?" 그는 이 치료법이 과학과 영혼을 모두 수용하는 것에 대해 어떠한 불협화음도 느끼지 않는다. "또한 임상 환경의 연구실에서 신비로운 유형의 경험을 만들어서는 안 된다는 반발도 있습니다. 그렇다면 음, 정말로 신이 있고 신이 인간에게 이러한 경험을 할 수 있는 신경계를 주었다면, 약으로 그 경험을 창조했다고 해서 그것을 설명하지 못할 이유가 없습니다."

우울, 불안, 강박장애

우리는 적어도 지금은 죽음을 극복하지 못한다. 솔직히 우리가 죽음을 극복할 수 있다면, 죽음을 전혀 다루지 않을 것이다. 우리는 보통 죽음이 우리에게 닥칠 때까지 그 주제를 피하려고 한다. 하지만 우리 중 그 누구도 죽음을 피할 수는 없다. 죽음 앞에서 우아함과 평정심은 저 멀리 있는 것처럼 보이고 경이로움은 낯설어 보인다. 죽음을 피하고 싶어도 그렇게 하기가 쉽지 않다. 우리 중 죽음을 미리 알 수 있는 사람이 몇이나 될까? 수정 구슬을 보면서 떨어지는 피아노를 피하라고 말하는 심령술사도 말해 줄 수 없다. 죽음은 대체로 암, 간부전, 심장병 등의 진단을 통해 알게 된다. 이런 일은 아주 평범하게 일어난다. "이 병 때문에 결국 당신이 죽게 될 것입니다."

80세쯤 세상을 떠난 내 가족 포포처럼 눈을 감는다면 정말 운이 좋을 것이다. 그는 가족들과 함께 마디그라 축제^{Mardi Gras parade}에 참가했는데, 약간 두통이 있는 것 같다고 말했다. 그리고 집으로 돌아오는 차 안에서 낮잠을 자다가 사망했다. 그의 마지막 기억은 반짝이는 기마행렬이었다. 그러나 약 10퍼센트의 사람만이 이런 갑작스러운 죽음을 맞이한다. 나머지 사람은 사망에 이르게 되는 말기 또는 만성질환 진단을 받게 되며, 대다수 사람이 의료기관에서 마지막 숨을 거둔다. 이는 우리 중 많은 사람이 죽음, 즉 세상을 떠난다는 사실에 직면해야 함을 의미한다. 팸 사쿠다가 우울증과 불안에 휩싸여서 남은 시간에 누릴 기쁨을 빼앗겼던 것처럼 말이다. 이런 종류의 실존적 우울증은 치료하기 매우 어렵다. 안타깝게도 치료를 위한 시간이 제한되어 있고, 생명을 위협하는 질병의 특성상 다양한 접근법을 사용해서 실험하는 것은 종종 실현 불가능하다. 사이키델릭의 속도와 효능은 이 힘든 여정에 직면한 사람들에게 특히 적합한 치료 패러다임이다.

생명을 위협하는 암 진단을 받은 환자를 대상으로 한 무작위, 이중맹검, 위약 대조 연구에서 실로시빈을 한 번 복용한 참가자들을 추적 관찰한 결과 우울증과 불안이 극적으로 감소했다. 그 여정이 더 강렬하고 '신비'할수록 그 이점이 더 오래 지속되었는데, 이는 첫 번째 평가에서 가장 분명하게 나타났다. 7주간의 추적조사에서 환자의 83퍼센트는 우울감이 감소했고, 58퍼센트는 불안이 감소하는 등 여전히 상당한 항우울과 항불안 효과를 보였다. 이렇게 유익한 결과는 시간이 지나면서 다소 감소했지만, 생존자 중 60~80퍼센트의 환자는 절망감, 사기 저하, 죽음에 대한 불안이 상당히 감소했으며, 그 결과는 4년 반 동안 지속되었다.

앞서 언급한 무작위 이중맹검 존스홉킨스 연구에서 과학자들은 사이키델릭의 주관적 경험 강도가 항우울제 및 불안 완화 효과의 근본 원인임을 뒷받침하기 위해 복용량 효과를 탐구하고 있었다. 환자들은 저용량과 고용량을 각기 다른 시간에 투여받았고, 고용량 투여 직후 상당한 항우울 및 항불안 효과가 나타났다. 6개월 평가에서도 우울증이 78퍼센트, 불안이 83퍼센트 감소했으며, 우울증과 불안은 각각 65퍼센트와 57퍼센트로 완화되었다. 치료 저항성 우울증 환자를 대상으로 한 2018년 연구에서 환자들은 사이키델릭 치료 이후 현저하게 개선된 모습을 보였으며, 그들 중 거의 절반이 6개월 추적 관찰에서도 상당한 항우울 효과를 보고했다. 유사한 결과를 가진 여러 연구가 정기적으로 발표되고 있으며, 이들 각각 대상자에게 심각한 부작용은 없는 것으로 나타났다.[*]

연구원들은 또한 강박장애의 반추적, 자기중심적인 특징이 사이키델릭에 잘 반응할 것으로 생각해서 강박장애에 대한 사이키델릭의 효과를 실험해 왔다. 우울증과 불안을 가진 사람을 대상으로 한 연구 결과만큼 효과가 오래 지속되지는 않지만, 더 큰 규모로 연구할 필요가 있음을 보여 주었다. 한 소규모 연구에서 피험자들은 실로시빈 치료 후 강박장애 증상이 현저하게 감소했으며, 모든 환자에게서 23~100퍼센트 사이의 증상 감소가 나타났고, 거의 70퍼센트의 대상자가 치료 바로 다음 날 증상이 거의 절반 넘게 감소했다. 이런 결과를 보고 데이비드 너트는 신경계 및 기분장애를 치료하는 데 사이키델릭이 가진 놀라운 잠재력을 확인했다. "우리의 현재 가설은 사이키델릭이 내면화된 사고를 많이 하는 질병에 효과가 있다는 것이다. 반추, 우울한 생각에 관한 것이든, 알코올에 관한 것이든, 헤로인이든, 청결과 강박증이든, 거식증과 같은 체형에 관한 것이든, 나는 그런 장애들이 사이키델릭에 반응할 것으로 생각한다."

또한 뇌 손상 치료를 위한 사이키델릭 연구도 진행되고 있다.

---

[*] 사이키델릭 연구에서 부작용이 전혀 없었던 것은 아니지만, 흔하지는 않았다. 물론 더 많은 연구가 진행되면서 부작용이 추가로 발견될 수는 있다. 이것은 매우 강력한 약물이며, 어떤 사람들은 사이키델릭 치료에 적합하지 않다. 그래서 이 약을 치료적으로 사용할 경우, 심리 전문가가 관리한다.

한 가지 이유는 사이키델릭의 신경 가소성이 부상 부위 주변 특정 신경의 경로 변경을 지원하기 때문이다. 그런데 연구원들은 제니퍼 스텔라가 경외감으로 확립한 이론처럼 사이키델릭 역시 항염증 특성이 있음을 발견했다. 이러한 특성은 강력한 신경 재생 및 신경 보호 효과를 제공한다. 예를 들어, 뇌졸중 후 치유를 촉진하기 위해 뇌에 사이토카인이 넘쳐나지만, 동일한 면역반응이 뇌 염증을 악화시키기도 한다. 표준 스테로이드 치료는 그 염증을 감소시킬 뿐만 아니라 신체 전체의 면역반응을 감소시켜 환자의 감염 위험을 높인다. 사이키델릭은 전체 면역을 억제하는 위험에 신체를 노출하지 않으면서 염증의 표적 영역을 성공적으로 감소시키는 '독특한 사이토카인 발현 패턴'을 생성한다. 사이토카인과 경이로움 사이의 이러한 관계를 더 탐구하면 알츠하이머병 및 파킨슨병 같은 신경 염증 상태의 치료에 대한 심오한 의미와 함께 뇌-신체 연결 생리학에 대한 통찰력도 얻을 수 있다. 한 연구 저자의 말에 따르면, "사이키델릭은 항염증제의 4분의 1 정도의 효과를 나타낸다". 경이로움이 염증성 사이토카인에 미치는 효과에 관한 스텔라와 앤더슨의 연구와의 일치점을 고려할 때, 경이로움이 '독특한 사이토카인 발현 패턴'을 가지고 있으며 염증을 효과적으로 치료하는 방법이라는 점을 알 수 있다.

이러한 약물의 약리학적 효과가 몇 시간 안에 몸을 완전히 맑게 해 주지만, 사이키델릭의 치료 효과는 일반적으로 약물 효과가 가라앉은 후에도 오래 지속된다. 주관적 경험의 심리적 특성 때문에 사이키델릭 접근법이 기존의 약리학적 치료법과 다르고 더 효과적이라는 점은 분명하다. 또한 신비한 경험의 강도(환각의 강도를 말하는 것이 아님)가 결과 지속성의 가장 강력한 예측 변수인 것으로 보인다. 초월성, 말로 표현할 수 없음, 신성함, 순수하게 몰두한 정도가 클수록 파생되는 이점이 더 크며, 따라서 치료의 환각 효과보다는 사이키델릭, 즉 마음을 드러내는 것의 효과를 다시 한번 강조한다.

사이키델릭 연구

물론 사이키델릭의 치료 가능성 조사 연구는 완벽하지 않지만, 사이키델릭 치료의 중요성과 지속적 이점에 대해 매우 설득력 있는 그림을 보여 준다. 현재의 법적 틀 안에서는 사이키델릭 연구를 실행하는 데 여전히 어려움이 있다. 따라서 많은 사이키델릭 연구가 매우 소규모로 진행되고 있고, 임의추출 및 맹검 방식으로는 진행되지 않는다. 그러나 연구 규모와 질이 빠르게 개선되고 있다. 그리고 암 진단 환자 우울증 연구 같은 일부 연구들은 임의추출, 이중맹검, 위약효과 통제 실험을 특징으로 하는 전형적 표준 연구로 진행되었다. 이런 종류의 연구가 더 많이 진행될수록 중독, 향후 강박장애, 기분장애를 치료하는 사이키델릭의 효과를 추가로 파악하기 위한 메타분석을 시행할 때 활용할 수 있는 데이터 양이 더 많아진다.

사이키델릭의 치료적 이점을 연구하는 데에는 또 다른 복잡한 문제가 있다. 미국 식품의약국(이후 FDA)과 같은 일부 규제 당국은 약물이 촉진하는 주관적 경험에서 이점을 얻는 것이라면 해당 약물은 실제 효능이 없다고 생각한다. 약이 아니라 **경험**에 가깝다면 그 약은 위약이라는 뜻이다. FDA가 연구원들에게 그것이 '진짜' 약이라는 것을 증명하라고 어떤 식으로 제안할까? 데이비드 너트는 "FDA는 우리 같은 연구자들에게 이런 약물이 효과가 있는지 증명하는 유일한 방법은 마취 상태에서 약물을 투여하는 것이라고 말합니다. 하지만 나는 이 방식이 비윤리적이며 매우 어리석다고 생각합니다"라고 설명한다. 너트는 사이키델릭의 정서적 치료 경험에 대한 반발이 터무니없다고 생각한다. "수십 년 동안 그들의 뇌를 엉망으로 만든 것은 부정적 감정 경험입니다. 사이키텔릭의 정서적 경험이 그 뇌를 고치는 데 아무런 관련이 없다면, 나는 그게 더 이상하다고 생각합니다."

3장에서 말했듯이, 데이비드 야덴은 종교적 소명, 자기 초월적 경험, 경외감을 연구하면서 연구 경력을 시작했다. 그러나 시간이 지나면서 그는 실험적으로 유도된 경외감의 이점 중 일부가 매우 일시적이라는 점에 좌절했고, 결국 경외감에 대한 통찰력을 모을 가장 신뢰할 수 있는 통로로서 사이키델릭에 도달했다. "기본적으로 사이키델릭은 믿을 수 있으며, 매우 강한 경외감을 불러일으키는 유일한 실제 게임이라고 생각합니다." 야덴은 현재 사이키델릭 분야에서만 일하고 있으며 존스홉킨스 의과대학의 '사이키델릭 및 의식 연구 센터'로 옮겨서 사이키델릭 연구에 전념할 수 있는 더 큰 자유를 얻었다. 그는 오래 지속되며 정신을 바꾸는 경이로움의 힘이 환각적 경험에 의해 가장 잘 발휘된다고 생각한다. "높은 곳에 올라가서 경치 좋고, 정말로 경외감을 불러일으키며, 경이로움을 유발하는 전망을 보는 것도 효과가 있지만, 그 효과가 얼마나 지속될지 알 수 없습니다. 반면 사이키델릭은 지속됩니다."

라니 시오타는 "속도가 늘 해결책은 아닙니다"라고 경고하면서 경외감을 전달하는 고속열차라는 점 때문에 사이키델릭을 매력적으로 느낄까 염려한다. 그녀는 느린 과학에 더 장점이 있다고 생각한다. 시오타는 인지 가소성을 가진 환자를 자극한 다음 자가 스키마를 변경하기 위해 전통적 치료법을 뒤따라 사용하는 치료의 보조제로서 사이키델릭의 사용 가능성을 인식하고 있다. 하지만 과도한 사용에 대해 경고하고 있으며, 이 치료법을 뒷받침하는 더 정밀한 연구가 나오길 기대하고 있다. "이런 메커니즘 수준의 무작위 실험 작업은 수행하지 않고 있습니다. 여기에는 많은 잠재력이 있으므로 실험할 필요가 있지만, 비용이 많이 드는 작업입니다. 힘들기도 하고, 연구가 장기화될 것입니다. 시간을 들여서 진행해야 하며, 단발성 개입으로 기대하는 것을 얻으려는 지나친 야심을 가지지 않아야 합니다."

비록 시오타 자신은 사이키델릭에 대한 판단을 여전히 보류하고 있지만, 시간이 지나면 이 소량의 경이로움이 도움이 될 수 있다고 확신한다. "그래서 우리가 정기적으로 소량을 복용했더니 안정되고, 스트레스가 줄어들고, 개인적 문제를 한눈에 볼 수 있고, 진정하는 데 도움이 된다고 주장하고 싶다면? 음, 그것에 대한 증거는 충분합니다." 또한 시오타는 향후 연구가 사이키델릭 경이로움의 광범위한 영향을 더욱 뒷받침하는 증거를 제시할 것이라고 조심스럽게 기대한다. "배심원단은 아직 결정을 못 한 것 같습니다. 좋은 가설이기 때문에 '이것이 효과가 있는가? 왜 효과가 있는가?'라는 질문을 던지는 강력한 통제 조건을 갖춘, 아주 정밀하고, 임의 추출 실험을 시도할 만한 좋은 증거가 있는 겁니다."

인식의 문 통과하기

사이키델릭 의학의 핵심은 사이키델릭이 얼마나 효과적인지에 관한 질문에 답하는 것이다. 화학과 약리학이 아니라 지속적인 영향을 만드는 여정의 주관적 경험이라고 가정한다면, 그 주관적인 경험을 하는 동안 정신에서 정확히 어떤 일이 일어나고 있을까? 사이키델릭 분야에서 일하는 사람들에게 이 질문을 던지면, 그들은 보통 뇌와 의식에 대해 우리가 이해하는 것보다 이해하지 못하는 것이 훨씬 더 많다고 대답한다. "매우 흥미롭습니다. 그것이 바로 우리가 탐구해야 할 정신의 힘을 보여 주는 것입니다"라고 너트는 말한다. 그는 환각을 공유하는 현상을 이해하고 싶어 하는데, 이것이 우리가 무의식적으로 서로 소통하는 방법에 대해 새로운 통찰력을 제공할 것이라고 믿기 때문이다. "우리는 뇌파 영상기술을 통해 사람들을 연결하고 동시성을 볼 수 있는지 확인하는 데 매우 관심이 많습니다. 그렇게 하기까지는 시간이 좀 걸리겠지만 정말 흥미로운 개념입니다."

사이키델릭 연구자들은 사이키델릭에 대해 논의할 때 초심리학에서 단서를 가져오는 것을 약간, 아니 **매우** 조심스러워한다. 의식이라는 주제를 중심으로 춤을 추면서 잘 모르는 것이 많다는 것은 인정하지만, 형이상학적인 것은 더 형편없는 문제가 된다. 그렇다고 해서 사이키델릭 연구자들이 설명할 수 없는 것에 대해 개방적이지 않다는 말은 아니지만, 그들은 정확한 것을 선호한다. "신비한 상태에 머무를 수 있다는 사실이 나를 경이로움에 빠지게 합니다"라고 야덴은 말한다. "많은 사람이 자신이 알지 못하는 것을 너무 빨리 잘못된 확신으로 무너뜨리는 것을 발견합니다. 그렇지만 나는 모르는 상태에 머무는 것이 편합니다."

그러나 그리니치대학교의 심리학 선임 강사인 데이비드 루크 David Luke는 기꺼이 이 주제를 꺼냈다. "많은 추측이 있다. 심지어 우리가 과학을 수행하는 방식과 얻을 수 있는 답의 종류도 우리가 묻는 말에 의해 결정되므로, 우리는 우리가 가진 현실 터널(신념과 경험으로 형성된 잠재의식적 정신 여과장치가 개인마다 달라서 모든 사람이 같은 세계를 각기 다르게 해석한다는 이론-옮긴이)에 맞는 질문만 한다." 루크는 과학적이며 사회적인 규범들이 어떤 의미에서 초심리학을 대화에서 제외하기 위해 공모한다고 본다. "그것이 우리가 사이키델릭 초심리학은 말할 것도 없고 초심리학도 많이 보지 못한 이유다. 그런 질문을 하는 것조차 금기시한다. 이런 종류의 유물론적 환원주의 현실이 존재한다는 것은 과학만능주의의 근간에 대한 저주이기 때문이다." 내가 이야기를 나눈 심리학자 대부분은 환원주의에 대한 루크의 우려에 동의하겠지만, 그들은 사이키델릭 과학의 이러한 측면을 탐구하기를 꺼린다. "심지어 뇌 기반 의식에 대한 가능한 대안을 모색하는 것조차 일종의 금기와 같아서 조롱거리가 되고 배척당한다. 따라서 여기에 과학적 관심을 별로 가지지 않는다. 그래서 우리는 현실과 뇌 및 의식의 본질에 대한 우리 자신의 특정한 세계관을 계속 강화할 뿐이다."

1953년 봄, 험프리 오즈먼드의 감독하에 작가 올더스 헉슬리는 메스칼린 0.4그램을 복용했다. 이 경험은 그의 자서전 같은 책 『지각의 문The Doors of Perception』의 소재가 되었다. 이 책은 저항 문화의 히트작이 되었고, 짐 모리슨은 이 책에서 영감을 받아 자신의 밴드 이름을 도어즈The Doors라고 지었다. 디스토피아 소설 『멋진 신세계』로 매우 유명한 헉슬리는 사고를 확장하는 사이키델릭의 잠재력에 매료되었으며, 사이키델릭이 항상 그곳에 있고, 늘 접근할 수 있지만, 정신이 억압하는 곳으로 우리 마음의 문을 열어 준다고 믿게 되었다(헉슬리는 임종 시 죽음의 공포를 완화하기 위해 아내에게 LSD 주사를 놔 달라고 요청했다. 일종의 사이키델릭 얼리어댑터인 셈이다). 데이비드 너트는 헉슬리의 관점이 타당하다고 생각한다. "사이키델릭의 영향하에서 세상에 대한 사람들의 인식이 더 강력하고 적절하며 멋진 이유는 무엇일까요? 사이키델릭이 뇌를 망가뜨리기 때문입니다. 뇌는 당신을 성가시게 하는 것들을 약화시킬 뿐입니다. 그리고 그것이 사이키델릭에 의해 의식으로 돌아올 수 있다는 사실은 헉슬리의 뇌 이론을 증명합니다."

원인이 무엇이든 간에 이러한 사이키델릭 경험은 참가자들에게 특별하다. 데이비드 야덴의 연구에서 실로시빈을 복용한 연구 참가자의 약 3분의 2가 자신의 인생에서 가장 의미 있는 순간 상위 5위 안에 드는 신비로운 경험이었다고 보고했으며, 10퍼센트 이상이 그들의 인생에서 가장 의미 있는 **단 하나**의 경험이었다고 말했다. 너트는 이 마지막 통계를 "지난 20년 동안의 심리학에서 매우 중요한 수치 중 하나"라고 말한다. 가장 유명한 사이키델릭 실험 중 하나인 심리학자 월터 판케Walter Pahnke의 1962년 성금요일 실험에서 연구진은 신학생들에게 성금요일 교회 예배에 참석하기 전에 실로시빈 또는 위약을 복용하게 했다. 실로시빈을 복용한 참가자들은 **25년 후** 만장일치로 이 사건을 그들의 영적인 삶에서 가장 의미 있는 경험 중 하나로 평가했다. 야든의 존스홉킨스 동료인 빌 리처즈Bill Richards는 이렇게 표현했다. "당신은 의식 속으로 충분히 깊이 들어가거나 충분히 멀리 나가면서 신성한 것과 부딪칠 것이다. 그것은 우리가 만들어 내는 것이 아니다. 누군가 발견해 주기를 기다리고 있다. 그리고 이것은 신자들만 겪는 일이 아니라 비신자들도 확실히 경험한다."

그러나 야덴이 언급한 것처럼 사람들은 이런 경험을 가장 힘든 경험으로 여기기도 한다. "사람들은 그들의 사이키델릭 경험이 매우 의미 있고 긍정적이었다고 말할 것이고, 종교적이거나 영적인 사람이라면 그 경험이 영적으로 매우 중요하다고 말하겠지만, 극도로 도전적이었다고도 말할 것이다." 야덴은 이 이분법이 사이키델릭 효능의 일부라고 생각한다. "경외감과 경이로움, 즉 이런 초월적 경험이 사물을 순전히 긍정적으로 혹은 순전히 부정적으로 보는 우리의 문화적 반사작용에 도전한다고 생각한다. 두 측면을 모두 조금씩 보는 거다. 어렵지만, 궁극적으로는 심오하다."

과학자들은 또한 사이키델릭과 동일한 수준의 자기 초월적 혜택을 만들 수 있는 사이키델릭의 대안을 찾고 있다. 데이비드 너트는 홀로트로픽holotropic 호흡법과 명상이라는 두 개 후보에서 유망한 연구를 보았다. 그러나 **결국에는** 유사한 효과를 낼 수도 있지만, 어느 쪽이든 충분히 능숙해지는 데 걸리는 시간과 법 적용의 엄격함 때문에 실용화가 어렵다는 인식이 있다. 너트는 "이 약들은 다른 어떤 것보다도 쉬운 방식으로 정신에 용이하게 접근합니다"라고 인정한다. "깊은 명상과 사이키델릭 사이의 유사점이 있습니다. 하지만 요점은 명상으로 그 초월의 경지에 도달하는 데는 20년이 걸리는 반면, 실로시빈으로는 약 20초 안에 도달할 수 있습니다." 물론, 이게 완전히 정확한 것은 아닐 수도 있다. 15장에서 살펴봤듯이, 요가에 통달한 사람의 정신은 단 한 번의 사이키델릭 투약보다 더 심오한 근본적인 의식 변화를 겪었다. 비록 아직 실험하지 않은 올림픽 수준의 사이키델릭 사용자들이 있을 수 있지만, 그들은 비슷한 속성을 가지고 있을 수 있다.

사이키델릭에 대한 대중의 정서가 크게 바뀌었다. 2020년 오리건주는 치료용 실로시빈을 최초로 합법화했으며, 현재 9개 주에서 제한을 완화하기 위한 법 제정을 적극적으로 고려하고 있다. 〈투데이쇼〉와 《굿하우스키핑》 잡지에서 사이키델릭 관련 연구를 다루는 것을 보면 이 분야가 주류로 자리 잡았음을 알 수 있다. 아직 갈 길이 멀고, 사이키델릭의 장점을 지나치게 과장한다거나 과학을 위반한다는 병적인 흥분이 다시 발생할 위험이 늘 존재하긴 하지만, 사이키델릭과의 전쟁에서 급변점tipping point에 도달한 것으로 보인다. 경이로운 삶에 관한 책에서 사이키델릭을 다루는 것이 이상하게 보일 수 있다. 엄밀하게 말해서 우리 중 많은 사람이 경험할 수 있는 접근 방식은 아니다. 그러나 사이키델릭은 과학과 경이로운 영혼 사이의 통로다. 인식의 문 한쪽에는 화학, 약리학, 신경과학이 있다. 수용체와 통계 지도. 작은 뇌 망과 불이행방식망. 그리고 반대편 문에는 형언할 수 없는 것, 신비로운 것, 마법 같은 것이 있다. 사이키델릭은 그 문을 열지 않는다. 단지 많은 열쇠 중 하나일 뿐이다. 그 문을 여는 것은 경이로움이다. 그 길을 통과하는 것은 우리의 선택이다. 그리고 우리의 일상적 현실과 반대편에 존재하는 마법을 구분하는 통로를 걸어가기로 선택하는 것은 우리가 매일 할 수 있는 결정, 다시 말해 경이로움 속에서 살기 위한 결정이다.

요약

- 사이키델릭은 수천 년 동안 종교의식과 치료에 사용되었다. 1940년대 중반에 알베르트 호프만이 발견한 LSD는 여러 질환의 치료 가능성을 보여 주었다. 그러나 사이키델릭은 1960년대 저항 문화와 연관되면서 사회적으로 외면당했고, 관련 연구 또한 불법이 되었다. 이런 금지 때문에 사이키델릭에 대한 낙인이 남아 있으며 여전히 연구하기 어려운 대상이다.

- 험프리 오즈먼드가 만든 용어 사이키델릭은 '마음을 분명히 표출하는 것'이라는 뜻으로 단지 사이키델릭으로 수반되는 환각만이 아니라 마음 내부의 변화를 의미한다. 사이키델릭에는 여러 물질이 있지만, 경이로움 연구와 가장 연관이 있는 물질은 LSD와 실로시빈이다.

- 사이키델릭은 불이행방식망에 장애를 일으켜 자연스럽게 우리 사고를 제한하는 여과장치를 해제함으로써 작동하는 것으로 보인다. 이 불안정한 기간은 경이로움이 유발하는 가소성 창을 만드는데, 이를 심리요법으로 활용할 수 있다.

- 사이키델릭은 주로 반추를 가라앉혀서 중독, 우울증, 불안, 강박장애 증상을 줄이는 데 도움을 준다. 단 한 번의 투약으로 이런 결과가 나타날 수 있다. 그 효과는 약리적인 것이 아닌 주관적인 것

인데, 이는 항우울제에서 발견되는 화학적 효과가 아니라 정신적 스키마를 변화시키는 여정의 경험을 통한 효과라는 의미다.

- 사이키델릭과 관련한 더 많은 무작위 대조 실험이 필요하고, 장점을 과대평가하지 않도록 주의가 필요하지만, 현재까지 밝혀진 연구 결과는 매우 고무적이다.

- 설명하기 어렵고, 말로 형용하기 어려운 특성 때문에 사이키델릭은 형이상학적 또는 초심리학적 관점과 종종 연결된다. 과학자들은 사이키델릭을 형이상학적 또는 초심리학적으로 논의하는 것에 매우 신중하다. 하지만 사이키델릭 경험의 헤아릴 수 없는 신비를 생각할 때, 우리가 의식에 대해 알고 있는 것만으로는 이 심오함과 경이로움을 밝히기에 충분하지 않다.

17장.   배음:
늘 존재하는 마법의 소리 듣기

> 경이로움은 우리를 다른 의식으로부터 분리하는 얇
> 고 가벼운 베일, 그 너머에 있는 우리의 더 나은 본성
> 을 가진 천사를 만나게 해 준다.

가장 초기에 작곡된 그룹 성악곡 중 일부는 9~10세기 다성음악 이전의 종교 성가다. 서기 590년에 재위에 오른 교황 그레고리오 1세의 이름을 따서 그레고리오 성가라고 부르게 된 이 단음계로 된 걸작들은 일찍이 800년에 입으로 전달되어 공유되었으며, 최초의 기록은 930년으로 거슬러 올라간다. 그레고리오 성가는 형태에 변화가 없으며 단음을 특징으로 한다. 작곡 시기가 화음이 있는 다음 방식이 개발되기 전이었기 때문에 화음이 없었다. 화음은 항상 존재했을 테니, 아직 발견되지 않았다고 말하는 편이 더 낫겠다.

소리 증폭에 매우 신경 써서 건축한 대성당에서 수도사들은 이 곡들을 불렀다. 수도사 집단이 완벽한 음조로 단음으로 된 성가를 불렀을 때, 청각 물리학의 행복한 우연이 발생했다. 즉, 음조 주파수와 음향 설계가 결합한 덕분에 단일 음이 화음으로 갈라지는 심리음향 현상인 배음overtone이 나타났던 것이다. 자신의 목소리

에서 나오는 배음의 세 번째, 다섯 번째 화음을 듣고 교회에서 울려 퍼지는 그 소리를 따라 하면서, 수도사들은 다성음악을 작곡할 수 있는 창조적 자극을 받았던 것으로 생각된다.

한편 목청 좋은 티베트 승려들은 성대 주름을 잘 조절해서 기본음과 배음을 동시에 내는 법을 배웠다. 구강 모양을 바꿔서 공명을 만드는 것이다. 이 두 집단을 비교해 보자. 둘 다 음악을 사용해서 소통하고 예배를 드린다. 한 집단은 우연히 배음을 발견했고, 다른 집단은 의도적인 조절을 통해 배음을 만든다. 한 집단은 조건이 이상적일 때 우연히 발견했고, 다른 집단은 연습을 통해 발전시켰다.

고등학교 3학년에서 대학교 1학년으로 올라가던 그 여름, 나는 고등학교 합창단과 함께 유럽을 여행했다. 우리는 업위드피플Up with People(다문화주의, 인종 평등 같은 주제를 홍보하는 매우 흥겨운 노래와 춤 공연을 선보임-옮긴이) 같은 분위기를 발산했다. 이 여행에는 홈스테이와 호스텔이 포함되었고, 인터넷이나 휴대전화는 없었으며, 친한 친구 50명이 한 버스를 타고 돌아다니면서 마을 광장과 교회 예배당에서 노래를 불렀다. 그해 여름은 나한테 경이로움으로 가득 찬 기억의 원천 몇 가지 중 하나로 남아 있다.

친구들과 함께 시간을 보내며 새로운 문화를 모험하는 것은 의심할 여지 없이 굉장한 경험이었지만, 가장 기억에 남는 것은 음악이었다. 모차르트가 7세 소년이었을 때 연주했던 바로 그 교회에서 우리가 했던 감동적인 공연이 특히 기억에 남는다. 모차르트의 숨결이 여전히 공기 중에 남아 있는 것 같았다. 우리가 합창하자 우리보다 앞서 그 공간에서 공연한 모든 사람의 여운과 우리 목소리가 뒤섞였다. 오래된 가구에 낀 푸른 녹처럼 대성당 구조물에 켜켜이 녹아든 음악사가 다시금 빛을 발하는 것 같았다.

그 공연에서 두드러지게 기억에 남는 것은 그날 밤 우리가 만들어 낸 배음이었다. 완전히 다른 세상 같았다. 그 공간의 음향은 우리 합창단의 소리를 두 배 크게 만들었고, 우리 목소리 위와 아래에는 마법처럼 음이 매달렸다. 이런 음악을 듣는 것과 그런 소리를 **내는 것**은 또 다른 일이다. 가슴, 심장, 척추 위로 조금씩 소리가 울려 퍼졌고 마침내 몸 전체가 진동하는 것처럼 느껴졌다. 그 순간은 지금까지도 나에게 감동을 준다. 그러나 이 전율의 순간을 달성하는 데에는 수년간의 예행연습은 물론이고, 음파를 수용하여 퍼뜨리는 공간에 대한 이해와, 우리 뇌가 음향 환경을 해석하는 방식 등 연금술적 결과가 필요했다. 경이로움도 마찬가지다. 연습, 설계, 마법이 종합되어야 경이로움을 경험할 수 있다.

배음을 처음으로 들은 그 수도승들이 느꼈을 순수한 감각적 인식인 흥분을 한번 상상해 보라. 또는 초기 인류가 일식이나 인광 또는 찌르레기 떼를 얼핏 보았을 때를 상상해 보자. 수천 년 동안 우리는 맨눈으로 별을 보았다. 1600년대에 최초로 망원경이 발명되기 전에는 우주의 진정한 광활함은 과학이라기보다는 상상의 문제였다. 현미경을 발명하기 전에는 모든 물질 안에 존재하는 신비한 양자를 상상조차 할 수 없었다. 그러나 그것은 늘 존재했다. 아마도 경이로움은 사이코스코프psychoscope, 즉 우리 의식 내부를 들여다보고 더 이상 신비로움과 상상에 제약을 받지 않고 현재 자신에 대한 개념 너머를 볼 수 있게 해 주는 장치일 것이다.

화음을 들은 수도사들이나 LSD를 발견한 호프만처럼, 경이로움은 우리를 다른 의식으로부터 분리하는 얇고 아주 가벼운 베일 너머의 세계를 볼 수 있게 한다. 우리는 그 베일 너머에서 무엇을 볼 수 있을까? 희망? 치유? 평화? 공감? 은혜? 연대? 하나 됨? 어쩌면 그냥 가능성일 수도 있다. 확신할 수는 없지만, 아마도 우리의 더 나은 본성을 가진 천사가 거기에 있을지도 모른다. 그렇게 믿어야 한다. 어딘가에 숨겨진 우리 일부분은 불화보다는 연결을 찾고 싶어 한다.

나는 극단적인 낙천주의자가 아니다. 때때로 인생은 형편없다. 경이로움을 추구한다는 것은 모든 경험에 초대장을 보내는 것을 의미한다. 언제나 그렇듯이, 파티에 좋은 사람을 초대하면 나쁜 녀석이 꼭 좋은 사람과 동행해서 함께 따라온다. 좋은 것이 왜 그 불쾌한 녀석을 늘 데리고 다니는지 나로선 정말 알 수 없지만, 뭐 나쁜 녀석이 좋은 녀석을 데리고 온다면 그건 마음에 든다. 경이로움이 있다면 우리는 그 둘 다를 즐길 수 있다. 행복은 변덕스러운 친구다. 태양 아래에서는 따뜻하지만, 그늘에서는 차갑다. 경이로움은 빛과 어둠의 모든 그림자에서 우리를 발견한다. 슬픔과 고통 속에서. 기쁨과 웃음 속에서. 씁쓸하면서도 달콤한 그리움과 변화와 상실 속에서. 경이로움을 찾으려면 일종의 희망이 필요하다고 생각하지만, 그 희망에는 용기도 있다. 왜냐하면 경이로움을 추구함으로써 우리는 열린 마음으로 변화를 받아들이고, 연결에 대한 호기심을 가질 수 있으며, 초월적 존재 앞에서 기꺼이 취약하다는 것을 표현할 수 있기 때문이다.

당신이 경이로움을 찾고 있는데 아무것도 발견할 수 없다는 생각이 들면 다시 살펴보라. 그것은 석양, 돌고래, 무지개 같은 것으로 포장되어 있지 않을 수도 있다. 때론 경이로움 안에 폭력이 도사릴 수도 있다. 번데기에서 벗어나 꿈틀거리는 나비의 탄생과 몸부림을 생각해 보라. 경이로움은 마치 원단처럼 우리 삶에 엮여 있으므로 어둠으로부터 자유로울 수 없다. 안쪽을 들여다보라. 내부에서 울려 퍼지는 순수하고 맑은 음색을 찾아보라. 그 결정적인 떨림이 당신에게 파문을 일으키도록 하라. 그것이 삶의 단단하고 거친 표면을 벗겨 내고 부드럽게 만들어서 경이로움으로 당신에게 돌아오는 것을 지켜보라.

이 책을 시종일관 꿰뚫는 줄거리는 두 상태 사이의 문턱에서 발견되는 마법의 소리, 신성한 북소리가 존재한다는 것이다. 경계 공간은 그 자체로 감칠나는 고유 특성을 가지고 있다. 배음처럼, 이 순간들은 우리가 더 많은 것의 정점에 있다는 것을 보여 준다. 그것은 벽 너머에서 들리는 목소리다. 희미하고, 분명하지 않지만, 분명 소리가 들린다. 이 책에서 아무것도 얻지 못한다면 그것을 가져가라. **더 있다.** 이 혼란스럽고, 제정신이 아니며, 당혹스럽고, 무성하며, 매혹적이고, 복잡하고, 부드럽고, 연약한 지구라는 비행기가 우주를 돌진하는 것이 전부는 아니다. 심지어 삐걱거리는 무릎, 안절부절못하는 마음, 충만한 마음 같은 이 육체적 존재조차도 우리 본질의 가장 작은 조각에 불과하다.

우리가 경험하는 이 세상은 우리에게 스트레스와 불안, 고뇌를 준다. 카페인과 독설만이 여기에 연료를 공급하는 것으로 보인다. 하지만 그건 그냥 착각일 뿐이다. 당신이 가진 돈, 물건, 주요성과지표. 이것도 착각이다. 그리고 다가오는 마감일, 지급해야할 돈, 새 카펫에 생긴 딸기주스 얼룩이 꽤 진짜처럼 보이기 때문에 이 착각이라는 비유를 받아들이기 힘든 날이 있다는 것도 안다. 하지만 그게 **전부**는 아니다. **뭔가 더 있다.** 배움처럼, 우리가 더많은 것에 적응할 때, 문지방을 넘어 인식의 문을 통과할 때, 이착각 세계의 규모는 우리가 반대편에서 발견하는 경이로움과 비례해 줄어들게 된다.

모든 것을 털어놓겠다는 마음으로 나는 이 모든 것을 폭로한다. "매일 경이로움 연습을 실천하면 더 높은 의식을 지닌 인간이되는 것"일까? **나는 이것을 그다지 잘하지 못한다.** 당신이 나를 무슨 제다이 경이로움 마스터쯤 된다고 생각하지 않도록 그런 생각에서 벗어나게 해야겠다. 나는 그런 종류의 사람이 아니다. 나는불안과 자기 회의 덩어리인 데다, 뭔가 망쳐 버릴까 봐 두려워하며, 사실 내성적이지만 아무도 내가 그렇다고 생각하지 않기 때문에 다소 무뚝뚝해 보인다. 그리고 2020년 가을에 2주 연속 같은 레깅스를 입었다.[*]

그러나 나는 계속 노력한다. 믿고 있기 때문이다. 나는 이 세상에 아직 개발되지 않은, 보이지 않는 것이 더 있다고 믿는다. 나는우리가 별의 먼지와 타고난 선함으로 만들어진 세상에 왔다고 믿

---

[*] 조망 효과를 연구할 때, 우주비행사들이 옷이 더러워질 때까지 입었다가 우주로 버린다는 사실을 알게되었기 때문에, 나는 이 레깅스를 '우주 바지'라고 불렀다. 일종의 메소드 글짓기를 위한 시도였다.

는다. 우리 모두는 비록 어떻게 돌아가는지 방법을 알지 못하지만 돌아가기를 갈망한다. 혹독한 현실이 우리를 무너뜨릴지라도, 마법 같은 경이로움이 우리를 온전하게 만들 수 있다고 생각한다. 영혼의 킨츠기(깨진 도자기를 송진으로 보수하는 일본의 도자기 수리 기술-옮긴이) 같은 것일 수도 있다. 경이로움은 망가진 자아의 갈라진 틈에 쏟아붓는 귀중한 금속이며, 이것은 완벽하게 불완전한 우리를 다시 하나로 융합한다.

나 자신을 믿지 않을 때 경이로움을 믿는다. 세상의 선함을 믿지 않을 때도 경이로움을 믿는다. 유쾌한 웨이터가 신경증적으로 복잡한 내 주문을 적지 않아도, 그가 내 주문을 외울 수 있을 거라는 믿음이 없을 때에도 경이로움을 믿는다. 왜냐하면 우리는 무언가를 믿어야 하고, 그렇지 않으면 우리 안의 마법이 사라지기 때문이다. 나에게 경이로움은 실체적인 동시에 마법과 같은 것이다. 마치 아발론이 우리에게 밧줄을 떨어뜨리고, "올라와"라고 말하는 것 같다.

나는 또한 우리가 더 나아질 수 있다고 믿는다. 개별적 인간으로서. 가족과 지역사회 그리고 기업과 정부로서. 초보자와 숙련자로서. 학생과 선생님으로서. 친구이자 연인, 부모이자 완전히 낯선 사람으로서.

우리가 경이로움 속에서 서로를 만난다면 세상은 어떻게 될까? 판단하지 않는 개방성, 공감하는 호기심, 기꺼이 채워지고 변화하려는 마음, 그 순간에 대한 우리의 감사를 반영하는 집중과 관심, 존재의 본질에 대한 경외감을 가진다면 말이다. 그렇게 한

3부 경이로운 삶 실천하기

다면 우리는 이 베일을 다시 함께 걷어 낼 수 있을 것이다.

경이로움을 가지고 우리의 하루와 서로에게 다가간다면, 우리가 초심자처럼 삶에 접근한다면, 엄청나게 특별한 마법에 마음을 연다면, 우리는 더 나아질 것이다. 나는 세상을 내일 당장 더 좋게 바꾸겠다는 것이 아니라, 소소한 이익을 말하는 것이다. 거기서부터 시작하자. 시간이 걸릴 것이다. 오늘 우리가 보는 별빛도 우리에게 도달하기까지 수백 년이 걸렸다. 우리 스스로 바깥쪽으로 흘려보내는 작은 변화를 만들어 보자. 내년쯤에는 세상을 바꿀 수도 있다. 오늘은 그저 숨 쉬고, 믿고, 경이로움을 따라가 보자.

감사의 말

이 책을 쓰는 것은 내 인생에서 가장 경이로운 탐험 중 하나였다. 겁이 났지만 동시에 짜릿함도 느꼈다. 나를 격려해 주고, 도전하게 하고, 해낼 능력이 있다고 느끼게 해 준 사람들에게 깊은 감사를 전한다. 나를 처음 만났음에도 기꺼이 자신의 시간과 지원, 연락처와 지식을 자유롭게 공유해 준 분이 많다. 이 책이 세상에 나오도록 해 준 그분들께 감사 인사를 전한다.

먼저, 여기까지 읽어 주신 주신 독자 여러분에게 감사를 전한다! 앨런 긴즈버그는 "내면의 달빛을 따르라"라고 말했다. 여러분도 내면의 경이로움을 따르고 여러분이 가진 빛을 세상과 나눌 수 있기를 바란다.

내 매니저인 스티브 해리스는 모든 면에서 정말 훌륭한 사람이다. 내게 기회를 줘서, 그리고 당신이 보여 준 지혜와 인내, 적극성에 감사드린다. 당신은 정말 멋진 사람이다.

이 책을 편집해 준 세라 카더, 당신을 만난 건 운명이다. 따뜻하고, 표현력이 풍부하며, 괴짜인 데다 맡은 일까지 매우 훌륭하게 해내는 멋진 조합을 보여 주었다. 작가인 나뿐만 아니라 내가 쓴 원고에 말로 다 헤아릴 수 없을 정도로 기여했음에 깊은 감사를 보낸다.

돼지 귀로 실크 지갑을 만들어 낼 수 있는 내 책의 코치, 데비 레버가 보여 준 능숙한 지도와 연민 덕분에 내 안에서 최고를 끌어낼 수 있었다. 당신은 특별한 사람이다.

작가들을 맹렬히 보호해 준 린지 고든을 포함해 펭귄 랜덤 하우스와 타처페리지의 모든 분께도 감사드린다. 애슐리 알리아노, 앤 코스모스키, 세라 존슨, 케이티 매클로드잉글리시 등 책에 대한 즉각적 열정을 보내 준 분들께도 감사드린다. 표지를 예쁘게 디자인해 준 캐럴라인 존스와 세부 사항까지 끈질기게 살펴봐 준 킴 루이스, 또한 책을 완성하고 독자들의 손까지 갈 수 있게 도와 준, 내가 알지 못하는 수많은 펭귄 랜덤 하우스의 직원분들께도 감사를 전한다.

거칠고 엉뚱한 출판계에서 나를 믿음직하게 인도해 준 피터, 얼래나, 브라이언, 마거릿은 마치 내가 슈퍼스타가 된 것처럼 느끼게 해 주었다. 매우 고맙다.

나는 과학자들을 정말로 좋아한다. 내 책에서 그 부분이 분명하게 드러났기를 바란다. 특히 데이너 존슨, 멜라니 러드, 라니 시오타, 제니퍼 스텔라, 티어니 타이스, 짐 개리슨, 스콧 배리 카우프만, 대커 켈트너, 존 리치, 보 로토, 데이비드 너트, 커크 슈나이더, 아지지 세이셔스, 데이비드 야덴 등 나에게 시간을 내 준 과학자

분들께 특별히 감사를 전한다. 당신들은 록스타다. 이 책을 통해 당신들이 한 연구와 작업을 확장할 수 있어서 정말 영광이었다.

또한 베티 비너트, 앨리슨 레빈, 크루티 파렉, 매들린 윌리스, 제이슨 버턴, 스티븐 캘러핸, 크리스 존스턴, 데이비드 펄, 네이선 사와야를 포함해 도움을 주신 분들께도 감사를 전한다. 여러분의 전문 지식과 경이로운 이야기들이 이 책에 깊이와 인류애를 더해 주었다.

대니얼 핑크와 데이비드 이글먼에게도 겸손한 감사를 전한다. 내 작은 마음이 두 사람의 지지로 가득 차 있다.

앤 라모트, 당신의 책 『쓰기의 감각』은 어느 긴 밤, 나에게 마치 기도와 같았다. 앤 오데아, 놀라운 인간들의 피리 부는 사나이, 당신을 만나서 내 인생 궤적이 바뀌었다. 당신이 만든 놀라운 공동체가 이것을 가능하게 했다.

언젠가 내게 "나는 작가들을 위해 살아요"라고 말했던 캐럴 프랭코, 의심할 여지 없이 그 말을 증명했다. 닐로퍼 머천트가 캐럴을 소개해 준 덕분에 엄청난 영향을 미치는 작은 몸짓이 시작될 수 있었다. 두 사람 모두에게 큰 빚을 졌다.

나의 원더우먼들, 거기 있어 줘서 정말 고마워. 멋진 얼굴 사진을 촬영해 준 엘레나 로시니와 내 가면증후군(자신의 성공을 노력이 아닌 운으로 얻었다고 생각하고 자신의 실력이 드러나는 것을 꺼리는 심리-옮긴이)을 없애 준 앤 라바노나에게 특별한 감사를 전한다.

내 책의 치어리더, 꿈의 동반자이자 자존감 높이기 챔피언인 켈리 호이, 우리가 언제나 함께하길 바라. "모든 이정표를 축하하자!"라며 계속해서 상기시켜 줘서, 그리고 진실하고 변함없는 우정을 보여 줘서 고마워.

긍정적 사고의 힘을 계속해서 가르쳐 주는 우리 엄마, 과학과 영혼이 공존할 수 있고, 또 공존해야 한다는 것을 알려 줘서 고마워요.

"나는 똑똑하기보다는 운이 좋은 편이야"라고 말하길 좋아하는 우리 아빠. 알고 보니 아빠는 둘 다야. 사랑을 말로 표현해 줘서, 그리고 기회의 삶을 허락해 준 최고의 교육을 받게 해 줘서 고마워요.

사랑의 표현으로 신랄한 비판을 던지는 오빠 필, 내 인생의 모든 우여곡절을 지지해 주고, 큰오빠만이 줄 수 있는 놀림을 내게 줘서 고마워.

끊임없이 경이로움에 관해 이야기하는 것을 들어 주며, 정중하게 관심을 보이는 척해 준 많은 가족과 친구들에게 고맙다는 인사를 전한다. 내 마음속 가장 밝은 별인 조이와 미라벨에게 특히 감사를 전한다. 당신들에게 평생 경이로움이 함께하기를. 게오르기네, 매기, 버즈, 자크, 세라, 수, 라우라, 에반, 조엘, 애슐리, 크레이그, 트리샤, 메건, 아서, 피케이에게도 감사를 전한다.

장막 너머에서 나를 지지한다는 생각이 드는 분들, 특히 셸윈 하틀리 박사님은 말수가 적은 분이지만 해 주신 조언이 모두 날카로웠다.

주드, 인내심을 가져 줘서 그리고 아빠를 전담해 줘서 고마워. 창의적인 부활절 달걀 기부도. 이 책에서 네 모습을 조금이라도 볼 수 있기를 바랄게.

마지막, 하지만 가장 중요한 줄리언, 이 책은 당신 책이야. 당신이 없었다면 이 책을 해낼 용기, 체력, 믿음을 결코 갖지 못했을 거야. 뱀파이어 같은 착취자랑 함께 사는 것부터 '사랑과 데톨 외용액'으로 수제 팬데믹 책상을 만드는 것까지, 내가 이룬 모든 성공은 나와 우리에 대한 당신의 진정한 헌신 덕분이야. 사실 당신이 나에게 어떤 의미인지를 도대체 표현할 말이 없어. 그들이 시인을 보내 줬어야 하는데 말이야(328쪽 각주에 나온 영화 대사를 인용-옮긴이).

색인

412

옮긴이 이상미

학부에서 식품영양학과 심리학을 공부했고, 경영학으로 석사학위를 받았다. CJ인재원에서 임직원의 리더십 개발 교육 및 역량 교육을 담당했고, 이후 대외경제정책연구원에서 10년 이상 근무하며 국제개발협력, 공적개발원조, G20에 관해 연구했다. 현재 바른번역 소속 전문 번역가로 활동 중이다. 주요 번역서로는 『부는 어디에서 오는가』 『1%의 생각법』 『표류하는 세계』 등이 있다.

경이로움의 힘
삶을 다시 설레게 만들어 줄 아주 특별한 감정

초판 1쇄 발행 2023년 12월 15일

지은이 모니카 C. 파커
옮긴이 이상미

발행인 이정훈 본부장 황종운
콘텐츠개발총괄 김남연 편집 박장호
마케팅 최준혁 교정교열 박장호
디자인 this-cover

브랜드 온워드
주소 서울 마포구 월드컵로 13길 19-14, 101호

발행처 ㈜웅진북센
출판신고 2019년 9월 4일 제406-2019-000097호
문의전화 02-332-3391
팩스 02-332-3392

한국어판 출판권 ⓒ웅진북센, 2023
ISBN 979-11-6997-111-9 (03190)